RETTET DEN KAPITALISMUS!

Robert B. Reich ist Professor für Public Policy an der Goldman School of Public Policy der University of California, Berkeley. Er war von 1993 bis 1997 US-Arbeitsminister unter Präsident Bill Clinton. Bei Campus erschienen seine Bücher *Superkapitalismus* (2008) und *Nachbeben* (2010).

Robert Reich

RETTET DEN KAPITALISMUS!

Für alle, nicht für 1 %

Aus dem Englischen von Bernhard Schmid

Campus Verlag
Frankfurt/New York

ISBN 978-3-593-50608-1 Print
ISBN 978-3-593-43447-6 E-Book (PDF)
ISBN 978-3-593-43467-4 E-Book (EPUB)

Umschlaggestaltung: nach einem Entwurf von Joe Montgomery
Umschlagmotiv: © Shutterstock
Satz: Campus Verlag GmbH, Frankfurt am Main
Gesetzt aus: Scala und Scala Sans
Druck und Bindung: Beltz Bad Langensalza GmbH
Printed in Germany

www.campus.de

John Kenneth Galbraith, in inniger Erinnerung

Es gibt zwei Arten von Übergriffen auf das Privateigentum; die erste, bei der die Armen die Reichen ausplündern, ist jäh und gewaltsam; die zweite, bei der die Reichen die Armen ausplündern, langsam und legal.

John Taylor, An Inquiry Into the Principles and Policy of the Government of the United States (1814)

INHALT

Die Gegenkraft

VORWORT ZUR DEUTSCHEN AUSGABE

Stagnierende oder gar sinkende Löhne für die Masse gepaart mit schwindender Arbeitsplatzsicherheit und zunehmender Ungleichheit; Aktiengesellschaften, Bankenriesen und Milliardäre kontrollieren einen wachsenden Anteil von Wirtschaft und Staat; eine vehemente Feindseligkeit gegenüber Fremden und Zuwanderern findet ihren Ausdruck in populistischem Zorn.

Kommt Ihnen das bekannt vor? Für die Amerikaner jedenfalls wird das zunehmend zur politisch-ökonomischen Normalität. Steht diese neue Normalität unausweichlich auch den Deutschen ins Haus? Sicher, seit Ende der 1990er-Jahre sind die Einkommen fast aller Deutschen gestiegen. Man sollte dabei jedoch nicht übersehen, dass die Einkommen ganz oben in weit höherem Maße gestiegen sind. Und dass sich längst viele Deutsche Kräften ausgeliefert fühlen, auf die sie keinen Einfluss zu haben meinen – was dieselbe Art von populistisch-nationalistischem Gären zur Folge hat, wie wir es hier in den Vereinigten Staaten sehen.

Die gängigen Erklärungen für den wirtschaftlichen Druck, dem Beschäftigte in den Vereinigten Staaten während der letzten Jahrzehnte ausgesetzt waren (und immer noch sind), konzentrierten sich auf die Globalisierung und den Verlust von Arbeitsplätzen durch Technologie. Nur: So ganz alleine vermag die Tatsache, dass schlechter bezahlte Beschäftigte in Entwicklungsländern oder computergesteuerte Maschinen heute Arbeit billiger verrichten, die umrissene Entwicklung nicht zu erklären.

Vor allem übersehen diese Erklärungen die zunehmende Konzentration politischer Macht in den Händen von Konzerneliten und Hochfinanz, die neben den Superreichen einen überproportionalen Einfluss auf das Regelwerk gewonnen haben, nach dem unsere Wirtschaft spielt.

Die anhaltende Debatte zwischen der politischen Rechten und Linken um die Verdienste des sogenannten »freien Marktes« lenkt von der Tatsache ab, dass der Markt in den Vereinigten Staaten wie in Deutschland heute anders organisiert ist als noch vor 30 Jahren und dass seine gegenwärtige Organisation nicht – wie damals – zu breit angelegtem Wohlstand und existenzieller Sicherheit zu führen vermag.

Der wesentliche Grund für diese Entwicklung ist die besagte Konzentration politischer Macht und ihr Einfluss auf die Spielregeln. Allein sie hat dafür gesorgt, dass die Vergütungspakete für die Chefetagen der Konzernriesen derart fantastische Höhen erreicht haben – während sich die Löhne und Berufsaussichten von Collegeabsolventen in letzter Zeit verschlechtert haben und die Arbeitsplätze der Mittelschicht sowohl in Deutschland als auch in den Vereinigten Staaten weniger sicher sind als noch vor 30 Jahren.

So haben, um nur ein Beispiel vorwegzunehmen, die Eliten von Konzernwelt und Hochfinanz sowohl für eine Ausweitung als auch für eine Verlängerung der Rechte an geistigem Eigentum – Patenten, Schutzmarken und Copyrights – und dadurch für höhere Profite bei Pharma-, Hightech-, Biotech- und Entertainmentkonzernen gesorgt. Diese Profite gehen in Form höherer Preise zulasten der Durchschnittsverbraucher, was einer teilweisen Umverteilung ihres Einkommens nach oben – an Top-Executives und Großaktionäre – gleichkommt.

Viele große Aktiengesellschaften haben darüber hinaus genügend Marktmacht erlangt, um die Preise höher zu treiben, als sie unter normalen Wettbewerbsbedingungen sein müssten. In den Vereinigten Staaten gehören zu diesen Konzernen Lebensmittelriesen, Fluglinien, Internet-Serviceprovider, Krankenkassen und Hightech-Unternehmen – die Eigentümer der Software-Plattformen, die heute de facto zu Industriestandards geworden sind (Amazon, Facebook und Google). Getrieben durch die besagte Umverteilung vom durchschnittlichen Verbraucher hin zu Top-Executives und Großaktionären, schlägt eine solche Marktmacht in Form von höheren Profiten zu Buche.

Über die gesetzliche Regelung des geistigen Eigentums hinaus hat diese Macht auch für eine Änderung des Insolvenzrechts zugunsten von Großkonzernen und Finanzinstituten gesorgt. So können in den Vereinigten Staaten die Reichen als Privatpersonen Insolvenz anmelden, um ihr Vermögen vor missglückten Investments zu schützen, und Konzerne können sich der Insolvenz bedienen, um lästige Verpflichtungen aus Tarifverträgen außer Kraft zu setzen. Ehemaligen Studenten hingegen, die mit der Tilgung ihres Studienkredits Probleme bekommen, oder Besitzern eines Eigenheims, die im Sog einer schlimmen Rezession ihre Hypothek nicht mehr zahlen können, ist es nicht erlaubt, ihre Schulden durch eine Insolvenz zu sanieren. Auch hier ist die Folge eine versteckte Umverteilung nach oben.

Parallel dazu verhinderte das politische Wirken von Großkonzernen und Finanzinstituten sowohl in den USA als auch in Deutschland das Steigen der Löhne im Verhältnis zu den Produktivitätszugewinnen. Handelsabkommen leisten dem Outsourcing von Arbeit ins Ausland Vorschub, sorgen aber sehr wohl für einen besseren Schutz des geistigen Eigentums und auch der Finanzanlagen im betreffenden Land. Die Budgets von Staaten wie Deutschland und den USA konzentrieren sich auf den Abbau des Haushaltsdefizits anstatt auf die Schaffung von Arbeitsplätzen, wodurch sie die Verhandlungsmacht des Durchschnittsarbeiters weiter unterminieren. Zunehmend grobmaschige Sicherheitsnetze und ein verminderter Arbeitsschutz haben in beiden Ländern die Arbeitsplatzunsicherheit des durchschnittlichen Arbeiters weiter erhöht – und damit seine Bereitschaft, geringere Löhne zu akzeptieren.

Darüber hinaus spiegelt sich die Macht von Konzernen und Großfinanz in der schwindenden Macht der Gewerkschaften. Vor 50 Jahren, als General Motors Amerikas größter Arbeitgeber war, verdiente der typische Arbeiter bei GM – nach heutigem Geldwert – $ 35 die Stunde. Vor zwei Jahren, 2014, war Amerikas größter Arbeitgeber Walmart und der typische Beschäftigte dort brachte $ 9 die Stunde nach Hause. Das liegt größtenteils daran, dass die Arbeiter bei GM vor einem halben Jahrhundert eine starke Gewerkschaft im

Rücken hatten – während Walmarts Beschäftigte überhaupt nicht organisiert sind. Walmart hat sich bislang allen entsprechenden Versuchen seiner Beschäftigten erfolgreich widersetzt. Dieses Muster lässt sich allenthalben in der amerikanischen Wirtschaft feststellen: In den 1950er-Jahren gehörte ein Drittel aller Beschäftigten in Amerikas privatem Sektor einer Gewerkschaft an – heute sind es weniger als 7 Prozent.

Es dürfte angesichts dessen nicht weiter überraschen, dass die Konzernprofite als Teil der amerikanischen Gesamtwirtschaft angezogen haben, während der Anteil der Löhne gesunken ist. In den USA wie in Deutschland sind dabei alle diejenigen, deren Einkommen direkt oder indirekt von Profiten abhängen – Konzernchefs, Finanzmakler und Aktionäre – ausgesprochen gut gefahren. Was man von den Leuten, die in erster Linie von Löhnen abhängig sind, nicht sagen kann.

Sicher, Deutschland hat noch ein Stück zu gehen bis zum oligarchischen Kapitalismus amerikanischer Prägung, aber lassen Sie sich nicht täuschen: Deutschland folgt Amerikas zweifelhaftem Vorbild. Es gibt keine Märkte ohne Regeln. Und wenn Konzernriesen, Großbanken und Superreiche überproportionalen Einfluss auf diese Regeln haben, wird der Markt sie nach und nach begünstigen – was zu ihrem Reichtum beiträgt und damit wiederum ihren Einfluss erhöht. Wenn man sich um diese Entwicklung nicht kümmert, ihr nicht Einhalt gebietet, kann dieser Teufelskreis sich nur noch beschleunigen.

Ich kann den Deutschen nur raten, sich in Acht zu nehmen. Die gegenwärtige Entwicklung ist nicht nachhaltig, weder ökonomisch noch politisch. Keine Wirtschaft der Welt kann ohne die Kaufkraft einer starken, wachsenden Mittelschicht die nötige Fahrt beibehalten – es ist dies einer der Gründe dafür, dass die US-Wirtschaft sechs Jahre nach einem ökonomischen Aufschwung kaum wieder dort ist, wo sie vor der Talfahrt in die Große Rezession war. Und es ist einer der Gründe, weshalb Zorn und Frustration eines großen Teils der amerikanischen Wählerschaft – die trotz harter Arbeit seit Jahren eher weniger verdient – eine nationalistische Revolte gegen das gegenwärtige Establishment und bequeme Sündenböcke wie Einwanderer nähren. Politische Ökonomien, die den größten Teil ihrer Gewinne einer kleinen Gruppe an der Spitze zuteilen, sind ihrem Wesen nach instabil.

Die eigentliche Frage ist nicht, *ob* Deutschland und die Vereinigten Staaten sich auf einen Kapitalismus zubewegen, der vielen nützt anstatt nur einigen wenigen. Beide Nationen haben da keine Wahl. Die eigentliche Frage ist, ob dieser Richtungswechsel durch demokratische Reformen zustande kommt oder durch ein autoritäres Mandat. Ich bin der festen Überzeugung, dass sich beide Nationen in den kommenden Jahren vor diese Wahl gestellt sehen.

Robert B. Reich, Berkeley,
Kalifornien, Februar 2016

EINLEITUNG

Erinnern Sie sich noch an die Zeiten, in denen das Einkommen eines Lehrers – Bäckers, Verkäufers, Mechanikers – für eine ganze Familie, ein eigenes Heim und zwei Autos gereicht hat? Ich erinnere mich noch sehr gut. In den 1950er-Jahren verkaufte mein Vater Ed Reich in seinem eigenen Geschäft Damenbekleidung für die Frauen der Arbeiter aus den Fabriken in der Nähe. Sein Laden lag an der Hauptstraße der benachbarten Stadt und warf genug für ein komfortables Leben für ihn und die Seinen ab. Wir waren nicht reich, aber arm kamen wir uns ganz sicher nicht vor. Und unser Lebensstandard stieg während der 1950er- und 1960er-Jahre kontinuierlich an.

Das war einmal die Norm. In den ersten drei Jahrzehnten nach dem Zweiten Weltkrieg brachte Amerika die größte Mittelschicht der Weltgeschichte hervor. Während dieses Zeitraums verdoppelte sich das Einkommen des typischen Beschäftigten – ebenso wie das Wachstum der Volkswirtschaft. Während der letzten 30 Jahre dagegen hat die Volkswirtschaft sich zwar abermals verdoppelt, das Einkommen des typischen Amerikaners jedoch trat auf der Stelle.

Damals verdienten die CEOs großer Konzerne etwa 20-mal so viel wie der typische Arbeiter; heute bekommen sie erheblich mehr als das 200-Fache.[1]

Zu der Zeit trug das eine Prozent der reichsten Amerikaner 9 bis 10 Prozent des Gesamteinkommens nach Hause; heute beträgt der Anteil dieses obersten Prozents am Gesamteinkommen mehr als 20 Prozent.[2]

Mit das wichtigste Wirtschaftsprodukt war damals die Hoffnung: Fleiß zahlte sich aus, Bildung war das Ticket zum sozialen Aufstieg; wer den größten Beitrag leistete, fuhr die reichste Ernte ein; wirtschaftliches Wachstum schuf mehr und bessere Arbeitsplätze; der

Lebensstandard des größten Teils der Bevölkerung stieg im Verlauf eines Arbeitslebens; unsere Kinder sahen einem noch besseren Leben entgegen, als wir es hatten, und die Spielregeln waren alles in allem fair.

Alle diese Annahmen klingen heute hohl. Das Vertrauen in unser Wirtschaftssystem ist drastisch gesunken.[3] Die offensichtliche Willkür und Unfairness der Wirtschaft haben den Glauben der Bevölkerung an deren Grundprinzipien untergraben.[4] Allenthalben herrscht Zynismus. Vielen erscheinen Wirtschaft und Politik manipuliert zu sein – ein aufgelegter Schwindel zugunsten derer ganz oben.[5]

Die Bedrohungen für den Kapitalismus heißen heute nicht mehr Kommunismus oder Faschismus, sie kommen vielmehr aus der schleichenden Unterminierung des Vertrauens, ohne das es in modernen Gesellschaften weder Wachstum gibt noch Stabilität.[6] Wenn ein Großteil der Bevölkerung nicht mehr an eine faire Chance für sich und seine Kinder glauben kann, beginnt sich der stillschweigende Gesellschaftsvertrag aufzulösen, ohne den in Gesellschaften eine freiwillige Zusammenarbeit nicht möglich ist. An ihre Stelle tritt die Subversion, im Kleinen wie im Großen, vom Bagatelldiebstahl über Mogeleien, Betrug und illegale Provisionen bis hin zur Korruption.

Wir haben jedoch die Macht, das alles zu ändern und eine neue Wirtschaft zu schaffen, die den vielen und nicht nur einigen wenigen dient. Karl Marx' Behauptung zum Trotz führt nichts im Kapitalismus zwangsläufig zu erhöhter wirtschaftlicher Unsicherheit und zunehmender Ungleichheit. Die Grundregeln des Kapitalismus sind nicht in Stein gemeißelt. Sie sind von Menschen geschrieben und werden von Menschen umgesetzt. Aber um zu entscheiden, was zu ändern ist, und das dann auch tatsächlich umzusetzen, müssen wir erst einmal verstehen, was da eigentlich passiert ist und warum.

Seit einem Vierteljahrhundert erkläre ich in Büchern und Vorlesungen, warum die arbeitende Durchschnittsbevölkerung moderner Nationen wie den Vereinigten Staaten nicht an Boden gewinnen hat können und wirtschaftlich zunehmend unter Druck gerät. Einfach gesagt haben durch Globalisierung und technologischen Fortschritt die meisten von uns an Wettbewerbsfähigkeit eingebüßt. Weniger gut bezahlte Arbeitskräfte im Ausland und computergesteuerte Maschinen erledigen viele unserer früheren Aufgaben heute billiger als wir.

Meine Lösung – und ich stehe mit meinem Vorschlag beileibe nicht allein – ist ein aktivistischer Staat, der die Reichen besteuert und die daraus resultierenden Einnahmen in ausgezeichnete Schulen investiert (und in das, was die Bevölkerung sonst noch zum Vorankommen braucht); außerdem sorgt er für eine Umverteilung an die Bedürftigen. Diese Empfehlungen sind auf vehemente Opposition derer gestoßen, die die Ansicht vertreten, dass Wirtschaft und Bevölkerung mit einem schlanken Staat, Steuersenkungen und minimaler Umverteilung besser dran sind.

So zutreffend meine Erklärung der genannten Entwicklung nach wie vor ist: Mittlerweile bin ich zu der Überzeugung gelangt, dass ich ein Phänomen von kritischer Bedeutung übersehen habe – die zunehmende Konzentration politischer Macht in den Händen einer wirtschaftlichen und finanziellen Elite, der es gelungen ist, Einfluss auf die Regeln zu nehmen, nach denen die Wirtschaft »spielt«. Darüber hinaus gehen die von mir vorgelegten vom Staat ausgehenden Lösungen, so nützlich sie auch sind, in mancherlei Hinsicht an der Sache vorbei, da sie seiner grundlegenderen Rolle bei der Festsetzung der markwirtschaftlichen Spielregeln nicht genügend Rechnung tragen. Schlimmer noch haben wir bei der Debatte zwischen Verfechtern des »freien Marktes« und den Befürwortern des aktivistischen Staats gleich mehrere kritische Themen aus den Augen verloren: Wie kam es, dass der Markt heute anders organisiert ist als vor einem halben Jahrhundert; warum vermag seine gegenwärtige Organisation im Gegensatz zur früheren nicht länger weithin für Wohlstand zu sorgen; und wie sollen die grundlegenden Regeln des Marktes denn eigentlich aussehen?

Ich bin zu der Ansicht gekommen, dass wir diese Themen nicht ganz zufällig aus den Augen verloren haben. Einige der besonders vernehmbaren Verfechter des »freien Marktes« – darunter die Chefetagen von Konzernriesen und ihre allgegenwärtigen Anwälte und Lobbyisten, Wall-Street-Volk und dessen politische Lakaien sowie zahlreiche Multimillionäre und Milliardäre – sind seit Jahren dabei, den Markt zu ihrem Vorteil zu reorganisieren. Mit der Diskussion um den »freien Markt« lenken sie von den oben genannten Themen geflissentlich ab.

Im vorliegenden Buch will ich diese Themen in den Mittelpunkt stellen. Meine Argumentation ist so direkt wie unkompliziert. Wie ich im ersten Teil herausarbeiten werde, brauchen Märkte um der Selbsterhaltung willen Spielregeln zur Regulierung von Eigentum (was kann besessen werden), Monopolen (wie viel Marktmacht ist zulässig), Verträgen (was kann ausgetauscht werden und zu welchen Konditionen), Insolvenz (was passiert bei Zahlungsunfähigkeit des Käufers) und dazu, wie man all das durchsetzen soll.

Solche Regeln sind nicht naturgegeben. Wir müssen, auf die eine oder andere Weise, über sie entscheiden. Unter dem wachsenden Einfluss von Großkonzernen, Wall Street und Superreichen auf die für sie verantwortlichen politischen Institutionen haben diese Regeln im Verlauf der letzten Jahrzehnte eine Veränderung zugunsten ebendieser Privilegierten erfahren.

Im selben Zeitraum verkümmerten die Hochburgen der von John Kenneth Galbraith als »Countervailing Power«* bezeichneten gegengewichtigen Marktmacht, die es von den 1930er- bis Ende der 1970er-Jahre Amerikas Mittel- und unterer Mittelschicht ermöglichte, ihren Einfluss geltend zu machen: Gewerkschaften, Geschäftsleute, mittelständische Unternehmer, Kleinanleger und politische Parteien auf lokaler und bundesstaatlicher Ebene. Folge davon ist ein von den Reichen zum Zweck ihrer weiteren Bereicherung reorga-

---

* John Kenneth Galbraith prägte diesen Begriff in seinem 1952 erschienenen Buch *American Capitalism*. Die deutsche Ausgabe seines Werks *Der Amerikanische Kapitalismus im Gleichgewicht der Wirtschaftskräfte* (A. J. Walther Verlag, Stuttgart 1956) übersetzt das mit »Gegenkraft«. Er wurde aber auch, nicht ganz zu Unrecht, mit »Gegenmacht« übersetzt, da »Kraft« im physikalischen Sinne *force* ist und *power* tatsächlich die »Macht«.

nisierter Markt. Dieser wiederum hat zu einer zunehmenden Vorabverteilung *innerhalb* des Marktes – von der Mittelschicht und den Armen hin zu einer Minderheit an der Spitze – geführt. Da diese Vorabverteilung im Markt selbst stattfindet, ist sie größtenteils unbemerkt geblieben.

Im zweiten Teil zeige ich auf, wie sich diese Entwicklung auf die daraus resultierende Verteilung von Einkommen und Wohlstand in der Gesellschaft auswirkt. Die auf dem Konzept der Leistungsgesellschaft fußende Behauptung, wir würden nach unserem Marktwert bezahlt, ist eine Tautologie, bei der sich die Frage nach der Organisation des Marktes aufdrängt und ob diese moralisch und ökonomisch vertretbar ist. In Wirklichkeit hängen Einkommen und Wohlstand zunehmend davon ab, wer die Macht über die Spielregeln hat.

Wie ich aufzeigen werde, bestimmen die CEOs von Großkonzernen ebenso wie Top-Trader und Portfolio-Manager der Wall Street effektiv ihr eigenes Einkommen, sorgen für auf Profitmaximierung abgestimmte Marktregeln und werden dank Insiderinformationen steinreich. Unterdessen tritt das Einkommen des durchschnittlichen Arbeiters auf der Stelle, weil er sowohl seine wirtschaftspolitische Gegenmacht als auch seinen politischen Einfluss verloren hat. Die gleichzeitig steigende Anzahl von Erwerbsarmen und müßigen Reichen liefert weitere Belege dafür, dass Fleiß und Einkommen längst nicht mehr korrelieren. Die ungleiche Vorabverteilung des Einkommens *innerhalb* des Marktes hin zur Spitze hat Rufe nach einer stärkeren Umverteilung nach unten *außerhalb* des Marktes – durch Steuern und Transferzahlungen an die Armen und die untere Mittelschicht – laut werden lassen. Aber solche Forderungen befeuern nur noch mehr die hitzige Debatte, in welchem Maße der Markt durch den Staat beeinflusst werden soll.

Wie ich im dritten Teil ausführe, besteht die Lösung nicht darin, für mehr oder weniger Staat zu sorgen. Das eigentliche Problem ist nicht der Einflussbereich des Staats, sondern die Frage, für wen der Staat da ist. Für Abhilfe muss die große Mehrheit selbst sorgen, indem sie sich den Einfluss auf die Organisation des Marktes zurückholt. Es geht im Grunde um eine Wiedererstarkung der Gegenmacht, eben jener Countervailing Power, in der sich die ökonomischen Interessen einer Mehrheit verbünden, die von den Gewinnen der Wirtschaft nichts zu sehen bekommt. Indem die gegenwärtige Rechts-links-Debatte den »freien Markt« gegen den Staat bzw. dessen »Einmischung« ins Feld führt, steht sie einem solchen Bündnis widersinniger- wie unnötigerweise im Weg.

Ich werde zeigen, dass Amerikas größte politische Kluft in den kommenden Jahren nicht die zwischen Republikanern und Demokraten sein wird. Vielmehr wird der Komplex aus Großkonzernen, Wall-Street-Banken und Superreichen, der Wirtschaft und Politik seinen Interessen gemäß manipuliert, der großen Mehrheit gegenüberstehen, die sich als Folge dieser Entwicklung in der Bredouille sieht. Mein Schluss daraus: Umkehren lässt sich die gegenwärtige Entwicklung nur durch Schulterschluss und Organisation der großen Mehrheit, die im Augenblick keinen Einfluss auf die Spielregeln hat – nur so lässt sich für die Wiederbelebung der wirtschaftspolitischen Gegenkraft sorgen, die vor 50 Jahren der Schlüssel zur allgemeinen Prosperität war.

So sehr sich das vorliegende Buch auf die Vereinigten Staaten als Zentrum des globalen Kapitalismus konzentriert: Die hier beschriebenen Phänomene ähneln sich zunehmend in allen ihren Erscheinungsformen rund um die Welt, und ich denke, dass die amerikanischen Lektionen auch für andere Länder relevant sind.[7] Obwohl weltweit agierende Unternehmen sich an die jeweiligen Regeln der Länder zu halten haben, in denen sie Geschäfte machen, nehmen Weltkonzerne und Finanzinstitute zunehmend Einfluss auf die Beschaffenheit dieser Regeln, ganz egal, wer sie wo formuliert hat. Darüber hinaus sorgen die wachsende Unsicherheit und die auflaufende Frustration derjenigen, die sich machtlos fühlen – angesichts von Ökonomien (und Marktregeln), die ihnen nichts bringen –, selbst in hoch entwickelten Ländern für virulente nationalistische Bewegungen, nicht selten mit rassistischem und zuwanderungsfeindlichem Unterton.

$

Ich glaube, wenn wir über die Mythen hinaus einen Blick auf unsere Realität werfen, können wir dafür sorgen, dass der Kapitalismus der Mehrheit anstatt nur relativ wenigen dient. Die Geschichte bietet sowohl Hinweise auf das Wie als auch einen gewissen Trost, insbesondere in den USA, wo man die Regeln der politischen Ökonomie mehrmals angepasst hat, um eine integrative Gesellschaft zu schaffen, die der politischen Macht wohlhabender Minoritäten an der Spitze Grenzen setzte.

In den 1830er-Jahren nahmen die Anhänger Andrew Jacksons die Privilegien von Eliten aufs Korn, damit die Marktordnung auch dem Normalbürger dienen konnte. Ende des 19. und Anfang des 20. Jahrhunderts sorgten Progressive für ein Kartellrecht zur Zerschlagung der gigantischen Trusts. Sie schufen unabhängige Ausschüsse zur Regulierung von Monopolen und verboten Parteispenden von Unternehmen. In den 1930er-Jahren beschränkte der New Deal die politische Macht von Konzernriesen und Wall Street, während er die Gegenkraft von Gewerkschaften, mittelständischen Unternehmern und Kleininvestoren stärkte.

Die Herausforderung, vor der wir uns sehen, ist nicht nur ökonomischer, sondern auch politischer Art. Die beiden Sphären sind nicht voneinander zu trennen. Im Gegenteil, der etwas angestaubte Begriff »politische Ökonomie« für das Gebiet, auf das ich hier zurückgreife, kommt nicht von ungefähr – beschäftigt es sich doch mit dem Verhältnis der Gesetze und politischen Einrichtungen einer Gesellschaft zu einem Gefüge moralischer Ideale, deren zentrales Thema eine gerechte Verteilung von Einkommen und Wohlstand ist. Nach dem Zweiten Weltkrieg bewegte sich unter dem starken Einfluss von John Maynard Keynes' Denken das Augenmerk weg von diesen Belangen hin zu Steuern und Transferzahlungen als Mittel zur Stabilisierung des Wirtschaftskreislaufs und zur Unterstützung der Armen. Und diese Formel funktionierte jahrzehntelang. Das schnelle Wirtschaftswachstum schuf allgemeine Prosperität und diese wiederum eine starke Mittelschicht. Die Countervailing Power erfüllte ihren Zweck. Wir mussten uns ebenso wenig um die politische Ökonomie kümmern, wie wir uns Sorgen um die exzessive ökonomische und politische Macht auf höchster Ebene zu machen brauchten. Heute müssen wir das sehr wohl.*

In gewissem Sinne ist das vorliegende Buch ein Rückgriff auf eine frühere Tradition der Forschung und langlebigere Belange. In ebendieser Tradition gründet sich der Optimismus des Buchs. Wir haben den Kapitalismus immer wieder vor seinen Exzessen bewahrt. Ich bin zuversichtlich, dass uns das auch diesmal gelingt.

---

* 1890, mit dem Erscheinen von Alfred Marshalls *Principles of Economics*, begann man in den englischsprachigen Ländern die Ökonomie *(economics)* als Disziplin von der politischen Ökonomie *(political economy)* zu unterscheiden. Die neue Disziplin versuchte abstrakte Variablen herauszuarbeiten, die auf alle Systeme der Produktion und des Austauschs anzuwenden sein sollten, und kümmerte sich kaum oder gar nicht um die Verteilung dieser Ressourcen oder um spezifische gesetzgebende oder politische Einrichtungen des Staats. Das Studium sowohl der Ökonomie als auch vieler anderer gesellschaftlicher Aspekte begann sich weg zu entwickeln von historisch spezifischen politischen, moralischen und institutionellen Beziehungen hin zu universelleren wissenschaftlichen »Gesetzen«. John Maynard Keynes' *Allgemeine Theorie der Beschäftigung, des Zinses und des Geldes* (1936) dominierte die amerikanische Wirtschaftspolitik vom Ende des Zweiten Weltkriegs bis zum Ende der 1970er-Jahre.

Teil I
Der freie Markt

1 DIE VORHERRSCHENDE ANSICHT

Oft passiert mir bei Diskussionen in kleinerem Rahmen Folgendes: Jemand stellt erst mich vor und dann meinen Sparringspartner. Anschließend diskutieren wir fünf bis zehn Minuten über ein gegebenes Thema: Bildung, Armut, Steuern, Einkommensungleichheit, Managervergütungen, Mittelschichteinkommen, Klimawandel, Drogenhandel, was auch immer – es spielt im Grunde keine Rolle, denn mit verblüffender Regelmäßigkeit geht es früher oder später darum, ob der »freie Markt« dieses oder jenes nicht besser bewältige als der Staat.

Es ist nicht so, dass ich das provozieren würde. Im Gegenteil, ich habe es bereits gesagt und werde im Folgenden noch näher darauf eingehen, wie sinnlos diese Debatte meiner Ansicht nach ist. Schlimmer noch: Sie lenkt von dem ab, was tatsächlich zu diskutieren wäre. Beabsichtigt oder nicht – sie zieht die Aufmerksamkeit der Öffentlichkeit ab von dem eigentlich relevanten Problem.

Kaum eine Idee hat das Denken so vieler Leute so gründlich verdorben wie die Vorstellung, es könnte irgendwo im Universum so etwas geben wie einen »freien Markt«, in den der Staat »sich einmischt«. Einer solchen Ansicht nach ist jede marktbedingte Ungleichheit oder Unsicherheit eine natürliche und unausweichliche Folge unpersönlicher »Marktkräfte«. Anders gesagt, was immer man Ihnen bezahlt, es reflektiert Ihren Wert auf dem Markt. Wenn Sie davon nicht leben können, dann haben Sie einfach Pech gehabt; und wenn andere Milliarden einstreichen, dann sind sie das Geld eben wert. Wenn Millionen arbeitslos sind oder ihre Löhne von Jahr zu Jahr schrumpfen, wenn sie zwei oder drei Jobs nachgehen müssen und keine Ahnung haben, was sie nächste Woche, geschweige denn nächsten Monat verdienen werden, dann ist das natürlich bedauerlich, aber eben unabdingbare Folge der »Kräfte des freien Marktes«.

Dieser Ansicht zufolge riskiert man mit jeder Maßnahme zur Linderung von Ungleichheit und wirtschaftlicher Unsicherheit eine »Verzerrung des Marktes«; oder anders gesagt: Wer die Wirtschaft in den Dienst der Mehrheit zu stellen beabsichtigt, vermindere ihre Effizienz oder beschwöre gar unheilvolle Folgen herauf. Selbst wenn gewisse Unvollkommenheiten des Marktes wie Umweltverschmutzung, Arbeitsplatzunsicherheit oder die Notwendigkeit öffentlicher Güter wie etwa Grundlagenforschung – oder die Unterstützung der Armen – gelegentlich einen staatlichen Eingriff nötig machten, seien das eher Ausnahmen, die nur die Regel bestätigten, dass der Markt selbst es am besten wisse.

Diese Ansicht ist so beherrschend, dass sie heute praktisch als gegeben gilt. Kaum ein Grundkurs Wirtschaft, in dem sie nicht gelehrt wird. Längst hat sie Einzug in den alltäglichen Diskurs gehalten. Politiker von links wie von rechts reden dieser Auffassung das Wort.

Alles, worüber man innerhalb dieses Lagers noch reden könnte, ist das gerechtfertigte Maß an staatlicher Intervention. Die einen wollen den schlankeren Staat und weniger Einmischung, die anderen dagegen wollen mehr bzw. einen aktiveren Staat. Daraus ist eine endlose Debatte geworden, ein Zankapfel, der nicht nur in Amerika, sondern praktisch überall in der kapitalistischen Welt Rechte und Linke trennt. Die Reaktion des Einzelnen hängt typischerweise davon ab, welcher Seite er vertraut oder nicht: dem Staat oder dem »freien Markt«.

Das Problem dabei: Sowohl die vorherrschende Ansicht als auch die Debatte, die sie losgetreten hat, sind von Grund auf falsch. Es gibt schlicht keinen »freien Markt« ohne Staat; der »freie Markt« existiert nicht in einer Wildnis, die jedem Zugriff der Zivilisation entzogen ist. Konkurrenz in der Natur ist ein Wettbewerb ums Überleben, bei dem der Größte und Stärkste in der Regel gewinnt. Die Zivilisation dagegen definiert sich durch Regeln; Märkte werden durch Regeln geschaffen und für diese Regeln sorgt der Staat.

Thomas Hobbes, Staatsphilosoph aus dem 17. Jahrhundert, drückt das in seinem Hauptwerk *Leviathan* folgendermaßen aus:

> [In der Natur] gibt es keinen Platz für Fleiß, denn seine Früchte sind ungewiß, und folglich keine Kultivierung des Bodens, keine Schiffahrt oder Nutzung der Waren, die auf dem Seeweg importiert werden mögen, kein zweckdienliches Bauen, keine Werkzeuge zur Bewegung von Dingen, deren Transport viel Kraft erfordert, keine Kenntnis über das Antlitz der Erde, keine Zeitrechnung, keine Künste, keine Bildung, keine Gesellschaft, und, was das allerschlimmste ist, es herrscht ständige Furcht und die Gefahr eines gewaltsamen Todes; und das Leben des Menschen ist einsam, armselig, widerwärtig, vertiert und kurz.[8]

Ein Markt – *jeder Markt* – bedarf des Staats, um besagte Spielregeln sowohl zu formulieren als auch durchzusetzen. In den meisten modernen Demokratien gehen solche Regeln von Legislative, Verwaltungsbehörden und Gerichten aus. Der Staat »mischt sich« also keineswegs in den »freien Markt« ein. Er ist es, der den Markt schafft.

Die Regeln sind weder neutral noch universell, und mit Sicherheit sind sie nicht in Stein gemeißelt. Unterschiedliche Gesellschaften haben zu verschiedenen Zeiten unterschiedliche Versionen davon übernommen. Die Regeln spiegeln zum Teil die in Entwicklung begriffenen Normen und Werte einer Gesellschaft wider, sie reflektieren aber auch, wer in einer Gesellschaft mehr Macht als andere hat, sie zu formulieren oder Einfluss auf sie zu nehmen. Die endlose Debatte darüber, ob der »freie Markt« besser sei als »der Staat«, macht es uns unmöglich, der Frage nachzugehen, wer diese Macht ausübt, wie die Betreffenden davon profitieren und ob man solche Regeln nicht vielleicht ändern sollte, damit möglichst viele davon profitieren.

Das Maß des staatlichen Einflusses ist nicht unerheblich; einen weit größeren Einfluss haben die Regeln, nach denen der »freie Markt« funktioniert, jedoch sowohl auf die Wirtschaft als auch auf die Gesellschaft selbst. Sicher, die Höhe von Steuern und Staatsausgaben muss ebenso diskutiert werden wie das Maß an Regulierung und die Höhe von Subventionen. Aber diese Probleme haben nur am Rande mit der Wirtschaft zu tun, während die Regeln die Wirtschaft *sind*. Es ist unmöglich, eine Marktordnung zu haben ohne solche Regeln und die Wahlmöglichkeiten, die hinter ihnen stehen. Wie der Wirtschaftshistoriker Karl Polanyi erkannt hat,[9] ist denen, die »weniger Staat« das Wort reden, in Wirklichkeit nach einem *anderen* Staat – in der Regel nach einem, der sie oder ihre Herren – oder Geldgeber – bevorzugt.* Die »Deregulierung« des Finanzsektors in den Vereinigten Staaten der 1980er- und 1890er-Jahre zum Beispiel wäre mit »Reregulierung« weit treffender bezeichnet. Sie bedeutete keinesfalls weniger Staat; sie bedeutete einen anderen Katalog von Regeln, der es zunächst einmal der Wall Street erlaubte, auf eine ganze Bandbreite riskanter, aber lukrativer Wetten zu spekulieren – so, wie er es den Banken ermöglichte, Leuten Hypotheken aufzuschwatzen, die sie sich gar nicht leisten konnten. Als die so geschaffene Blase dann 2008 platzte, sorgte der Staat für Regeln, die die Aktiva der größten Banken schützen und diese stützen sollten, um sie vor dem Untergang zu bewahren und zum Aufkauf schwächerer Banken zu bewegen. Gleichzeitig setzte der Staat Regeln durch, die Millionen von Menschen um ihr Zuhause brachten. Darauf folgten weitere Regeln, die darauf abzielten, die Banken von der nächsten Runde riskanter Aktionen abzuhalten (obwohl diese Regeln in den Augen zahlreicher Fachleute alles andere als ausreichend sind).

---

* In seinem Buch *The Great Transformation* (1944) argumentiert Polanyi, dass die Marktwirtschaft und der Nationalstaat ein nicht voneinander zu trennendes, von Menschenhand geschaffenes System darstellen, das er als »Marktgesellschaft« bezeichnet. Seiner Ansicht nach haben das Aufkommen des modernen Nationalstaats und die modernen kapitalistischen Ökonomien, die er begünstigte, das menschliche Bewusstsein verändert – von einem, das auf Gegenseitigkeit und Umverteilung beruht, zu einem, das sich auf Nützlichkeitsdenken und Eigennutz gründet.

Wir müssen uns weniger vor den – eher seltenen – großen Ereignissen wie der finanziellen Stützung der Wall Street 2008 in Acht nehmen als vor den ständigen kleinen Regeländerungen, die auf eine Änderung der Marktwirtschaft abzielen. Die wichtigsten Auswirkungen – selbst großer Ereignisse – sind jene, die verändernd auf die Spielregeln wirken. Der Bail-out (Rettungsschirm) der Wall Street sorgte für eine implizite Garantie, dass der Staat den größten Banken auch das nächste Mal wieder aus der Patsche helfen würde. Das wiederum gab, wie ich aufzeigen werde, den größten Banken einen finanziellen Vorteil gegenüber kleineren Banken und förderte ihr anschließendes Wachstum wie ihre Dominanz über den ganzen Finanzsektor – was wiederum ihre politische Macht förderte, um die Regeln zu bekommen, die sie brauchten, und alle anderen zu umgehen.

Der »freie Markt« ist ein Mythos, der uns daran hindert, uns diese Regeländerungen genauer anzusehen und zu hinterfragen, wem sie eigentlich dienen. Der Mythos nützt entsprechend denjenigen, die solche Einsichten nicht wollen. Es ist kein Zufall, dass ausgerechnet die mit dem größten Einfluss auf diese Regeln – darüber hinaus ganz zufällig auch die größten Nutznießer von deren Wortlaut und Umsetzung – auch zu den eifrigsten Verfechtern des »freien Marktes« gehören; sie sind die glühendsten Fürsprecher der Überlegenheit des Marktes über den Staat. Aber allein schon die Debatte dient ihrem Ziel, die Öffentlichkeit von den darunterliegenden Realitäten – wie Genese und Modifikation dieser Regeln – abzulenken, von ihrer Macht über diesen Prozess und dem Maß, in dem sie von den Ergebnissen profitieren. Anders gesagt geht es den Befürwortern des »freien Marktes« nicht nur darum, die Öffentlichkeit von der Überlegenheit des Marktes, sondern auch von der zentralen Bedeutung dieser endlosen Debatte zu überzeugen.

Was ihnen dabei hilft, ist die Tatsache, dass die zugrundeliegenden Regeln gut versteckt sind in einer Wirtschaft, in der ein Großteil des Besitzes und der Handelsgüter zunehmend immaterieller Art ist und immer komplexer wird. So sind die Regeln für geistiges Eigentum schwieriger zu erkennen als zum Beispiel die Regeln einer älteren Wirtschaftsform, in der das Eigentum in Form von Land, Fabriken oder einem Maschinenpark viel besser greifbar war. Auch Monopole und Marktmacht waren in den Tagen gigantischer Eisenbahnen und Ölkartelle klarer umrissen als heute, wo ein Unternehmen wie Google, Apple, Facebook oder Comcast die Kontrolle über ein Netzwerk, eine Plattform oder ein Kommunikationssystem an sich reißen kann. Auch Verträge waren einfacher zu einer Zeit, in der Käufer und Verkäufer mehr oder weniger auf Augenhöhe verhandelten und man relativ leicht erkennen konnte, was die andere Partei versprach. Aber all das war vor der Erfindung komplexer Hypotheken, Verbraucherverträge, Franchising-Systeme und Arbeitsverträge, die heute praktisch alle einseitig von einer Partei diktiert werden. In gleicher Weise konnte man auch finanzielle Verpflichtungen klarer durchschauen, als das Bankengeschäft noch einfacher war und man die Ersparnisse des einen an einen anderen verlieh, der sich ein Haus kaufen oder ein Geschäft gründen wollte. In der heutigen Welt ausgeklügelter Finanzinstrumente hingegen ist es zuweilen schwierig, zu sagen, wer wem etwas schuldig ist oder wann und warum.

Bevor wir die Konsequenzen all dessen für den modernen Kapitalismus verstehen können, müssen wir uns erst einige grundlegende Fragen danach beantworten, wie der Staat den Markt organisiert und reorganisiert hat, welche Interessen den größten Einfluss auf diesen Prozess gehabt haben und wer unterm Strich davon profitiert und wer draufgezahlt hat. Dazu müssen wir uns zunächst den Marktmechanismus genauer ansehen.

2 DIE FÜNF BAUSTEINE DES KAPITALISMUS

Voraussetzung für einen »freien Markt« sind Entscheidungen in den folgenden Punkten:

- Eigentum: was besessen werden kann
- Monopole: wie viel Marktmacht zulässig ist
- Verträge: was gekauft und verkauft werden kann und zu welchen Bedingungen
- Insolvenz: was passiert, wenn der Käufer nicht bezahlen kann
- Geltendmachung: wie man sicherstellt, dass alle sich an diese Regeln halten und keiner betrügt

Sie halten diese Entscheidungen vielleicht für offensichtlich. Sie denken vermutlich, Besitz sei schlicht das, was Sie geschaffen, gekauft oder erfunden haben – eben was Ihnen *gehört*.

Augenblick mal! Was ist mit Sklaven? Was ist mit unserem Erbgut? Einer Atombombe? Einem Rezept? Die meisten heutigen Gesellschaften haben beschlossen, dass man all das nicht besitzen kann. Man kann Land besitzen, ein Auto, Mobilgeräte, ein Haus und alles, was Sie hineinstellen wollen. Trotzdem, die wichtigste Form von Eigentum ist heute geistiges Eigentum: neue Kreationen, Ideen und Erfindungen. Was genau stellt nun ein solches geistiges Eigentum dar? Und wie lange darf es uns gehören?

Weitere grundlegende Entscheidungen betreffen das Maß an zulässiger Marktbeherrschung – wie groß darf ein Unternehmen oder eine kleine Gruppe von Unternehmen werden? Wie mächtig dürfen sie sein oder in welchem Maß dürfen sie etwa eine grundlegende Plattform oder Suchmaschine dominieren, bis man von einer unzulässigen Einschränkung des Wettbewerbs sprechen kann?

Vielleicht denken Sie auch, Kaufen und Verkaufen sei lediglich eine Frage der Einigung auf den Preis, eine Frage von Angebot und Nachfrage, weiter nichts. Aber die meisten Gesellschaften haben sich gegen den Verkauf von Sex, Babys und Wahlstimmen entschlossen; die meisten verbieten den Verkauf von Drogen, unsicheren Lebensmitteln oder betrügerischen Schneeballanlagen. Die meisten zivilisierten Gesellschaften lassen Verträge, die unter Nötigung zustande gekommen oder von Haus aus unlauter sind, weder zu, noch verhelfen sie ihnen zur Geltung. Aber was stellt nun eine solche »Nötigung« dar? Oder einen »Betrug«?

Andere Entscheidungen regeln unbezahlte Schulden. So können sich beispielsweise große Konzerne durch eine Insolvenz der Last ihrer Pensionsverpflichtungen gegenüber ihren Angestellten entledigen, während der kleine Besitzer eines Eigenheims nicht einfach so Konkurs anmelden kann, um sich einer lästigen Hypothek zu entziehen. Ebenso wenig kann ein ehemaliger Student die Insolvenz zur Reduzierung seiner Schuldenlast aus dem Studienkredit heranziehen.

Und dann brauchen wir Entscheidungen darüber, wie wir all diesen Regeln Geltung verschaffen sollen – Entscheidungen über die Prioritäten von Polizei, Inspektoren und Anklägern; Entscheidungen darüber, wer im Staat an der Regelsetzung mitwirken soll; Entscheidungen darüber, wer eine Klagebefugnis haben soll, ganz zu schweigen von den Entscheidungen über den Ausgang eines Verfahrens.

Viele dieser Entscheidungen sind alles andere als offensichtlich und einige von ihnen verändern sich im Laufe der Zeit, entweder weil die gesellschaftlichen Werte sich ändern (denken Sie an die Sklaverei), weil die Technik sich ändert (denken Sie an Patente auf eine neue Konstellation von Molekülen) oder weil die Leute, die über die Macht verfügen, solche Entscheidungen zu beeinflussen, wechseln (nicht nur Amtsträger, sondern auch die Leute, die sie in ihre Ämter gebracht haben).

Diese Entscheidungen stellen keinen »Eingriff« in den freien Markt dar – es gäbe keinen freien Markt ohne sie.

Nach welchen Kriterien entstehen diese Entscheidungen? Was bezwecken diejenigen, die über die Regeln bestimmen, damit? Nun, die Regeln können auf maximale Effizienz abzielen (je nach Verteilung von Einkommen und Reichtum in einer Gesellschaft), auf maximales Wachstum (je nachdem, wer von diesem Wachstum profitiert und was eine Gesellschaft dafür zu opfern bereit ist, wie etwa die Verschmutzung ihrer Umwelt) oder auf Fairness (je nach den vorherrschenden Normen, was eine faire und anständige Gesellschaft denn sei); oder sie zielen darauf ab, die Profite von Konzernriesen und Großbanken zu maximieren – und damit den Reichtum derjenigen, die ohnehin schon reich sind.

Funktioniert eine Demokratie so, wie sie sollte, formulieren Mandatsträger, Behördenchefs und Richter die Regeln im Einklang mit den Werten der Mehrheit. Wie der Philosoph John Rawls nahelegt, würde, was die Regeln anbelangt, eine faire Entscheidung die Ansichten des typischen Bürgers reflektieren, der vorher nicht wissen kann, welche Folgen die Umsetzung dieser Regeln auf ihn haben wird. Entsprechend würde der »freie Markt« zu Ergebnissen führen, die zum Wohl der breiten Mehrheit beitragen.[1]

Aber wenn eine Demokratie scheitert (oder von vorneherein nie funktioniert hat), können die Regeln durchaus den Wohlstand einiger weniger an der Spitze vergrößern, während sie praktisch den Rest der Bevölkerung in Armut und ökonomischer Unsicherheit halten. Alle mit ausreichend Macht und Ressourcen hätten genügend Einfluss auf Politiker, um sicherzustellen, dass der »freie Markt« weitgehend zu ihren Gunsten funktioniert.

Es handelt sich hierbei nicht um Korruption im landläufigen Sinne. In den Vereinigten Staaten bestechen Leute mit Macht und Ressourcen selten Amtsträger direkt, um spezifische und offensichtliche Gefälligkeiten zu erhalten, wie zum Beispiel einträgliche öffentliche Aufträge. Beliebter sind da Wahlkampfspenden – wenn man nicht einfach lukrative Posten für die Zeit nach dem Ausstieg aus dem Staatsdienst in Aussicht stellt. Und das Wertvollste, das sie dafür bekommen, sind Marktregeln, die zwar für alle zu gelten und neutral zu sein scheinen, aber von denen sie so systematisch wie unverhältnismäßig profitieren. Es sind mit anderen Worten nicht die spezifischen wahrnehmbaren staatlichen »Eingriffe« in den Markt, die am wirkungsvollsten darüber entscheiden, wer gewinnt und wer verliert, es ist vielmehr die Art, wie der Staat den Markt organisiert. Macht und Einfluss verstecken sich in den Prozessen, die über die Marktregeln entscheiden, und die daraus resultierenden wirtschaftlichen Gewinne und Verluste kommen im Gewand »natürlicher« Folgen »unpersönlicher Marktkräfte« daher. Aber solange wir auf die Debatte über die relativen Vorzüge von »freiem Markt« und »Staat« fixiert bleiben, haben wir wenig Hoffnung, diese Camouflage zu durchschauen.

Bevor wir jeden der fünf Bausteine des Kapitalismus für sich unter die Lupe nehmen, sollten wir uns zunächst ansehen, wie politische Macht den einen wie den anderen formt und warum wir Marktfreiheit nicht verstehen können, ohne zu verstehen, wie diese Macht ausgeübt wird und von wem.

3   FREIHEIT UND MACHT

Mit der Konzentration von Einkommen und Wohlstand an der Spitze hat sich dort auch die Macht konzentriert. Geld und Macht sind nicht voneinander zu trennen. Und mit der Macht geht der Einfluss auf den Marktmechanismus einher. Die viel zitierte unsichtbare Hand des Marktes hängt an einem ebenso betuchten wie muskulösen Arm.

Es ist vielleicht kein Zufall, dass die Menschen, die am vehementesten einem unwandelbaren und rationalen »freien Markt« das Wort reden und gegen staatliche »Eingriffe« wettern, auch diejenigen sind, die einen unverhältnismäßigen Einfluss auf den Marktmechanismus ausüben. Sie machen sich für die »freie Marktwirtschaft« stark und setzen dabei den »freien Markt« mit Freiheit gleich, während sie klammheimlich die Spielregeln zu ihrem eigenen Vorteil ändern. Sie preisen Freiheit, ohne die zunehmende Machtungleichheit in unserer Gesellschaft zur Kenntnis zu nehmen, die die Freiheiten der Mehrheit aushöhlt.

2010 erklärte der amerikanische Supreme Court im Fall *Citizens United vs. Federal Election Commission* in Mehrheitsentscheidung Aktiengesellschaften zu Personen im Sinne des Ersten Verfassungszusatzes, denen entsprechend Redefreiheit zustehe.[1] Folglich, so das Gericht, sei der Bipartisan Campaign Reform – oder McCain-Feingold – Act von 2002, der Ausgaben der Wirtschaft für politische Werbung neu reguliert und gedeckelt hatte,[2] verfassungswidrig und entsprechend nicht länger Landesgesetz.*

---

* Das von den Senatoren John McCain und Russ Feingold erarbeitete Gesetz definierte Werbespots, die vor Wahlkämpfen im Zusammenhang mit bestimmten Themen Kandidaten nannten, als »Wahlkampfwerbung«. Außerdem verbot es die Finanzierung solcher Spots durch Unternehmen oder bestimmte Kassen anderer Körperschaften.

In der Praxis jedoch ist die Redefreiheit die Freiheit, gehört zu werden, und für die Mehrheit der Bürger ist diese Freiheit eingeschränkt, wenn man denen mit dem dicksten Konto die lauteste Stimme gibt. Nirgendwo haben die fünf verantwortlichen Richter in ihrer Urteilsbegründung die Machtungleichheit zwischen Konzernen, die zunehmend immense Summen für politische Werbekampagnen ausgeben, und dem Mann von der Straße auch nur zur Kenntnis genommen. In der Praxis übertönt also die freie Rede, die das Gericht den Großkonzernen zugesteht, deutlich das Stimmchen des Mannes auf der Straße, dem diese Ressourcen nicht zur Verfügung stehen.

Ähnlich blind gegenüber den Realitäten der Macht war der Supreme Court in den ersten Jahrzehnten des 20. Jahrhunderts. Die Konservativen unter den neun Verfassungsrichtern strichen reihenweise Gesetze, die dem Arbeiter Organisationfreiheit und gemeinsame Tarifverhandlungen garantiert hatten. Noch 1936 erklärte das Gericht im Verfahren *Carter vs. Carter Coal Company* mehrheitlich kollektive Verhandlungen – im Sinne von Tarifverhandlungen – für einen »untragbaren und verfassungswidrigen Eingriff in die persönliche Freiheit und das Privateigentum ... eine Verletzung des im Fünften Verfassungszusatz garantierten Rechts auf ein ordnungsgemäßes Verfahren«.[3] Nur gibt es ohne Recht auf kollektive Verhandlungen eben auch kein Recht auf Tarifverhandlungen. Wenn ein Arbeiter eine Stelle haben wollte, blieb ihm nichts anderes übrig, als die Bedingungen zu akzeptieren, die von übermächtigen Konzernen diktiert wurden, die die Wirtschaft beherrschten. Indem er »persönliche Freiheit und ... Privateigentum« über die Freiheit der Arbeiter stellte, gemeinsam bessere Bedingungen auszuhandeln, richtete der Oberste Gerichtshof die Verfassung zugunsten der Mächtigen aus. Das Urteil wurde später gekippt, aber die Ideologie dahinter hat überlebt.[4]

Heute, wo wirtschaftliche und politische Macht abermals in die Hände vergleichsweise weniger großer Konzerne und reicher Privatleute geraten sind, bemühen diese einmal mehr den Begriff der »Freiheit« zur Rechtfertigung der Konsolidierung und Erweiterung ihrer Macht durch Einflussnahme auf die Spielregeln. Ihnen steht hier eine Fülle von Möglichkeiten zur Verfügung. Nehmen wir nur die Eskalation der Wahlkampfspenden und die gerade aufkommende Praxis »unabhängiger« Wahlkampfbeiträge etwa in Form von Negativwerbung gegen die politische Konkurrenz; die Macht der Lobbyisten in den Hauptstädten bis hinauf nach Washington; die Heerscharen von Anwälten und bezahlten Sachverständigen, mit denen man sich gegen Klagen schützt oder – um die Rechtslage vorteilhaft auszulegen – Klagen anstrengt; dazu kommen weitere Anwälte und Sachverständige, die die eigenen Interessen bei der Regelsetzung verschiedenster Organe und Behörden vertreten; die Inaussichtstellung (wenn nicht gar das unverhohlene Angebot) lukrativer Jobs im privaten Sektor für Mandatsträger, die Regeln nach Wunsch definieren oder durchsetzen; PR-Kampagnen, die die Öffentlichkeit von der Wahrheit und Weisheit der eigenen oder von der Falschheit und den Unzulänglichkeiten der gegnerischen Politik überzeugen sollen; und vergessen wir nicht Denkfabriken und gesponserte Forschung zur Bestätigung der eigenen Positionen und, last but not least, den Besitz von oder Einfluss auf Medienkanäle, mit deren Hilfe man seine Ziele befördern kann.

Vor diesem Hintergrund ist ein gewisses Maß an Skepsis angebracht bei jeder Argumentation auf der Basis einer angeblichen Überlegenheit von »freiem Markt«, »freiem Unternehmertum«, »Vertragsfreiheit«, »Freihandel«, ja selbst der »Redefreiheit«. Hier ist erst einmal zu klären, von wessen Freiheiten eigentlich die Rede ist.

Die zunehmende Freiheit großer Konzerne, tun und lassen zu können, was immer sie wollen, mag theoretisch den wirtschaftlichen Kuchen für alle vergrößern. Nur hat diese Freiheit während der letzten Jahre in erster Linie immer größere Stücke dieses Kuchens der Führungsriege von Großunternehmen und Wall-Street-Banken und deren Aktionären zugeschoben, während für fast alle anderen nur Krümel abfielen. Eine weitere Konsequenz bestand darin, die Freiheiten des kleinen Mannes am Arbeitsplatz zu beschneiden. Die angebliche Vertragsfreiheit ist ein schlechter Witz für einen Arbeiter, dem nichts anderes übrig bleibt, als zu unterscheiben, dass er mit etwaigen Beschwerden zu einem von der Firma ernannten Schlichter zu gehen hat – womit er gezwungenermaßen sein von der Verfassung garantiertes Recht auf ein Verfahren aufgibt. Ein Unternehmen, das vom Einstempeln bis zum Ausstempeln jeden Handgriff seiner Angestellten kontrolliert, ja das selbst die Toilettenpausen auf sechs Minuten am Tag reduziert, mag ein Modell freien Unternehmertums sein, aber die Freiheit seiner Beschäftigen fördert es damit nicht.

»Freie« Unternehmen, die ausschließlich auf die Gewinnmaximierung ihrer Aktionäre getrimmt sind, verschmutzen bekanntlich auch durchaus mal die Umwelt, gefährden Gesundheit und Sicherheit von Verbrauchern und anderen und betrügen hin und wieder auch Investoren. So unrechtmäßig sie damit auch handeln mögen: Einige Unternehmen sind fest entschlossen, sich dem Gesetz zu widersetzen, solange Risiken und Kosten, dabei erwischt zu werden, geringer anzusetzen sind als die Profite, die ihnen winken. Die Liste von Unternehmen, die in den letzten Jahren – bewusst oder unbewusst – diese Rechnung angestellt haben, von BP über Halliburton und Citigroup bis hin zu General Motors, lässt deutlich erkennen, dass Unternehmensmacht nicht vor der Verletzung der Rechte des Einzelnen zurückschreckt, solange die finanziellen Erträge nur hoch genug sind.

Die Freiheit von Unternehmen, den Markt an sich zu reißen, schränkt auch die Wahlfreiheit des Verbrauchers ein. So hat der Umstand, dass man in den USA Internetprovidern erlaubt hat, die Konkurrenz zu dezimieren oder gänzlich auszuschalten, das Internet dort teurer gemacht als in irgendeinem anderen reichen Land.[5] Und dass Pharmaunternehmen die Laufzeit ihrer Patente künstlich verlängern können, indem sie No-Name-Herstellern Geld dafür geben, die Produktion von Billigversionen zurückzustellen, hält die Preise für Medikamente in den Vereinigten Staaten auf einem höheren Niveau als etwa in Kanada oder Europa.[6] Die meisten von uns sind demnach nur insofern »frei«, als wir nicht gezwungen sind, Internet oder Medikamente zu kaufen. Wir können uns dafür entscheiden, ohne sie auszukommen. Aber das ist eine sehr beschränkte Auffassung von Freiheit.

In ähnlicher Weise übersehen diejenigen, für die sich der Welthandel als Entscheidung zwischen »freiem Handel« und »Protektionismus« darstellt, die zentrale Rolle der Macht bei der Entscheidung darüber, was eigentlich gehandelt wird und wie. Da die Märkte aller Länder von politischen Entscheidungen über die Organisation ihrer nationalen Märkte abhängen, erfordern »Freihandels«-Abkommen in der Praxis komplexe Verhandlungen über die Integration unterschiedlicher Marktordnungen. Der »freie Handel« mit China zum Beispiel bedeutet nicht einfach mehr Handel, da Chinas nationaler Markt ganz anders organisiert ist als der in den Vereinigten Staaten. Die eigentlichen Probleme sind ein besserer Schutz des geistigen Eigentums amerikanischer Unternehmen oder Chinas Umgang mit den Aktiva amerikanischer Investmentbanken, ganz zu schweigen vom Zugang chinesischer Staatsunternehmen zum amerikanischen Markt. Noch immer haben bei solchen Verhandlungen die Interessen großer Konzerne mit amerikanischer Basis oder der Wall-Street-Banken über die Interessen des amerikanischen Durchschnittsarbeiters triumphiert. Deren Löhne und Gehälter sind eben weniger schützenswert als, sagen wir mal, das geistige Kapital einer amerikanischen Firma oder die Aktiva einer Wall-Street-Bank. Nie haben die Vereinigten Staaten, um nur ein Beispiel zu nennen, von ihren Handelspartnern verlangt, ihren Arbeitern einen Mindestlohn in Höhe der Hälfte ihrer mittleren Einkommen zu zahlen.

Bei allen diesen Aspekten hat Freiheit unabhängig vom Faktor Macht kaum eine Bedeutung. Wer behauptet, er stünde auf der Seite der Freiheit, während er das zunehmende Ungleichgewicht von wirtschaftlicher und politischer Macht in Amerika und anderen Industrienationen ignoriert, steht mitnichten auf der Seite der Freiheit, im Gegenteil, er steht ganz entschieden auf der Seite der Mächtigen.

Eine nähere Betrachtung der einzelnen Bausteine der Marktwirtschaft bringt das an den Tag.

4 DAS NEUE EIGENTUM

Privateigentum ist *der* Grundbaustein des freien Marktkapitalismus. In der Alltagsdebatte stellt man Privateigentum im Allgemeinen dem Staatseigentum bzw. dem Sozialismus gegenüber. Was dabei gerne vergessen wird, sind nicht nur die mannigfaltigen Arten, in denen der Staat Eigentumsrechte organisiert und durchsetzt, sondern auch die Frage danach, wer den größten Einfluss auf diese Entscheidungen hat.

Privateigentum hat zweifelsohne Vorteile gegenüber dem Gemeinbesitz. Vor einem halben Jahrhundert warnte der amerikanische Ökologe Garrett Hardin vor der »Tragik der Allmende«. Damit meinte er, dass Einzelne eine gemeinsame Ressource schon aus reinem Eigennutz erschöpfen würden – etwa indem sie die größtmögliche Herde auf die Dorfallmende treiben, was dort zu einer Überweidung führen wird.[1] Sei Eigentum dagegen in privater Hand, würde die Ratio den Besitzer dazu anhalten, eine Erschöpfung der Ressource zu vermeiden, er würde mit anderen Worten in Dünger und Bewässerung investieren. Es ließen sich zahlreiche weitere Beispiele anführen. So hat meines Wissens noch kein Kunde einen Mietwagen in die Waschanlage gefahren.

Aber die Debatte um Privateigentum und Gemeinbesitz verstellt den Blick auf grundlegende Entscheidungen über die Spielregeln, die das Privateigentum reglementieren. Was kann besessen werden und zu welchen Bedingungen und wie lange? Es handelt sich hier zum Teil um tiefgreifende moralische Fragen. Da die Antworten darauf von der Machtverteilung in der Gesellschaft abhängen, sind sie unausweichlich auch politischer Art.

Vor 300 Jahren war es völlig normal, dass Menschen andere Menschen besaßen. Wie der Historiker Adam Hochschild ausgeführt hat, lebten Ende des 18. Jahrhunderts mehr als drei Viertel der Menschheit, sei es als Sklaven oder Leibeigene, in irgendeiner Art von Knechtschaft. In Afrika und Teilen Nord- und Südamerikas überstieg die Zahl der Sklaven bei weitem die der freien Personen.[2] Die Sklaverei gründete sich auf der politischen Macht der Sklavenhalter und Händler, an der Sklaverei als Form des Eigentums festzuhalten. Die Republikanische Partei der Vereinigten Staaten wurde in den 1850er-Jahren in direkter Opposition zu den reichen Sklavenhaltern und der Fraktion der Demokraten gegründet, deren Ansicht nach das Recht auf Sklavenhaltung unter das durch die Verfassung geschützte Eigentumsrecht fiel.[3] Binnen 15 Jahren hatten sich jedoch sowohl die politischen als auch die Machtverhältnisse verändert. 1865 verbot der Dreizehnte Verfassungszusatz die Sklaverei. Gegen Ende des 19. Jahrhunderts war die Sklaverei fast auf der ganzen Welt geächtet.[4] Wenn auch nicht ganz: Mauretanien schaffte sie erst 1981 offiziell ab.[5] Und an vielen Orten auf der Welt setzt man sie illegal fort. Selbst im Amerika des 21. Jahrhunderts leben schätzungsweise allein 100 000 Kinder als Sexsklaven.[6]

Neben den Sklaven war der Grundbesitz die wertvollste Form des Eigentums im 19. Jahrhundert. Aber selbst dieser war sowohl an soziale Normen als auch an politische Macht gebunden. In England befanden sich ungeheure Ländereien im Privatbesitz einer Aristokratie, die sie von Generation zu Generation vererbte und von Pächtern bewirtschaften ließ. In Amerika hingegen stellte mit dem Beginn der Land Ordinance von 1785 bis hin zum Homestead Act von 1862 eine Reihe von Gesetzen potenziellen Siedlern anstatt politischen Eliten Grenzland zur Verfügung.[7] (Während in den meisten lateinamerikanischen Ländern Grenzland an die politisch Mächtigen ging.) Aber auch in den USA wurden weiße Siedler von den politisch Mächtigen unterstützt. Man gab ihnen das Recht auf Land und setzte das amerikanische Militär zum Schutz dieses Landes bzw. des Rechts darauf gegen die amerikanischen Ureinwohner ein.

Als im Verlauf des 19. Jahrhunderts die Preise für Grund und Boden eskalierten, vermehrte das den Wohlstand der Großgrundbesitzer ganz beträchtlich, auch wenn sie nichts weiter taten, als ihr Land zu verpachten. Der Wert von Land stieg allein schon deshalb, weil es immer knapper zu werden begann. Henry George beschrieb in seinem Buch *Progress and Poverty* (1879) den Fortschritt, der die Landpreise nach oben trieb, als »gewaltigen Keil, der nicht unter die Gesellschaft getrieben wird, sondern mittendurch.Diejenigen, die über dem Spaltpunkt sind, werden angehoben, aber diejenigen, welche darunter sind, werden zerdrückt«[8]. Sein Buch verkaufte sich zweimillionenmal, aber sein Vorschlag, eine saftige Steuer auf Grundbesitz zu erheben, die einen Gutteil der Kapitalgewinne der Landeigner an die Gesellschaft zurückführen sollte, verlief im Sande.[9]

Ein weiterer wirtschaftlicher und politischer Umbruch folgte, als Fabriken und Maschinen Amerika und andere hoch entwickelte Wirtschaften von der Agrarwirtschaft ins Industriezeitalter katapultierten. Binnen weniger Jahrzehnte gehörte dem Großteil der Amerikaner das Eigentum, das für ihren Lebensunterhalt sorgte, nicht mehr, ja, es war noch nicht einmal mehr gemietet – sie waren zu Arbeitern und Angestellten geworden. Und die Eigentumsdiskussion verlagerte sich: Es ging nun auf der einen Seite um die Freiheit der Arbeiter, sich zur Sicherung eines größeren Teils der Einkünfte aus der Kombination ihrer Arbeit mit den Produktionsmitteln zu organisieren, und auf der anderen um die »Vertragsfreiheit« der Besitzer dieser Produktionsmittel.

Auch die moderne Aktiengesellschaft und deren Besitzverhältnisse sind Teil des Eigentumsmechanismus. Es handelt sich um eine Folge spezifischer Entscheidungen von Legislative, Behörden und Gerichten, die demjenigen, der in den Konzern investiert, Anspruch auf einen Anteil an den Profiten sichern und sein persönliches Eigentum über diese Investitionen hinaus schützen für den Fall, dass das Unternehmen seine Schulden einmal nicht mehr bezahlen könnte. Es ist nicht der »freie Markt«, der das diktiert – es sind Eigentums- und Vertragsregeln. Der Gedanke jedoch, dass Aktionäre die einzigen Besitzer eines Unternehmens sind und damit der einzige Sinn und Zweck solcher Konzerne darin besteht, den Wert ihrer Investitionen zu maximieren, taucht in keinem der einschlägigen Gesetze auf. Es ist sogar so, dass das Unternehmensmanagement in den ersten drei Jahrzehnten nach dem Zweiten Weltkrieg seine Aufgabe darin sah, einen Ausgleich zwischen den Ansprüchen von Investoren, Beschäftigten, Verbrauchern und der Öffentlichkeit zu schaffen. Das Großunternehmen »gehörte« effektiv allen, die einen Anteil an seiner Leistung hatten. Die Ansicht, dass nur Aktionäre zählen, kam während der Phase feindlicher Übernahmen der 1980er-Jahre auf, als Corporate Raiders (»Heuschrecken«) das Management zur Veräußerung minderproduktiver Aktiva, zur Schließung von Fabriken, zur Aufnahme zusätzlicher Schulden und zur Entlassung von Beschäftigten zwangen, um die Gewinne der Aktionäre zu maximieren.

Die Regeln bezüglich des Privateigentums werden ständig angefochten und angepasst, manchmal in großen Sprüngen (denken Sie an die Ächtung der Sklaverei), meist aber in Form kleiner Schritte, die kaum zu bemerken sind, wenn man damit nicht unmittelbar zu tun hat. Was nach staatlicher Regulierung aussieht, ist manchmal eher als Einrichtung eines Eigentumsrechts zu verstehen. So verlegten zum Beispiel vor 1978 Fluglinien mit überbuchten Flügen ihre Passagiere völlig willkürlich von einer Beförderungsklasse in die andere.[10] Nach zahlreichen Klagen verlangte das Civil Aeronautics Board (das damals die Fluglinien regulierte) von den Fluglinien, den gebuchten Sitzplatz eines Passagiers als dessen Eigentum zu behandeln. Um auf die korrekte Zahl von Passagieren zu kommen, mussten Fluglinien mit überbuchten Flügen die betreffenden Sitzplätze von den Passagieren »zurückkaufen«, indem sie ihnen jeden möglichen Anreiz boten, freiwillig auf ihr »Eigentum« zu verzichten.

Oft sorgen nur Eigentumsrechte für die Erhaltung knapper Ressourcen und für Investitionen in Technologien, die einer künftigen Knappheit entgegenwirken und dazu beitragen, dass diejenigen, die sie benötigen, diese Ressourcen auch tatsächlich bekommen. Nach anhaltender Trockenheit wandelten 2015 einige kalifornische Wasserbezirke angesichts der akuten Knappheit Wasser in eine Art Eigentum um, dessen Kosten sich nach dem Verbrauch richteten; die Preise begannen ganz unten mit den Basiszuweisungen für die wesentlichen Bedürfnisse der Haushalte und stiegen dann mit dem

Volumen an. Man wollte die Leute auf diese Weise daran hindern, gedankenlos ihre Swimmingpools nachzufüllen. Derselbe Ansatz wäre auch im Fall der Umwelt denkbar, die weltweit als knappe Ressource zu sehen ist. Im Idealfall würde man das Recht auf den Ausstoß von Kohlendioxid in die Atmosphäre als eine Art von Eigentum behandeln, dessen Preis im Lauf der Zeit beständig gestiegen ist. Verschmutzer könnten sich Rechte kaufen oder die eigenen eintauschen, damit man sie dort einsetzt, wo sie am dringendsten gebraucht werden. Das System böte darüber hinaus einen starken Anreiz, seine Emissionen umgehend zurückzufahren und sich zu überlegen, wie man sie weiter reduzieren kann. Solche Eigentumsrechte erfordern, dass der Staat zunächst über deren Vergabe entscheidet und nach welchen Kriterien sie zu vergeben oder später zu tauschen wären. Wenn lebensnotwendige Güter wie saubere Luft und Wasser einfach an den Meistbietenden gehen, könnten Einkommens- und Wohlstandsungleichheit zu völlig unfairen Verhältnissen führen. Außerdem obliegen dem Staat Überwachung und Durchsetzung eines solchen Systems.

Noch komplizierter gestaltet sich die Definition von Eigentum, wenn es sich dabei zum Beispiel um Stränge genetischen Materials, um Molekülkombinationen oder Softwarecodes handelt, allgemeiner gesagt, wenn es die Form von Informationen oder Ideen annimmt. Diese Art von Eigentum ist weder durch Ort noch Zeit fixiert. Sie lässt sich nicht wiegen und auch nicht wirklich messen. Und der größte Teil der Produktionskosten geht in die Entdeckung und in die Herstellung eines Prototyps. Die danach anfallenden Kosten gehen nicht selten gegen null. Dennoch ist dieses geistige Eigentum der wesentliche Baustein der New Economy, und ohne Entscheidungen des Staats, wer welche Aspekte davon besitzen darf und zu welchen Bedingungen, könnte die New Economy nicht existieren.

Hier stellt uns die Tragik des Gemeinguts vor ein besonderes Dilemma. Wenn Entdecker und Erfinder nicht besitzen können, was sie entdecken oder erfinden, und mit Verkauf oder Lizenzierung kein Geld zu verdienen ist, dann findet so mancher das gar nicht erst der Mühe wert. Sicher, der eine oder andere wird es auch umsonst machen, weil er den Prozess an sich aufregend findet, den Ruhm oder einfach den Umstand, dass andere diese neuen Dinge benutzen – kreative Leute aller Art bieten im Internet ihre Kreationen umsonst an. Nur zahlt uns diese kostenlose Arbeit nicht die Miete, und eine Wirtschaft ist darauf auch nicht zu gründen, jedenfalls nicht ausschließlich; ohne ein gewisses Maß an Eigentumsrechten geht es schlicht nicht. Ist die Entdeckung oder Erfindung einmal gemacht, wird die Öffentlichkeit davon am meisten profitieren, wenn sie voll und ganz zugänglich ist, und zwar für nicht mehr als die Kosten ihrer Reproduktion, die nicht selten gegen null gehen. Warum sollte ein Unternehmen, das ein erfolgreiches Medikament geschaffen hat, das für einige Cent zu reproduzieren ist, Milliarden verdienen, wenn so viele, die davon profitieren würden, es sich nicht leisten können?

Wie also sieht die richtige Mitte aus zwischen einem Eigentumsrecht, das einen angehenden Erfinder motivieren kann, und dem Anspruch der Öffentlichkeit auf einen erschwinglichen Zugang zu seiner Erfindung? Auch hier handelt es sich nicht um eine Frage von »freiem Markt« versus »Staat«. Hier müssen Legislative, Gerichte und Verwaltung entscheiden.

Eine Möglichkeit des Umgangs mit diesem Dilemma besteht darin, Erfindern ein zeitlich befristetes Monopol zu geben – ein Eigentumsrecht, das nach einer festgesetzten Zeit wieder erlischt. Die Gestalter der amerikanischen Verfassung hatten das im Auge, als sie dem Kongress die Macht an die Hand gaben, Patente und Urheberrechte zu vergeben, »zu dem Zwecke, den Fortschritt von Wissenschaft und nützlichen Künsten dadurch zu fördern, den Urhebern und Erfindern für eine bestimmte Zeit das ausschließliche Recht auf ihre jeweiligen Schriften und Entdeckungen zuzuteilen«[11]. Sie haben dabei jedoch keine Entscheidung darüber gefällt, was im Einzelnen zu patentieren wäre und für wie lange, weil sie nicht wissen konnten, was noch alles zu erfinden oder zu entdecken war. Amerikas erstes Patentgesetz von 1790 besagte schlicht, dass Patente für

»jede nützliche Kunst, jeden Antrieb, jede Maschine, jedes Manu-
fakturerzeugnis oder Gerät oder jede Verbesserung eines solchen,
die bis dahin nicht bekannt oder in Verwendung« war,[12], vergeben
werden konnten. Die Dauer wurde auf 14 Jahre festgelegt. Seither
hat der Kongress den Patentschutz auf 20 Jahre verlängert (für nach
1995 eingereichte Anwendungen).[13] Die eigentliche Schlacht jedoch
tobt darüber, was denn eigentlich »neu« und »nützlich« sei. Das
Amt für Patente und Markenzeichen trifft diese Entscheidungen
von Fall zu Fall; ein weiteres Amt beschäftigt sich mit Urheberrechten an literarischen Werken.

Wenn jemand mit der Entscheidung des Patentamts nicht einverstanden ist, kann er dagegen Berufung bei einem besonderen
Gericht einlegen, das eigens zu diesem Zweck eingerichtet wurde.
Man kann seine Sache nötigenfalls bis zum Supreme Court verfol-
gen, wenn dieser zu einer Anhörung bereit ist. Mit Zunahme der
Komplexität von Erfindungen wurden auch die Rechtsstreitigkeiten
um die Patente komplexer – vor allem die Streitigkeiten zwischen
denjenigen, denen Patente zugesprochen werden, und ihren Mit-
bewerbern, die darin eine ungerechtfertigte Einschränkung ihrer
eigenen Patente sehen oder der Ansicht sind, dass auf etwas von
Haus aus kein Patent gewährt werden sollte. Auch Volumen und
Dauer dieser Verfahren haben sich drastisch erhöht. Zu Beginn des
zweiten Jahrzehnts unseres neuen Jahrhunderts beschäftigte das
Amerikanische Amt für Patente und Markenzeichen fast 10 000
Leute, die meisten davon in den fünf Gebäuden seines Hauptquar-
tiers in Alexandria, Virginia;[14] außerdem haben die Bundesgerichte ein spezielles Berufungsgericht für Patentsachen eingerichtet.[15]
Die meisten Patente beziehen sich auf Software und beschäftigten sich entsprechend mit hochtechnischen Fragen danach, was
wirklich neu und was bereits entdeckt ist. Einige Anträge beschrei-
ben lediglich Ideen oder Konzepte, die im Folgenden in Software
umgesetzt werden sollen. Amazon zum Beispiel hat ein Patent auf
das Konzept seiner »One Click«-Bestellung erhalten.[16] 2014 bekam
Apple ein Patent auf der Basis der Idee, E-Books mit Autorenauto-
grammen anzubieten.[17]

Starke und dauerhafte Eigentumsrechte bieten Anreize sowohl für Investition als auch Innovation, treiben aber auch die Preise für den Endverbraucher nach oben. Wichtig ist dabei, dass die wirtschaftliche Macht derer, die im Besitz dieser Patente sind, sich in der politischen und rechtlichen Macht niederschlägt, diese Patente noch stärker und dauerhafter zu machen.

Ganze Heerscharen von Juristen beschäftigen sich heute mit der Verteidigung von Patenten oder Klagen gegen Patentverletzungen; sie bilden mittlerweile praktisch eine eigene Branche. In großen Hightech-Unternehmen ist oft ein kleines Heer juristischer Spezialisten im Einsatz. 2013 wies der Kongress einen Legislativvorschlag zurück, der dem Patentamt die beschleunigte Abfertigung fragwürdiger Software-Patente ermöglicht hätte. Diese werden nicht selten von großen Unternehmen eingereicht, um gleich eine ganze Bandbreite *möglicher* Erfindungen abzudecken – wir sprechen hier von der Patentierung bloßer Ideen. Zu den Unternehmen, deren Lobbyisten die Eingabe erfolgreich blockiert haben, gehören IBM und Microsoft.[18]

Die größten Technologieunternehmen geben Milliarden für die Anhäufung von Patentportfolios aus – ganz zu schweigen von den Milliarden, die sie ausgeben, um sich dann gegenseitig mit Klagen und Gegenklagen einzudecken. Mit dem Ankauf von Motorola Mobility – für $12,5 Milliarden – erwarb Google 2012 die Eigentumsrechte an 17000 Patenten, von denen eine ganze Menge wertvolle Munition bei den Smartphone-Patentkriegen zwischen Google, Samsung und Apple liefern sollten.[19] Wie die Beraterin für geistiges Eigentum im Weißen Haus Colleen Chien 2012 so schön sagte, haben Google und Apple mehr Geld für den Ankauf von Patenten und damit zusammenhängende Prozesse als für Forschung und Entwicklung ausgegeben.[20]

Wiederum hat das grundlegende Problem in diesem Fall nichts damit zu tun, was einem lieber ist, der »freie Markt« oder »der Staat«. Es geht alleine darum, wie der Staat das Eigentumsrecht definiert, was dieser Prozess beinhaltet und wer den größten Einfluss auf seine Ergebnisse hat.

Um das an einem Beispiel zu illustrieren: Amerika gibt pro Person weit mehr für Medikamente aus als irgendeine andere Industrienation, und das, obwohl der typische Amerikaner weniger rezeptpflichtige Medikamente einnimmt als der Durchschnittsbürger in anderen hoch entwickelten Ländern.[21] Von den $ 3,1 Billionen, die Amerika 2014 für seine Gesundheit ausgegeben hat, gingen 10 Prozent für Medikamente über den Ladentisch.[22] Der Staat bezahlt einen Teil dieser Zeche über Medicare, Medicaid und Zuschüsse im Rahmen des Affordable Care Act. Wir bezahlen die Zeche mit anderen Worten indirekt durch unsere Steuern; den Rest berappen wir direkt über Eigenbeträge, Selbstbeteiligungen und Prämien.

Die Preise für Medikamente sind in Amerika zum Teil schon deshalb höher, weil andere Nationen die Großhandelspreise für Medikamente festlegen, während es in den USA dem Staat gesetzlich verboten ist, seine beträchtliche Verhandlungsmacht zur Kostensenkung einzusetzen.[23] Der eigentliche Grund für die hohen Medikamentenpreise in Amerika sind jedoch der Patentschutz und die Tatsache, dass diese an sich befristeten Monopole nicht selten die heute festgesetzten 20 Jahre überdauern. (Ich werde das gleich noch erklären.)

Patentamt und Gerichte hatten ursprünglich entschieden, dass aus der Natur gewonnene Produkte nicht durch Patente zu schützen seien. Deshalb konnten frühe Impfstoffe auf der Basis von Viren, die in Form einer Immunantwort die Abwehrkräfte des Körpers aktivieren, nicht Privateigentum eines Pharmaunternehmens werden. Dies erklärt auch, weshalb Pharmaunternehmen so zögerlich in die Erforschung neuer Impfstoffe investierten.

In den 1990er-Jahren änderten sich jedoch die einschlägigen Regeln, man erlaubte Pharmaunternehmen, die Prozesse zu patentieren, die bei der Herstellung von Vakzinen und anderen aus der Natur gewonnenen Produkten zum Einsatz kommen. Das Ergebnis: Die Zahl der Patentanmeldungen in diesem Bereich verzehnfachte sich, auf über 10 000.[24] Es überrascht denn auch nicht weiter, dass die Preise für Impfstoffe in die Höhe schnellten. So scheffelte Pfizer allein 2013 fast $ 4 Milliarden mit dem Verkauf von Prevnar 13, einem Impfstoff gegen Pneumokokken, die schwere Infektionskrankheiten wie etwa Mittelohr- und Lungenentzündung hervorrufen können. Pfizer ist der einzige Hersteller dieses Vakzins.[25]

Viele lebensrettende Medikamente kommen auch dann noch ausschließlich von einem Hersteller, wenn die ursprünglichen Patente längst erloschen sind. Das liegt zum Teil daran, dass das Patentamt Patente auf der Basis minimaler und unbedeutender Änderungen am ursprünglichen Medikament verlängert, was dieses technisch zu einem neuen Medikament und deshalb patentfähig macht. Die Behörde ist nicht verpflichtet, bei ihrer Entscheidung die finanzielle Belastung des Verbrauches zu berücksichtigen. Apotheken können das teure Medikament nicht durch Generika ersetzen, so geringfügig die Änderungen am Original auch sein mögen. So gab, um nur ein Beispiel zu nennen, Forest Laboratories im Februar 2014 bekannt, dass man den Verkauf von Namenda in Tablettenform einstellen würde; das weithin zur Behandlung von Alzheimer-Patienten eingesetzte Medikament käme fortan nur noch in Form einer Retardkapsel – mit verzögerter Wirkstofffreisetzung – unter der Bezeichnung Namenda XR auf den Markt. Es handelte sich hier lediglich um eine Neuformulierung der alten Tablettenversion, aber selbst diese kleine Veränderung hinderte Apotheker daran, das Medikament durch Generika zu ersetzen, obwohl das Patent dafür kurz vor dem Erlöschen war.[26] Dieses als »Product Hopping« – oder »Evergreening« – bezeichnete Manöver kurz vor Ablauf des Patentschutzes sorgt dafür, dass bei den Pharmaunternehmen weiter die Kasse klingelt; Verbraucher und Krankenversicherer jedoch zahlen dabei ordentlich drauf.

Viele Medikamente, die in anderen Ländern frei verkäuflich sind, sind in den USA nur gegen Rezept zu haben. Die Pharmaindustrie bewirbt diese Marken noch lange, nachdem die Patente dafür erloschen sind, damit der Patient seinen Arzt danach fragt. Amerika ist übrigens eines der wenigen hoch entwickelten Länder, die direkt an den Verbraucher gerichtete Werbung für rezeptpflichtige Medikamente erlaubten.[27]

Dafür ist es Amerikanern verboten, ihre Medikamente im Ausland zu kaufen, wo es billigere Versionen derselben Medikamente gäbe, seien es nun Markenprodukte oder Generika. 2012 gestattete der Kongress dem US-Zoll die Vernichtung solcher Medikamente. Es gehe darum, so die Begründung, den amerikanischen Verbraucher vor gefährlichen Fälschungen zu schützen.[28] Tatsache ist jedoch, dass in dem Jahrzehnt vor dieser Regelung, in dem Millionen von Rezepten über das Internet eingelöst wurden, auch nicht ein Fall bekannt geworden wäre, in dem ein Amerikaner durch ein online bei einer ausländischen Apotheke gekauftes Medikament zu Schaden kam. Es geht bei diesem Verbot letztlich nur darum, die Profite der amerikanischen Pharmaindustrie zu sichern, und der Einsatz ihrer Lobby für das Gesetz war enorm. Die wirkliche Gefahr für die Volksgesundheit sind jedoch die hohen Preise für Medikamente. Aus diesem Grund haben der National Consumers League zufolge 2012 geschätzte 50 Millionen Amerikaner (über ein Viertel von ihnen mit chronischen Leiden) ihre Rezepte nicht einlösen können.[29]

Das Gesetz erlaubt es darüber hinaus Pharmaunternehmen, Ärzte für das Verschreiben ihrer Medikamente zu bezahlen. Über einen Zeitraum von fünf Monaten erhielten amerikanische Ärzte 2013 von Pharmaunternehmen und Herstellern medizinischen Geräts etwa $ 380 Millionen an Honoraren für Beratungsleistungen und Vorträge.[30] Vereinzelt erwirtschafteten Ärzte auf diese Weise über eine halbe Million Dollar.[31] Andere erhielten Millionen an Beteiligungen aus Produkten, an deren Entwicklung sie mitgewirkt hatten. Die Ärzte selbst behaupten, diese Zahlungen hätten keinerlei Wirkung auf ihre Verschreibungspraxis. Natürlich drängt sich dann die Frage auf, weshalb die Pharmaindustrie derartige Summen hinblättern sollte, wenn sie sich davon nicht satte Profite verspricht.

Pharmaunternehmen bezahlen darüber hinaus Hersteller von Generika dafür, die Produktion billigerer Varianten eines Produkts hinauszuschieben. Solche Übereinkünfte sind absolut legal und sorgen für ungeheure Profite sowohl aufseiten des ursprünglichen Herstellers als auch aufseiten der Produzenten von No-Name-Produkten – und genau diese Profite gehen zu Lasten von Verbrauchern, Krankenversicherern und Behörden, die alle mehr bezahlen müssen als im anderen Fall. Allein diese Taktik kostet die Amerikaner schätzungsweise $ 3,5 Milliarden im Jahr.[32] In Europa sind solche Zahlungen nicht erlaubt. Die großen amerikanischen Pharmaunternehmen – auch die Hersteller von Generika – haben sich bislang gegen jede einschlägige Gesetzesänderung erfolgreich gewehrt.

Der Behauptung der Pharmaindustrie zufolge benötigt man diese zusätzlichen Profite für die Erforschung und Entwicklung neuer Medikamente. Dem mag so sein oder nicht. Nur denkt man bei dieser Argumentation nicht an die Milliarden Dollar, die Pharmaunternehmen jährlich für Werbung und Marketing ausgeben – allein oft zweistellige Millionensummen für ein einziges Medikament.[33] Nicht zu vergessen die Lobbying-Ausgaben von Hunderten von Millionen im Jahr.[34] Allein 2013 beliefen sich diese auf $ 225 Millionen; sie liegen damit noch vor den Lobbying-Ausgaben der amerikanischen Rüstungsindustrie. Darüber hinaus gibt Big Pharma satte Beträge für politische Kampagnen aus. Allein 2012 machte man dafür $ 36 Millionen locker,[35] womit die Branche in Sachen Parteispenden ganz weit oben rangiert.[36]

Der Durchschnittsamerikaner ist sich der Mechanismen dieses Systems nicht bewusst. Er denkt nicht an die Patentierung aus der Natur gewonnener Medikamente, die Erneuerung des Patentschutzes auf der Basis unbedeutender Änderungen, das aggressive Marketing für rezeptpflichtige Medikamente, das Einfuhrverbot auf Medikamente ausländischer Apotheken, die Honorierung ärztlicher Verschreibungspraxis und die Zahlungen an die Hersteller von Generika, damit diese ihre Produktion auf Eis legen. Der amerikanische Verbraucher ist sich all dessen ebenso wenig bewusst wie der gesetzlichen und administrativen Entscheidungen, auf die sich das System stützt. Dennoch, eben wegen dieses Systems, bezahlen die Amerikaner pro Kopf mehr für Medikamente als irgendeine andere Nation. Die kritische Frage ist in diesem Zusammenhang nicht, *ob* der Staat hier eine Rolle spielen soll oder nicht. Ohne Staat gäbe es erst gar keine Patente und Pharmaunternehmen hätten gar keinen Anreiz zur Entwicklung neuer Medikamente. Das Problem, das sich hier stellt, ist, *wie* der Staat den Markt organisiert. Solange Pharmariesen auf diese Entscheidungen überproportional Einfluss nehmen können, wird der Rest von uns tüchtig bluten müssen, so viel ist klar.

Bei den Urheberrechten – im Bereich von Kunst, Literatur und Musik – verhält es sich ähnlich. Das eigentliche Dilemma besteht also in der Frage, wie viel Eigentumsrecht man Urhebern zugestehen soll, um ihnen einerseits genügend Anreiz für ihre Arbeit zu geben, ohne auf der anderen Seite der Gesellschaft kostengünstigen oder freien Zugang zu Arbeiten vorzuenthalten, deren Reproduktion kaum oder überhaupt keine Kosten mit sich bringt. Aber auch hier wollen die Schöpfer (für gewöhnlich große Konzerne oder Trusts, die sich die Urheberrechte gesichert haben) immer mehr – und sie haben es noch immer bekommen. Diese Praxis bedeutet mehr Geld für sie und höhere Kosten sowie einen beschränkten Zugang für uns. Mit Zunahme ihrer Profite hat auch ihre politische Macht für die nächste Runde zugenommen.

Bei der Gründung der amerikanischen Nation erstreckten sich Urheberechte nur auf »Landkarten, Seekarten und Bücher« und sicherten dem Urheber für 14 Jahre das exklusive Veröffentlichungsrecht; danach konnte das Urheberrecht einmalig verlängert werden, sodass man auf insgesamt 28 Jahre kam.[37] 1831 wurde dieser Zeitraum auf maximal 42 Jahre verlängert. 1909 setzte der Kongress das Maximum auf 56 Jahre herauf, wobei es das nächste halbe Jahrhundert blieb. Von 1962 an verlängerte der Kongress die Maximallänge weitere elf Mal, bis man 1976 auf die Lebensspanne des Autors plus 50 Jahre nach seinem Ableben kam. Der Urheber musste die Verlängerung nicht einmal mehr beantragen. Gehörte das Erzeugnis einem Unternehmen, währte das Urheberrecht 75 Jahre. (Diese Entscheidung galt rückwirkend, sodass jedes Werk, das bei Inkrafttreten des neuen Gesetzes – 1978 – noch unter dem Urheberschutz eines Unternehmens stand, für weitere 19 Jahre geschützt blieb.[38])

1998 schließlich setzte der Kongress noch einmal 25 Jahre drauf – womit das Werk von der Erstveröffentlichung an 95 Jahre geschützt bleibt, solange der Besitzer ein Unternehmen ist. Der Copyright

Term Extension Act von 1998 bekam in Washington den Beinamen »Mickey Mouse Protection Act«, weil es letztlich um Walt Disneys Maus ging. Disney hatte Mickey 1928 geschaffen. Damit wäre er nach der vorherrschenden 75-Jahre-Regel für Unternehmen 2003 lizenzfrei geworden, Pluto, Goofy und die anderen wären ihm kurz darauf gefolgt. Natürlich hätte das ungeheure Einkommensverluste für Disney bedeutet. Entsprechend bewirkte Disney durch massives Lobbying im Kongress eine Verlängerung seines Copyrights um weitere 20 Jahre. Dasselbe gilt für Time Warner, das Unternehmen mit den Urheberrechten an zahlreichen Filmen und Musikstücken des 20. Jahrhunderts, das sich in der Sache mit den Erben von George und Ira Gershwin zusammentat. Sie bekamen, was sie wollten. Die meisten dieser Urheberrechte enden nach heutiger Rechtslage 2023.[39] Sie dürfen jedoch sicher sein, dass man sie noch vor Ablauf dieser Frist weiter verlängern wird. Darüber hinaus fallen unter die Urheberrechte heute auch fast alle anderen kreativen Erzeugnisse wie etwa Computerprogramme, was ihren Inhabern (meist Großkonzerne) auch die Rechte an allen potenziellen Spin-offs gibt.

Folge von alledem ist, dass ein Gutteil des kreativen Outputs aus dem letzten Jahrhundert für weitere zwei Jahrzehnte gesperrt bleiben wird – nicht nur Mickey und andere Disney-Charaktere, sondern auch viele andere Ikonen des 20. Jahrhunderts wie Superman und Dick Tracy; eine ganze Schatzkiste voller Filme wie *Casablanca* und *Vom Winde verweht;* der Ausstoß an großartiger Musik des letzten Jahrhunderts, darunter George Gershwins »Rhapsody in Blue« ebenso wie Bob Dylans »Blowing in the Wind«, nicht zu vergessen literarische Meisterwerke wie die von Faulkner und Hemingway. Auch hier sind die Folgen höhere Unternehmensprofite, höhere Kosten für die Konsumenten und ein beschränkter Zugang für den Rest von uns. Der Grund etwa, warum bei Amazon mehr gedruckte Bücher aus den 1880er-Jahren zu kaufen sind als aus den 1980er-Jahren ist der, dass jedermann die Titel aus der alten Zeit lizenzfrei nachdrucken kann.

Diese Reorganisation des Marktes wird weder Walt Disney noch die Gebrüder Gershwin zu größerer Kreativität anspornen, da sie nicht länger unter uns weilen. Es steht sogar zu bezweifeln, dass die geschilderte Neuorganisation einen zusätzlichen Anreiz für heute lebende Autoren und Künstler darstellt, die immerhin 70 – statt der früheren 50 Jahre – tot sein müssen, bevor ihre Werke in die Public Domain übergehen. Es entbehrt nicht einer gewissen Ironie, dass Walt Disney so einige der klassischen Figuren und Geschichten, die er für seine Kreationen nutzte – wie etwa Aladdin, Arielle, die Meerjungfrau, oder Schneewittchen –, überhaupt nur deshalb verwenden konnte, weil sie gemeinfrei geworden waren. Heute ist die Public Domain weit kleiner als damals.

Inzwischen bemühen die Großkonzerne sich vor Gericht aggressiv um die Verlängerung ihrer Urheberrechte auf alles, was auch nur im Entferntesten als Spin-off ihrer gerade verlängerten Urheberrechte gewertet werden könnte. Das trägt sowohl zu ihrem Gewinn bei als auch zu ihrer wirtschaftlichen Macht – stellt jedoch den individuellen Schöpfer nicht selten vor unüberwindliche Barrieren, nicht zuletzt auch Programmierer mit einer Idee, die einer anderen ähnelt, auf die jemand bereits ein Copyright hat. So kommt es, dass die Big Player weiterhin abräumen, weil sie Unsummen auf die Beeinflussung dieser marktdefinierenden Entscheidungen verwenden können, während der Rest von uns in die Röhre guckt.

Kurz gesagt, das Eigentum, Grundbaustein aller Marktwirtschaft, beruht auf politischen Entscheidungen darüber, was besessen werden kann und unter welchen Umständen. Dank dem zunehmenden Reichtum und der damit wachsenden politischen Macht großer Unternehmen – von der Raffinesse und der Komplexität der Konturen geistigen Eigentums ganz zu schweigen – tendieren diese politischen Entscheidungen dazu, diesen Reichtum und die damit verbundene Macht zu vergrößern und zu zementieren. Die Sieger sind Könner in diesem Spiel. Der Rest von uns, dem es sowohl an Einfluss als auch an Einsicht in die Konsequenzen mangelt, geht dabei nicht selten leer aus. Während wir uns darüber zanken, was denn nun besser sei, »freier Markt« oder »Staat«, geht dieses Spiel weiter und die Gewinne der Sieger steigen stetig an.

5   DAS NEUE MONOPOL

Der zweite Baustein einer Marktwirtschaft ergibt sich direkt aus dem ersten. Geschäftsleute brauchen ein gewisses Maß an Marktmacht als Anreiz, das Risiko neuer Unternehmungen einzugehen. Wenn einem Unternehmen jeder Rivale mühelos und im Handumdrehen den Wettbewerbsvorteil abjagen könnte, gäbe es für dieses Unternehmen von vornherein keinen Grund zur Investition. Die Frage ist nur, wie viel Marktmacht tatsächlich wünschenswert ist, und das erfordert einen ähnlichen Kompromiss, wie wir ihn bereits vom Eigentum – auch dem geistigen Eigentum – her kennen. Eine erhebliche Marktmacht liefert starke Anreize zu Investition und Innovation, sorgt aber auch für einen Anstieg der Verbraucherpreise. Außerdem kann auch diese Macht sich in politischer Macht niederschlagen, was die Märkte weiter in eine Schräglage zugunsten derjenigen bringt, die über diese Macht verfügen. Aber wie sähe hier der »beste« Kompromiss aus? Das Problem ist, dass solche Entscheidungen sich üblicherweise in den Tiefen der Antitrust- und Antimonopolgesetze verstecken, denen Behörden zur Geltung verhelfen und die Ankläger und Gerichte interpretieren.

Auch in diesem Fall hat das grundlegende Problem nichts mit der hypothetischen Wahl zwischen »freiem Markt« und Staat zu tun. Es gilt vielmehr, Entscheidungen darüber zu fällen, ob ein bestimmtes Unternehmen – oder eine Gruppe von Unternehmen – eine »übermäßige« Marktmacht ausübt oder nicht. Und wiederum lautet die grundlegende Frage, wie solche Entscheidungen zustande kommen und wer auf sie Einfluss nimmt. Vielen der Konzerne, die in jüngsten Jahren breite Schneisen in ganze Marktsektoren geschlagen haben, ist das aus folgenden Gründen gelungen: durch die Erweiterung ihres Portfolios an geistigem Eigentum; durch die Erweiterung ihres Portfolios an natürlichen Monopolen, bei denen Größenvorteile kritisch sind; durch Fusion mit anderen oder den Erwerb anderer Unternehmen in ihrem Marktsektor; durch Erlangen der Kontrolle über Netzwerke und Plattformen, die zum Industriestandard geworden sind; durch den Einsatz von Lizenzierungsabkommen zur Ausweitung ihrer beherrschenden Stellung und ihrer Kontrolle des Marktes. Mit ihrer wirtschaftlichen Macht hat auch ihr Einfluss auf die Entscheidungen des Staats darüber zugenommen, ob solche Praktiken überhaupt erlaubt sein sollten.

All das legt kleineren Unternehmen Steine in den Weg. Im Gegensatz zur landläufigen Vorstellung von einer amerikanischen Wirtschaft mit zahllosen innovativen kleinen Firmen sieht die Realität ganz anders aus. Geistiges Eigentum, Netzwerkeffekte, natürliche Monopole, teure Forschung und Entwicklung, Heerscharen von Anwälten für Prozesse gegen potenzielle Rivalen und Armeen von Lobbyisten stellen für Markteinsteiger ungeheure Barrieren dar. Dies ist einer der wesentlichen Gründe dafür, dass die Neugründungsquote von Unternehmen in den Vereinigten Staaten sich in den letzten Jahren deutlich reduziert hat. Zwischen 1978 und 2011, dem Zeitraum also, in dem die neuen Konzernriesen die Kontrolle übernommen haben, hat sich die Quote laut einer Studie der Brooking Institution aus dem Mai 2014 halbiert.[1] Dieser Niedergang steht über den Konjunkturphasen; weder die expansiven Phasen Ende der 1990er- und frühen 2000-Jahre noch die Rezessionen von 2001 und 2008/09 scheinen irgendeine Wirkung auf diesen Abwärtstrend gehabt zu haben.[2] Ebenso immun war der Trend gegenüber den jeweiligen Mehrheiten im Kongress oder den Parteien im Weißen Haus (siehe Abbildung 1).[3]

Die anhaltende Dominanz der neuen Konzernriesen ist jedoch keineswegs in Stein gemeißelt. Ein Newcomer mit einer weit besseren Idee könnte durchaus am Markt eines Riesen zu knabbern beginnen – obwohl der Riese heute den Neuling vermutlich einfach aufkaufen würde, bevor der ihm größeren Schaden zufügen kann. Es besteht jedoch durchaus die Möglichkeit, dass ein aggressiver Verfechter des Kartellrechts vor Gericht einen Sieg erringt, der den Riesen dazu zwingen würde, einen Marktanteil abzugeben –

Abb. 1: Der Rückgang des amerikanischen Unternehmergeistes im Lauf der Zeit

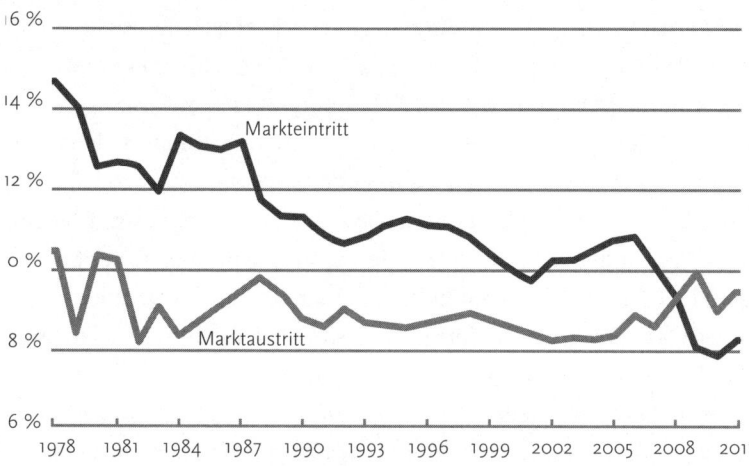

Markteintritts- und Marktaustrittsquote in den USA, 1978–2011

Quelle: U.S. Census Bureau, Business Dynamics Statistics (BDS)

obwohl die Armee von Anwälten des Riesen einen solchen Angriff wahrscheinlich stoppen würde. Vermutlich würden die Verbündeten des Riesen in der Legislative den Angriff von vornherein zu unterbinden versuchen. Weit wahrscheinlicher wäre, dass die Gefahr für einen Riesen von einem anderen Giganten ausginge, der ihm seinen Markt abzujagen versucht.

So, wie sie ihre Möglichkeiten perfektioniert haben, ihre Profite zur Festigung ihrer wirtschaftlichen und politischen Macht einzusetzen, ist die Position der neuen Konzernriesen bemerkenswert stark. Sie preisen den »freien Markt«, während sie eifrig dabei sind, ihn zu ihrem Vorteil umzuformen. Sie sind die großen Macher der New Economy, und der Durchschnittsbürger bezahlt die Zeche.

Man sollte sich einmal vor Augen halten, dass die Vereinigten Staaten 2014 mit das teuerste und gleichzeitig das langsamste Breitband unter den Industrieländern hatten. Die durchschnittliche Höchstgeschwindigkeit amerikanischer Internetverbindungen lag fast

40 Prozent unter der von Hongkong oder Südkorea.[4] Zahlreiche Amerikaner mit niedrigem Einkommen können sich zu Hause erst gar keinen Hochgeschwindigkeitszugang leisten.[5] Die Kosten sind deshalb so hoch und der Dienst so schlecht, weil die große Mehrheit der Amerikaner auf ihr lokales Kabelmonopol angewiesen ist, wenn sie ins Internet will.[6] Die amerikanischen Kabelmonopolisten haben noch Leitungen unter der Erde, die weit langsamer sind als zeitgemäße Lichtleitkabel. Was Glasfaseranschlüsse anbelangt, liegen die USA, zu der Zeit, in der ich dieses Buch schreibe, hinter Schweden, Estland, Südkorea, Hongkong, Japan und fast allen anderen Industrieländern – oder anders gesagt, weltweit auf dem 28. Platz, was das Tempo von Internetanschlüssen angeht.[7]

So haben zum Beispiel 100 Prozent der Bewohner Stockholms Hochgeschwindigkeitsanschlüsse zu Hause, für die sie umgerechnet gerade einmal 28 Dollar im Monat bezahlen. Der Grund dafür? Nun, die Stadt Stockholm hat für Glasfaserleitungen gesorgt und sie dann an private Betreiber vermietet. Das führte zu einem intensiven Wettbewerb unter den Betreibern, zu niedrigen Preisen und flächendeckendem Internet. Die Kosten des Projekts hatten sich rasch amortisiert, und bereits 2014 brachte das Netz der Stadt Millionen an Einkünften ein.[8]

Was hält amerikanische Städte davon ab, es ebenfalls so zu halten? Ganz einfach: Kabelbetreiber mit dicken Konten und enormer politischer Bugwelle. Diese Unternehmen sind typisch für die neuen Monopolisten. Sie bezahlen den Städten jährlich Millionen für Fernsehanschlüsse, um ihr Monopol zu behalten, und geben weitere Millionen für Lobbyisten und Anwälte aus, um sicherzustellen, dass die Städte nicht auf dumme Gedanken kommen. Diese Unternehmen haben es tatsächlich geschafft, 20 Bundesstaaten Gesetze abzunötigen, die den Städten das Verlegen von Glasfaserkabeln verbieten.[9] 2011 gestand John Malone, Chef des größten Kabelanbieters der Welt Liberty Global, was hochkapazitive Datenleitungen in den USA anbelange, sei »Kabel heute praktisch ein Monopol«.[10] 2014 stand über 80 Prozent der Amerikaner nur ein Kabelanbieter für hochkapazitive Anschlüsse ans Internet zur Verfügung; sie hatten schlicht und einfach keine andere Wahl.[11] Da keiner der Kabelanbieter ernst zu nehmende Konkurrenten hat, sieht er auch keinen Anreiz, in teure Glasfasernetze zu investieren – geschweige denn, dass er die niedrigen Preise, die ihre Größenvorteile mit sich bringen, an den Verbraucher weitergibt.[12]

Eine Stadt, die sich gegen diesen Trend gestellt hat, ist Chattanooga in Tennessee; sie hat selbst ein Glasfasernetz verlegen lassen. In noch nicht einmal einer Minute haben die beneidenswerten Einwohner von Chattanooga einen zweistündigen Film aus dem Netz gezogen – dazu braucht man bei typischen Breitbandanschlüssen fast eine halbe Stunde. Aber die Kabelbetreiber schlagen zurück. Bereits 2014 hatte Comcast, einer der größten Kabelbetreiber der USA, das stadteigene Versorgungsunternehmen zweimal verklagt und gab Millionen für eine PR-Kampagne aus, die darauf abzielte, den öffentlichen Dienstleister in Misskredit zu bringen.[13]

Auch hier sehen wir uns nicht vor der Alternative »freier Markt« oder Staat. Wer in den USA das Kabel verlegt, hat das Monopol darauf, weil niemand sonst wirtschaftliche Anreize zur Verlegung neuer Kabel sieht. Das wahre Problem besteht darin, wie das Monopol organisiert ist. Sie erinnern sich: Stockholm hat den Wettbewerb auf dem privaten Sektor stimuliert. Comcast und andere amerikanische Kabelbetreiber sehen sich, wenn überhaupt, nur vereinzelt im Wettbewerb mit anderen und sind dabei, ihre Macht noch weiter zu konsolidieren.[14] Mag sein, dass Breitbandkabel schließlich Konkurrenz zu befürchten haben wird, wie etwa DSL-Upgrades von Telefonanbietern, Next-Generation-WLAN und Very-Highspeed-Glasfaser-Verbindungen, wie sie in einigen Städten von Google zu haben sind. Aber mit keiner dieser Alternativen ist in absehbarer Zeit zu rechnen, und den meisten Städten fehlen einfach Geld und Knowhow für Googles Glasfaserlösung. Einfach ausgedrückt, Kabel ist alles, was zu haben ist – und die Kabelbetreiber werden sicherlich dafür sorgen, dass das so bleibt.

Comcast und andere Kabelbetreiber verwenden jedes Jahr Millionen auf Lobbying und Wahlkampfspenden; 2014 lag Comcast an 13. Stelle aller Unternehmen und Organisationen, die ihre Lobbying-Aufwendungen angeben, und auf Platz 28 bei Wahlkampf-spenden. Ganz abgesehen davon, dass sie den an einschlägigen Entscheidungen beteiligten Amtsträgern Jobs in Aussicht stellen. Michael Powell, der 2002 der Bundesbehörde für das Fernmeldewe-sen – Federal Communications Commission (FCC) – vorsaß, wurde danach Chef der Lobbying-Gruppe der Kabelbranche.[15] (Die National Cable and Telecommunications Association lag 2014, was Aufwendungen für das Lobbying angeht, auf Platz 7.[16])

Comcast gehört außerdem zu Washingtons großen »Drehtüren« zwischen dem öffentlichen und dem privaten Sektor. Von den 126 Lobbyisten, die 2014 für Comcast tätig waren, hatten 104 vor ihrem Eintritt bei Comcast für den Staat gearbeitet.[17] Die ehemalige FCC-Mitarbeiterin Meredith Attwell Baker zum Beispiel fing bereits vier Monate, nachdem sie 2011 für die Fusion von Comcast und NBCUniversal gestimmt hatte, bei Comcast an.[18] (Sie stieg später auf die Lobbying-Gruppe der Branche um.) Unter Comcasts hauseigenen Lobbyisten finden sich sowohl einige ehemalige Stabschefs der Demokraten als auch der Republikaner von Senat und Repräsentantenhaus sowie ein ehemaliger Commissioner der FCC.[19]

Ich unterstelle hier nicht, dass es dabei nicht mit rechten Dingen zugegangen wäre; ganz im Gegenteil: CEOs sind der Ansicht, dass sie die Dividenden der Aktionäre zu maximieren haben, und eines der Mittel dazu besteht darin, das politische Spiel so gut wie irgend möglich zu spielen, mit anderen Worten, die größten und besten Teams von Juristen und Lobbyisten aufzubieten. Fachverbände sehen ihre Rolle in der bestmöglichen Interessenvertretung ihrer angeschlossenen Unternehmen. Dazu gehört es eben auch, nach Kräften Lobbyarbeit zu leisten, so viel Geld wie irgend möglich für die politischen Kampagnen gefügiger Abgeordneter aufzutreiben und selbst ehemaligen Staatsdienern Jobs anzudienen. Amtsträger sehen ihrerseits ihre Verantwortung darin, im Interesse der Öffentlichkeit zu handeln. Nur entsteht ihr Verständnis von öffentlichem Interesse nicht selten aus dem Schnittpunkt der organisierten Interessen, die man ihnen vorträgt. Je größer und reicher die Organisation, desto besser die Erklärung ihrer Anwälte und Sachverständigen, was für die Öffentlichkeit gut und von Vorteil sei. Und bei Amtsträgern, die einmal für eine solche Organisation tätig waren oder auch nur mit dem Gedanken spielen, irgendwann für sie zu arbeiten, kommen die Argumente der Lobby besonders gut an.

Für die Mechanismen des »freien Marktes« gilt, dass politische und wirtschaftliche Macht voneinander leben und eine die andere stärkt. In der Zeit der neuen Monopole gilt das mehr denn je.

Der Biotech-Riese Monsanto *besitzt* die genetischen Schlüsseleigenschaften von über 90 Prozent der in den USA angebauten Sojabohnen und 80 Prozent des Maises.[20] Dieses Monopol erwuchs aus einer sorgfältig ausgearbeiteten Strategie. Man ließ sich seine eigenen genmanipulierten Sorten ebenso patentieren wie ein Herbizid, das Unkraut vernichtet, ohne dass die eigenen Soja- und Maissorten Schaden nehmen. Das Herbizid und das dagegen resistente Saatgut sparten den Bauern anfangs viel Zeit und Geld. Der Einkauf hatte jedoch einen Haken, an dem sie für alle Zeiten hängen bleiben sollten: Die Soja- und Maissorten aus diesem Saatgut produzieren keine eigenen Samen, sodass die Bauern jede Saison zum Ankauf neuen Saatguts gezwungen sind. Darüber hinaus müssen sie sich, falls sie noch Saatgut übrig haben, bereit erklären, dieses weder aufzuheben, noch irgendwann auszubringen. Anders gesagt, hängen die Bauern erst einmal an diesem Haken, bleibt ihnen kaum etwas anderes übrig, als ihr Saatgut für den Rest ihres Lebens von Monsanto zu beziehen. Zur Sicherung seiner Marktdominanz verbietet Monsanto den Großhändlern, Saatgut der Konkurrenz auch nur zu lagern, abgesehen davon, dass man so gut wie alle restlichen kleinen Saatguthersteller aufgekauft hat.[21]

Es überrascht auch nicht weiter, dass es kaum 15 Jahre dauerte, bis Amerikas Landwirtschaft praktisch von Monsanto abhängig war.[22] Eine Folge davon ist ein Anstieg der Preise weit über den Anstieg der Lebenshaltungskosten hinaus. Seit 2001 hat Monsanto den Preis für das Saatgut von Mais und Sojabohnen verdoppelt.[23] Die Durchschnittskosten für die Bewirtschaftung eines Acres (4047 m²)

Sojabohnen sind zwischen 1994 und 2011 um 325 Prozent gestiegen, der Preis vor Maissaatgut um 259 Prozent.[24] Eine weitere Folge ist der drastische Rückgang der genetischen Diversität bei den Saaten, von denen wir abhängig sind. Damit erhöht sich das Risiko, dass eine bestimmte Feldfrucht durch Krankheit oder klimatische Veränderungen auf Jahre hinaus, wenn nicht gar für immer ausgelöscht wird.[25] Eine dritte Folge ist die Allgegenwart genmanipulierter Anteile in unserer Nahrungskette.[26]

Sicher, von einer derart marktbeherrschenden Position genmanipulierten Saatguts oder gar einer Marktdominanz wie die von Monsanto in den Vereinigten Staaten kann in der Europäischen Union im Augenblick noch keine Rede sein. Dennoch ist das Biopatent auf dem Vormarsch. Nach Angaben der internationalen Koalition No Patents On Seeds wurden in der EU allein 2010 »etwa 250 Patente auf gentechnisch veränderte Pflanzen sowie weitere 100 Patente auf Pflanzen angemeldet, die ohne Gentechnik gezüchtet wurden«.[27] Für das Jahr 2013 betrug die Zahl der einschlägigen Patentanmeldungen 507, die Zahl der erteilten Patente lag bei 220.[28] Bis 2016 wurden »in Europa bereits etwa 1400 Patentanträge auf konventionelle Züchtung eingereicht, etwa 180 Patente« habe das Europäische Patentamt in München (EPA) bereits erteilt.[29] Vielleicht sollte Deutschland sich das amerikanische Beispiel näher ansehen, bevor es in eine ähnliche Abhängigkeit von Saatgutherstellern gerät wie die USA. Als die Europäische Union Anfang 2014 über den umstrittenen Genmais 1507 der US-Saatgutfirma Dupont Pioneer abstimmte, kam die Zulassung nicht zuletzt durch die deutsche Stimmenthaltung zustande, was Bundeskanzlerin Merkel den Vorwurf eintrug, »Rücksicht auf die Gentech-Lobby« genommen zu haben.[30] Immerhin widerrief man 2016 ein 2011 vom EPA an Monsanto vergebenes Patent auf eine Melone mit einer natürlichen, ohne Gentechnik gezüchteten Resistenz gegen bestimmte Viren; da die Resistenz in indischen Melonen entdeckt worden war, hätte sie laut europäischem Patentrecht gar nicht patentiert werden dürfen. Der Erfolg der Eingabe gegen das Patent zeigt, dass hier bei aller Tendenz noch eine Kraft am Wirken ist, die Washington abhandengekommen zu sein scheint.

Monsantos zunehmende wirtschaftliche Macht hat – Schritt für Schritt – seine politischen Möglichkeiten erweitert, die Regeln zu seinen Gunsten zu manipulieren, was für das Unternehmen wiederum ein Plus an Wirtschaftsmacht bedeutet. Angefangen mit dem Gesetz zum Sortenschutz von Pflanzen (Plant Variety Protection Act) von 1970 über eine Reihe von Gerichtsurteilen hat Monsanto den Schutz seines geistigen Eigentums an genetisch verändertem Saatgut gestärkt.[31] Gegen die Versuche anderer Länder, gentechnisch verändertes Saatgut zu verbieten, hat sich Monsanto durch politische Einflussnahme in Washington ebenso erfolgreich gewehrt wie gegen Anläufe zum Schutz der Biodiversität. Selbst gegen eine bloße Kennzeichnung genetisch veränderter Nahrungsmittel hat das Unternehmen sich in den Parlamenten des Bundes wie denen einiger Einzelstaaten erfolgreich zur Wehr gesetzt.[32] In Europa gibt es hingegen, seit April 2004 durch EU-Recht verbindlich geregelt, eine Kennzeichnungspflicht von Gentech-Produkten.[33] Sie gilt auch für unverpackte Lebensmittel und greift ebenso in Kantinen und Gaststätten. Und dabei sind in der EU noch fast keine genmanipulierten Lebensmittel auf dem Markt, da die Verbraucher überwiegend – in Deutschland zu 80 Prozent – gegen Gentechnik in der Nahrung sind.

Zur Durchsetzung und Festigung seiner beherrschenden Stellung beschäftigt das Unternehmen eine Phalanx von Anwälten. Man verklagt Konkurrenten wegen Patentverletzungen und Landwirte, weil sie Saatgut zur Neuaussaat aufbewahren wollen.[34] Außerdem hindern Monsantos Anwälte unabhängige Wissenschaftler an der Untersuchung seines Saatguts mit dem Argument, solche Forschungen verstießen gegen den Patentschutz des Unternehmens.[35] Man möchte nach alledem meinen, dass Monsantos erdrückende Marktmacht das Unternehmen zum bevorzugten Ziel der Kartellrechtler machen sollte. Falsch gedacht. 2012 gelang es Monsanto, einer zweijährigen Untersuchung des Justizministeriums ein Ende zu machen; die dortige Antitrust Division hatte sich mit der beherrschenden Stellung des Unternehmens auf dem Saatgutsektor befasst.[36]

Monsanto gebührt die zweifelhafte Ehre, mehr Geld – allein 2013 $7 Millionen – für das Lobbying auszugeben als irgendein anderes Unternehmen im Agribusiness.[37] Darüber hinaus haben Monsantos ehemalige (und künftige) Angestellte nicht selten Top-Positionen sowohl bei der Bundeslebensmittelbehörde (Food and Drug Administration) als auch im Landwirtschaftsministerium inne; sie besetzen mit landwirtschaftspolitischen Fragen befasste Parlamentsausschüsse und werden einschlägige Berater sowohl der Führungsspitze im Kongress als auch im Weißen Haus.[38] Zwei von Monsantos Lobbyisten sind ehemalige Parlamentarier, Vic Fazio saß im Kongress und Blanche Lincoln ist eine ehemalige Senatorin. Selbst Clarence Thomas, Richter am obersten Bundesgericht, war einmal als Anwalt für Monsanto tätig. Wie jeder andere neue Monopolist hat Monsanto seine wirtschaftliche Macht strategisch zur Stärkung seiner politischen Macht und Letztere wiederum zur Festigung seiner Marktmacht eingesetzt.

Es ist durchaus sinnvoll, die Strategie der neuen Monopolisten als Versuch der Integration von wirtschaftlicher und politischer Vorherrschaft zu sehen. Sie erwerben Schlüsselpatente, geben Unsummen für deren Schutz aus und überhäufen Konkurrenten mit Patentrechtsklagen. Darüber hinaus bedienen sie sich verbindlicher Lizenzverträge, die potenzielle Wettbewerber dazu verpflichten, ihnen ganze Serien ihrer Produkte abzunehmen, und gleichzeitig ihre Kundschaft an der Verwendung von Konkurrenzprodukten hindern – womit man de facto Industriestandards schafft. Wohlwollende Gerichtsurteile, vorteilhafte Gesetze und administrative Entscheidungen gegen Kartellrechtsklagen – oder für solche Klagen gegen die Konkurrenz – weiten diese De-facto-Standards auf ganze Wirtschaftssektoren aus.

Monsantos genetisch verändertes Saatgut ist nur ein Beispiel, aber es gibt sie in Hülle und Fülle, gerade im Hightech-Sektor, wo eine Handvoll Unternehmen – Google, Apple, Facebook, Twitter, Amazon und Alibaba – emsig patentierte Systeme schaffen, die weltweit für Standards und Netzwerkplattformen sorgen. Je mehr

Leute diese Standards oder Plattformen nutzen, desto nützlicher werden sie. Wenn genügend Leute sie anwenden, bleibt dem Rest keine andere Wahl mehr, als sie ebenfalls anzuwenden.

Wenn Sie Apples zunehmend beliebtes iPhone wollen, um nur ein Beispiel zu nennen, dann müssen Sie auch die entsprechende Software akzeptieren. Zwar können andere Entwickler ihre Apps auf Apple-Geräten einsetzen, aber Apples eigene Software läuft oft reibungsloser. Googles Browser Chrome läuft auf Apple-Hardware nicht so gut wie Apples eigener kostenloser Browser Safari. Und Safari ist der einzige Browser, der auf Apple-Produkten vorinstalliert ist. Das liegt einfach daran, dass Apple anderen Softwareentwicklern den Zugang zu seiner schnelleren Nitro JavaScript Engine verwehrt, auf der die hauseigene Software basiert. Apple zufolge ist seine Software so perfekt mit seiner Hardware integriert, um seinen Käufern ein »nahtloses Erlebnis« zu garantieren.[39] Wahrscheinlich geht es Apple jedoch um die absolute Kontrolle, damit seine Software in ähnlichem Maß zum Standard wird wie sein iPhone oder andere Hardware.

Wird der Bund gegen Apple Kartellrechtsklage einreichen wie in den 1990er-Jahren gegen Microsoft, als man Bill Gates vorwarf, sein marktbeherrschendes Windows gesetzwidrig mit dem Explorer zu bündeln, um de facto für einen Industriestandard zu sorgen? (Microsoft entschied sich damals in einer außergerichtlichen Einigung dafür, seine Programmierschnittstellen mit anderen Firmen zu teilen.[40]) Das scheint hier eher unwahrscheinlich. Technisch gesehen erlaubt Apple den Betrieb fremder Software auf seiner Hardware durchaus. Aber nur für den Fall der Fälle steht bei Apple ein vorzügliches Team von Juristen Gewehr bei Fuß, das weder Kosten noch Mühe scheuen wird, um einen solchen Prozess zu gewinnen. Es ist sicherlich kein Zufall, dass Apple – wie Google, Facebook, Microsoft und Amazon – in Washington eine Kompanie von Lobbyisten unterhält.[41] (Apples Aufwendungen für seine Lobbyisten beliefen sich 2013 dem Center for Responsive Politics zufolge auf $ 3 370 000, Amazons auf $ 3 456 000, Facebooks auf $ 6 430 000, Microsofts auf $ 10 490 000 und Googles auf $ 15 800 000. 2014 war Google das

Unternehmen mit den höchsten Aufwendungen für Lobbyarbeit in den USA.)

2012 legte das Wettbewerbsbüro der Bundeshandelskommission seinem Direktorium eine 160-seitige Analyse von Googles beherrschender Rolle auf dem Suchmaschinenmarkt vor und empfahl, dem Unternehmen den Prozess zu machen. Man bezichtigte Google eines Verhaltens, »das erheblichen Schaden für Kunden und Innovation an sich zur Folge haben wird«.[42] Es kommt eher selten vor, dass das Direktorium eine Empfehlung seiner Mitarbeiter nicht akzeptiert, aber in diesem Fall entschied man sich gegen die Klage. Eine Begründung für die Entscheidung gab es nicht, aber eine plausible Erklärung wäre Googles zunehmende politische Bugwelle.[43]

Im Gegensatz zu den amerikanischen Regulatoren leitete die Europäische Kommission im April 2015 ein förmliches Verfahren gegen Google wegen Verstoßes gegen EU-Kartellvorschriften ein.

Ob Apples Mobilgeräte nebst Software, der Content von Googles Suchmaschine, Twitters Tweets, Facebooks Connections, Amazons Shopping- oder Alibabas Handelsplattform: Der Besitz einer Plattform, die sich als Standard durchsetzt, garantiert enorme Einnahmen. Sicher, solche Plattformen können innovativen Menschen zuweilen durchaus bei der Präsentation ihrer Produkte – Apps, Bücher, Videos oder was auch immer – helfen. Aber die wahre Macht liegt bei den Besitzern der Plattform, sie profitieren in erster Linie von ihr, während sie die Innovativen bestenfalls benutzen. Je mehr Macht und Profite die Besitzer für sich verbuchen, desto weniger Spielraum haben die Innovatoren, wenn es an die Verhandlungen um bessere Preise für ihre Beiträge geht. Da fast keine Kosten mehr anfallen, um weitere Einheiten an den Mann zu bringen, können diese neuen Monopolisten potenzielle Konkurrenten ausschließen (oder aufkaufen) und so praktisch die totale Kontrolle an sich reißen – zusammen mit den Profiten und der juristischen und politischen Macht, die ein derartiges Maß an Kontrolle bringt.

Eine Handvoll Konzernriesen fährt die Ernte solcher Netzwerkeffekte ein. Je größer ihre Netzwerke werden, desto mehr Daten sammeln sie, was sie umso effektiver und mächtiger macht. Mag sein, dass die Verbraucher mit den Resultaten zufrieden sind; aber sie werden auch nie erfahren, welche Innovationen der Riese behindert oder gleich ganz unterdrückt hat, wie viel weniger sie womöglich andernfalls bezahlt hätten und wie man die Spielregeln zugunsten der Besitzer von Standardplattformen manipuliert.

Bereits 2014 waren, um nur ein Beispiel zu nennen, Google und Facebook für die meisten Amerikaner die ersten Anlaufstellen bei der Suche nach Nachrichten, während der Internet-Traffic der Sites einiger unserer besten Zeitungen, Fernsehsender und Nachrichtenagenturen auf deutlich unter 50 Prozent gesunken war.[44] Je neuer das Medienunternehmen, nehmen wir einmal BuzzFeed, desto wahrscheinlicher verlässt es sich auf Google oder Facebook, um Publikum anzuziehen.[45] All das hat Google und Facebook zu einer nie gekannten wirtschaftlichen und politischen Macht über diese entscheidenden Netzwerke verholfen. Erstaunlicherweise ist Amazon mittlerweile die erste Anlaufstelle für fast ein Drittel aller amerikanischen Verbraucher geworden, egal, was sie kaufen wollen.[46] Trotz der explosiven Zunahme von Websites im letzten Jahrzehnt haben die Seitenabrufe sich auf immer weniger Sites konzentriert. Konnten 2001 die Top Ten von Amerikas meistbesuchten Websites 31 Prozent aller Seitenaufrufe auf sich verbuchen, brachten es die Top Ten 2010 auf 75 Prozent.[47] Das nenne ich Macht.

Obwohl Amazon 2014 bereits für die Hälfte aller Buchverkäufe in den Vereinigten Staaten verantwortlich war, verzögerte oder stoppte man die Auslieferung der Titel von Amerikas viertgrößtem Verleger Hachette, um bessere Konditionen zu erzwingen (angeblich 50 Prozent der Einkünfte aus dem Verkauf von E-Books statt der üblichen 30 Prozent).[48] Amazon hielt das nur für fair, wo man doch für 60 Prozent der von Hachette in den USA verkauften E-Books verantwortlich war und Hachette mehr Umsatz mit digitalen Titeln machte als mit gedruckten.[49] Warum also sollte Amazon davon nicht ebenfalls profitieren? Amazon hatte zu dem Zeitpunkt bereits eine solche Macht über die Verlagsbranche, dass sich das Unternehmen einen Verlust an jedem verkauften Buch leisten konnte, um weitere Marktanteile für seinen 2007 vorgestellten Kindle E-Reader herauszuschlagen. Mit seinem Marktanteil an der Buchbranche konnte es die Bedingungen diktieren – so wie man es bei Hachette versuchte. Amazon erklärte sich schließlich damit einverstanden, dass Hachette die Preise für seine E-Books selbst bestimmte, aber das Unternehmen aus Seattle hatte der Branche gezeigt, dass es nicht zögern würde, von seiner Macht Gebrauch zu machen, wenn ein Verleger nicht spurt.[50] Buchhandelsriesen wie etwa Borders waren bereits vom Markt verschwunden, Barnes & Noble schwächelte gefährlich, und Tausende von kleineren Buchhandlungen hatten ohnehin bereits zugemacht.[51] Amazon war selbst ins Verlagsgeschäft eingestiegen. Wie lange wird es dauern, bis Amazon auch die Verleger verdrängt? In wie vielen Jahren wird das Unternehmen das physische Buch ganz durch Downloads aus einer gigantischen Bibliothek in der Cloud ersetzt haben? Oder anders gesagt, wie lange wird es dauern, bis Amazon eine derartige Macht hat, dass man sie auch missbraucht?

Zweifelsohne spart Amazon dem Verbraucher Geld, und das bei aller Bequemlichkeit eines Einkaufs im Web. Außerdem ermöglicht seine Plattform es mehr Autoren, ihre Bücher direkt an den Leser zu bringen. Amazon trägt jedoch deutlich zum Untergang von Buchhändlern und womöglich auch Verlagen bei und stärkt so seine wirtschaftliche Macht gegenüber allen Beteiligten – letztlich auch den Autoren. Wenn Autoren sich Amazons Preisdiktat nicht mehr unterwerfen wollen, dann haben sie womöglich irgendwann keine Alternativen mehr, ihre Werke einer potenziellen Leserschaft vorzustellen. Es ist also durchaus möglich, dass Amazon den Marktplatz für Ideen irgendwann im selben Würgegriff hat wie Google und Facebook die Nachrichtenbranche und dann – analog zu Monsantos Kampf gegen die Biodiversität in unserem Nahrungsmittelangebot – für die Verarmung unserer Geisteswelt sorgt.

Außerdem wächst mit Amazons zunehmender wirtschaftlicher Schlagkraft auch seine politische Macht. Es werden Entscheidungen darüber fallen müssen, wie wir den Markt organisieren, und Amazon hat bereits zur Genüge bewiesen, dass es seine Macht zur Gestaltung der Regeln einzusetzen weiß. 2012 hat das Unternehmen in aller Stille das Justizministerium zu Klagen gegen fünf große Verleger und Apple wegen illegaler Preisabsprachen bei E-Books gedrängt. Dennoch hob das Ministerium 2014 bei Amazons Taktiken, den Verlegern bessere Konditionen abzunötigen, noch nicht mal die Brauen. (Mag sein, dass es sich hier um reinen Zufall handelt, aber im September 2014 ging Amazon, wie es im *New York Times Bits*-Blog hieß, mit zwei Hachette-Titeln ganz unterschiedlich um: Daniel Schulmans *Sons of Wichita*, ein Profil der milliardenschweren Koch-Dynastie, verschickte man binnen zwei, drei Wochen, während man den Lesern das Werk des republikanischen Vorsitzenden des Haushaltsausschusses im Senat Paul Ryan in nur zwei Tagen versprach.[52]) In anderen Staaten sehen Buchhändler und Verleger sich durch Gesetze geschützt.

In Frankreich, zum Beispiel, kann kein Buchhändler mehr als 5 Prozent Rabatt auf den Richtpreis neuer Bücher geben, was zur Folge hat, dass Bücher überall in Frankreich etwa dasselbe kosten, selbst online.[53] Der französische Staat stuft Bücher als »Güter des Grundbedarfs« ein und stellt sie damit neben Strom, Wasser und Brot.[54] Und auch die Deutschen haben das bewährte System der Preisbindung im Buchhandel, das im »Gesetz über die Preisbindung für Bücher« geregelt ist.[55] Es dient »dem Schutz des Kulturgutes Buch«, indem es gewährleistet, dass dieses Kulturgut »für eine breite Öffentlichkeit zugänglich ist«. Und dieses Gesetz ist auch nicht durch Rabatte oder Wertgutscheine zu unterlaufen. Als Amazon in Deutschland Ende 2011 im Rahmen einer Werbeaktion Gutschriften für alte Bücher vergab, die Kunden einschicken konnten, klagte der Börsenverein des Deutschen Buchhandels und bekam vor dem Bundesgerichtshof Recht.[56]

Amerika dagegen eilt mit Riesenschritten einem ganz anderen Markt entgegen, einem Markt, der von Amazon geformt wird. Die jährlichen Aufwendungen des Unternehmens für Lobbying sind von $ 1,3 Millionen 2008 über $ 2,5 Millionen 2012 auf $ 4 Millionen 2014 gestiegen.[57] 2013 hat Amazon seine Präsenz in Washington durch den Ankauf der altehrwürdigen *Washington Post* durch seinen CEO Jeff Bezos weiter verstärkt.[58]

Im Unterschied zu den alten Monopolisten, die nur die Produktion kontrollierten, kontrollieren die neuen Monopolisten Netzwerke. Während im Fall der alten Monopole das Kartellrecht immer wieder für deren Zerschlagung sorgen konnte, halten die neuen Monopole sich kraft ihres politischen Einflusses das Kartellamt vom Leib.

2014 hielten die fünf größten Wall-Street-Banken 45 Prozent aller amerikanischen Bankaktiva, was einem Zuwachs von 25 Prozent seit 2000 entspricht.[58] Sie hatten damit praktisch die alleinige Kontrolle über den Börsengang von Unternehmen, spielten eine Schlüsselrolle bei der Preisgestaltung von Massengütern, hatten bei allen großen amerikanischen – und vielen überseeischen – Fusionen und Ankäufen die Hand im Spiel und waren für den Großteil des Handels mit Derivaten und anderen komplexen Finanzinstrumenten verantwortlich. Die größten Wall-Street-Banken boten die größten finanziellen Erträge und die fettesten Boni; sie zogen die talentiertesten Leute an, hatten die größten Finanzpools unter sich und kontrollierten effektiv den Sektor mit den größten Zuwachsraten der US-Wirtschaft. Zwischen 1980 und 2014 wuchs der Finanzsektor sechsmal so schnell wie die Wirtschaft insgesamt.[60]

Auch hier nähren wirtschaftliche Tüchtigkeit und politische Macht einander und schaukeln sich auf. Ihre beherrschende Position auf dem Finanzsektor hat die großen Banken auch politisch potenter gemacht. Sie tragen in hohem Maße zu den Wahlkampfkassen beider großen Parteien, Republikaner wie Demokraten, bei. Bei den Präsidentschaftswahlen 2008 rangierte der Finanzsektor laut dem unparteiischen Center for Responsive Politics an vierter Stelle aller wirtschaftlichen Gruppierungen, was Beiträge zu Barack Obamas Wahlkampf und dem Democratic National Committee anbelangt.[61] Obama bekam dabei – mit etwa $ 16,6 Millionen – einen weit höheren Betrag von der Wall Street als sein republikanischer Gegner John McCain mit $ 9,3 Millionen.[62] An der Spitze der Spenden einer einzigen Firmenbelegschaft standen die Beschäftigten von Goldman Sachs.[63] Bei den Präsidentschaftswahlen 2012 gingen die Beiträge der Wall Street hauptsächlich an Mitt Romney.[64]

Die Wall Street lieferte auch das Personal für wirtschaftliche Schlüsselpositionen sowohl in den Regierungen der Republikaner als auch denen der Demokraten, und schließlich bietet sie Amtsträgern aus dem Bereich Wirtschaft lukrative Posten für die Zeit nach Washington. Die Finanzminister unter Bill Clinton und George W. Bush, Robert Rubin und Henry Paulson, Jr., waren vor ihrer Amtsübernahme beide in leitender Verantwortung bei Goldman Sachs tätig gewesen,[65] und Rubin ging nach seiner Amtszeit an die Wall Street zurück. Bevor er während des Wall-Street-Bail-outs Obamas Finanzminister wurde, hatte Rubin Timothy Geithner persönlich zum Präsidenten der New Yorker Fed ernannt; als Geithner aus der Regierung Obama ausschied, ging auch er an die Wall Street zurück.[66] Der ehemalige Mehrheitsführer der Republikaner im Repräsentantenhaus Eric Cantor war viele Jahre einer der rührigsten Fürsprecher der Wall Street im Kongress. Als Mitglied des Finanzdienstausschusses im Repräsentantenhaus, der unter anderem die Aufsicht über die Wall Street hat, machte er sich für den Bail-out der Wall Street stark, setzte sich dafür ein, dass »die Street« weiterhin Steuervorteile und Dividenden der Fed bekam, und sorgte für die Verwässerung des Dodd-Frank Acts zur Reform des Finanzmarktrechts.[67]

Im September 2014, nur zwei Wochen nach seinem Weggang aus dem Repräsentantenhaus, ging Cantor als Vice Chairman und Managing Director der Investmentbank Moelis & Company an die Wall Street – mit einem Grundgehalt von $ 400 000, einem Anfangsbonus von $ 400 000 in Cash und $ 1 Million in Aktien.[68] Cantor sollte das Washingtoner Büro der Firma leiten, vermutlich um Türen zu öffnen und dafür zu sorgen, dass der Kongress weiterhin so freigebig bleibt.[69] Cantor dazu: »Ich kenne Ken [den CEO der Bank] schon einige Zeit [und] habe das Wachstum und den Erfolg seiner Firma verfolgt.«[70] Genau. Die beiden hatten seit Jahren Geschäfte miteinander gemacht. Der ausgetretene Pfad zwischen Washington und Wall Street war selten so deutlich zu sehen, und auch die seit Langem bewährte Kultur gegenseitiger Steigbügelhalterei war kaum jemals so transparent.

Bereits in den Jahrzehnten vor dem finanziellen Super-GAU von 2008 waren die größten Banken immer größer und profitabler geworden, weil sie den Kongress und die Regierungen eines Präsidenten nach dem anderen bekniet hatten, allmählich all die Gesetze und Regeln zu streichen, die im Gefolge des Börsenkrachs von 1929 allzu riskante Wetten der großen Banken verhindern sollten. Nachdem dann genau diese Art von Risikofreudigkeit zum Crash von 2008 geführt hatte und der amerikanische Steuerzahler den Banken aus der Patsche half, wurden sie gar noch größer und mächtiger – und diesmal reicht ihre Macht aus, um alle neuen Regeln zur Vermeidung künftiger Krisen schon im Ansatz zu verwässern.

Und diese ganze Zeit über haben die großen Player der Wall Street konspirativ miteinander an der Vergrößerung ihrer Profite gearbeitet. 2014 zum Beispiel erklärten sich drei führende Private-Equity-Gesellschaften – Kohlberg Kravis Roberts (KKR), die Blackstone Group und TPG – zu einer außergerichtlichen Zahlung von $ 325 Millionen bereit. Sie wollten sich nicht wegen des Vorwurfs verantworten müssen, sie hätten sich abgesprochen, um den Preis von Übernahmezielen in den Keller zu drücken.[71] Es ist erwiesen, dass Blackstones Präsident Hamilton E. James, als die Firma ein Auge auf ein Unternehmen geworfen hatte, an George Roberts von KKR schrieb: »Wir würden lieber mit euch arbeiten als gegen euch. Gemeinsam kann uns keiner aufhalten, gegeneinander kosten wir uns möglicherweise eine Menge Geld.« Roberts antwortete: »Einverstanden.«[72]

Als Beispiel für eine geheime Absprache weit größeren Ausmaßes bietet sich der sogenannte LIBOR-Skandal an, in dem noch ermittelt wird, während ich dieses Buch schreibe. Der LIBOR (kurz für »London Interbank Offered Rate«) ist der Referenzzinssatz für Kredite in Höhe von Billionen von Dollar weltweit; es handelt sich dabei um das täglich errechnete arithmetische Mittel aus den Zinssätzen von 11 bis 18 Großbanken.[73] Es gilt als erwiesen, dass Banker den LIBOR manipulierten, was es ihnen ermöglichte, mit Insiderwissen über Marktentwicklungen Wetten im globalen Finanzcasino abzuschließen.[74] Der Skandal konzentrierte sich zunächst auf eine

Bank mit Sitz in Großbritannien, Barclays, aber Barclays konnte den LIBOR nicht alleine manipuliert haben.[75] Barclays verteidigt sich sogar mit dem Argument, dass alle Großbanken den LIBOR auf diese Weise manipuliert hätten und alle aus ein und demselben Grund. Die neuen Monopolisten der Wall Street manipulieren die Finanzmärkte um des eigenen Vorteils willen. Und wieder sind wir es, die die Zeche bezahlen.

Auf dem Gesundheitssektor, der fast ein Fünftel der gesamten US-Wirtschaft ausmacht, zeichnet sich ein ähnliches Schema ab.[76] Noch bevor der Affordable Care Act auf dem Reißbrett war, fusionierten Kassen, Krankenhäuser und Klinikkomplexe bereits zu immer größeren Einheiten. Krankenversicherer pflegen schon seit Langem starke Bande mit der Politik. 1945 deichselten sie im Kongress eine Ausnahme vom Kartellrecht; nun war es ihnen erlaubt, Preise festzusetzen, Märkte zuzuweisen und Absprachen über den Deckungsumfang zu treffen – alles in der Annahme, sie würden dabei von staatlichen Regulatoren überwacht.[77] Aber in den 1980er-Jahren waren sie längst zu groß geworden, als dass ihnen die Regulierungseinrichtungen der Bundesstaaten noch auf die Finger hätten schauen können; sie hatten sich zu einigen wenigen großen landesweiten Unternehmen zusammengeschlossen; das entzog sie einerseits der Behördenaufsicht der Bundesstaaten und brachte ihnen andererseits in Washington noch mehr politische Macht ein.

Ihr Zusammenschluss trug ihnen außerdem größere Verhandlungsmacht gegenüber den Krankenhäusern bei der Festlegung der Vergütungen ein. Als Reaktion darauf begannen die Krankenhäuser ihrerseits zu immer größeren Kliniksystemen zu fusionieren. So waren sie in der Lage, mit den Versicherern höhere Vergütungen auszuhandeln. Folge davon waren eine Kostenspirale und immer weniger Alternativen. 1992 verfügte eine amerikanische Stadt durchschnittlicher Größe über vier Krankenhäuser; 2014 waren es gerade noch zwei.

Die Konsolidierung auf beiden Seiten gab Krankenhäusern und Versicherern zusammen noch mehr Macht an die Hand. Als der

Kongress über den Affordable Care Act zu debattieren begann, war die gemeinsame Position der beiden Gruppen in Washington bereits stark genug, um sicherzustellen, dass das neue Gesetz die Profite sowohl der großen Kassen als auch der gigantischen Klinikkonglomerate nach oben trieb. Sie machten ihre Unterstützung der Vorlage von einer allgemeinen Versicherungspflicht unter Ausschluss einer »staatlichen Option« abhängig, die dem Einzelnen statt der privaten die Alternative einer staatlichen Krankenversicherung nach Art von Medicare* gegeben hätte. Ihre Profite aus dieser Taktik belaufen sich auf Hunderte von Milliarden Dollar. Direkt oder indirekt kommt der Rest von uns dafür auf.

Warum ist das Kartellrecht im Fall der neuen Monopolisten weniger effektiv als bei den älteren Monopolen? Nun, zunächst einmal haben diejenigen, die den Antitrustgesetzen Geltung verschaffen sollen, eines ihrer ursprünglichen Ziele aus den Augen verloren: zu verhindern, dass geballte wirtschaftliche Macht sich in einem Übermaß an politischem Einfluss niederschlägt.

Märkte brauchen Regeln zur Bestimmung des Maßes, in dem wirtschaftliche Macht konzentriert werden kann, ohne dass das System selbst Schaden nimmt. Es gibt dafür jedoch keine »korrekte« Lösung; es gilt vielmehr abzuwägen: die mit Großunternehmen einhergehenden Effizienzen gegen die Macht solcher Unternehmen, an der Preisschraube zu drehen; die Innovationen gemeinsamer Plattformen und Standards gegen ihre Möglichkeit, die Innovationen anderer zu unterdrücken. Und schließlich braucht es Entscheidungen darüber, wie viel wirtschaftliche Macht für eine einzelne Gruppe angemessen oder zulässig ist.

Es geht dabei auch noch um etwas weit Grundlegenderes: die Auswirkungen konzentrierter wirtschaftlicher Macht auf gewählte Amtsträger sowie auf die Staatsanwälte, Justizminister und Richter, die sie benennen oder im Amt bestätigen, und um den Einfluss all dieser Menschen auf die Gestaltung der Regeln des Marktes.

* Medicare ist lediglich älteren und behinderten Menschen zugänglich.

Wir sprechen heute nicht mehr darüber, aber der politische Einfluss konzentrierter wirtschaftlicher Macht galt Ende des 19. Jahrhunderts, als der Kongress Amerikas erste Antitrustgesetze verabschiedete, als zentrales Problem. Man bezeichnete die Wirtschaftswissenschaften damals noch als »politische Ökonomie« und wusste, unmäßige Macht stellt eine Gefahr sowohl für die Politik als auch für die Wirtschaft dar. Wir sprechen hier von der Ära der »Raubritter«, der großen Magnaten wie Andrew Carnegie, John D. Rockefeller und Cornelius Vanderbilt, deren Stahlwerke, Ölpumpen und Raffinerien und Eisenbahnen die Grundlagen Amerikas als industrielle Größe legten. Auch sie drückten Rivalen aus dem Rennen, die ihre dominanten Positionen gefährdeten, und scherten sich nicht um die Demokratie. Sie stellten ihre eigenen Kandidaten auf und schmierten ganz unverfroren Amtsträger – sie schreckten noch nicht einmal davor zurück, Leute mit Säcken voll Geld in die Büros empfänglicher Abgeordneter zu schicken. »Was schert mich das Gesetz?«, meinte Vanderbilt brummig, ein Ausspruch, der traurige Berühmtheit erlangte.[78] »Hab' ich nicht die Macht?« Achtundvierzig aller dreiundsiebzig Kabinettsmitglieder zwischen 1868 und 1896 leisteten entweder Lobbyarbeit für Eisenbahnen, arbeiteten für Eisenbahnkunden, saßen im Vorstand von Eisenbahngesellschaften oder hatten Verwandtschaft, die mit Eisenbahnfirmen verbandelt war.[79]

In der Öffentlichkeit machte man sich zunehmend ernsthaft Sorgen über die wirtschaftliche und politische Macht solcher Zusammenschlüsse, die man damals »Trusts« nannte. »Die Unternehmen des Landes häufen sich zu geschäftlichen Bündnissen von ungeheurer Größe mit beispiellosem Kapital und sind in ihrem kühnen Marsch nicht nur auf ökonomische Eroberungen aus, sondern auf politische Macht«, warnte Edward G. Ryan, Vorsitzender von Wisconsins Supreme Court, 1873 den Abschlussjahrgang der dortigen Staatsuniversität. »Es wird sich die Frage stellen, und zwar noch zu Ihrer Zeit, wenn auch vielleicht nicht mehr in vollem Ausmaß zu meiner, ›Was soll herrschen – Reichtum oder Mensch; was soll führen – Geld oder Intellekt; wer soll öffentliche Ämter bekleiden –

gebildete und patriotische Männer oder feudalzeitliche Leibeigene des Gesellschaftskapitals?‹« [80]

Die Gefahren unkontrollierter wirtschaftlicher und politischer Macht waren demnach in den Augen der Öffentlichkeit offensichtlich nicht voneinander zu trennen. Den Leim lieferte die Wall Street. Die populistische Reformerin Mary Lease erhob 1890 bei einer Ansprache im Namen der Farmers' Alliance den Vorwurf: »Das Land gehört der Wall Street. Wir haben längst keine Regierung des Volkes, durch das Volk und für das Volk mehr, sondern eine Regierung der Wall Street, durch die Wall Street und für die Wall Street.« [81] Man sah das Einschreiten gegen Trusts als Mittel zum Zerschlagen der diabolischen Bande zwischen der wirtschaftlichen und der politischen Macht der neuen Zusammenschlüsse. »Freiheit schafft Wohlstand und Wohlstand vernichtet Freiheit«, schrieb Henry Demarest Lloyd in seinem viel gerühmten Werk *Wealth Against Commonwealth* (1894). [82] »Die Flammen der neuen ökonomischen Revolution umzingeln uns, und wir wenden uns um und stellen fest, dass der Wettbewerb den Wettbewerb getötet hat, dass Unternehmen größer geworden sind als der Staat ... dass das brennendste Problem unserer Zeit darin besteht, dass Eigentum zum Herren wird, anstatt Diener zu sein.«

John Sherman, republikanischer Senator aus Ohio, unterschied erst gar nicht zwischen wirtschaftlicher und politischer Macht, als er 1890 seine Kollegen im Kongress drängte, etwas gegen die zentralisierten Mächte der Industrie zu unternehmen, die eine Gefahr für Amerika darstellten. Er sah keinen Unterschied zwischen diesen beiden Arten von Macht. »Wenn wir keinen König als politische Macht dulden«, wetterte Sherman, »sollten wir auch keinen König über Produktion, Transport und den Verkauf irgendeines unserer lebensnotwendigen Güter dulden.« [83]

Amerika wollte Taten sehen, und so verabschiedete der Senat Shermans Antitrust Act mit einer Mehrheit von 52 zu 1 Stimme. Nachdem die Vorlage das Repräsentantenhaus ohne Gegenstimme passiert hatte, machte Präsident Benjamin Harrisons Unterschrift sie am 2. Juli 1890 zum Gesetz. [84] Seiner eigentlichen Absicht zuwider, setzte man es in den ersten Jahren als Waffe gegen die organisierte Arbeiterschaft ein; konservative Staatsanwälte und Juristen interpretierten den Sherman Act als Waffe gegen die Gewerkschaften (darauf komme ich später noch). Mit Beginn der progressiven Ära 1901 waren die Präsidenten dann jedoch bereit, den Sherman Act so einzusetzen, wie er vom Kongress beabsichtigt war: zur Zerschlagung des Bands zwischen wirtschaftlicher und politischer Macht. Präsident Theodore Roosevelt geißelte die »reichen Verbrecher«, denen »die Arbeiter, die sie unterdrücken, so gleichgültig sind wie der Staat, dessen Existenz sie gefährden«.[85] Er setzte das Gesetz gegen E. H. Harrimans riesige Northern Securities Company ein, die man zusammengestückelt hatte, um das Transportwesen im Nordwesten der USA zu dominieren. Wie Roosevelt später erzählte, war für ihn das Verfahren eine »Bekanntmachung an alle, dass der Staat unsere Vereinigten Staaten regieren würde und nicht die Harrimans«.[86] Weitere Antitrustverfahren strengte man gegen DuPont und die American Tobacco Company an.[87] Präsident William Howard Taft zerschlug 1911 Rockefellers ausuferndes Imperium Standard Oil.[88] Präsident Woodrow Wilson erklärte die gefährliche Verbindung zwischen exzessiver wirtschaftlicher und politischer Macht 1913 in seinem Buch *The New Freedom*: »Ich erwarte nicht, dass Monopole sich von sich aus Beschränkungen auferlegen. Wenn es in diesem Land Männer gibt, die groß genug sind, den amerikanischen Staat zu besitzen, dann werden sie das auch.«[89]

Im Lauf der Jahre jedoch kam der Antitrustidee die zentrale Sorge um die politische Macht abhanden. Die republikanischen Präsidenten der 1920er-Jahre machten sich keine großen Gedanken um wirtschaftliche Zusammenschlüsse, die groß genug waren, um den amerikanischen Staat zu besitzen, weil sie auf das Wohlwollen eben dieser Unternehmensriesen angewiesen waren. Nach dem Börsenkrach von 1929 ermutigte Franklin D. Roosevelt Firmen sogar zur Zusammenarbeit,[90] anstatt miteinander zu konkurrieren (bis 1938, als er Thurman Arnold zum Chef der Antitrust Division beim Justizministerium ernannte und Arnold praktisch mit der Kettensäge auf Kartelle losging). Nach dem Zweiten Weltkrieg konzentrierte sich die Antitrust Division fast ausschließlich auf die Interessen des Verbrauchers, das heißt, man hinderte Großunternehmen oder deren Zusammenschlüsse daran, genügend Marktmacht für übermäßige Preiserhöhungen aufzubauen. AT&T Bell Systems' Fernmeldemonopol wurde 1984 nicht deshalb aufgeteilt, weil man exzessive politische Macht und Einfluss auf die Gesetzgeber fürchtete, sondern weil man der Ansicht war, es würde den Wettbewerb ersticken und weiterhin für zu hohe Preise sorgen.[91]

Wir befinden uns heute in einem neuen Goldenen Zeitalter des Wohlstands und der Macht, das sich mit dem ersten, das Amerikas Kartellrecht hervorbrachte, durchaus vergleichen ließe. Die politischen Auswirkungen konzentrierter wirtschaftlicher Macht sind heute nicht weniger wichtig als damals, und das Versäumnis moderner Kartellrechtler, sich diesem Problem zu stellen, ist mit Sicherheit eine direkte Folge eben dieser Macht. In diesem neuen Goldenen Zeitalter sollten wir uns einmal mehr auf den zentralen Leitgedanken hinter Amerikas ursprünglichem Antitrustgesetz besinnen und es nicht weniger beherzt umsetzen als seine Schöpfer.

6 DIE NEUEN VERTRÄGE

Ein dritter Grundbaustein des Kapitalismus ist der Vertrag. Es handelt sich dabei um eine Vereinbarung zwischen Käufern und Verkäufern, etwas im Austausch für etwas anderes zu erledigen oder zu liefern. Wenn Eigentum und Marktmacht das Herz des Kapitalismus bilden, dann sind Verträge das Blut, das Mittel, über das Geschäfte abgeschlossen und durchgesetzt werden. Aber wie Eigentum und Marktmacht kommen Verträge nicht aus dem Nichts. So wichtig ein guter Ruf ist, Vertrauenswürdigkeit alleine genügt nicht und Versprechen werden ebenso wenig automatisch eingehalten, wie Verträge sich von selbst Geltung verschaffen. Jedes Tauschsystem erfordert Regeln darüber, was gekauft und verkauft werden kann, welche Umstände Betrug und Nötigung darstellen und was passiert, wenn Parteien ihre Zusagen nicht erfüllen können. In einer Demokratie sorgen für diese Regeln Gesetzgeber, Verwaltungsbehörden und Gerichte.

Auch hier kaschiert die Diskussion darüber, was denn besser sei, ein »freier Markt« oder »mehr Staat«, die eigentliche Frage danach, wie diese Regeln zustande kommen und wer den größten Einfluss auf ihre Entstehung hat. Diese uralte Debatte versperrt den Blick auf die beiden wirklich wichtigen Themen: wem die gegenwärtigen Regeln tatsächlich nützen und wie diese Regeln aussehen sollten, um uns allen zu dienen. Der den Regeln zugrunde liegende Entstehungsprozess ist heute besonders schwer zu erkennen, weil mittlerweile so viele der Dinge, die gekauft und verkauft werden, immaterieller Art sind – zum Beispiel übers Internet gestreamte Fernsehserien oder Anteile an Anleihefonds. Neue Technologien haben außerdem neue Dienste geschaffen, die unbequeme moralische Fragen aufwerfen, wie etwa, sich als Leihmutter zur Verfügung zu stellen. Darüber hinaus verbinden diese Technologien heute Käufer und Verkäufer in den verschiedensten Winkeln der Welt – Vertragspartner, die einander nie begegnen werden. Diese Veränderungen haben ihrerseits zu vielen neuen Fragen darüber geführt, was auf dem Markt ausgetauscht werden sollte. Die Vielzahl und Komplexität der Informationen erschwert uns heute paradoxerweise auch die Definition von Betrug und Nötigung oder die Entscheidung darüber, wen im Falle eines Vertragsbruchs die Schuld trifft und wie die daraus erwachsenden Verluste fair zuzuweisen sind. Das hat dem politischen Einfluss auf alle Aspekte der neuen Verträge Tür und Tor geöffnet.

Hier spielen bis zu einem gewissen Grad gesellschaftliche Normen eine Rolle. So haben zum Beispiel die Fortschritte in der Medizin, in der Online-Kommunikation und im Transportwesen den Kauf und Verkauf menschlicher Organe ebenso erleichtert wie den von Blut, Leihmutterschaften und Sex. Das impliziert jedoch nicht zwangsläufig die Legalität der jeweiligen Transaktion. So ist der Handel mit Organen in den Vereinigten Staaten verboten.[1] (Das Verbot geht zurück auf das Jahr 1984, als Dr. H. Barry Jacobs aus Virginia bekannt gab, dass er plane, Nieren – hauptsächlich von willigen Armen – zu kaufen und an jeden weiterzuverkaufen, der sich ein Organ leisten konnte.[2] Die amerikanische Öffentlichkeit war so entsetzt, dass der Kongress dem sofort einen Riegel vorschob.) Andere Länder haben ähnliche Verbote; in Deutschland etwa können solche Geschäfte nach dem Transplantationsgesetz von 1997 mit Gefängnisstrafe bis zu fünf Jahren bestraft werden. Ihr Blut können Sie in den Vereinigten Staaten hingegen ebenso verkaufen wie in Mexiko, Thailand, der Ukraine und Indien, während das in Kanada oder Großbritannien nicht möglich ist.[3] In Deutschland wiederum hat die Blutspende laut dem Gesetz zur Regelung des Transfusionswesens unentgeltlich zu erfolgen; es kann allenfalls eine Aufwandsentschädigung gewährt werden. Man kann seine Gebärmutter in den meisten amerikanischen Bundesstaaten verleihen (2014 bezahlte man zwischen $ 20 000 und $ 30 000 für eine Tragemutterschaft), nicht aber in weiten Teilen Europas;[4] Großbritannien etwa erlaubt eine Kostenerstattung, nicht aber ein Entgelt darüber hinaus, während Deutschland die Leih-(bzw. Trage-)Mutterschaft ebenso verbietet wie die Werbung und die Vermittlung solcher Handlungen.[5]

1998 entschied man sich in Schweden dazu, Prostitution als Gewalt gegen Frauen zu definieren und den Kauf von Sex zu kriminalisieren, während Prostituierte selbst straffrei blieben. Die schwedische Polizei konstatierte darauf einen scharfen Rückgang der Zahl illegal ins Land geschleuster Frauen im Vergleich zu den vielen Tausend, die man ins benachbarte Dänemark schafft, wo Sex gegen Geld legal ist.

In Ländern, in denen das Geschäft mit Körperteilen, Leihmutterschaft oder Sex verboten ist, begründet man das nicht selten mit der Sorge, dass die Armen von den Reichen auf entwürdigende und gefährliche Weise ausgebeutet werden könnten. Reiche verkaufen für gewöhnlich weder Nieren noch Blut, und wohlhabende Frauen verleihen in der Regel weder ihre Gebärmutter, noch werden sie zu Prostituierten. Studien zufolge kommen Prostituierte größtenteils aus armen Familien und werden bereits als junge Teenager von erwachsenen Männern in dieses Geschäft gedrängt.[6] Auch persönliche Schwäche und Ausbeutbarkeit spielen hier mit hinein. Selbst bei Medikamenten – legalen Drogen – macht man sich in Amerika Sorgen um Verkäufe an Kunden, die womöglich keine informierte Entscheidung darüber treffen können, was sie da eigentlich einnehmen. 2012 einigte sich der Pharmariese GlaxoSmithKline mit dem Justizministerium außergerichtlich auf die Zahlung eines Bußgeldes in Höhe von $ 3 Milliarden und die Unterschrift auf einigen Verzichtserklärungen: Kindern unter 18 nicht länger ein Antidepressivum anzudienen, das nur für Erwachsene zugelassen ist; zwei weitere Antidepressiva nicht weiter für Indikationen zu bewerben, für die sie nicht zugelassen sind, darunter die Heilung sexueller Dysfunktion; und schließlich erklärte man sich bereit, Ärzte nicht länger mit Geschenken, Beraterverträgen, Vortragshonoraren oder Karten für Sportveranstaltungen zu überhäufen, damit sie ihren Patienten die eigenen rezeptpflichtigen Medikamente ans Herz legen.[7]

Hinter den Regeln, die bestimmen, was gehandelt werden kann und was nicht, verbergen sich außerdem Annahmen, die Status und

Macht verschiedener gesellschaftlicher Gruppen reflektieren. Kokain in Pulverform zum Beispiel ist die bevorzugte Droge so mancher Angehöriger der besseren Gesellschaft, während es in Form von Crack von den Armen konsumiert wird. Es handelt sich um zwei Formen ein und derselben verbotenen Droge, aber vor 2010 hatten diejenigen, die Crack verkauften oder erwarben, hundertmal so lange Strafen abzusitzen wie Leute, die Kokain in Pulverform konsumierten. Unter anderem aus diesem Grund saßen Afroamerikaner für gewaltlose Drogenvergehen genauso lange ein wie Weiße für Gewaltverbrechen. Erst mit dem Fair Sentencing Act von 2010 reduzierte der Kongress die Kluft zwischen dem Strafmaß für Crack und dem für Kokain in Pulverform auf achtzehn zu eins.[8]

Eine weitere Erwägung ist der Schaden für die Gesellschaft an sich. Während in Kanada und weiten Teilen Europas Schusswaffen nicht ohne Weiteres zu kaufen – oder verkaufen – sind, hat in den USA die National Rifle Association alles nur Erdenkliche getan, um ihren amerikanischen Landsleuten das »Recht« sogar auf Schnellfeuergewehre zu sichern.[9] (Gerade mal vor Boden-Luft-Raketen und Atombomben schreckt man zurück.)

In den USA ist es auch verboten, Wählerstimmen zu kaufen oder zu verkaufen, obwohl jeder, der mit der Finanzierung politischer Kampagnen auch nur halbwegs vertraut ist, so seine Zweifel haben dürfte, inwieweit die Nation tatsächlich zu diesem Prinzip steht. Vor dem 20. Jahrhundert waren Verträge für das Lobbying von Amtsträgern nicht durchsetzbar, weil es landläufiger Meinung nach gegen die öffentlichen Belange verstieß.[10] 1874 ging es im Verfahren *Trist vs. Child* darum, dass der ehemalige Diplomat Nicholas Trist den Anwalt L.M. Child engagiert hatte, damit dieser sich im Kongress für ihn stark machte;[11] er sollte sich für die Bewilligung einer Summe einsetzen, die der Staat Trist seiner Ansicht nach für seinen Part bei der Aushandlung eines Vertrags mit Mexiko schuldig geblieben war. Als der Kongress die Zahlung schließlich bewilligte, weigerte Trist sich, Child die vereinbarte Summe auszuzahlen. Child verklagte ihn. Der Supreme Court weigerte sich, dem Vertrag zwischen Trist und Child Geltung zu verschaffen, weil Verträge dieser Art zu

Korruption führen könnten. »Sollte irgendeines der großen Unternehmen in unserem Land käufliche Abenteurer dieses Schlags beschäftigen, um die Verabschiedung eines allgemeinen Gesetzes im Hinblick auf die Beförderung privater Interessen zu erwirken«, so hieß es in der Urteilsbegründung, »würde sein moralisches Empfinden jede rechtschaffene Person instinktiv Beschäftigungsgeber wie Beschäftigte als bis in den Kern korrupt verurteilen lassen, und ein solche Beschäftigung als ehrenrührig«.[12] Diese Logik vermochte 86 Jahre später den Supreme Court offensichtlich nicht mehr zu beindrucken, als er Unternehmen zu Personen im Sinne des Ersten Verfassungszusatzes erklärte, was sie dazu berechtigte, so viele Abenteurer als Lobbyisten anzuheuern, wie man sie sich nur leisten kann.[13]

Es ist natürlich nicht von der Hand zu weisen, dass es trotz ihrer gesellschaftlichen Ächtung zu gewissen Übereinkünften auf dem einen oder anderen schwarzen Markt kommen kann. Das Alkoholverbot der 1920er-Jahre ist ein berüchtigtes Beispiel für ein solches Versagen; heute kann man das Verbot des Erwerbs bzw. Verkaufs von Marihuana anführen. Schwarzmärkte sind von Haus aus riskant und gefährlich, da illegalen Verträgen nur durch Gewalt oder deren Androhung Geltung zu verschaffen ist (ein Argument dafür, den Verkauf von Dingen, die begierige Käufer anziehen, aber minimale Risiken für das Gemeinwohl bergen, zu regulieren, anstatt sie gänzlich verhindern zu wollen).

Wie auch immer, neue Technologien schaffen fortwährend neue Möglichkeiten für neue Produkte und Dienstleistungen und werfen entsprechend immer wieder die Frage auf, was man verkaufen kann und was nicht. Kontraktarbeit wie in der Kolonialzeit, als Brotherren Arbeitern für einige Jahre unbezahlter Arbeit die Überfahrt finanzierten,[14] ist heute verboten, aber wie steht es mit Studenten, die Anteile an ihren künftigen Einkünften gegen Beiträge zu ihren Studiengebühren verkaufen? Auch Preiswucher ist verboten,[15] aber was ist mit Uber-Fahrern, die bei stürmischem Wetter das Achtfache des üblichen Fahrpreises haben wollen? Hochfrequenzhandel macht heute über die Hälfte des amerikanischen Aktiengeschäfts aus, aber ist es fair, diese Trader davon profitieren zu lassen, dass sie Daten über Börsengeschäfte einen Sekundenbruchteil früher erhalten als alle anderen, nur weil ihnen ultraschnelle Kommunikationssysteme zur Verfügung stehen?[16]

Zunehmend entscheidet politische Macht und Einfluss darüber, womit gehandelt werden kann und wie. So gibt es zum Beispiel die Praxis (von der man annehmen möchte, sie wäre seit der Verabschiedung des Securities Exchange Acts von 1934 verboten), dass eine Wertpapierorder auf der Basis von Insiderinformationen, also kurserheblichen Informationen, erfolgt, die einigen Leuten früher als anderen zur Verfügung stehen.[17] (Das Gesetz war nicht eigens für ein Verbot dieser Praxis ausgelegt, wurde aber von den Gerichten lange so interpretiert.) Das liegt daran, dass der Handel auf der Basis vertraulicher Informationen Insidern einen Vorteil verschafft und damit den Aktienmarkt zugunsten all derer manipuliert, die von ihnen »Tipps« bekommen – es handelt sich dabei um einen Betrug an anderen Investoren. Im Lauf der Jahre haben Börsenaufsicht, Bundesstaatsanwaltschaft und Richter illegales Insidertrading auf jeden Investor ausgeweitet, der weiß, dass die Information, auf die er sich verlässt, von jemandem kam, der sich durch die Weitergabe dieser Information zum Zweck der persönlichen Vorteilnahme einer Pflichtverletzung schuldig gemacht hat.[18]

In einer Welt jedoch, in der Informationen sich fast augenblicklich verbreiten und in der Riesensummen dadurch zu verdienen sind, dass man solche Informationen einen Sekundenbruchteil vor allen anderen erhält, ist Insiderhandel schwierig zu überwachen, geschweige denn zu definieren. Man erinnere sich an das Jahr 2014, als der Hedgefonds Level Global Investors aufgrund von Insiderinformationen eines Dell-Angestellten mit Leerverkäufen von Dell Computer-Aktien $ 54 Millionen verdient hatte. Anschließend behauptete der Mitbegründer von Global Investors Anthony Chiasson, nicht gewusst zu haben, wo der Tipp hergekommen sei oder ob der Betreffende von seiner Indiskretion profitiert hätte, und dass selten ein Händler an der Wall Street je wirklich sagen könne, wo die Insidertipps herkommen, aufgrund derer er agiert – schließlich seien vertrauliche Informationen, so Chiassons Anwalt,»das A und O im Wertpapiergeschäft«.[19] Chiasson wurde trotzdem verurteilt. Im Dezember 2014 jedoch hob ein Berufungsgericht das Urteil wieder auf. So weit entfernt, so hieß es in der Urteilsbegründung, wie Chiasson von der undichten Stelle gewesen sei, konnte er unmöglich etwas über die Quelle der Information gewusst haben oder ob der Tippgeber davon »erheblich profitiert« hätte. Das Gericht machte damit offiziell, was an der »Street« seit Jahren inoffizielles Gesetz gewesen war: Es kommt immer darauf an, wen man kennt. Wenn zum Beispiel der CEO einer Firma seinem Golfpartner einen vertraulichen Tipp über die Absichten seiner Firma gibt und sein Freund das einem Hedgefonds-Manager steckt, der von dieser vertraulichen Information profitiert, dann sind die Gewinne völlig legal.

Da vertrauliche Informationen »das A und O« der Wall Street sind, ist es höchstwahrscheinlich so, dass ein erheblicher Anteil dessen, was dort verdient wird, auf Informationen basiert, über die der durchschnittliche Anleger erst gar nicht verfügt. Insider manipulieren den Markt zu ihren Gunsten. Wie, meinen Sie, stehen die Chancen einer Gesetzesänderung im Kongress, die dem Insiderhandel die Zügel anlegt? Praktisch gleich null, solange die Wall Street einen erheblichen Teil der Ausgaben trägt, von denen die Wahl der Parlamentarier, ja selbst die des Präsidenten abhängig ist. In Europa ist der Handel aufgrund von Insiderinformationen illegal. Wenn ein Händler weiß oder auch nur Grund zur Annahme hat, dass eine bestimmte Information der Öffentlichkeit noch nicht zur Verfügung steht, dann darf er sie nicht verwenden.

Wäre das Ziel wirtschaftliche Effizienz, dann hätte es wenig Sinn, den Insiderhandel zu verbieten – und schon gar keinen, ihn derart streng zu definieren wie die Europäer. Je schneller die Finanzmärkte sich auf verfügbare Informationen einstellen, vertraulich oder nicht, desto effizienter werden sie. Der sogenannte Hochfrequenzhandel, bei dem gewisse Händler den Bruchteil einer Sekunde vor allen anderen erfahren, wo Geld sich hinbewegen wird, macht den Markt gar noch effizienter, obwohl er diesen schnellen Händlern einen immensen Vorteil vor allen anderen an die Hand gibt. Würde man Insiderhandel in einem weiteren Sinne definieren und jeglichen Handel aufgrund von Informationen, die nicht allen Händlern zugänglich sind, verbieten, gingen solche Effizienzen verloren. Trotzdem empfinden viele Leute eine derartige Waffenungleichheit als unfair, als Spiel mit präparierten Würfeln; außerdem untergräbt sie das Vertrauen kleiner Anleger in die Integrität der Finanzmärkte. Aus diesem Grund mag vielen nicht ganz wohl sein bei dem Gedanken, dass Insiderinformationen »das A und O« des Geschäfts an der Wall Street sind.

Kleine Händler sind nicht die Einzigen, die benachteiligt werden, wenn Insider Geschäfte aufgrund vertraulicher Informationen tätigen. Auch Beschäftigte, die einen Teil ihres Lohns über firmeneigene Pensionskassen auf dem Aktienmarkt investieren, gehören zu den Geschädigten, wenn man ihnen etwa mehr als die üblichen Beiträge abverlangt und den Überschuss dann dem Unternehmen in Form von Nachlässen auf andere Finanzdienstleistungen gewährt.[20] Dass das Unternehmen Informationen nicht mit seinen Beschäftigten teilt, läuft auf einen Interessenkonflikt hinaus und damit auf einen Betrug. Trotzdem hat man die Legalität dieser Praxis bestätigt. Auch hier liegt das grundlegende Problem nicht darin, ob der »freie Markt« staatlichem Reglement überlegen ist oder nicht, sondern wie Amts- und Mandatsträger über die Organisation des Marktes entscheiden und welche Gruppen außerhalb von Parlament und Behörden den größten Einfluss auf solche Entscheidungen haben. Und um es noch einmal zu sagen: Die Entwicklung der letzten Jahrzehnte gibt Konzernriesen, Wall-Street-Banken und reichen Privatpersonen von Jahr zu Jahr mehr Macht an die Hand.

Und noch ein Beispiel: Dem Gesetz nach ist es schon lange so, dass ein Vertrag nicht durchzusetzen ist, wenn eine der Parteien zur Unterschrift genötigt wurde. Es handelt sich hier auch um ein moralisches Prinzip: Parteien einer Übereinkunft sollten nicht gegen ihren Willen zu Versprechen oder Zusagen gezwungen werden. Niemand sollte verpflichtet sein, sich an einen Vertrag zu halten, den er mit vorgehaltener Waffe unterschrieben hat – und das Gesetz wird so einem Vertrag auch keine Geltung verschaffen.

Aber wie definiert sich »Nötigung«? Käufer und Verkäufer haben nicht wirklich Alternativen, wenn ein Konzernriese einen Markt über seine Patente auf geistiges Eigentum beherrscht, wenn er Standards oder Netzwerkplattformen kontrolliert und ihm Heerscharen von Anwälten und Lobbyisten zur Seite stehen. Unter solchen Umständen stellen Verträge ihrem Wesen nach eine Nötigung dar, oder jedenfalls sieht es ganz danach aus. Und dann sind Verträge heute voller Bedingungen (aller Wahrscheinlich nach im Kleingedruckten), die Angestellten, Kreditnehmern und Kunden eine echte Alternative verwehren. Gleichwohl verfügen große Unternehmen über die politische und juristische Macht, dafür zu sorgen, dass man sich an diese Bedingungen hält.

Eine Vertragsklausel, auf die man in jüngster Zeit überall stößt, verlangt von uns, mit unseren Beschwerden (oder unserer Ansicht, man verwehre uns selbst die Grundrechte) zu einem nicht selten von der Firma bestellten Schlichter zu gehen und dessen Entscheidung zu akzeptieren – ohne die Möglichkeit, Rechtsmittel einlegen zu können.[21] Diese Bestimmung manipuliert das Spiel ganz offensichtlich zugunsten großer Unternehmen, für die solche Klauseln zum Standardrepertoire ihrer Verträge gehören. Laut einer aktuellen Studie entsprach der Schlichter der Beschwerde von Beschäftigten, sie würden diskriminiert, nur in 21 Prozent der Fälle, während sie in 50 bis 60 Prozent der Fälle Recht bekamen, wenn sie vor Gericht gingen.[22]

Damit vergleichbar, verlangen viele beliebte Websites von ihren Usern, Geschäftsbedingungen zuzustimmen, die es ihnen verbieten, die Betreiber der Site zu verklagen (weder als Einzelperson noch in Sammelklagen), falls etwas schieflaufen sollte. Auf einigen Sites bestätigen die Nutzer mit einem Klick auf ein Icon, dass sie Bedingungen akzeptieren, die sie so gut wie nie lesen und auf die sie ohnehin keinen Einfluss haben. Manche Sites stellen nur einen Link auf die Bedingungen, mit denen die User sich allein durch ihre Nutzung der Site einverstanden erklären. Eine Folge davon:

Viele Nutzer stellen später fest, dass sie Rechte aufgegeben haben, die sie als selbstverständlich vorausgesetzt hatten. Als zum Beispiel Verbraucher einige Hotels und Online-Reiseagenturen verklagten, weil diese mutmaßlich Preisabsprachen über Hotelzimmer getroffen hatten, führten die Anwälte der beliebten Website Travelocity vor Gericht erfolgreich ins Feld, dass Verbraucher, die über diese Site gebucht hatten, von der Sammelklage ausgeschlossen seien – schließlich hätten sie sich damit »einverstanden« erklärt, von Klagen abzusehen.[23]

Derartige Klauseln können kleine Geschäfte sogar von der Unterstellung abhalten, große Unternehmen, mit denen sie Verträge eingegangen sind, hätten ein Monopol auf die Branche, sodass sie kaum oder gar keine Wahl gehabt hätten, auf den Vertrag einzugehen. Als der Besitzer des kleinen Restaurants Italian Colors im kalifornischen Oakland American Express vorwarf, sein Monopol zu missbrauchen, indem das Unternehmen dem Restaurant einen unbilligen Prozentsatz abverlangte, reagierte American Express darauf mit dem Hinweis, einen solchen Vorwurf verbiete die Schlichtungsklausel des Vertrags, den Italian Colors unterschrieben habe.[24] Der Fall ging bis vor den Supreme Court, der 2013 American Express in einer Mehrheitsentscheidung Recht gab (wobei sämtliche von den Republikanern ernannten Richter geschlossen hinter dem Urteil standen).[25] Das Urteil, so die Richterin Elena Kagan in der Begründung ihres Einwurfs, bringe kleine Geschäfte in eine unmögliche Lage und liefere den großen Monopolisten ein praktisches Schlupfloch. »Er erlaubt dem Monopolisten, sich der Macht seines Monopols zu bedienen, um auf einem Vertrag zu bestehen, der seinen Opfern effektiv jeden Rechtsweg verwehrt.«[26]

Käufer, die auf »Ich akzeptiere« klicken, geben womöglich sogar ihr Recht auf Privatsphäre auf.[27] Wenn Sie möchten, dass Apple Ihre persönlichen Daten auf seiner iCloud speichert, müssen Sie als Erstes den Geschäftsbedingungen zustimmen, in denen es heißt:

Sie allein sind für Vertraulichkeit und Sicherheit Ihres Accounts ebenso verantwortlich wie für alle Aktivitäten auf Ihrem Account ... Den Einsatz angemessener Sachkenntnis und Sorgfalt unsererseits vorausgesetzt, ist Apple nicht verantwortlich für Verluste, die aus der unbefugten Nutzung Ihres Accounts durch Nichtbefolgung dieser Regeln Ihrerseits entstehen.[28]

Anders gesagt, wenn ein Hacker kompromittierende Fotos von Ihnen von Ihrer iCloud stiehlt und sie rund um die Welt verteilt, dann ist das *Ihr* Pech. Apple ist dafür nicht verantwortlich. Sicher, genau genommen hatten Sie die Wahl – Sie hätten Apples Geschäftsbedingungen ja nicht akzeptieren müssen. In der Praxis jedoch hatten Sie eben keine Wahl, weil alle anderen einschlägigen Dienstleister dieselben Bedingungen haben.

Die neuen Verträge resultieren nicht aus den Verhandlungen zwischen zwei Parteien mit in etwa gleicher Verhandlungsmacht. Sie sind vielmehr Faits accomplis – sie gehen von Konzernriesen aus, die die Macht haben, von uns zu fordern, dass wir sie in dieser Form akzeptieren. Antragsteller von Hypotheken müssen bei ihrer Bank eine lange Latte von Bedingungen unterschreiben, um sich zu qualifizieren, obwohl sie dabei womöglich sogar auf ihr Klagerecht wegen räuberischer Verleihpraktiken verzichten. Kreditnehmer mit niedrigen Einkommen müssen sich Gebühren und Zinsraten in zweistelliger Höhe aufzwingen lassen, wenn sie nicht pünktlich bezahlen, obwohl sie in den meisten Fällen noch nicht einmal wissen, dass sie solche Bedingungen akzeptieren. Studenten, die einen Studienkredit brauchen, haben keine andere Wahl, als auf gewisse Rechtsansprüche zu verzichten. Kleine Geschäfte, die ein Franchise übernehmen, müssen Verträge unterschreiben, die ihre Pflichten so detailliert aufzählen, dass die Elternfirma sie selbst wegen kleinster Verletzungen schließen kann, um das Franchise zu einem höheren Preis an jemand anderen zu verkaufen.

Es gab eine Zeit, in der die Gesetzgeber auf Staats- wie auf Bundesebene Verbraucher, Beschäftigte und Kreditnehmer vor den exzessiv einseitigen Verträgen großer Konzerne und Finanzunternehmen zu schützen versuchten. In jüngster Zeit jedoch stutzt man unter dem politischen Druck von Konzernen und Banken diese Grenzen kräftig zurück. So haben zum Beispiel die Gesetzgeber mehrerer Bundesstaaten den Zinssatz angehoben, den Darlehensgeber bei persönlichen Krediten verlangen können, wie sie Millionen von Kreditnehmern mit niedrigen Einkommen in Anspruch nehmen; diese Praxis hat bei Abzahlungskrediten zu Zinssätzen von bis zu 36 Prozent geführt.[29] Es kommt durchaus vor, dass Kreditnehmer, die zwischen $ 100 und $ 500 Vorschuss auf ihren nächsten Lohn haben wollen, trotz Tilgung binnen weniger Wochen auf einen effektiven Jahreszins von 300 Prozent kommen – wenn nicht sogar mehr. OneMain Financial, bis vor Kurzem noch Tochter der Citigroup und auf Kreditnehmer mit schwacher Bonität spezialisiert, ist so immens profitabel geworden. Das erklärt natürlich auch, warum Citigroup und andere Kreditinstitute so viel Geld in die Parlamentswahlen der Bundesstaaten stecken.[30] »Es gab einfach keinen Grund für eine Gesetzesänderung«, sagte Rick Glazier, Parlamentarier in North Carolina, der gegen die Erhöhung gestimmt hatte, der *New York Times.* »Das war eine der dreistesten Kampagnen einer Interessengruppe, ihre Profite zu erhöhen, die mir je untergekommen ist.«[31]

Beschäftigte großer Konzerne sehen sich inzwischen häufig zum Unterzeichnen nachvertraglicher Wettbewerbsklauseln gezwungen, die es ihnen verbieten, nach ihrem Ausscheiden aus der Firma für die Konkurrenz zu arbeiten, was ihre künftigen Aussichten auf dem Arbeitsmarkt erheblich reduziert.[32] (Nur Kalifornien und North Dakota verbieten solche Klauseln, außer unter ganz bestimmten Umständen.) Ihre künftigen Marktchancen verschlechtern sich noch mehr, wenn ihr Arbeitgeber sich mit Konkurrenten darauf einigt, dass keiner dem anderen Beschäftigte abwerben wird. 2014 zum Beispiel sprach ein Bundesrichter in seinem Urteil gegen die Technologieunternehmen aus dem Silicon Valley von einer »firmenübergreifenden strafbaren Verabredung« gegen ihre eigenen Beschäftigten, nachdem die betreffenden Unternehmen übereingekommen waren, einander keine Ingenieure mehr abjagen zu wollen.[33] Als Google 2005 eine Gruppe von Apple-Ingenieuren einstellen wollte, drohte Gerichtsakten zufolge Apples CEO Steve Jobs: »Wenn Sie auch nur einen von diesen Leuten einstellen, dann bedeutet das Krieg.«[34]

Google sah nicht nur von der Beschäftigung der Betreffenden ab, Jobs brachte das Unternehmen sogar dazu, einen seiner Anwerber dafür zu feuern, dass er Apple Leute abzuwerben versucht hatte.[35] Die Verfechter von nachvertraglichen Wettbewerbsklauseln und Abwerbeverboten berufen sich auf die Gleichberechtigung von Arbeitgebern und Arbeitnehmern. Eine solche besteht aber nur in den seltensten Fällen.

Wenn große Unternehmen über unverhältnismäßige Macht verfügen – nicht nur darüber, was verkauft wird, sondern auch über die Regeln, die entscheiden, welche Verträge erlaubt und vor Gericht durchzusetzen sind –, dann haben die relativ Schwächeren schlicht keine Alternativen. Und in dem Augenblick, in dem der »freie Markt« keine reellen Alternativen zulässt, ist er – jedenfalls in diesem Sinne – nun mal nicht mehr frei.

7 DIE NEUE INSOLVENZ

An dem Tag, an dem 1984 in Atlantic City Trump Plaza die Pforten öffnete, stand Donald Trump im dunklen Überzieher im Spielsaal des Casinos und feierte seine neue Investition als das großartigste Gebäude der Stadt, wenn nicht gar des ganzen Landes.[1] Dreißig Jahre später, als das Casino zumachen musste, standen etwa tausend Beschäftigte ohne Anstellung da.[2] Trump behauptete auf Twitter, »mit Atlantic City nichts zu tun« gehabt zu haben, und lobte sich für das »großartige Timing«, das ihn rechtzeitig hatte aussteigen lassen.[3]

Es ist in Amerika für Leute mit viel Geld kein Problem, sich der Konsequenzen misslungener Wetten und großer Verluste dadurch zu entziehen, dass sie beim ersten Anzeichen von Problemen ihren Anteil verkaufen. Das Gesetz schützt sie durch beschränkte Haftung und Konkurs. Die Beschäftigten dagegen, die wegen eines Jobs in eine Stadt wie Atlantic City ziehen, dort in ein Haus investieren, ihre Fertigkeiten auf die Firma abstimmen, genießen keinerlei Schutz. Ihr Job verschwindet, der Wert ihres Eigenheims geht in den Keller, ihre Fertigkeiten sind plötzlich nicht mehr gefragt; mit anderen Worten, sie dürfen den Schlamassel ausbaden. Die Möglichkeit des Konkurses wurde geschaffen, damit man noch einmal neu anfangen kann. Heutzutage jedoch muss man schon ein Konzern sein, ein steinreicher Magnat oder aus der Wall Street, um anstandslos eine zweite Chance zu bekommen. Und warum? Weil nur sie über die nötige politische Bugwelle verfügen, das Konkursrecht ihren persönlichen Bedürfnissen entsprechend zu gestalten.

Der Konkurs bzw. die Insolvenz ist der vierte Grundbaustein des Marktes. Wie die anderen Markregeln reflektiert auch er einen Kompromiss zwischen gegenläufigen Zielen. Verträge bauen auf einen Mechanismus für den Fall der Zahlungsunfähigkeit. Wenn man Käufer, Schuldner und Kreditnehmer zu leicht davonkommen lässt, dann besteht durchaus die Möglichkeit, dass sie künftige Verpflichtungen nicht weniger nachlässig eingehen – und diese Nachlässigkeit kann durchaus ansteckend sein. (Selbst große Wall-Street-Banken sind gegen dieses moralische Risiko nicht gefeit.) Wenn man jedoch jemanden, der nicht zahlen kann, ins Gefängnis steckt oder anderweitig bestraft (wie das noch im 19. Jahrhundert gang und gäbe war), dann nimmt man ihm auch die Möglichkeit, das Geld zurückzuverdienen, das ihm die Abzahlung seiner Schuld ermöglichen würde.

Das kann durchaus für ganze Nationen gelten. Verschuldete Länder können immer tiefer im Morast ihrer erdrückenden Verpflichtungen versinken und ihre Bevölkerung in ökonomische und soziale Krisen stürzen (nicht wenige Historiker sind der Ansicht, dass Deutschlands Reparationszahlungen nach dem Ersten Weltkrieg dem Nazismus in die Hände spielten). Im späten 19. Jahrhundert, als Amerikas Eisenbahnriesen bis zur Zahlungsunfähigkeit verschuldet waren, drohten Gläubiger damit, die Schienenstränge zerlegen zu lassen und als Schrott zu verkaufen.[4] Findige Geschäftsleute kamen dahinter, dass die Gläubiger weit besser dastehen würden, wenn sie ihre Forderungen zurückschraubten. Wenn die Züge weiter fuhren, dann hatten die Eisenbahnbetreiber Einkünfte, mit denen sich immerhin ein Teil der Schulden, wenn schon nicht der gesamte Betrag, zurückzahlen ließ.

Die Insolvenz ist in den meisten kapitalistischen Volkswirtschaften das System, das für die richtige Balance sorgt. Es erlaubt dem Schuldner, seine Schuldscheine auf ein tragbares Maß zu reduzieren, während es die Verluste gleichmäßig auf die Gläubiger verteilt – unter den wachsamen Augen eines Konkursrichters, versteht sich. Der Kerngedanke ist hier das geteilte Opfer – zwischen Schuldnern und Gläubigern einerseits und dann zwischen den Gläubigern. Auch dieser Mechanismus erfordert Entscheidungen über alle möglichen Probleme, und diese Entscheidungen verstecken sich nicht selten in Gerichtsurteilen, behördlichen Direktiven und den Unterpunkten von Gesetzen. Nehmen wir als Beispiel nur die Entscheidung, wer bei welcher Art von Schulden Konkurs anmelden darf. Wie sieht eine gerechte Zuweisung der Verluste unter Gläubigern aus? Und was passiert, wenn der Konkurs als Möglichkeit nicht zur Verfügung steht? Diese und Hunderte weiterer damit verbundener Fragen müssen irgendwie beantwortet werden. Der »freie Markt« selbst bietet da keine Lösungen – umso öfter hingegen mächtige Interessen.

In Artikel I, Abschnitt 8, Satz 4 gibt die amerikanische Verfassung dem Kongress das Recht, für das gesamte Gebiet der Vereinigten Staaten »ein einheitliches Konkursrecht zu schaffen«,[5] was der Kongress denn auch wiederholt getan hat: 1800, 1841, 1867, 1874, 1898, 1938, 1978, 1994 und zuletzt 2005. Wall-Street-Banken und Kreditkartenriesen haben beim Wortlaut der jüngsten Fassungen des Gesetzes eine entscheidende Rolle gespielt; dasselbe gilt für Großunternehmen. (Im Falle der Änderung von 2005 gab die Kreditkartenbranche über $ 100 Millionen für Lobbying aus.[6] Wall-Street-Banker mussten da nicht so tief in die Tasche greifen; ihnen garantierten bereits ihre riesigen Wahlkampfspenden einen Platz am Tisch.)

Während der letzten beiden Jahrzehnte hat jede große amerikanische Airline mindestens einmal Konkurs gemacht, in der Regel, um ihren Vereinbarungen mit den Gewerkschaften zu entgehen.[7] Unter dem Konkursrecht (das, um es noch einmal zu sagen, größtenteils von Kreditkartenunternehmen und Bankern formuliert wurde) haben Tarifverträge zur Regelung von Gehältern eine relativ geringe Priorität, wenn es darum geht, in welcher Reihenfolge die Leute ihr Geld bekommen sollen. Das bedeutet, dass allein die Androhung eines Bankrotts eine wirksame Waffe sein kann, um Gewerkschaftler zur Opferung vereinbarter Tarife zu bewegen. 2003 setzte der CEO von American Airlines Don Carty die Androhung der Insolvenz als Druckmittel ein, um den großen amerikanischen Gewerkschaften fast $ 2 Milliarden an Konzessionen abzutrotzen.[8] Carty predigte damals die Notwendigkeit eines »gemeinsamen Opfers«. Er vergaß dabei jedoch geflissentlich, zu erwähnen, dass er insgeheim einen ergänzenden Pensionsplan für die Chefetage ins Leben gerufen hatte, dessen Aktiva in einem Treuhandfonds verbunkert waren, dem selbst ein Bankrott nichts anhaben konnte. Als Carty kündigte, konnte er dank seinem Geheimplan mit $ 12 Millionen in der Tasche nach Hause gehen.

Trotz Konzessionen seitens der Beschäftigten rutschte American Airlines 2011 in die Insolvenz. Das Unternehmen verwarf darauf prompt sämtliche noch bestehenden Vereinbarungen mit den Gewerkschaften und fror die Pensionskasse seiner Belegschaft ein.[9] Als das Unternehmen 2013 wieder auf die Beine kam, bezahlte es seine Gläubiger mit Zins und Zinseszins aus; sogar die Aktionäre standen nach dem Konkurs reicher da als zuvor. (Noch weiter stieg die Aktie nach der Fusion von American mit US Airways im selben Jahr.[10]) Um das Maß voll zu machen, erhielt Tom Horton, der die Firma durch den Konkurs manövriert hatte, ein Trennungsgeld von über $ 19,9 Millionen.[11] Mit anderen Worten, jeder profitierte – außer den Beschäftigten von American, die, selbst wenn sie ihren Job behielten, eine Menge Lohn und Leistungen verloren. So viel zum Thema »geteiltes Opfer«.[12]

Zu einer Zahlungsunfähigkeit nie gekannten Ausmaßes kam es 2008, als die Wall Street – wir haben es bereits angesprochen – um ein Haar eine Kernschmelze erlebte. Die größten Banken dort hatten riskante Finanzprodukte – unter anderen mit Subprime-Krediten unterlegte Anleihen, forderungsbesicherte Schuldverschreibungen und Hypothekenpfandbriefe – im Wert von Hunderten von Milliarden Dollar gekauft. Obwohl die Banken eine Menge davon an nichts ahnende Investoren verkauften, behielten sie darüber hinaus einiges zum vollen Wert in den Büchern. Als die Schuldenblase dann platzte, saßen Banken und zahlreiche Investoren mit so gut wie wertlosen Schuldverschreibungen da.[13] Einige Beobachter (meine Wenigkeit nicht ausgenommen) drängten damals darauf, dass man die Banken zwingen sollte, ihr Heil im Konkurs zu suchen.[14] Als Lehman Brothers im September 2008 Insolvenz anmeldete – mit $ 691 Milliarden an Aktiva und noch weit mehr an Verbindlichkeiten der mit Abstand größte Bankrott der Geschichte –, erschütterte das »die Street« derart, dass Henry Paulson Jr., der scheidende Finanzminister, den Kongress bekniete, mehrere Hundert Milliarden Dollar zur Stützung der anderen großen Banken locker zu machen.[15] Außerdem bekamen die Banken geschätzte $ 83 Milliarden an zinsgünstigen Krediten von der amerikanischen Notenbank, der Fed.[16] Paulson und sein Nachfolger an der Spitze des Finanzministeriums, Timothy Geithner, sagten nicht explizit, dass Großbanken zu groß seien, um sie pleitegehen zu lassen. Sie waren vielmehr zu groß, um sie im Rahmen eines Insolvenzverfahrens zu reorganisieren.

Die eigentlichen Geschädigten der Katastrophe an der Wall Street waren die kleinen Investoren und Hausbesitzer. Als die Immobilienpreise in den Keller gingen, stellten viele Besitzer eines Eigenheims fest, dass die Belastung des Hauses seinen Wert überstieg, und konnten nicht refinanzieren. Nun können Hausbesitzer aufgrund ihrer Probleme mit der Hypothek auf ihrem Hauptwohnsitz keinen Konkurs anmelden – das verhindert das »Chapter 13« des Konkursrechts (dessen Ausarbeitung größtenteils das Werk der Finanzindustrie war).[17] Als es zur Finanzkrise kam, versuchten einige Kongressabgeordnete unter Führung des Senators aus Illinois Dick Durbin das Konkursrecht dahingehend zu ändern, dass auch Not leidende Hausbesitzer sich in den Konkurs retten konnten.[18] Das hätte ihnen eine starke Verhandlungsposition gegenüber den Banken und anderen Finanzdienstleistern gegeben, die auf eine Zwangsvollstreckung drängten. Hätten ihnen ihre Gläubiger nicht zugestimmt, wäre dann auch der Gang zum Konkursrichter möglich gewesen, der den geschuldeten Betrag vermutlich reduziert hätte, anstatt die Leute einfach auf die Straße zu setzen.

Das Repräsentantenhaus verabschiedete das Gesetz sogar, aber als Durbin Ende April 2009 seine Novellierung dem Senat vorlegte, ließ die Finanzbranche ihre Muskeln spielen, um die Verabschiedung zu verhindern – mit dem Argument, es würde die Kosten von Hypotheken in die Höhe treiben.[19] (Nicht dass es dafür schlagende Beweise gegeben hätte.) Die Vorlage brachte es im Senat dann auch auf gerade mal 45 Stimmen, und das, obwohl damals die Demokraten die Mehrheit hatten.[20] Nicht zuletzt aufgrund dieser Entwicklung fehlte es den gebeutelten Hausbesitzern an Verhandlungsmacht. Über fünf Millionen verloren ihr Eigenheim, und 2014 standen weitere zwei Millionen kurz vor der Zwangsvollstreckung. So viel, um es noch einmal zu sagen, zum Thema »geteiltes Opfer«.

Eine weitere Gruppe von Schuldnern, die sich nicht durch einen Konkurs aus der Affäre ziehen können, sind ehemalige Studenten, die die Last ihres Studienkredits zu erdrücken droht. Angesichts der enttäuschenden Erholung des Arbeitsmarkts nach der Großen Rezession fanden eine Menge junger Leute mit Collegeabschluss keine Stelle, hatten aber immense Kredite zurückzuzahlen. 2014 machten laut Angaben der New Yorker Federal Reserve Studentenkredite 10 Prozent aller Schulden in den USA aus; sie lagen damit noch vor den Krediten für Kraftfahrzeuge (8 Prozent) und Kreditkarten (6 Prozent); nur die Hypotheken rangierten noch davor.[21] Aber das Konkursrecht lässt die Abwicklung von Studentenkrediten unter seinem Schutz nicht zu.[22] Wenn der Schuldner nicht zahlen kann, darf der Gläubiger seinen Lohn pfänden.[23] (Sollte jemand mit seinen Zahlungen noch im Rückstand sein, wenn er in den Ruhestand geht, können Kreditgeber sogar seine Rente pfänden.[24]) Es gibt für Collegeabsolventen nur eine einzige Möglichkeit, die Last ihres Studenkredits zu reduzieren. Diese besteht – einem von den Studentenkreditgebern 1998 angeregten Gesetz zufolge – darin, in einem gesonderten Gerichtsverfahren den Beweis zu führen, dass eine Rückzahlung für sie und ihre Familie eine »unbillige Härte« darstellen würde.[25] Selbst Zocker haben weniger Probleme, durch ein Konkursverfahren ihre Spielschulden zu reduzieren.[26]

Der Kongress und seine Gönner aus dem Bankensektor machen sich verständlicherweise Sorgen, dass Collegeabsolventen Konkurs anmelden könnten, ohne auch nur den Versuch zu machen, ihre Studienkredite zurückzuzahlen.[27] Eine sinnvollere Alternative – die allemal mehr im Einklang mit dem »geteilten Opfer« stünde – sähe wie folgt aus: Man würde ehemaligen Studenten den Konkurs in Fällen zugestehen, in denen die Kreditkonditionen ganz offensichtlich unbillig sind (wie etwa bei zweistelligen Zinssätzen) oder wenn ein Kredit für den Besuch einer Schule mit einem hohen Prozentsatz arbeitsloser Absolventen gewährt wurde.

Auch wenn sie streng genommen nicht zum »freien Markt« zu zählen sind: Insolvente Städte können eine erhebliche Wirkung darauf haben, wie der Markt Verluste zuweist. 2013 flüchtete Detroit sich als bis dato größte Stadt der Geschichte in den Schutz der Insolvenzordnung, um $7 Milliarden von seiner Schuldenlast loszuwerden und um für $1,7 Milliarden städtische Dienste wiederherzustellen. Detroits Bankrott gilt als Modell für andere amerikanische Städte am Rande der Insolvenz. Zu den Gläubigern, von denen Detroit Opfer verlangte, gehörten sowohl die ehemaligen Angestellten der Stadt, die auf Pensionen und Gesundheitsleistungen angewiesen waren (die zu leisten die Stadt sich Jahre zuvor bereit erklärt hatte), als auch die Inhaber von Schuldverschreibungen, die die Stadt 2005 ausgegeben hatte. Bei einem Gerichtsverfahren, das im Herbst 2014 über einen Plan bezüglich der Beteiligung dieser Gläubiger entschied, die der Stadt aus der Pleite helfen sollten, monierten beide Gruppen einen unfairen Anteil der Last. Letzten Endes verloren die Inhaber der Schuldscheine eine Stange Geld, aber viele Ruheständler sahen sowohl ihre Rente als auch ihre Gesundheitsleistungen erheblich gekürzt.[28]

Eine ebenso große wie wohlhabende Gruppe kam dabei ungeschoren davon. Die größtenteils weißen Bewohner des benachbarten Oakland County, die weit reicher sind als die des größtenteils schwarzen Detroit, fühlten sich mitnichten aufgefordert, die schmerzliche Last mit den Menschen auf der anderen Seite der Bezirksgrenze zu teilen. Oakland County ist unter den Countys mit mehr als einer Million Einwohner eines der wohlhabendsten überhaupt. Greater Detroit, zu dem das vorstädtische Oakland County gehört, rangiert in der Spitzengruppe amerikanischer Finanzzentren, es gehört zu den vier großen Zentren für Hightech-Jobs und ist Amerikas zweitgrößter Arbeitsmarkt für Architekten und Ingenieure.[29] Das durchschnittliche Haushaltseinkommen in der Region beläuft sich auf nahezu $ 50 000 im Jahr.[30] Der entsprechende Wert lag in Birmingham, Michigan, gleich jenseits von Detroits Stadtgrenze bei über $ 99 000 im Jahr; im nahe gelegenen Bloomfield Hills, das ebenfalls zum Großraum Detroit gehört, beträgt das durchschnittliche Haushaltseinkommen fast $ 148 000.[31] Detroits bessere Vororte verfügen über ausgezeichnete Schulen, schnelle Sicherheitsdienste und prächtige Parks.

Noch vor 40 Jahren verfügte Detroit über eine Mischung aus Reichen, Mittelschicht und Armen. Zwischen 2000 und 2010 jedoch verlor die Stadt ein Viertel ihrer Bevölkerung, als Mittelschicht und weiße Einwohner in die Vorstädte flohen.[32] Zum Zeitpunkt seiner Bankrotterklärung wohnten in Detroit praktisch nur noch Arme.[33] Das mittlere Haushaltseinkommen betrug etwa $ 26 000.[34] Über die Hälfte der Kinder lebte unterhalb der Armutsgrenze.[35] Das alles hatte zum völligen Verfall der Immobilienwerte geführt, zu verlassenen Vierteln, leer stehenden Gebäuden und baufälligen Schulen. 40 Prozent der Straßenbeleuchtung waren außer Betrieb.[36] Zwei Drittel der Parks hatte man während der fünf Jahre zuvor geschlossen.[37] 2014 lagen die monatlichen Wasserrechnungen 50 Prozent über dem nationalen Durchschnitt, und die Versorger begannen damit, 150 000 Haushalten, die ihre Wasserrechnungen nicht mehr bezahlen konnten, den Hahn abzudrehen.[38]

Hätten die amtlichen Stadtgrenzen sowohl das Oakland County als auch Detroit umfasst, die wohlhabenderen Bewohner Oaklands (mitsamt ihren Banken und Gläubigern) hätten einen Teil der Verantwortung für Detroits Probleme übernehmen müssen und Detroit hätte seine Rechnungen vermutlich bezahlen und seine Bewohner mit ausreichenden Dienstleistungen versorgen können. Aber indem man von der verarmten City verlangte, sich selbst um die aufgelaufenen Probleme zu kümmern, waren die wohlhabenderen Vorstädte mitsamt ihren Banken aus dem Schneider. Allein die Andeutung, sie hätten einen Teil der Verantwortung mitzutragen, löste einen Sturm rechtschaffener Entrüstung aus: »Jetzt haben die auf einmal Probleme und wollen einen Teil der Verantwortung auf die Vorstädte abwälzen?«, spottete L. Brooks Patterson, ein leitender

Angestellter aus dem Oakland County. »Die werden mir nicht einreden, der Gute zu sein. ›Meinen Anteil übernehmen?‹ Ha, ha.«[39]

Hinter den nüchternen Paragrafen des Insolvenzrechts verbergen sich einige fundamentale politische und moralische Fragen. Wer sind »wir« und wie sehen die Verpflichtungen aus, die einer dem anderen gegenüber hat? Ist American Airlines nur die Summe von Aktionären und Chefetage? Gehören seine Beschäftigten nicht dazu? Ist eine Finanzkrise, die sowohl Großbanken als auch die Besitzer von Eigenheimen zu Fall bringt, als gemeinsames oder als zwei getrennte Probleme zu sehen? Wenn Collegeabsolventen ihren Studienkredit nicht zurückzahlen können, haben die Verleiher dann keine Verantwortung? Oder die Gesellschaft an sich, die doch in vielerlei Hinsicht von einer gebildeten Arbeiterschaft profitiert? Sind Detroit, seine Angestellten, Rentner und Armen die Einzigen, die Opfer zu bringen haben, wenn »Detroit« seine Rechnungen nicht mehr zahlen kann? Oder schließt der hier zu veranschlagende Kreis der Verantwortlichen nicht auch Detroits wohlhabende Vorstädte ein, in die viele der betuchteren Bewohner – einschließlich der Banken – geflohen sind, als es mit der Stadt bergab zu gehen begann?

Konkurs und Verträge kaschieren solche Fragen geflissentlich. Es ist weit einfacher, davon auszugehen, dass eine der Parteien einer Übereinkunft seinen Verpflichtungen gegenüber der anderen eben nicht mehr nachkommen kann – woraus sich als einzig relevante Frage die der Wiedergutmachung ergibt. Das ist nun mal alles, was der »freie Markt« braucht; um die Mechanismen dahinter kümmert man sich dabei nicht.

8 DER DURCHSETZUNGSMECHANISMUS

Der fünfte Grundbaustein des Marktes ist die Durchsetzung der formulierten Regeln. Eigentum muss geschützt werden. Exzessive Marktmacht muss an die Zügel genommen werden. Vertragliche Übereinkünfte müssen durchgesetzt (oder verboten) werden. Verluste aus Insolvenzen sind zuzuweisen. All das ist unabdingbar für einen Markt; darüber ist man sich im Großen und Ganzen einig. Aber Entscheidungen unterscheiden sich im Detail: welche Art von »Eigentum« schützenswert ist, wie viel Marktmacht zu viel ist, welche Verträge verboten, welche durchgesetzt werden sollen und was zu tun ist, wenn eine Vertragspartei nicht bezahlen kann. Die Antworten, die Gesetzgeber, Behörden und Gerichte darauf geben, sind nicht notwendigerweise in Stein gemeißelt; ganz im Gegenteil, sie erfahren immer wieder Änderungen: sei es durch Novellierung, sei es durch Gerichtsurteile, die Präzedenzurteile aufheben oder ignorieren, sei es durch Änderungen verwaltungsrechtlicher Gesetze und Verordnungen.

Jede Nahtstelle in diesem Prozess bietet Interessengruppen Möglichkeiten, ihren Einfluss geltend zu machen. Was sie dann auch fortwährend tun. Und diesen Einfluss üben sie auch darauf aus, wie all diesen Regeln Geltung verschafft werden soll. Der Durchsetzungsmechanismus ist in vielerlei Hinsicht besonders schwer zu erkennen, da keine Entscheidungen darüber veröffentlicht werden, was man *nicht* durchsetzen soll. Wie soll man angesichts begrenzter Ressourcen die richtigen Prioritäten setzen, was davon durchsetzungswert ist? Ähnliches gilt für die Angemessenheit der Strafen, die verhängt werden sollen. Darüber hinaus können sich wohlhabende Privatpersonen und Unternehmen Legionen erfahrener Anwälte leisten, was ihnen auf Dauer gegenüber Durchschnittsbürgern und kleinen Geschäftsleuten, denen so etwas nicht möglich ist, einen systematischen Vorteil verschafft.

Beginnen wir mit dem Problem der Haftung – also wer verantwortlich ist, wenn etwas schiefgeht. Ganze Branchen mit beträchtlicher politischer Macht sind mittlerweile gegen die Strafverfolgung immun. 1988 zum Beispiel überredete die Pharmaindustrie den Kongress zur Einrichtung des National Vaccine Injury Compensation Program (Bundesprogramm zur Entschädigung bei Impfschäden), das Hersteller von Impfstoffen und Ärzte effektiv vor der Haftung für den Einsatz von Impfstoffen mit schädlichen Nebenwirkungen bewahrt.[1] Ebenso sind Hersteller von Schusswaffen vor der Haftung für die Schäden an Leib und Leben geschützt, die man mit ihren Produkten anrichten könnte. Nachdem 2004 ein Gericht Hersteller und Verkäufer der bei den Morden des Washingtoner Beltway Snipers eingesetzten Waffe dazu verurteilte, den Verwandten von acht seiner Opfer $ 2,5 Millionen zu zahlen, trat die National Rifle Association in Aktion.[2] 2005 verabschiedete der Kongress den Protection of Lawful Commerce in Arms Act, der die Haftung von Waffenherstellern, Großhändlern und Händlern für Schäden, die mit den von ihnen verkauften Waffen angerichtet werden, drastisch einschränkte.[3]

Nicht allen Branchen war ein derartiger Erfolg beschert. Vor Jahrzehnten erklärte die Autoindustrie ihre Produkte für sicher und Sitzgurte für überflüssig, und die Tabakindustrie warb mit den angeblichen gesundheitlichen Vorzügen von Zigaretten. Nach Zehntausenden von Toten und Hunderten von Millionen Dollar Schadenersatz an die Opfer schlagen heute beide Branchen andere Töne an. Heute sind Autos sicherer und weniger Amerikaner rauchen.

Einzelne Unternehmen mit dicken Bankkonten allerdings können sich der Verantwortung noch immer entziehen, indem sie wohlgesinnte Regulatoren und Gönner im Kongress dazu überreden, sie nicht ganz so hart ranzunehmen. Lange bevor 2011 in Japan die Nuklearkatastrophe von Fukushima einen Teil des Pazifiks mit radioaktivem Material verseuchte, verkaufte General Electric den dort (und in 16 amerikanischen Atomkraftwerken) eingesetzten Siedewasserreaktor vom Typ Mark 1 als billigere Alternative zu Konkurrenzprodukten, da er kleiner und weniger kostspielig war. Die damit verbundenen Gefahren waren jedoch durchaus bekannt.[4] Mitte der 1980er-Jahre bereits warnte Harold Denton von der in den USA für die Sicherheit kerntechnischer Anlagen zuständigen Nuclear Regulatory Commission, dass der Mark 1 im Falle einer Überhitzung der Brennstäbe und der damit verbundenen Kernschmelze mit einer Wahrscheinlichkeit von 90 Prozent nicht standhalten würde.[5] Ein Folgebericht einer von der Kommission einberufenen Arbeitsgruppe kam zu dem Schluss, dass »ein Versagen von Mark 1 innerhalb der ersten Stunden nach einer Kernschmelze ziemlich wahrscheinlich erscheint«.[6]

Warum hat die Kommission von General Electric keine Nachbesserung von Mark 1 verlangt? Nun, ein Faktor könnte die enorme politische und juristische Macht des Unternehmens gewesen sein. Während des Präsidentschaftswahlkampfs 2012 zum Beispiel haben seine Führungskräfte und politischen Aktionskomitees fast $ 4 Millionen zu politischen Kampagnen beigetragen (womit das Unternehmen auf Platz 63 von 20766 rangierte) und gaben fast $ 19 Millionen für Lobbying aus (was dem Konzern die fünftgrößte Lobbying-Rechnung von 4372 Unternehmen bescherte).[7] Darüber hinaus hatten 104 seiner 144 Lobbyisten früher Regierungsämter inne oder Posten beim Staat.[8]

In einem ähnlichen Sachverhalt befand die Bundeskommission, die mit der Untersuchung der ungeheuren Ölkatastrophe im Golf von Mexiko 2010 betraut war, BP habe Halliburtons Installation der Tiefesee-Erdölbohrung nicht adäquat überwacht – und das, obwohl man bei BP wusste, dass Halliburton nicht genügend Erfahrung im Testen von Beton hatte, um einen Blow-out zu verhindern, und bei einem ähnlich gelagerten Auftrag alles andere als zufriedenstellend abgeschnitten hatte.[9] Kurzum, keines der beiden Unternehmen hatte genügend investiert, um sicherzustellen, dass der Beton angemessen getestet würde. Gleichzeitig hatte der Minerals Management Service des Innenministeriums (heute das Bureau of Ocean Energy Management, Regulation, and Enforcement) den von ihm zu kontrollierenden Öl- und Öl-Service-Unternehmen nicht genau genug auf die Finger geschaut, weil man sich im Lauf der Jahre recht nahe gekommen war.[10] Die Drehtür zwischen dem Regulierer und den Unternehmen in seinem Aufsichtsbereich war gut geölt. Bei der National Highway Traffic Safety Administration wiederum kümmert man sich allem Anschein nach mehr um die Bedürfnisse der Autoindustrie als um die Sicherheit von Fahrern und Passagieren.[11] Seit Jahrzehnten sorgen die mächtigen Verbündeten der Branche im Kongress unter Führung des Abgeordneten für Michigan John Dingell dafür, dass das so bleibt.

Oder denken Sie an den New Yorker Arm des Zentralbankrats (Federal Reserve Board), der vor allen anderen die Aufsicht über die Banker der Wall Street hat. Selbst nachdem diese um ein Haar an der Kernschmelze vorbeigeschrammt war, bremsten die juristische Tüchtigkeit und die politische Macht der Banken den Eifer der Regulierer von der New Yorker Fed kräftig aus. Hochrangige Angehörige der Fed wiesen die ihnen untergebenen Regulierer an, die Großbanken nicht zu hart ranzunehmen und nicht zu neugierig zu sein. Wie 2014 ans Licht kam, sagte ein Banker von Goldman Sachs angeblich bei einem Meeting den Regulatoren der Fed, dass »bestimmte Verbrauchergesetze nicht mehr auf sie anzuwenden sind, wenn Klienten erst mal reich genug sind«. Hinterher, als eine Angehörige des Teams einem ranghöheren Kollegen gegenüber ihre Sorge über die Bemerkung zum Ausdruck brachte, sagte ihr dieser: »Sie haben das nicht gehört.«[12]

Eine andere Methode ist in Kreisen der Großfinanz sehr beliebt. Wenn man dort ein Gesetz unterdrücken möchte, das ungelegen kommt, muss man einfach dafür sorgen, dass der Kongress nicht genügend Geld bewilligt, um ihm auch tatsächlich Geltung zu verschaffen. Als zum Beispiel im April 2013 die Chemiefabrik im texanischen West explodierte, wobei 14 Menschen ums Leben kamen und über 200 verletzt wurden, stellte sich heraus, dass das Werk fast drei Jahrzehnte lang nicht inspiziert worden war.[12] Das Bundesamt für Arbeitsschutz (Occupational Safety and Health Administration) und seine Partner in den Einzelstaaten hatten zu dem Zeitpunkt nur 2 200 Inspektoren, die sich um den Arbeitnehmerschutz von 130 Millionen Beschäftigten in über acht Millionen Arbeitsstätten zu kümmern hatten.[14] Das macht einen Inspektor für 59 000 Arbeiter. Im Lauf der Jahre waren die vom Kongress bewilligten Mittel der OSHA immer weiter zurückgegangen. Man hatte die Behörde systematisch ausgehöhlt. Dasselbe gilt für das Bundesamt für Straßen- und Verkehrssicherheit, die National Highway Traffic Safety Administration, die unter anderem für die Sicherheit von Kraftfahrzeugen verantwortlich ist. Das Jahresbudget von $ 134 Millionen (2013), das angeblich ausreicht, um gegen den Blutzoll von etwa 34 000 Verkehrstoten jährlich anzugehen, entsprach noch nicht einmal der Summe, die Amerika in drei Monaten desselben Jahres für den Schutz seiner Botschaft im Irak ausgab.[15]

Auch das amerikanische Finanzamt (Internal Revenue Service) bleibt von dieser Aushöhlung nicht verschont.[16] Obwohl eine ständig steigende Zahl reicher Privatpersonen und Großkonzerne sich immer aufwendigerer Steuertricks bedient – ich nenne hier nur die Geldwäsche mittels Scheinfirmen, Steueroasen oder das Verschieben von Profiten an Tochterfirmen in das jeweils steuergünstigste Land –, lag das Budget des IRS 2014 um 7 Prozent unter dem von 2010. Während genau dieses Zeitraums baute man beim IRS über 10 000 Stellen ab; das entspricht einer Reduzierung um 11 Prozent. Diese Knausrigkeit bei der Budgetierung hat dem Staat nicht etwa Geld gespart; ganz im Gegenteil, je geringer das Durchsetzungsvermögen des Finanzamts, desto weniger Steuern nimmt der Staat ein. Für jeden in den IRS investierten Dollar bringt das Finanzamt dem Staat geschätzte $ 200 an Steuerausständen ein.[17] Weniger Steuerbeamte bedeutet jedoch eine geringere Wahrscheinlichkeit einer Steuerprüfung sowohl bei Superreichen als auch bei Großunternehmen.

Ganz ähnlich sorgte die Wall Street nach der Verabschiedung des Dodd-Frank-Gesetzes zur Reformierung des Finanzmarktrechts dafür, dass man den mit seiner Durchsetzung beauftragten Behörden die für eine ordentliche Arbeit unabdingbaren Mittel vorenthielt. Infolgedessen liegt ganze sechs Jahre nach der Katastrophe an der

Wall Street ein Teil des Dodd-Frank Acts noch immer als Entwurf herum – darunter die sogenannte Volcker-Regel, ebenjene Art von Handel mit Derivaten einzuschränken, die überhaupt erst zu dem Schlamassel geführt hatte.

Wenn eine Branche die Verabschiedung eines (aus ihrer Sicht) unbequemen Gesetzes eigentlich lieber verhindern würde, aber eine heftige Reaktion der Öffentlichkeit für den Fall befürchtet, dass sie öffentlich dagegen Stellung bezieht – dann sorgt sie klammheimlich dafür, dass dem Staat die nötigen Mittel zur Geltendmachung der Paragrafen fehlen. So war das zum Beispiel, als die Lebensmittelindustrie 2011 bei der Novellierung des Lebensmittelkontrollgesetzes (Food Safetey Modernization Act) mitzog, nachdem Tausende nach dem Verzehr verdorbener Lebensmittel erkrankt waren.[18] Anschließend sorgte die Lobby der Branche im Kongress dafür, dass für die Geltendmachung des Gesetzes so wenig Mittel bewilligt wurden, dass es in der Praxis kaum umgesetzt wird.

Diese Methode – Gesetzen die Zähne zu ziehen, indem man die mit ihrer Umsetzung beauftragten Behörden aushöhlt – funktioniert deshalb so gut, weil die Öffentlichkeit nichts davon erfährt. Die Inkraftsetzung eines Gesetzes erfolgt in der Regel unter den Augen der Öffentlichkeit; womöglich kommt es sogar zu einer feierlichen Unterzeichnung im Weißen Haus. Die Nachrichtensender berichten pflichtbewusst über das Ereignis. Die Definanzierung von Behörden jedoch, die einem Gesetz Geltung verschaffen sollen, interessiert niemanden, obwohl das in der Praxis einer Außerkraftsetzung gleichkommt.

Eine noch unauffälligere Methode, Gesetze aufzuheben, besteht darin, sie von vornherein mit so vielen Schlupflöchern zu versehen, dass sie in der Praxis kaum durchsetzbar sind. Typischerweise bohrt man solche Löcher dort, wo Behörden durch den Erlass von Regeln – Verordnungen, Richtlinien, Verwaltungsvorschriften – zu definieren versuchen, was die erlassenen Gesetze nun konkret bedeuten bzw. verbieten sollen. Denken Sie, um nur ein Beispiel zu nennen, an den Teil des Dodd-Frank Acts, der darauf abzielt, Wetten auf den künftigen Wert von Wirtschaftsgütern einzuschränken. Jahrelang hat die Wall Street mit Spekulationen an den Warenterminbörsen – Nahrungsmittel, Öl, Kupfer und andere Massengüter – fette Profite gemacht. Diese Spekulationen jedoch bringen erhebliche Preisschwankungen mit sich. Die Wall Street verdient kräftig an dieser Achterbahnfahrt, indem sie – für gewöhnlich korrekt – darauf wettet, wohin die Preise gehen. Das Problem ist nur, dass diese Wetten die Verbraucherpreise nach oben treiben – eine weitere versteckte Umverteilung des Wohlstands von Mittelschicht und Armen hin zu den Reichen. Dodd-Frank wies die zuständige Regulierungsbehörde (die Commodity Futures Trading Commission) an, sich detaillierte Bestimmungen einfallen zu lassen, mit denen diese Art von Wetten reduziert werden könnten. Daraufhin hatte die Kommission sich mit sage und schreibe 15 000 – größtenteils von der »Street« generierten – Stellungnahmen auseinanderzusetzen.[19] Und dann stellte die Behörde zahlreiche wirtschaftliche und politische Analysen an – zur sorgfältigen Abwägung der Vorteile einer solchen Regelung für die Öffentlichkeit gegenüber den Kosten für die »Street«.

Nach einigen Jahren legte die Kommission dann den Vorschlag einer Regelung mit einigen der von der Wall Street gewünschten Schlupflöcher und Ausnahmen vor. Aber nicht einmal das genügte der »Street«. Also erklärte die Kommission sich bereit, die Durchsetzung der Regelung wenigstens um ein Jahr zu verschieben, was den Bankern noch einmal mehr Zeit zum Einreichen von Einwänden gab. Und auch das reichte den großen Banken noch nicht. Ihre Anwälte reichten vor den Bundesgerichten Klage ein, um die Regelung kippen zu lassen – mit dem Argument, die Kosten-Nutzen-Analyse der Regulierungsbehörde sei nicht adäquat.[20] Das war eine besonders clevere Masche, da Kosten und Nutzen schwer zu messen sind. Dass man diese Frage in den Schoß der Bundesrichter legte, gab der Wall Street einen erheblichen taktischen Vorteil an die Hand, da den Banken natürlich grenzenlose Mittel für sogenannte Sachverständige zur Verfügung stehen (nicht selten Akademiker, die alles behaupten würden, solange die Kasse stimmt).

Deren Urteile zeigten dann mit ausgefeilter Methodik, die Regulierungsbehörde hätte die Vorteile überbewertet und die Kosten für die »Street« unterschätzt.

Es war nicht das erste Mal, dass die Großbanken sich dieser Masche bedienten. Als 2010 die US-Börsenaufsicht (Securities and Exchange Commission) eine Bestimmung des Dodd-Frank Acts umzusetzen versuchte, die Aktionären die Benennung von Direktoren erleichtern sollte, verklagte die Wall Street die SEC.[21] Sie unterstellte, dass die Kosten-Nutzen-Analyse der Regulierungsbehörde unzureichend sei. Ein Bundesberufungsgericht gab ihr – von einer Sturzflut von Anwälten und »Sachverständigen« überrollt – schließlich Recht. Damit war es, fürs Erste jedenfalls, vorbei mit Versuchen der Parlamentarier, Aktionären mehr Mitspracherecht bei der Benennung von Firmendirektoren zu geben.

Es versteht sich von selbst, dass der Staat Kosten und Nutzen im Vorfeld jeder größeren Maßnahme abwägen sollte. Aber Konzerne und Großbanken haben nun einmal implizit einen Vorteil bei dieser Abwägung: Sie – und nur sie – verfügen über die Mittel für Sachverständige, deren Studien Kosten und Nutzen so messen können, wie Konzerne und Großbanken das wollen. Kaum einer von uns hat ein Portemonnaie, das auch nur annähernd gut genug gefüllt wäre, um unseren Standpunkt durch umfassende Studien zu untermauern.

Und noch etwas: Was die Regulierung der Wall Street anbelangt, bleibt bei der Abwägung einzelner Faktoren ein wichtiger Kostenpunkt unweigerlich außen vor: das wachsende Misstrauen der Öffentlichkeit gegenüber unserem Wirtschaftssystem an sich. Angesichts all der Schummeleien und Tricks, die an der Wall Street gang und gäbe sind, hält ein Gutteil des amerikanischen Volks mittlerweile das Marktsystem an sich für einen ausgemachten Schwindel.

Der Kapitalismus basiert aber nun mal auf Vertrauen. Ohne Vertrauen geht man in der Wirtschaft noch nicht einmal vernünftige Risiken ein. Außerdem macht sich langsam, aber sicher die Ansicht breit, wenn die Großen mit Beschiss im großen Stil durchkommen, dann sollte man auch als Kleiner damit durchkommen können – was zu einem weiteren Vertrauensverlust in das System führen muss. Darüber hinaus sind Menschen, die das System an sich für manipuliert halten, leichte Beute für politische Demagogen mit flinken Zungen und dummen Ideen.

Addieren Sie diese Kosten auf, und es kommt einiges zusammen; Wall Street hat Amerika in einen Morast aus Zynismus gefahren. Die meisten Amerikaner sind immer noch – und das nicht ganz zu Unrecht – der Ansicht, dass der Steuerzahler der Wall Street vor allem deshalb ohne Vorbehalte aus der Klemme helfen musste, weil »die Street« über die nötige politische Schlagkraft verfügt. Deshalb brauchten die Banken auch die Hypotheken all der Amerikaner nicht neu zu verhandeln, die nach dem – durch die Exzesse der »Street« verursachten – Kollaps jahrelang kein Bein mehr auf den Boden brachten. Deshalb bekam der Steuerzahler auch keine annähernd so hohe Aktienbeteiligung an den Banken, deren Karre er aus dem Dreck gezogen hatte, wie etwa Warren Buffett, als er Goldman Sachs aus der Klemme half. Als die Banken wieder profitabel wurden, sahen die Steuerzahler kaum etwas von den Gewinnen aus dem Aufwärtstrend. Sie haben den Banken praktisch nur die Risiken eines erneuten Kursrückgangs gepolstert.

Die besagte politische Macht der Wall Street hat nicht zuletzt mit dem Umstand zu tun, dass Top-Banker, die exzessive Wetten eingingen oder die Aufsicht darüber hatten, ihre Jobs behalten durften, ganz zu schweigen davon. dass sie von Strafverfolgung und Gefängnis verschont blieben und weiterhin riesige Vermögen scheffeln. Deshalb wurde der Dodd-Frank Act, der eine weitere Finanzkrise verhindern sollte, verwässert und die Regeln zu seiner Durchsetzung mit Schlupflöchern versehen, die groß genug sind, um mit dem Ferrari durchzufahren. Die Kosten von so viel Zynismus haben ganz Amerika durchdrungen und zu dem Argwohn und Zorn beigetragen, von denen die amerikanische Politik heute gezeichnet ist.

Ebenso wie Klagen gegen Aufsichtsbehörden höhlen auch zu geringe Bußgelder und milde außergerichtliche Vergleiche die Regeln aus; ein Klaps auf die Finger kommt praktisch einer Aufhebung unbequemer gesetzlicher Bestimmungen gleich. Denken Sie nur an JPMorgan Chase, die größte Bank an der »Street« mit einer Brieftasche, die dick genug ist, um sich in der Politik zu versuchen und die eigenen Interessen mit Horden hoch bezahlter Spitzenanwälte zu untermauern. 2012 verlor die Bank $ 6,2 Milliarden durch eine Wette auf an Unternehmensschulden gebundene Kreditausfall-Wechsel (Credit Default Swaps) und belog die Öffentlichkeit anschließend über diesen Verlust.[22] Wie sich später herausstellte, war die Bank überhaupt erst durch die Zahlung illegaler Schmiergelder an das Geschäft gekommen. Im selben Jahr warf man dem Finanzinstitut Betrug beim Einklagen von Kreditkartenschulden vor, darüber hinaus den Einsatz irreführender bis illegaler Methoden bei Zwangsvollstreckungen; außerdem wurde der Vorwurf laut, die Bank habe – unter Verletzung des Gesetzes gegen Auslandskorruption (Foreign Corrupt Practices Act) – um des geschäftlichen Vorteils willen Kinder chinesischer Amtsträger eingestellt. Und das war längst nicht alles. Sowohl das Justizministerium als auch die Börsenaufsicht nahmen darauf eine Vielzahl von Ermittlungen auf.[23]

JPMorgans Finanzbericht für das letzte Quartal 2012 listete seine juristischen Scharmützel auf neun Seiten Kleingedrucktem auf und schätzte die einschlägigen Aufwendungen auf etwa $ 6,8 Milliarden.[24] Aber $ 6,8 Milliarden sind Peanuts für ein Unternehmen mit Aktiva von insgesamt $ 2,4 Billionen und $ 209 Milliarden Eigenkapital.[25] Und genau darum geht es hier: Die zu erwartenden Bußgelder schreckten JPMorgan Chase erst gar nicht davon ab, die Gesetze einfach zu ignorieren. Weder eine Großbank noch ein Konzern wird sich die Gelegenheit auf einen sauberen Schnitt entgehen lassen – es sei denn, die Wahrscheinlichkeit, erwischt zu werden und vor Gericht zu kommen, sowie der Betrag des potenziellen Bußgelds übersteigen den potenziellen Gewinn. Ein Bußgeld, das sich gegenüber den potenziellen Gewinnen lächerlich ausnimmt, wird lediglich zu einem weiteren Sollposten in der Bilanz.

Noch nicht einmal die $ 13 Milliarden Bußgeld, auf die JPMorgan sich 2013 wegen des betrügerischen Verkaufs problematischer Hypotheken – noch vor der Katastrophe – mit dem Justizministerium einigte, wirkten sich sichtbar auf die Aktie der Bank aus.[26] Dasselbe galt, wo wir schon davon sprechen, für die $7 Milliarden, auf die man sich 2014 mit Citibank wegen ebendieser Art von Betrügereien einigte.[27] Nicht einmal die Rekordsumme von $16,65 Milliarden der Einigung mit der Bank of America 2014 wirkte auf den Aktienpreis. Im Gegenteil, in den Tagen vor der Einigung, als die Spatzen die Nachricht bereits von den Dächern der Wall Street pfiffen, zog der Preis für das Papier der Bank of America noch beträchtlich an.[28] Was nicht zuletzt daran lag, dass viele dieser Bußgelder steuerlich geltend zu machen waren. (Die Absetzbarkeit richtet sich danach, ob Zahlungen an geschädigte Parteien gehen. Wenigstens $7 Milliarden von den $16,65 Milliarden, die die Bank of America zahlte, gingen zum Beispiel an Hausbesitzer und Not leidende Gebiete, sodass die Bank den Betrag selbstverständlich von den zu versteuernden Einkünften abzog.[29]) Außerdem nahm sich die Größe des Bußgelds im Vergleich zu den Profiten der Bank doch eher blass aus. Die Einkünfte der Bank of America beliefen sich vor Steuer allein 2013 auf $17 Milliarden – gegenüber $4 Milliarden 2012.[30]

2014 gab Justizminister Eric Holder mit großer Geste das Schuldbekenntnis des Bankriesen Credit Suisse bekannt; die Bank hatte reichen Amerikanern bei der Steuerhinterziehung unter die Arme gegriffen. »Dieser Fall zeigt, dass kein Finanzinstitut, egal welcher Größe und in wie vielen Ländern es vertreten ist, über dem Gesetz steht«, tönte Holder.[31] Aber das Bußgeld von $2,8 Milliarden tropfte an den Finanzmärkten spurlos ab.[32] Die Aktien der Bank stiegen sogar an dem Tag, an dem Holder das Eingeständnis der Bank bekannt gab.[33] Und sie war das einzige Finanzinstitut, das an dem Tag Kursgewinne verzeichnen konnte. Der CEO der Bank gab sich in einer Pressemitteilung unmittelbar nach der Bekanntgabe sogar recht optimistisch: »Unsere Diskussionen mit Kunden stimmen uns sehr zuversichtlich und wir sahen uns durchaus nicht mit besonders vielen Problemen konfrontiert«, sagte er.[34] Was nicht zuletzt daran gelegen haben dürfte, dass das Justizministerium noch nicht einmal die Herausgabe einer Liste der Steuerhinterzieher gefordert hatte.

Falls ein Gesetz die Obergrenze von Bußgeldern vorgibt, dann ist diese oft sehr niedrig angesetzt. Es handelt sich hier um eine weitere politische Taktik von Branchen, die nicht den Eindruck erwecken wollen, sie hätten etwas gegen ein Gesetz, die ihm aber sehr wohl den Biss nehmen wollen. 2014 zum Beispiel sah sich General Motors öffentlich dafür gescholten, sich nicht um mangelhafte Zündschalter gekümmert zu haben, die zu mindestens 13 Todesfällen geführt hatten. Jahrzehntelang hatten sich die Kunden über einen bestimmten Schalter bei GM beschwert, aber das Unternehmen hatte nicht darauf reagiert. Schließlich griffen die Behörden ein. »GM hat gegen das Gesetz verstoßen ... Das Unternehmen hat es versäumt, seinen Verpflichtungen gegenüber der öffentlichen Sicherheit nachzukommen«, schalt Verkehrsminister Anthony Foxx den Autobauer, nachdem er ihm das höchstmögliche Bußgeld aufgebrummt hatte, das laut dem Gesetz über die Verkehrs- und Fahrzeugsicherheit möglich ist: $ 35 Millionen.[35] Das bezahlt ein Hundert-Milliarden-Dollar-Unternehmen aus der Portokasse. Das Gesetz sieht noch nicht einmal eine Strafverfolgung vor, wenn die bewusste Missachtung von Sicherheitsstandards zum Tode führt.

Es entbehrt in diesem Zusammenhang nicht einer gewissen bitteren Ironie, dass der Abgasskandal um den deutschen Autohersteller Volkswagen ausgerechnet durch die amerikanische Environmental Protection Agency (EPA) angestoßen wurde, obwohl man in Deutschland laut *Spiegel* und *Handelsblatt* bereits ein ganzes Jahr zuvor Bescheid wusste, dass Autohersteller – und nicht nur VW – bei den Werten schummelten: »Bordcomputer der neuesten Generation«, so schrieb der *Spiegel* im September 2014, »können erkennen, wenn sich das Auto auf einem Rollenprüfstand befindet, und daraufhin in einen optimierten Testmodus schalten.«[36] Bereits zwei Wochen zuvor schrieb unter Berufung auf Erkenntnisse der Non-Profit-Organisation International Council of Clean Transportation (ICCT) das *Handelsblatt*: »Die Forscher werfen den Fahrzeugherstellern in ihrer Studie vor, ihre Fahrzeuge nur für einen eng abgegrenzten Betriebsbereich im Labor zu kalibrieren und nicht für reale Fahrsituationen in Kundenhand.«[37] Auf die Frage, warum die

»Trick-Software zum Verschleiern der wahren Stickoxidwerte einer US-Umweltbehörde« aufgefallen sei, »aber nicht dem deutschen TÜV«, antwortete dieser: »Wir haben leider gesetzlich keinerlei Möglichkeit, Einblicke in die Motorsteuerung und die dort verbaute Software der Fahrzeuge zu nehmen … Die Hersteller haben gegenüber der Politik geltend gemacht, dass es sich bei der Motorsoftware um ein Betriebsgeheimnis handele. Nicht einmal uns, den vom Staat benannten Technischen Diensten, dürfe dies erlaubt werden. Die zuständigen Bundesministerien sind dem leider gefolgt.«[38] Es soll hier nichts unterstellt werden, aber *Der Tagesspiegel* bringt das Problem mit der Überschrift »Politik schützt die Autohersteller« wohl auf den Punkt.[39]

2013 bekannte Halliburton sich nach einer Strafanzeige schuldig, Beweismittel im Fall der Deepwater Horizon-Ölkatastrophe im Golf von Mexiko vernichtet zu haben. Das Schuldbekenntnis machte Schlagzeilen, es handelt sich immerhin um einen Straftatbestand. Die Strafe dafür waren jedoch lächerliche $ 200000 – das Maximum, das nach dem Gesetz für ein solches Vergehen zulässig ist. (Außerdem erklärte sich das Unternehmen bereit, die steuerabzugsfähige Summe von $ 55 Millionen in Form eines »freiwilligen Beitrags« an die National Fish and Wildlife Foundation zu zahlen.[40]) Halliburtons Einkünfte beliefen sich 2013 auf insgesamt $ 29,4 Milliarden – $ 200000 nehmen sich da wie ein kleiner Irrtum beim Auf- oder Abrunden aus.[41] Und ins Gefängnis ging auch niemand.

Staatsdiener treten gerne vor Fernsehkameras, um entrüstet scheinbar saftige Strafen für gesetzesbrüchige Firmen bekanntzugeben. Aber die Entrüstung ist nur für die Öffentlichkeit und die Strafen sind nicht selten ein Witz im Verhältnis zu den Gewinnen dieser Firmen. Und dann einigt man sich stets außergerichtlich; es kommt also nicht zu einem Verfahren. Das bedeutet, dass die Unternehmen in so einem Fall formalrechtlich nicht einmal einen Gesetzesverstoß eingestehen; sie stimmen lediglich, wenn überhaupt, vagen oder belanglosen Tatbeständen zu. Auf diese Weise vermeiden sie mögliche Klagen geschädigter Aktionäre oder Privatleute, die eine Verurteilung gegen sie verwenden könnten.

Der Staat einigt sich ebenfalls lieber außergerichtlich, weil ihm das lang hingezogene Verfahren erspart, die sich die Behörden, die mit der Geltendmachung von Gesetzen beauftragt sind, angesichts ihrer dürftigen Budgets nicht leisten können. Darüber hinaus bekommen die Anwälte dieser Behörden gerade mal einen Bruchteil dessen, was ein Partner einer der Sozietäten erhält, die von Wall-Street-Banken und Großkonzernen engagiert werden. Sie sind zudem in der Regel viel jünger und haben weder dieselbe Erfahrung, noch steht ihnen dieselbe Zahl von Anwaltsgehilfen und anderen Mitarbeitern zur Verfügung, um die für einen Prozess nötigen Dokumente und eidlichen Aussagen zusammenzutragen. Mit einer außergerichtlichen Einigung vermeidet man das Risiko, sich vor Gericht zu blamieren. So nehmen sich diese außergerichtlichen Einigungen für beide Seiten vorteilhaft aus, sowohl für die Unternehmen als auch für den Staat. Letztlich untergraben sie jedoch den Durchsetzungsmechanismus.

Führungskräfte der betreffenden Unternehmen, die den Verstoß entweder angeordnet oder zumindest weggeguckt haben, gehen frei aus. Nach mehreren außergerichtlichen Einigungen und Schuldbekenntnissen, bei denen der Pharmariese Pfizer sich immer wieder zu bessern versprach, bekannte er sich 2009 einmal mehr schuldig (diesmal hatte man Ärzte bestochen, Schmerzmittel außerhalb der genehmigten Indikationen zu verschreiben) und bezahlte eine Geldstrafe von $1,2 Milliarden. Aber nicht ein einziger leitender Angestellter von Pfizer wurde je einer Straftat wegen belangt oder gar verurteilt. Und so ist sechs Jahre nach der Katastrophe an der Wall Street noch immer kein einziger Executive der »Street« verurteilt oder auch nur vor Gericht gestellt worden für all die Verbrechen, die zahllose Amerikaner um ihre Ersparnisse gebracht haben. Es war zum Beispiel erwiesen, dass das im Hausgebrauch als Repo 105 bezeichnete Buchhaltungsmanöver, mit dem Lehman Brothers zum Ende eines Quartals vorübergehend Milliarden an Verbindlichkeiten aus den Büchern verschwinden ließ (um sie einige Tage später, zu Beginn des nächsten Quartals, wieder aufzunehmen), ganz bewusst dazu diente, finanzielle Schwächen der Firma zu kaschieren. Es handelte sich um ein ausgeklügeltes Betrugsmanöver, dem ein vom Gericht bestellter Buchprüfer auf die Schliche kam.[42] Nicht ein einziger ehemaliger Executive von Lehmann wurde dafür strafrechtlich belangt. Stellen Sie das einmal neben die Tatsache, dass ein Teenager für den Verkauf einer einzigen Unze Marihuana für zwei Jahre weggesperrt werden kann ...

$

In diesem Zusammenhang sei noch erwähnt, dass eine große Zahl von gewählten Richtern und Justizministern auf Staatsebene eine weitere gute Gelegenheit für Firmen mit dicker Brieftasche darstellen, auf Interpretation und Durchsetzung der Marktregeln Einfluss zu nehmen.

In 32 Bundesstaaten werden sowohl die Richter des Obersten Gerichtshofes als auch der Berufungsgerichte und der erstinstanzlichen Gerichte gewählt.[43] Landesweit haben sich 87 Prozent aller einzelstaatlichen Gerichte öffentlichen Wahlen zu stellen. Das steht in scharfem Kontrast zu anderen Ländern, wo Richter in der Regel mit Zustimmung einer gesetzgebenden Körperschaft ernannt werden. Wie die ehemalige Richterin am Obersten Bundesgericht Sandra Day O'Connor so schön sagte: »Keine andere Nation auf der ganzen Welt hält das so, weil denen klar ist, dass man auf diese Art keine fairen und unparteiischen Richter bekommt.«[44]

Bis in die 1980er-Jahre waren Justizwahlen eine relativ unspektakuläre Angelegenheit. Zu Beginn der 1990er jedoch wurden die Wahlkämpfe zunehmend kostspieliger und aggressiver. Das Urteil des Supreme Court im Fall *Citizens United* 2010 schließlich öffnete Firmenspenden Tür und Tor; die Ausgaben von Interessengruppen für Justizwahlen stiegen sprunghaft an. Bei den Wahlen von 2012 gaben unabhängige Gruppen $ 24,1 Millionen aus im Vergleich zu $ 2,7 Millionen im Wahlzyklus 2001–2002. Das entspricht einem Anstieg auf das Neunfache.[45] Eine Studie von Professor Joanna Shepherd von der juristischen Fakultät der Emory University in Atlanta zeigt, dass mit der Höhe der Spenden aus der Geschäftswelt auch die Wahrscheinlichkeit von Urteilen zugunsten von Prozessparteien aus der Geschäftswelt ansteigt.[46] Auch das Center for American Progress hat festgestellt, dass einschlägige Ausgaben der Wirtschaft bei Justizwahlen sich für Unternehmen auszahlen. »In der kurzen Spanne von einigen Jahren ist es der Konzernwelt gelungen, Gerichte wie etwa die Obersten Gerichtshöfe in Texas und Ohio in Foren zu verwandeln, in denen Einzelpersonen hohe Hürden zu überwinden haben, wollen sie Konzerne zur Rechenschaft ziehen«, schrieb der Autor einer Studie der progressiven Forschungseinrichtung.[47] Als Beispiele dafür führt er an, dass Richter, die Spenden der Versicherungsbranche bekommen hatten, Urteile kassierten, die der Branche unbequem waren; in Texas finanzierten Energieunternehmen die Wahlkämpfe von Richtern, die das Gesetz dann zu ihren Gunsten auslegten.

Justizminister auf Staatsebene, denen es obliegt, die Regeln durch die Einleitung von Verfahren durchzusetzen, müssen sich ebenfalls der Wahl und Wiederwahl stellen. Auch sie erhalten für ihren Wahlkampf zunehmend Mittel aus der Wirtschaft. 2014 brachten Nachforschungen der *New York Times* an den Tag, dass große Anwaltskanzleien Wahlkampfspenden der Wirtschaft an Justizminister weiterleiteten, damit diese für die Einstellung von Ermittlungen gegen ihre Mandanten aus der Wirtschaft sorgten, günstige außergerichtliche Einigungen für sie aushandelten und Druck auf Regulierungsbehörden des Bundes ausübten, keine Klage zu führen.[48] So verwarf etwa der Justizminister von Utah – Einwänden seiner Mitarbeiter zum Trotz – einen Fall gegen die Bank of America, nachdem er sich mit einem Lobbyisten der Bank getroffen hatte, der ganz zufällig ebenfalls ein ehemaliger Justizminister war. Der Pharmariese Pfizer gab zwischen 2009 und 2014 Hunderttausende für die Wahlkämpfe von Justizministern aus, um sie zu vorteilhaften Einigungen im Fall einer Klage von mindestens 20 Staaten zu bewegen (das Unternehmen hatte angeblich seine Medikamente für nicht genehmigte Anwendungsgebiete beworben). AT&T war einer der großen Spender bei den Wahlkämpfen von Justizministern – die das Unternehmen daraufhin bei Untersuchungen seiner Rechnungspraktiken in mehreren Bundesstaaten mit Samthandschuhen anfassten.[49]

Die Durchsetzung von Marktregeln hängt nicht allein von der Staatsanwaltschaft ab. Auch Privatpersonen, Unternehmen und Gruppen, die sich ungerecht behandelt fühlen, können Klage einreichen, etwa wegen Patentverletzung, Monopolisierung, Vertragsbruch, Betrug und anderen mutmaßlichen Verstößen gegen die Regeln. Aber der Rechtsweg ist teuer. Viele kleine Unternehmen und der Mann von der Straße können sich so etwas nicht leisten – es sei denn, es geht um einen Schaden, der groß genug ist, um einen Prozessanwalt anzuziehen, der eine satte Schadenersatzzahlung wittert, von der ihm ein schöner Anteil zusteht.

Damit sind von Haus aus diejenigen im Vorteil, die sich Anwälte leisten können, die dann entweder Klage in ihrem Namen einreichen oder sie gegen Klagen verteidigen – und das sind Großkonzerne und steinreiche Privatleute. Monsanto, Comcast, Google, Apple, General Electric, Citigroup, Goldman Sachs und andere Unternehmen mit dickem Portemonnaie setzen den Rechtsstreit strategisch ein, nicht selten als Barriere gegen nach oben strebende neue Unternehmen, denen nicht annähernd dieselben juristischen Ressourcen zur Verfügung stehen. Klagen oder die bloße Androhung einer Klage können den glühendsten kleinen Unternehmer oder Geschäftsmann abschrecken. Auch reiche Privatpersonen setzen Horden von Anwälten ein, um sich gegen potenzielle Forderungen zu schützen oder bei der geringsten Provokation mit einer Klage zu drohen. Räuberische Klagen sind eine weitere Möglichkeit, über wirtschaftliche Vorherrschaft zu juristischer und politischer Macht zu gelangen, die dann wiederum zur Festigung und Erweiterung der wirtschaftlichen Vorherrschaft führt.

Bis vor Kurzem konnten sich kleine Geschäfte oder der Durchschnittsbürger in Gemeinschaftsklagen zusammentun, aber auch solche Klagen sind heute schwerer durchzubekommen. Wie wir gesehen haben, werden sie ihnen durch die in vielen Verträgen zwingenden Schiedsgerichtsbarkeitsklauseln effektiv verwehrt. Darüber hinaus arbeitet die Mehrheit der Republikaner im Supreme Court – mit ihrer allgemein bekannten Aufgeschlossenheit gegenüber den Interessen der Wirtschaft, die ihre Benennung unterstützt hat – seit Jahren emsig daran, Sammelklagen einen Riegel vorzuschieben. 2011 entschieden sie in der Sache *AT&T vs. Concepcion*: dass Unternehmen Sammelklagen in ihren Verbraucherverträgen ausschließen, sei völlig legal.[50] Im Jahr darauf hatte sich laut einer Erhebung von Carlton Fields Jorden Burt die Zahl großer Unternehmen, die den Ausschluss von Sammelklagen in ihre Verträge aufnahmen, mehr als verdoppelt.[51] 2013 dann verwarfen die fünf republikanischen Richter in der Sache *Comcast vs. Behrend* die $ 875 Millionen Schadenersatz, die untere Instanzen Kunden von Comcast aus der Gegend von Philadelphia zugesprochen hatten, weil das Unternehmen angeblich keine Konkurrenten zuließ und überhöhte Gebühren verlangte.[52] Richter Antonin Scalia sprach der Klägergruppe in seiner Urteilsbegründung die Gemeinsamkeiten ab, die eine Sammelklage rechtfertigten; die klagenden Comcast-Kunden hätten keinen Beweis dafür erbringen können, dass das Fehlverhalten des Unternehmens sie alle betraf und deshalb allen Schadenersatz zustehe anstatt nur Einzelnen.

Diese Entscheidungen schränkten die Möglichkeiten von Verbrauchern, Angestellten oder Kleinunternehmern, sich zur Durchsetzung eines Gesetzes zusammenzutun, erheblich ein. Die Macht von Konzernriesen wie AT&T oder Comcast, die Stimmen einzelner Verbraucher und Angestellter zu unterdrücken, kann gar nicht überschätzt werden.

9 ZUSAMMENFASSUNG: DER MARKTMECHANISMUS ALS GANZES

An dieser Stelle ist eine kurze Rekapitulation angebracht. Märkte sind von Menschen gemacht – so wie Nationen, Staaten, Gesetze, Unternehmen und Baseball Produkte des Menschen sind. Und wie im Falle dieser anderen Systeme gibt es zahlreiche unterschiedliche Möglichkeiten, Märkte zu organisieren. Wie immer man ihn organisiert, die Regeln des Marktes schaffen Anreize für den Einzelnen. Im Idealfall motivieren sie die Leute zu Fleiß, Zusammenarbeit, Produktivität und Findigkeit; sie helfen den Menschen dabei, das Leben zu schaffen, nach dem sie streben. Die Regeln reflektieren darüber hinaus ihre moralischen Werte und Urteile darüber, was gut ist, was ehrenwert und was fair. Die Regeln sind keineswegs statisch; sie verändern sich im Laufe der Zeit, und zwar, wie wir hoffen, in eine Richtung, die dem überwiegenden Teil der Marktteilnehmer besser und fairer scheint. Nur ist dem eben nicht immer so. Die Regeln können sich auch ändern, weil bestimmte Gruppen die Macht erlangt haben, sie zu ändern, was zwangsläufig zu einer eigennützigen Änderung führt. Und genau das passiert in den letzten Jahrzehnten in Amerika und vielen anderen Ländern der Welt.

Privateigentum, das Eingrenzen von Monopolen, Verträge, Insolvenz (oder andere Möglichkeiten, mit einer Zahlungsunfähigkeit fertig zu werden) sowie die Durchsetzung all dieser Regeln sind Grundbausteine eines jeden Marktes. Kapitalismus und freies Unternehmertum bauen auf sie. Aber jeder einzelne dieser Bausteine kann in eine Schräglage gebracht werden zum Nutzen einiger weniger anstatt der vielen. Jeder einzelne dieser fünf Bausteine hängt von einer Vielzahl von Entscheidungen von Gesetzgebern, Behördenleitern und Richtern ab. Und diese ändern oder ergänzen solche Entscheidungen, um sie veränderten Umständen, neuen Technologien, Fragen und Problemen anzupassen; alte Lösungen sind dann antiquiert. Dieser entscheidende Mechanismus hat nicht das Geringste zu tun mit einer tatsächlichen oder gefühlten »Größe« des Staats oder seiner »Eingriffe« in die Wirtschaft. Er hat auch weder etwas mit der Höhe von Steuern noch mit den Haushaltsausgaben eines Staats zu tun. Der Markt kann ohne diese Entscheidungen einfach nicht funktionieren. Gesetzgeber, Behörden und Gerichte müssen sie treffen – ungeachtet besagter »Größe« des Staats.

Wie sehen die Leitlinien für solche Entscheidungen aus? Abstrakte Vorstellungen von einem öffentlichen Wohl helfen da nicht weiter, weil selten Einigkeit darüber herrscht, was für die Öffentlichkeit gut ist und was nicht. Der Gedanke einer »verbesserten Effizienz« liefert ebenfalls wenig praktische Anleitung wegen der Schwierigkeiten, Kosten und Nutzen der vielen vorgeschlagenen Maßnahmen tatsächlich zu messen. Abgesehen davon, selbst wenn eine Entscheidung dafür sorgt, dass es einigen Leuten besser geht, ohne dass sie für andere Härten bringt, kann eine solche Maßnahme zu mehr Ungleichheit führen, wenn die Nutznießer bereits zu den Bessergestellten gehören. Im Idealfall reflektieren solche Entscheidungen das jeweils beste Urteil von Leuten, die ein demokratisches System mit dem Mandat betraut hat, diese vor dem Hintergrund der Werte und Wünsche einer Mehrheit seiner Bürger zu fällen.

In den letzten Jahrzehnten jedoch fallen die wirklich wichtigen Entscheidungen immer öfter unter Ausschluss der Öffentlichkeit bei Verhandlungen, in denen überproportional Konzernriesen, Großbanken und reiche Privatleute das Sagen haben – Gruppen also, die über genügend Ressourcen verfügen, um sich Gehör zu verschaffen. Sie können sich Lobbyisten leisten, Wahlkampfspenden, PR-Kampagnen, Heerscharen von Sachverständigen und Studien, Armeen von Anwälten und implizierte Versprechen auf künftige Jobs.

Auf gewählte Mandatsträger wirkt all das, wie ich aufgezeigt habe, oft direkt und unmittelbar, und selbst Richter und Justizminister, sofern sie gewählt sind, können sich diesem Sog nicht immer entziehen. Die Wirkung auf ernannte Amtsträger, die für Um- und Durchsetzung eines Gesetzes zu sorgen haben, mag weniger direkt sein, ist aber kaum weniger stark. (Die Geschichte bietet zwar Beispiele dafür, dass Richter des Obersten Gerichtshofes von den Ansichten des Präsidenten, der sie benannt hat, abgewichen sind, aber bei den Richtern, die in den letzten Jahren ernannt wurden, kann man davon ausgehen, dass sie nach der Parteilinie gehen.)

Der Mechanismus sorgt so für einen Teufelskreis: Wirtschaftliche Macht speist politische Macht, und politische Macht sorgt für einen Zuwachs an wirtschaftlicher Dominanz. In immer größerem Ausmaß nehmen Großkonzerne, Großbanken und reiche Einzelpersonen Einfluss auf die politischen Einrichtungen, deren Entscheidungen den Markt organisieren – Entscheidungen, von denen vor allem sie selbst profitieren. Das mehrt ihren Reichtum und damit ihre Möglichkeiten, künftig noch größeren Einfluss auf solche Entscheidungen zu nehmen.

Ich spreche hier nicht etwa von Korruption. Kaum (wenn überhaupt) ein amerikanischer Amts- oder Mandatsträger wird Schmiergelder verlangen – oder bekommen. Die Verführung läuft auf einer subtileren Ebene. So tun sich Amtsträger eben einfach leichter, den Weg zu nehmen, den Lobbyisten, bezahlte Sachverständige und clevere Rechtsanwälte ihnen geebnet haben. Warum sollte man sich auf eigene Faust einen Weg durch ein Terrain bahnen, das durchaus bedrohlich erscheinen mag? Wahlkampfspenden und die Aussicht auf gut bezahlte Posten für die Zeit nach dem Ausscheiden aus dem Amt machen den ohnehin bevorzugten Weg nur umso verlockender.

Die immer breitere Wohlstands- und Einkommenskluft ist demnach nicht allein eine Folge von Globalisierung und technologischem Wandel – beides Faktoren, die Leute mit bester Schuldbildung und nicht weniger guten Beziehungen belohnen, während sie diejenigen bestrafen, die in dieser Hinsicht benachteiligt sind. Ebenso wenig ist diese Kluft in erster Linie das Ergebnis erfolgreicher Lobbyarbeit von Unternehmen und reichen Eliten für Steuersenkungen, größere Schlupflöcher und großzügigere Subventionen vom Staat. Steuern und Subventionen stellen, wie wir wissen, nur einen kleinen Teil des Gesamtbildes dar. Es ist vielmehr so, dass die zunehmende Ungleichheit heute mittlerweile von vornherein in die Grundbausteine des »freien Marktes« mit eingebacken wird. Selbst ohne Globalisierung und technologischen Wandel, ja selbst ohne all die Steuererleichterungen und Subventionen würde der Anteil am Nationaleinkommen, der Unternehmen, Führungskräften und Investoren zufließt – sprich Leuten, deren Einkünfte größtenteils an Unternehmensprofite geknüpft sind –, immer größer werden im Verhältnis zu dem Teil, der an die Beschäftigten geht. Der besagte Teufelskreis bewirkt das von ganz allein.

2014 erreichten Unternehmensprofite vor Steuern ihren Höchstanteil an der Gesamtwirtschaft seit mindestens 85 Jahren und zogen damit gleich mit dem letzten Rekord von 1942, als der Zweite Weltkrieg die Profite hochschnellen ließ.[1] (Profite, die größtenteils in Form von Steuern an den Staat gingen.) Zwischen 2000 und 2014 stiegen die Quartalsprofite der Unternehmen nach Steuern von $ 529 Milliarden auf $ 1,6 Billionen.[2] Dieser Anstieg reflektierte keineswegs steigende Kapitalerträge; er reflektierte wachsende ökonomische Macht. Wie ich noch zeigen werde, trieb das den Aktienmarkt in beispiellose Höhen und bereicherte die Investoren – von denen die meisten ohnehin schon in den oberen Reihen der Wohlhabenden rangieren. Im selben Zeitraum ging der Anteil der Arbeiterschaft an der Wirtschaft zurück.[3] Im Jahr 2000 belief sich der Anteil der Arbeiterschaft am nichtlandwirtschaflichen Einkommen auf 63 Prozent. 2013 waren es noch 57 Prozent, was einer Umverteilung von der Arbeit zum Kapital von etwa $ 750 Milliarden jährlich entspricht.[4] Wichtig ist hier anzumerken, dass ein Gutteil der zunehmenden Einkommensungleichheit *innerhalb* des Arbeitsanteils erfolgt ist, da sich die Löhne von gut Verdienenden und wenig Verdienenden immer mehr unterscheiden (siehe Abbildungen 2 und 3).

Der Prozess, den ich hier beschreibe, hilft bei der Klärung einer offenen Frage in der beeindruckenden These, die in Thomas Pikettys Buch *Das Kapital im 21. Jahrhundert* auftaucht. Er spricht von der Tendenz des Kapitalismus hin zu immer größerer Ungleichheit. Piketty postuliert, dass der Anteil des Kapitals an der Wirtschaft zunehmen wird, solange die Kapitalrendite auf lange Zeit größer ist

Abb. 2: Unternehmensprofite nach Steuern als Prozentsatz des BIP

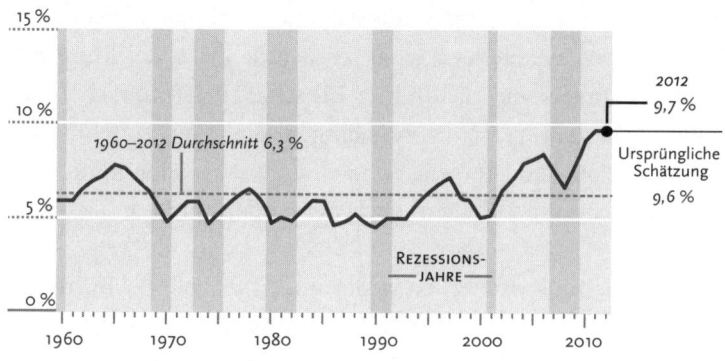

Quelle: U. S. Bureau of Economic Analysis

Abb. 3: Persönliches Einkommen aus Löhnen und Gehältern als Prozentsatz des BIP

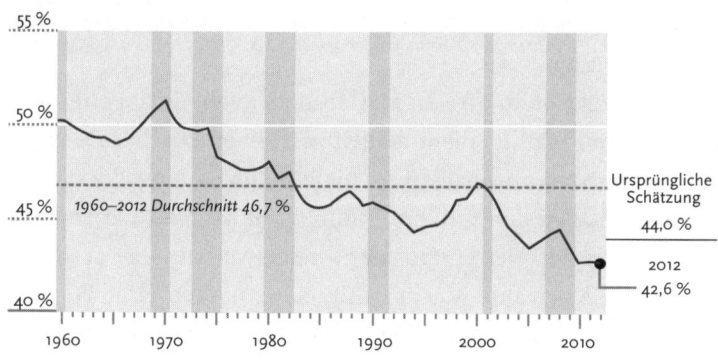

Quelle: U. S. Bureau of Economic Analysis, via Haver Analytic

Grafiken mit freundlicher Genehmigung von Floyd Norris, *The New York Times*

als die Wachstumsrate von Produktion und Einkommen.[5] Was er nicht zu erklären vermag, ist, warum die Kapitalrendite im Laufe der Zeit nicht sinkt. Normalerweise lässt sich sagen, je mehr Wohlstand angehäuft wurde, desto schwieriger ist es, darauf eine gute

Rendite zu erzielen. Außerdem bietet seine These keine Erklärung für den Umstand, dass – zumindest in den Vereinigten Staaten – die meisten Superreichen der letzten Jahrzehnte ihren Reichtum ihrer Arbeit verdanken und nicht einer Erbschaft. Die wahrscheinliche Erklärung besteht darin, dass diejenigen, die einen zunehmenden Anteil am Wohlstand kontrollieren, einen wachsenden Einfluss auf die Regeln gewonnen haben, nach denen der Markt an sich funktioniert.

Dieser Circulus vitiosus ist weder unvermeidlich noch irreversibel. Genauso gut möglich wäre ein Circulus virtuosus – dabei führt ein von weiten Teilen der Bevölkerung geteilter Wohlstand zu integrativeren politischen Einrichtungen, die ihrerseits wieder den Markt auf eine Art organisieren, welche für eine breitere Verteilung der Gewinne aus dem Wachstum und für weitere Möglichkeiten für noch mehr Menschen sorgt. Die Vereinigten Staaten und einige andere Gesellschaften haben etwas ganz Ähnliches in den ersten drei Jahrzehnten nach dem Zweiten Weltkrieg erlebt. In Teil III des Buchs werde ich mich damit befassen, wie wir das noch einmal schaffen könnten.

Der Gedanke eines »freien Marktes«, der vom Staat getrennt für sich existieren könnte, dient denjenigen als praktischer Deckmantel, die den Marktmechanismus nicht vollends aufgedeckt sehen wollen. Sie haben den größten Einfluss auf ihn und hätten gerne, dass das so bleibt. Der Mythos des »freien Marktes« ist deshalb so nützlich, weil sich ihre Macht dahinter verstecken lässt. Der erste Schritt zur Umkehrung des Teufelskreises bestünde demnach darin, den Marktmechanismus als das zu sehen, was er ist. Das war das Ziel von Teil I dieses Buchs.

Der nächste Schritt besteht darin, die Auswirkungen des Marktmechanismus darauf zu untersuchen, wer was bekommt – sowie die Kluft zwischen diesen Folgen und dem, was sich als notwendig und fair bezeichnen ließe.

Braucht es wirklich Anreize wie die gegenwärtigen, um die Reichsten zu der Leistung anzuspornen, die sie tatsächlich erbringen? Reflektieren diese Anreize in fairer Weise den Wert ihrer Arbeit im Verhältnis zum Wert der Arbeit anderer? Reichen die gegenwärtigen Anreize für die Mittelschicht, um ihr zum gewünschten Lebensstandard zu verhelfen? Vermögen sie sie mit der Hoffnung zu erfüllen, dass es ihr und ihren Kindern durch entsprechenden Einsatz irgendwann noch besser gehen wird? Sind die gegenwärtigen Anreize für die Armen groß genug, um sie das leisten zu lassen, was die Gesellschaft von ihnen erwartet, und dabei ein gewisses Maß an Würde zu wahren? Wie ich gleich zeigen werde, ist die Antwort auf alle diese Fragen ein klares Nein.

Teil II

Arbeit und Wert

10 DER MYTHOS VON DER LEISTUNGSGESELLSCHAFT

Vor einigen Jahren war ich eingeladen, vor der Belegschaft eines Kraftwerks zu sprechen, in dem man die Gründung einer Gewerkschaft in Betracht zog. Ein junger Mann, der dagegen zu stimmen plante, sagte mir, er sei eben nicht mehr wert als die 14 Dollar die Stunde, die er damals bekam. »Ich sag mal so, wenn die Leute ihre Millionen verdienen, dann ist das fantastisch. Hätte mir auch passieren können, wenn ich zur Schule gegangen wäre und den Grips dafür hätte. Hab ich aber nicht, also bin ich Arbeiter.«[1]

Ganz offensichtlich hatte der Mann keine Ahnung, dass in den 1950er-Jahren mehr als 30 Prozent der amerikanischen Arbeiterschaft des privaten Sektors organisiert waren. Das gab den Arbeitern genügend Verhandlungsmacht, um sich einen Stundenlohn von (durchschnittlich und auf heutiges Geld umgerechnet) 30 Dollar zu ertrotzen. Und es war nicht etwa so, dass damals jeder einen High-School-Abschluss gehabt hätte. Was zählte, war nicht der »Grips«, man hatte einfach die nötige Verhandlungsmacht. Nur ist diese Macht der Gewerkschaften seither deutlich zurückgegangen und damit ihre Fähigkeit, ordentliche Stundensätze für ihre Mitglieder auszuhandeln. Aus diesem Grund ist besagter junger Mann heute nicht mehr als 14 Dollar die Stunde »wert«.

Und doch ist der Gedanke, man werde nach seinem »Wert« bezahlt, heute so tief verwurzelt in unserem Bewusstsein, dass viele Niedrigverdiener tatsächlich glauben, es sei ihre eigene Schuld, dass sie nicht mehr bekommen. Sie schämen sich für etwas, was sie als persönliches Versagen deuten – als fehlende Intelligenz oder als charakterlichen Mangel. Dieselbe Vorstellung wiegt diejenigen, die Unsummen verdienen, in dem Glauben, sie seien über die Maßen gescheit, wagemutig und allen anderen überlegen – sonst hätten sie ja nicht so viel Erfolg. Diese beruhigende Überzeugung scheint nicht nur ihren Reichtum zu rechtfertigen, sondern auch ihren hohen gesellschaftlichen Status. Nur allzu gern würden sie ihr Geld nicht als Gewinn in einem ökonomischen Wettbewerb sehen, auf dessen Regeln sie und ihresgleichen einen unverhältnismäßigen Einfluss gewonnen haben. Und vermutlich hätten sie es gern, wenn auch die Öffentlichkeit es nicht so sieht.

Allein 2013 verdiente der Hedgefonds-Manager Steven A. Cohen $ 2,3 Milliarden. Während seiner 20 Jahre an der Spitze von SAC Capital Advisors hat er ein Vermögen von geschätzten $ 11 Milliarden angehäuft.[2] Ist er die wirklich wert? Im platt tautologischen Sinne muss er wohl so viel wert sein, schließlich hat er das Geld verdient. »Die Leute von den privaten Hedgefonds verdienen nur deshalb, weil andere aus freien Stücken zu dem Schluss kommen, dass sich die Anlage bei ihnen rentiert«, sagte Dan Mitchell vom Washingtoner Cato Institute, als ich Cohens Verdienst öffentlich infrage stellte.[3]

Es könnte aber auch noch einen anderen Grund dafür geben, weshalb die Leute ihr Geld bei Steven A. Cohen investieren, einen, der eine tiefere Frage nach seinem »Wert« aufwirft. Eine 2013 vom Justizministerium erstattete Strafanzeige warf SAC Capital Insiderhandel »in einem bislang in der Hedgefonds-Industrie noch nicht bekannt gewordenen Umfang« vor; es war von »systemisch« die Rede.[4] Neun von Cohens Kollegen oder Ex-Kollegen bekannten sich schuldig, aufgrund von Insiderinformationen gehandelt zu haben. Die Firma selbst bekannte sich ebenfalls schuldig und bezahlte eine Geldbuße von $ 1,8 Milliarden. Man darf davon ausgehen, dass Investoren jahrelang ihr Geld deshalb bei SAC Capital anlegten, weil die aufgrund von Insiderinformationen getätigten Geschäfte der Firma eine hohe Rendite brachten. Wäre der Insiderhandel früher ruchbar geworden, die Renditen wären nicht annähernd so hoch ausgefallen, Investoren hätten ihr Geld nicht bei Cohen angelegt und er hätte kein Vermögen von $ 11 Milliarden (abzüglich der $ 1,8 Milliarden Bußgeld) verdient.[5]

Anders gesagt, wenn die Gewerkschaften heute so stark wären wie vor 60 Jahren, könnte der erwähnte Arbeiter aus dem Kraftwerk sehr gut 30 Dollar die Stunde verdienen statt 14. Und wenn das Verbot des Insiderhandels nachdrücklicher durchgesetzt würde, hätte Steven A. Cohen nicht $11 Milliarden angehäuft und seine Kundschaft wäre nicht »aus freien Stücken« zu dem Schluss gekommen, eine Anlage bei ihm sei ihr Geld »wert«.

Wir sind »wert«, was uns der Markt bezahlt. Das gilt in dem banalen Sinne, dass wir, *wenn* uns der Markt mit einer bestimmten Summe belohnt, diese wohl auch wert sein müssen. So einige verwechseln diese Tautologie mit der moralischen Behauptung, der Mensch verdiene eben, was er verdient habe. Eine der gängigsten Annahmen über die Marktwirtschaft ist die, der Einzelne werde in direktem Verhältnis zu seinen Bemühungen und Fähigkeiten entlohnt – anders gesagt, wir lebten in einer Leistungsgesellschaft oder Meritokratie.* Man braucht jedoch nur einen Augenblick zu überlegen, um auf eine ganze Menge Faktoren zu kommen, die über individuelle Verdienste hinaus eine Rolle bei der Bestimmung des Einkommens spielen – angefangen von der Erbschaft, über persönliche Beziehungen, Diskriminierung oder Bevorzugung bis hin zur jeweiligen Gesellschaft, in der man lebt.[6] »Mit einiger Großzügigkeit gegenüber uns selbst«, so ein Ausspruch des Volkswirtschaftlers Herbert Simon, »ließe sich wohl sagen, wir haben in etwa ein Fünftel [unseres Einkommens] ›verdient‹. Beim Rest handelt es sich um das Erbe eines enorm produktiven Gesellschaftssystems.«[7]

---

* Den Begriff Meritokratie prägte 1958 der britische Soziologe Michael Young in seinem satirischen Essay *The Rise of the Meritocracy*. Ihm ging es um die Darstellung einer Gesellschaft, die sich in einem Maße standardisierten Intelligenztests verschrieben hat, dass sie nicht nur zahlreiche begabte und talentierte Menschen ignoriert, sondern darüber hinaus auch noch allerhand charakterliche Mängel bei denjenigen übersieht, die bei Tests gut abschneiden. Seither hat die Bedeutung des Begriffs einen Wandel erfahren hin zu einer Modellvorstellung einer Gesellschaft, in der es jeder auf der Basis seiner individuellen Leistung – durch Qualitäten wie Intelligenz, harte Arbeit, Ehrgeiz und Mut – zu etwas bringen kann und in der die finanzielle Belohnung in direktem Verhältnis zu individueller Anstrengung und Fähigkeit steht. Siehe dazu Stephen J. McNamee und Robert K. Miller, Jr., *The Meritocracy Myth*. Lanham, MD: Rowman & Littlefield, 2009.

Dieses »enorm produktive Gesellschaftssystem« teilt heute eine Riesenportion des von ihm erwirtschafteten Einkommens denjenigen auf den obersten Sprossen der sozialen Leiter zu – seit mehr als 80 Jahren war der Anteil des obersten Zehntelprozents nicht mehr derart groß. Diese Schieflage ist weitgehend die Folge der Art und Weise, wie Macht verteilt und wie sie eingesetzt wird. Sofern wir bei der Verteilung von Macht nicht prinzipiell Gerechtigkeit unterstellen, leitet sich daraus auch kein moralisches Argument dafür ab, dass die Leute nun mal *verdienen,* was man ihnen bezahlt.

Wie gesagt: Anfang der 1980er-Jahre begannen Konzernriesen und ihre Top-Executives sowie die großen Player der Wall Street und reiche Privatpersonen einen unverhältnismäßigen Einfluss auf die Marktorganisation auszuüben. Damit geben die Grundbausteine des Kapitalismus den Besitzern des Kapitals (Konzernen, ihren Aktionären wie ihrer Chefetage, der Wall Street, Hedgefonds-Managern und außerbörslichen Investment-Managern) einen Vorteil an die Hand und benachteiligen den durchschnittlichen Arbeiter. Das trägt zur Erklärung bei, warum – ich habe darauf bereits hingewiesen – die Aktienkurse gestiegen sind, während das mittlere Einkommen gesunken ist.

Höhere Aktienkurse haben ganz erheblich zu Einkommen und Wohlstand derjenigen beigetragen, die sich ganz oben befinden.* In dem von Bullen beherrschten Aktienmarkt, der die Kurse zwischen 1994 und 2014 (ungeachtet der Abstürze von 2008 und 2011) in ungeahnte Höhen steigen ließ, haben Amerikas Reiche den Jackpot geknackt. Bereits 2010 gehörten dem einen reichsten Prozent von Amerikanern 35 Prozent aller Aktien in amerikanischem

---

* Wir sehen das »Einkommen« für gewöhnlich als aufs Jahr gerechnete Einkünfte. »Wohlstand« dagegen ist der Pool, in dem sich der nicht ausgegebene Teil dieses Einkommens sammelt. Er besteht meist in Form von Aktien, Anleihen, Immobilien und anderen Aktiva. Außerdem sorgt Wohlstand selbst für Einkommen: Zinsen und Dividenden aus Ersparnissen, Dividenden oder Mieteinnahmen aus Immobilien.

Besitz, sowohl direkt als auch indirekt über ihre Altersversorgung.[8] Den reichsten 10 Prozent gehörten über 80 Prozent der Aktien. Der größte Teil der Amerikaner hat nicht von diesem Bullenmarkt profitiert, weil sie nie genügend haben ansparen können, um etwas zu investieren (von Aktien ganz zu schweigen). Den unteren 90 Prozent gehörten gerade mal 19,2 Prozent direkt oder indirekt. 2014 hangelten sich über zwei Drittel der Amerikaner von Monatslohn zu Monatslohn, d. h., sie lebten von der Hand in den Mund.[9]

Würden die Regeln, nach denen der Markt funktioniert, tatsächlich all den Rollen und Berufen gerecht, die unsere Gesellschaft tragen, würden so einige Leute weit besser bezahlt. Sozialarbeit, Lehrberufe, Krankenpflege und die Sorge für Kinder und Alte gehören zu den am schlechtesten bezahlten Berufen überhaupt, und das, obwohl talentierte und engagierte Menschen in diesen Berufen der Gesellschaft in einem Maße nutzen, das ihr Gehalt weit übersteigt. So hat zum Beispiel eine einschlägige Studie festgestellt, dass gute Lehrer den durchschnittlichen Wert des Lebenseinkommens ihrer Schüler um $ 250 000 pro Klassenzimmer steigern.[10] Man kann davon ausgehen, dass der Lehrerberuf weit mehr Menschen anziehen würde, würden sie besser bezahlt.

Auf der anderen Seite kann der gesellschaftliche Wert so mancher CEOs, Hedgefonds-Manager, Investmentbanker, »Hochfrequenz«-Trader, Lobbyisten und Spitzenanwälte der Wirtschaft sehr gut unter dem liegen, was ihnen der Markt für ihre Arbeit bezahlt. Immerhin besteht ein Gutteil dieser Arbeit darin, im Rahmen eines eskalierenden Nullsummenspiels Geld umzuschichten, aus der Tasche des einen in die Tasche eines anderen. Hochfrequenzhändler zum Beispiel profitieren davon, dass sie einen Sekundenbruchteil früher über Informationen verfügen als andere Händler, was sie dazu zwingt, immer größere Investitionen in die elektronischen Systeme zu tätigen, die ihnen diesen klitzekleinen Vorsprung geben. Ähnlich bekommen Heerscharen von Firmenanwälten erhebliche Summen von ihren Mandanten, weil Heerscharen von Firmenanwälten auf der anderen Seite Unsummen bekommen, sie anzugreifen oder ihre Mandanten vor ihren eigenen Angriffen zu schützen.

Leute in diesen Berufen sorgen nicht für gesellschaftsverändernde Entdeckungen, sie schaffen keine Kunstwerke, die das menschliche Wissen, Denken oder gar Bewusstsein bereichern. Ihre Innovationen sind finanzieller und taktischer Art: wie man Geld aus einer gegebenen Konstellation von Aktiva – inklusive Beschäftigter – presst oder wie man andere um ihre Aktiva oder ihr Einkommen bringt. Obendrein vergeudet ein solcher Wettbewerb Zeit und Energien der gebildetsten jungen Leute unseres Landes, deren Talente, so möchte man meinen, auch zu größerem Nutzen der Allgemeinheit einzusetzen wären.

Kurz vor der Finanzkrise traten fast die Hälfte aller Harvard-Absolventen Positionen in der Wall Street an. Während der Finanzkrise sank dieser Anteil, stieg aber nach 2009 wieder an. Laut der Soziologin Lauren Rivera bewerben sich etwa 70 Prozent von Harvards Abschlussjahrgängen entweder an der Wall Street oder bei Unternehmensberatern.[11] Bei anderen Elitecolleges ist der Prozentsatz ähnlich hoch. Princeton-Absolventen gingen 2010 zu 36 Prozent in die Finanzwirtschaft; 2006, also kurz vor der Finanzkrise, war es sogar zu einem Rekord von 46 Prozent gekommen.[12] Rechnet man dazu noch die, die in die Unternehmensberatung gingen, waren es über 60 Prozent.

Die üppige finanzielle Ausstattung dieser Elitebildungsanstalten gründet sich nicht zuletzt auf die steuerbegünstigten Spenden reicher Ehemaliger, die damit die Chancen ihrer eigenen Kinder erhöhen wollen, ebenfalls als steinreiche Finanziers zu enden, als Unternehmensberater oder in der Chefetage eines Konzerns. Ganz persönlich würde ich sagen, dem Steuerzahler wäre mit Subventionen für sozial verdienstvollere Berufe weit besser gedient. Erlassen wir doch denen die Ausbildungskosten, die sich für soziale Berufe wie Krankenpflege, Kinder- und Altenbetreuung, Rechtshilfe und das Lehramt entscheiden.

Die vorherrschende Auffassung, der Einzelne würde nach seinem »Wert« bezahlt, ist wie gesagt eine Tautologie – sie vergisst die Institutionen von Justiz und Politik, die den Markt definieren. Vor allem aber ignoriert sie den Faktor Macht. So verführt sie die Arglosen zu der Ansicht, dass man an der Entlohnung nichts ändern könne oder ändern sollte, schließlich fuße sie auf einem Beschluss des Marktes.

Dieser Logik zufolge sollte das Mindesteinkommen deshalb nicht angehoben werden, weil Arbeiter auf dieser Einkommensstufe eben nicht mehr wert sind als das, was man ihnen bezahlt. Wären sie mehr wert, bekämen sie auch mehr. Jeder Versuch, Arbeitgeber dazu zu zwingen, ihnen mehr zu bezahlen, hat meist nur die Entlassung der Betroffenen zur Folge. Nach dieser Logik stagniert auch das Medianeinkommen der unteren 90 Prozent seit 30 Jahren und ist seit 2000 sogar gesunken, weil die Bezieher mittlerer Einkommen weniger wert sind als vor der Einführung neuer Software-Technologien und die Globalisierung viele ihrer alten Jobs redundant gemacht hat.[13] Dies lasse sich den Anhängern dieser Logik zufolge einzig dadurch ändern, dass man sich neue Fertigkeiten aneignet, dann seien die Betreffenden auch wieder mehr wert.

Die CEOs großer Konzerne sind nach dieser Logik jeden Cent der fetten Vergütungspakete wert, die vor 50 Jahren im Durchschnitt das Zwanzigfache des typischen Arbeitnehmers betrugen, mittlerweile aber durchschnittlich auf das Dreihundertfache gestiegen sind.[14] CEOs müssen diese Summen wert sein, schließlich würden sie sie sonst nicht bekommen. Jede Reduktion oder Einschränkung ihrer Bezüge würde sie davon abhalten, so hart und gut zu arbeiten, wie sie das tun – zum Schaden aller, die von ihnen abhängig sind. Nach derselben Logik müssen die Leute aus der Wall Street auch die zwei- oder gar dreistelligen Millionenbeträge wert sein, die sie bekommen, weil man sie ihnen bezahlt. Ihre Bezüge zu reduzieren hieße, ihre Anreize zu reduzieren, den Markt zu verzerren und das Finanzsystem über weite Strecken – und womöglich irreparabel – zur Ineffizienz zu verurteilen.

Eine solche an den Haaren herbeigezogene Logik ist lediglich Ersatz für klares Denken. Wie Sie inzwischen wissen dürften, haben die großen Unternehmen ihre Profite nebst Aktienkursen durch ihren wachsenden Einfluss auf die Grundkomponenten des »freien Marktes« – Eigentum, Marktmacht, Vertrag, Insolvenz und Durchsetzung – nach oben getrieben. Ein wachsender Anteil der Vergütung von Top-Executives, Wall-Street-Bankern, Hedgefonds-und Private-Equity-Managern – die gemeinsam die Mehrheit des obersten Zehntelprozents des einen Prozents der Spitzenverdiener ausmachen – beruht auf diesen steigenden Profiten und Aktienkursen.[15] Dazu müssen wir den politischen Einfluss von Top-Executives, Wall-Street-Händlern und Managern auf bestimmte Regeln bezüglich Betrug, Interessenkonflikten, Insiderhandel und beschränkter Haftung zählen, die sich ebenfalls auf ihre Vergütung auswirken.

Darüber hinaus würde eine Analyse ihrer versteuerten Einkommen ihren wachsenden Einfluss auf die effektiven Steuersätze zeigen, aber ich möchte mich hier auf ihre besonders folgenreiche und bislang kaum verstandene Rolle bei der Ausformung der grundlegenden Spielregeln konzentrieren. Ich hoffe, eines klarzumachen: dass die gegenwärtigen Anreize, wie sie auf die reichsten Mitglieder unserer Gesellschaft wirken, keineswegs nötig sind, um sie dazu zu bewegen, das zu tun, was sie tun, und dass diese Anreize in keiner Weise den gesellschaftlichen Wert ihrer Arbeit im Verhältnis zum Wert der Arbeit anderer reflektieren.

Außerdem werde ich zeigen, dass die zunehmende politische und wirtschaftliche Macht an der Spitze nicht von der abnehmenden politischen und wirtschaftlichen Macht der Mittelschicht zu trennen ist. Die Anreize, die gegenwärtig auf die Mittelschicht wirken, reichen für die meisten Leute weder aus, um ihnen zu dem Lebensstandard zu verhelfen, den sie sich wünschen, noch vermögen sie ihnen genügend Hoffnung zu geben, dass sie durch entsprechenden Fleiß ihren Kindern zu einem noch besseren Leben verhelfen können.

Schließlich nehmen wir uns noch den Aufstieg zweier Gruppen vor, deren Existenz im Widerspruch zu den Argumenten steht, die Vertreter des Leistungskonzepts immer wieder als Begründung für die Armut der einen und den Reichtum der anderen anführen: die arbeitenden Armen und die müßigen Reichen. Aus meiner Sicht sind die gegenwärtigen Anreize für Erwerbsarme nicht annähernd stark genug, um sie dazu anzuspornen, was die Gesellschaft von ihnen erwartet, und ihnen dabei ein gewisses Maß an Würde zu lassen. Indessen sind die finanziellen Anreize für die nicht arbeitenden Reichen weit größer, als sich durch irgendeinen ihrer Beiträge zur Gesellschaft rechtfertigen lässt.

11 DER VERSTECKTE MECHANISMUS HINTER DER VERGÜTUNG VON CEOS

Jeder, der noch immer der Ansicht ist, wir würden nach unserem Wert bezahlt, sollte doch einmal den kometenhaften Aufstieg erklären, den die Vergütungen der CEOs von Amerikas Konzernriesen während der letzten drei Jahrzehnte im Verhältnis zur Entwicklung der Bezüge durchschnittlicher Arbeitnehmer hingelegt haben – von einem Verhältnis von 20 zu 1 im Jahr 1965 über 30 zu 1 (1978), 123 zu 1 (1995) und 296 zu 1 (2013) bis hin zu dem Verhältnis von 300 zu 1, das wir heute haben.[1] Alles in allem sind die Vergütungen von CEOs zwischen 1978 und 2013 um 937 Prozent gestiegen, bei den Bezügen des typischen amerikanischen Arbeiters waren es gerade mal 10,2 Prozent.

Etwa ab der Mitte der 1990er-Jahre brachen für die CEOs von Großunternehmen besonders rosige Zeiten an. Man muss nur bedenken, dass 1992 das durchschnittliche Vergütungspaket von Amerikas 500 bestbezahlten Führungskräften – auf 2012 umgerechnet – 8,9 Millionen Dollar betrug.[2] Der größte Teil davon kam aus realisierten Gewinnen aus Aktienoptionen und Aktien-Awards, die ich gleich noch erklären werde. Zwanzig Jahre später war der Durchschnitt auf $ 30,3 Millionen gestiegen, auch davon ein großer Teil realisierte Gewinne. Sogar 2009, als die Wirtschaft die Talsohle des schlimmsten Abschwungs seit der Großen Depression erreichte, belief sich das durchschnittliche Einkommen von CEOs – inflationskorrigiert – auf fast das Doppelte von 1992.

Nicht nur die Einkommen von CEOs sind explodiert; auch die Bezüge des nächsttieferen Führungskreises sind in ungeahnte Höhen gestiegen. Nehmen Sie nur einmal Comcast, ein Unternehmen, dessen wirtschaftliche Macht ich bereits weiter oben unter die Lupe genommen habe. 2012 belief sich die Vergütung von Comcasts CEO Brian L. Roberts – laut Aktionärsinformationen – auf

$ 29,1 Millionen Dollar. Damit rangierte er unter Amerikas höchstbezahlten CEOs auf Platz 10.[3] Und Roberts war nicht der einzige Großverdiener bei Comcast. Steve Burke, Präsident und CEO der Comcast-Tochter NBC Universal, verdiente im selben Jahr $ 26,3 Millionen. Comcasts Finanzdirektor (CFO) Michael Angelakis bekam $ 23,2 Millionen. Neil Smit, Präsident und CEO von Comcast Cable Communications, erhielt $ 18,3 Millionen und David Cohen, einer von Comcasts Executive Vice Presidents brachte $ 15,9 Millionen nach Hause.

Der Anteil an Unternehmenseinkommen, der an die fünf höchstbezahlten Führungskräfte großer, an der Börse gehandelter Unternehmen ging, stieg von 5 Prozent 1993 auf über 15 Prozent 2013.[4] Es handelt sich hier um Geld, das sich auch in Forschung und Entwicklung hätte investieren lassen, in zusätzliche Stellen oder höhere Einkommen für die durchschnittlichen Beschäftigten dieser Firmen. Darüber hinaus gingen diese Unsummen fast durch die Bank von der Körperschaftsteuer ab, was schlicht und einfach bedeutet, dass wir anderen entsprechend mehr Steuern berappten, um für den Fehlbetrag aufzukommen.[5]

Man versucht den kometenhaft steigenden »Wert« dieser CEOs und Top-Executives unter anderem mit dem Argument zu rechtfertigen, dass es in dieser Zeit auch an der Börse zu einem Höhenflug kam. Außerdem bestehe die Aufgabe von CEOs und ihrer Chefetage schließlich darin, die Dividenden der Aktionäre zu maximieren. Sie hätten also nur ihren Auftrag erfüllt. So argumentiert etwa der Ökonom N. Gregory Mankiw von der Harvard University: »Die natürlichste Erklärung für die hohen Vergütungen von CEOs ist die, dass ein guter CEO eben einen außerordentlich hohen Wert hat.«[6] Aber selbst wenn wir davon ausgehen, dass die Maximierung des Aktienkapitals ihr oberstes Ziel sein sollte (ich komme darauf später noch zurück), folgt daraus doch wohl kaum, dass CEOs um so viel mehr wert sein sollten als früher. Der gesamte Aktienmarkt boomte in diesem Zeitraum. Selbst wenn ein CEO sich während dieser drei Jahrzehnte in seinem Büro eingeschlossen und online Patiencen gelegt hätte, wäre sein Unternehmen im Wert gestiegen. Wenn die

Performance seines Papiers nicht über der des Aktenmarkts allgemein lag, besteht auch kein Grund zur Annahme, dieser CEO hätte durch besondere herausragende Leistung seine eskalierende Vergütung auch tatsächlich verdient.

Abgesehen davon hatte der Höhenflug des Aktienmarkts eine ganze Menge mit den Veränderungen von Spielregeln zu tun, die zunehmend Konzernriesen und Großbanken bevorzugen: mit der Erstarkung und Ausweitung von Eigentumsrechten, vor allem auf intellektuelles Eigentum; mit der Zunahme der Marktmacht großer Firmen, vor allem in Form der Kontrolle über Standardplattformen und Netzwerke (dazu die schwindende Macht des durchschnittlichen Arbeiters, der keine starken Gewerkschaften mehr im Rücken hat, die in seinem Namen verhandeln); mit Knebelverträgen, die Beschäftigte, Kreditnehmer, Verbraucher und Franchisenehmer an einseitige Konditionen binden, die den Konzernen alle Karten in die Hand geben – nicht zu vergessen mit dem Insiderhandel zum Schaden der kleinen Anleger; mit Insolvenzregeln, die die großen Banken und Unternehmen vor ihren Beschäftigten bevorzugen, und schließlich mit Durchsetzungsmechanismen, die den größten Unternehmen und Wall-Street-Bankern in die Hände spielen. Sicher, einige CEOs mögen zu dieser vorteilhaften Entwicklung durch Lobbying und andere politische Aktivitäten beigetragen haben – durch großzügige politische Spenden und künftige Posten für willfährige Amtsträger –, aber normalerweise rechtfertigen solche Aktivitäten nicht derart überdimensionierte Bezüge.

Warum also schossen die Vergütungen von CEOs in die Stratosphäre, obwohl diese obersten Führungskräfte womöglich keine direkten wirtschaftlichen Beiträge zum wachsenden Wert ihrer Unternehmen geleistet haben? Einer Theorie zufolge spielen CEOs eine große Rolle bei der Benennung der Direktoren ihrer Unternehmen, für die die Übereinstimmung mit ihrem CEO zu einer Grundbedingung geworden ist. Direktoren werden üppig bezahlt für die zwei, drei Mal, die sie sich im Jahr treffen müssen, und sie wollen natürlich bei ihren Top-Executives auch künftig gut angeschrieben bleiben. In einem Board zu sitzen ist Amerikas bester Teilzeitjob. 2012 betrug die durchschnittliche Vergütung für Direktoren eines Standard & Poor 500-Unternehmens $ 251000.[7] Darüber hinaus setzen Boards sich aus CEOs anderer Unternehmen zusammen, denen selbstverständlich daran gelegen ist, dass man ihre Kollegen großzügig honoriert. Um sich über die angemessene Vergütung ihrer Direktoren zu informieren, bedienen sich Unternehmen in der Regel sogenannter »Vergütungsberater«, deren eigentliche Rolle eher an das älteste Gewerbe der Welt erinnert. Diese Berater erarbeiten für gewöhnlich eine Benchmark auf der Basis der Einkommen anderer CEOs, deren Boards sie in der Regel aus demselben Grund engagieren. Da alle Boards sowohl ihren CEOs als auch den Analysten an der Wall Street ihre Bereitschaft signalisieren wollen, für die Besten auch tief in die Tasche zu greifen, schaukeln sich die Vergütungspakete Jahr für Jahr nach oben – in einem künstlichen Wettbewerb unter der Leitung von CEOs für CEOs und im Interesse von CEOs.

Das amerikanische Gesellschaftsrecht spricht Aktionären, was die Vergütung von CEOs anbelangt, bestenfalls eine beratende Funktion zu. Abstimmungen über deren Gehälter sind zwar nach dem Dodd-Frank Act von 2010 vorgeschrieben, die Abstimmungsergebnisse sind jedoch nicht bindend.[8] Der Milliardär Larry Ellison, CEO von Oracle, erhielt 2013 ein Vergütungspaket von schätzungsweise $ 78,4 Millionen, eine so schwindelerregende Summe, dass die Aktionäre von Oracle sie verwarfen.[9] Das spielte aber keine Rolle, da Ellison das Board kontrollierte. In Australien haben die Aktionäre dagegen das Recht, die Neuwahl des gesamten Boards zu erzwingen, wenn 25 Prozent oder mehr der Aktionäre zwei Jahre in Folge gegen den Vergütungsplan für einen CEO sind.[10] Diese Regel hat dazu beigetragen, dass australische CEOs weit bescheidener bezahlt werden als ihre amerikanischen Kollegen.[11] 2013 bekamen sie gerade mal das Siebzigfache des typischen australischen Beschäftigten.

Diese Art von Vetternwirtschaft in amerikanischen Vorstandssälen ist seit Jahrzehnten gang und gäbe. Aber obwohl sie die exzellente

Vergütung von CEOs erklärt, bieten diese Zustände keine Erklärung dafür, warum diese Vergütung in den letzten Jahren in derart luftige Höhen gestiegen ist. Um die Antwort darauf zu finden, müssen Sie verstehen, dass seit Mitte der 1990er-Jahre ein immer größerer Anteil der Bezüge von CEOs in Form von Anteilen am Unternehmen besteht, die Boards eifrig an CEOs und andere Top-Executives vergeben haben. Dabei handelt es sich zum einen um Optionen (die Möglichkeit, Aktien zu einem bestimmten Kurs zu erstehen), zum anderen um Stock- bzw. Share-Awards (Aktienzuteilungen statt Cash, auch wenn die Papiere in der Regel für eine gewisse Zeit gesperrt sind).[12] Wenn die Kurse fallen, gewähren Boards gern zusätzliche Optionen und Awards, um die Verluste wettzumachen. Wenn die Kurse dann wieder anziehen und ihre Optionen, sei es auch nur vorübergehend, »im Geld« sind, können die CEOs durch Losschlagen ihrer Anteilscheine satte Gewinne realisieren.

Diese Art der Vergütung bietet den CEOs einen erheblichen Anreiz dafür, den Wert ihrer Unternehmensaktie kurzzeitig zu pushen, selbst wenn ihr das womöglich auf längere Sicht eher schaden wird. Laut Professor William Lazonick von der University of Massachusetts Lowell bewerkstelligen Unternehmen das in der Regel durch einen Rückkauf ihrer eigenen Anteilscheine, den man entweder mithilfe von Unternehmensgewinnen oder durch die zusätzliche Aufnahme von Mitteln finanziert.[13] Diese Manöver lassen den Kurs ansteigen, da sie den Anteil der Öffentlichkeit am Aktienkapital des Unternehmens reduzieren; das reduzierte Angebot hebt den Kurs der verbleibenden Papiere mühelos an. In den letzten Jahren sind solche Rückkäufe zu einem erheblichen Posten auf der Ausgabenseite großer Konzerne geworden. Zwischen 2001 und 2013 betrugen diese Auslagen bei Unternehmen aus dem Standard & Poor 500-Index satte $ 3,6 Billionen.

Unternehmen müssen zwar offenlegen, dass ihr Board einem Rückkauf zugestimmt hat, und auch, in welcher Höhe dieser ausfallen soll; was sie jedoch nicht bekannt geben müssen, ist der eigentliche Zeitpunkt eines solchen Eingriffs in den Markt. Zudem werden Rückkäufe anonym über die Broker des Unternehmens getätigt, sodass die Kurse des Unternehmens anziehen können, ohne dass Anleger auch nur die geringste Ahnung haben, dass Rückkäufe für den Anstieg verantwortlich sind. (Wüssten sie, dass es sich lediglich um einen Trick handelt, würden sie womöglich weder kaufen, noch hätten sie großes Interesse daran, ihre Anteile an der Firma zu halten.) CEOs dagegen können ihr Insiderwissen über Zeitpunkt und Höhe solcher Rückkäufe nutzen und nicht nur eigene Verkäufe danach ausrichten, sondern auch ihre Entscheidung, wann sie ihre Optionen ausüben wollen. Vermutlich wird sich Letzteres nach den Kursen richten, die allzu oft sofort nach der Rallye wieder fallen.

Falls sich das verdächtig nach Insiderhandel anhören sollte – ganz zu schweigen von einem Interessenkonflikt mit den Pflichten eines CEOs gegenüber seinen Anteilseignern –, dann kommt das nicht von ungefähr. Zwischen 1934 und 1982 wertete die Börsenaufsicht (SEC) Aktienrückkäufe als potenzielle Vehikel für Marktmanipulation und Betrug.[14] Sie verlangte von Unternehmen, die Volumina solcher Rückkäufe offenzulegen, und verbot ihnen Rückkäufe von mehr als 15 Prozent des Werts ihrer Anteile pro Tag. 1982 jedoch schaffte John Shad, von Ronald Reagan damals frisch eingesetzter Chef der SEC, diese Einschränkung ab. Damit öffnete er Kursmanipulationen durch Rückkäufe eigener Anteilscheine Tür und Tor.

Noch attraktiver wurden Aktienoptionen, als die Börsenaufsicht 1991 entschied, dass Top-Executives ihre Optionen auch ohne Offenlegung in aller Stille einlösen können – und das, obwohl das Wissen um den Zeitpunkt eines Rückkaufs sie im Sinne des Paragrafen zu Insidern macht.[15] Seit 1993 können Unternehmen – aufgrund eines von der Regierung Clinton initiierten Gesetzes – Gehälter für Führungskräfte in Höhe von über $1 Million nur noch dann steuerlich geltend machen, wenn die Höhe der Vergütung von der Performance des Unternehmens abhängig ist – mit anderen Worten, wenn sie in Form von Aktienoptionen und Awards erfolgen, die an die Kurse der Firmenaktie gekoppelt sind.[16] Es überrascht wohl nicht weiter, dass die Beliebtheit von Optionen seither steil nach oben gegangen ist.

Entsprechend zog damit auch die Zahl der Rückkaufprogramme kräftig an, da sie Top-Executives die ideale Möglichkeit boten, Aktienkurse aufzublasen und ihre Optionen dann zu versilbern. Zwischen 2003 und 2012 erhielten die CEOs der zehn Unternehmen mit den größten Rückkaufprogrammen (insgesamt $ 859 Milliarden) 68 Prozent ihrer Gesamtvergütung in Optionen oder Awards.[17] Allein 2013 kauften Unternehmen aus dem Standard & Poor-Index 500 eigene Papiere im Wert von $ 500 Milliarden zurück, was sie ein Drittel ihres Cash-Flows kostete.[18] Diese Summe lag nur knapp unter dem Rekordlevel an Rückkäufen im Blasenjahr 2007.

Aktienrückkäufe bereichern nicht nur CEOs und andere aus den Chefetagen auf Kosten kleinerer Anleger, die weder über deren Zeitpunkt noch ihre Höhe Bescheid wissen; sie entziehen dem Unternehmen auch Mittel, die andernfalls in Forschung und Entwicklung hätten gehen können, in langfristige Expansionen, in die Umschulung von Beschäftigten – und natürlich in höhere Löhne. Für jeden Dollar, den CEOs durch den Verkauf künstlich verteuerter Aktien »realisieren«, muss das Unternehmen ein Mehrfaches an Mitteln zur Tätigung dieser Rückkäufe aufwenden. Die negativen Auswirkungen auf die Unternehmensprioritäten liegen auf der Hand. In den ersten drei Jahrzehnten nach dem Zweiten Weltkrieg behielten die großen amerikanischen Unternehmen ihre Gewinne in der Regel ein, um sie wieder zu investieren. Seit Anfang der 1980er-Jahre jedoch ging ein zunehmender Anteil der Unternehmensgewinne in Aktienrückkäufe.

Zwischen 2003 und 2012 steckten S&P 500-Unternehmen den größten Teil ihrer Nettoergebnisse in Aktienrückkäufe, die die Kurse ihrer Papiere nach oben drückten und damit – so ganz und gar nicht zufällig – auch die Vergütungen ihrer CEOs.[19] IBM zum Beispiel sagte einmal mit Stolz von sich, man garantiere seinen Beschäftigten eine lebenslange Stellung und investiere langfristig in zukunftsträchtige Technologien. In den 1990er-Jahren jedoch verschoben sich die Prioritäten – das Unternehmen entließ Beschäftigte, knauserte bei der Forschung, nahm kräftig Anleihen auf und gab Geld für Rückkäufe der eigenen Aktien aus. Zwischen 2000 und

2013 verwandte man $ 108 Milliarden auf den Rückkauf eigener Aktien, was den Kurs nach oben drückte, obwohl die Einnahmen gleich blieben.[20] 2014 zeigten sich bei IBM Anzeichen dafür, dass das Ende der Fahnenstange erreicht war. Als der Kurs schließlich abzubröckeln begann, schrieb die *New York Times*, »hinter all diesen ›anlegerfreundlichen‹ Manövern versteckte sich eine hässliche Wahrheit: IBMs Erfolg der letzten Jahre hatte mehr mit Financial Engineering als mit Performance zu tun«.[21] Dennoch hatte die Strategie sich für IBMs CEOs ausgezahlt, deren Einkommen sich zwischen 2003 und 2012 auf insgesamt $ 247 Millionen beliefen, der größte Teil davon in Optionen und Anteilscheinen statt Cash.[22]

Auch Hewlett-Packard folgte einer ähnlichen Formel. Auch dort gab es früher eine garantierte Lebensstellung, aber Ende der 1990er-Jahre begann HP dann Mitarbeiter zu entlassen, und zwischen 2004 und 2011 gab das Unternehmen $ 61,4 Milliarden – mehr als seine gesamten Einkünfte – für Rückkäufe aus.[23] 2012 folgte die Quittung in Form eines 12,7-Milliarden-Dollar-Verlusts. Zwischen 2003 und 2014 erhielten Hewlett-Packards CEOs Vergütungen von insgesamt $ 210 Millionen, mehr als ein Drittel davon in Optionen und Awards.[24] 2013 borgte Apple $ 17 Milliarden, größtenteils für Rückkäufe seines eigenen Papiers.[25] Es ist kein Zufall, dass Apple-CEO Tim Cook 2013 eine Vergütung von $ 73,8 Millionen einsteckte, fast alles davon in Aktienoptionen, die er vermutlich versilberte, als die Rückkäufe ihre maximale Wirkung erreichten.[26]

Aktien in Form von Optionen oder Awards mit Sperrfrist machen mittlerweile den bei Weitem größten Teil der Vergütungen für CEOs aus.[27] Time Warners CEO Jeff Bewkes bekam 2013 $ 15,9 Millionen in Awards und Optionen, über sein bescheidenes Basissalär von $ 2 Millionen hinaus.[28] Sein Vertrag mit Time Warner geht bis Ende 2017 und beinhaltet ein großzügiges Abschiedspaket. Den Abschuss freilich macht Mark Zuckerberg.[29] Er löste 2013 Aktienoptionen in Höhe von $ 3,3 Milliarden ein. Seine Basisvergütung im selben Jahr? 1 Dollar.

Der »Wert« von CEOs bemisst sich also sinnigerweise nach dem engen Fenster der Kursrallye ihrer Unternehmensanteile, in dem sie ihre Optionen versilbern – so geschehen 2007, kurz vor dem Crash von 2008. Auch kurz vor dem Großen Crash von 1929 kletterten die Aktienpreise in schwindelerregende Höhen. Sinnvoller wäre es, hier die Frage nach dem Verhältnis zwischen der Vergütung von CEOs und der langfristigen Profitabilität der von ihnen geleiteten Unternehmen zu stellen (falls es ein solches tatsächlich geben sollte).

Eine Studie aus dem Jahr 2014 gibt hier eine Antwort. Die Professoren Michael J. Cooper von der University of Utah, Huseyin Gulen von der Purdue University und P. Raghavendra Rau von der University of Cambridge, Massachusetts, nahmen sich – aufgeteilt in Drei-Jahres-Blöcken – 1 500 Großunternehmen und deren Performance zwischen 1994 und 2011 vor.[30] Sie verglichen die Performance dieser Unternehmen mit der anderer auf demselben Gebiet. Sie stellten dabei fest, dass die 150 Unternehmen mit den höchstbezahlten CEOs ihren Aktionären etwa 10 Prozent *weniger* Erträge brachten als ihre einschlägige Konkurrenz. Nicht nur das, je mehr diese CEOs bekamen, desto schlechter schnitten ihre Unternehmen ab. Unternehmen, die ihren CEOs gegenüber besonders großzügig waren – und ihnen einen größeren Teil ihrer Vergütung in Aktienoptionen bezahlten –, schnitten im Durchschnitt 15 Prozent schlechter ab als ihre vergleichbare Konkurrenz. »Die Erträge fallen bei Firmen mit hohen Vergütungen um fast das Dreifache niedriger aus als bei denen mit niedrigen Vergütungen«, sagte Cooper. »Dieser verschwenderische Umgang mit Mitteln vernichtet Aktionärsvermögen.« Schlimmer noch, je länger ein hoch dotierter CEO im Amt war, desto schlechter schnitt die Firma im Vergleich ab. »Die erbrachte Leistung«, so der Schluss der Autoren, »verschlechtert sich im Lauf der Zeit wesentlich.«

Theoretisch könnten sich die langfristig schlecht abschneidenden Unternehmen die Aktienoptionen und Awards zurückholen, die ihre CEOs versilbert haben, als sich die Kurse im Höhenflug befanden. Das ist durchaus schon passiert. So gaben 2013 nach einem enttäuschenden Geschäftsjahr Sony-CEO Kazuo Hirai und seine oberste Führungsriege in etwa $ 10 Millionen ihrer Boni zurück.[31] Es scheint jedoch mehr als zweifelhaft, dass diese Praxis zur Norm werden wird. Die USA des 21. Jahrhunderts bewegen sich schon eine ganze Weile in die andere Richtung – CEOs scheffeln selbst nach exorbitanten Schnitzern Millionen. Nehmen sie nur Martin Sullivan, der $ 47 Millionen bekam, als er AIG verließ, obwohl der Aktienpreis unter seiner Regie um 98 Prozent abgestürzt war und der amerikanische Steuerzahler $ 180 Milliarden berappen musste, nur um die Firma am Leben zu erhalten;[32] denken Sie an Thomas E. Freston der sich als CEO von Viacom gerade mal neun Monate hielt, bevor er geschasst wurde, und trotzdem mit einem Trennungsgeld von $ 101 Millionen aus dem Unternehmen ausschied; Michael Jeffries, CEO von Abercrombie & Fitch, dessen Kurs 2007 um 70 Prozent einbrach, bekam trotzdem 71,8 Millionen Dollar, als er 2008 ging, inklusive eines Retention-Bonus von $ 6 Millionen; William D. McGuire, der wegen eines Skandals um Aktienoptionen 2006 als CEO von UnitedHealth ausscheiden musste, bekam für seine Mühe ein Vergütungspaket von $ 286 Millionen; Hank A. McKinnell, Jr., dessen fünfjährige Amtszeit als CEO von Pfizer durch einen 140-Milliarden-Dollar-Absturz des Börsenwerts gekennzeichnet war,[33,] ing trotzdem mit einer Abfindung von $ 200 Millionen, unentgeltlicher medizinischer Versorgung für den Rest seines Lebens und einer Jahresrente von $ 6,5 Millionen (über Pfizers Jahresversammlung 2006 zog ein Flugzeug mit einem Banner im Schlepptau seine Kreise: »Give it back, Hank!«); Douglas Ivester von Coca-Cola, der 2000 nach einer Periode der Stagnation und schwindender Erträge als CEO gehen musste, tat dies mit einem goldenen Fallschirm von $ 120 Millionen;[34] und dann wäre da noch der bereits erwähnte Donald Carty, ehedem CEO von American Airlines, der, um seine Boni und die seiner Chefetage zu retten, insgeheim einen Treuhandfonds eingerichtet hatte – und das, obwohl das Unternehmen 2003 in den Bankrott abrutschte und Zugeständnisse bei den Gehaltsansprüchen seiner Beschäftigten forderte.[35] Wenn überhaupt, dann scheint die Vergütung von Misserfolgen eher im Kommen zu sein.[36] Im September wies Hewlett-Packard Leo Apotheker mit einem Abschiedsscheck von $ 12 Millionen die Tür. Und die Liste schamloser CEOs wird immer länger.

Sie und ich, wir subventionieren das alles – mit unseren Steuergeldern. Warum? Weil Unternehmen die Vergütungen ihrer CEOs von der Steuer abziehen können, was letztlich dazu führt, dass alle anderen proportional mehr Steuern zahlen müssen, um diese Ausfälle wieder wettzumachen. Um nur ein Beispiel zu nennen: Howard Schultz, CEO von Starbucks, erhielt 2013 ein Gehalt von $1,5 Millionen und obendrauf satte $150 Millionen an Aktienoptionen und Awards.[37] Damit sparte Starbucks Steuern in Höhe von $82 Millionen. Das Gesetz von 1993, laut dem Konzerne Vergütungen von über $1 Million nur dann steuerlich geltend machen können, wenn sie an die »Leistung« der Firma gebunden sind, erwies sich bald als schöner Schein. Sogar Senator Charles Grassley, der Republikaner, der 2006 dem Finanzausschuss vorsaß, hatte das durchschaut: »Es war gut gemeint«, sagte er, »aber es hat schlicht nicht funktioniert. Es war für die Unternehmen kein Problem, das Gesetz zu umgehen. Schließlich hat es mehr Löcher als ein Schweizer Käse. Und jetzt arbeiten ganz ausgebuffte Leute an Instrumenten mit der Präzision Schweizer Uhren, um diese Schweizer-Käse-Regel weiter zu manipulieren.«[38]

Eines dieser Spielchen besteht in der Vergabe von »Performance-Awards«, das heißt Aktien allein auf der Basis eines allgemeinen Kursanstiegs – zu dem die CEOs vermutlich gerade mal dadurch beigetragen haben, dass sie zusahen, wie der Kurs ihrer Anteilscheine zusammen mit allen anderen stieg. Laut Schätzung des Economic Policy Institute zogen Unternehmen zwischen 2007 und 2010 insgesamt $121,5 Milliarden an Vergütungen für Führungskräfte von ihren Erträgen ab.[39] Etwa 55 Prozent davon bestanden in besagten »leistungsorientierten« Vergütungen.

Und als wäre das noch nicht genug, bevorzugt unser Steuersystem die Reichen und benachteiligt diejenigen, die ihr Einkommen aus Löhnen und Gehältern beziehen. Der Steuersatz für Kapitalerträge ist niedriger als der für gewöhnliche Einkommen.[40] Mit die größten Gewinner sind dabei CEOs, deren Optionen und Boni an den Aktienmarkt gebunden sind, sodass sie wie Kapitalerträge behandelt werden, wenn man sie in klingende Münze umsetzt. Der

Bullenmarkt von 2010 bis 2014 bescherte ihnen allen satte Überraschungsgewinne – nach Steuern.

Wenn Aktionäre ein Eigentumsrecht an börsennotierten Konzernen haben, wenn sie sie also de facto *besitzen* (worauf ich noch zu sprechen komme), möchte man annehmen, dass sie auch über die Vergütungen ihrer CEOs entscheiden sollten. Darüber hinaus sollten CEOs wohl auch ihren Aktionären gegenüber offenlegen müssen, wie viel von ihrem Geld sie für politische Aktivitäten ausgeben. Und wenn die Vorstellung einer »Bezahlung nach Leistung« irgendeine praktische Bedeutung als Vertrag zwischen CEO und Anteilseignern hat, möchte man annehmen, dass ein CEO auch für die langfristige Leistung eines Unternehmens verantwortlich sein sollte. Folglich sollte er dem Unternehmen jegliches Einkommen, das lediglich einen vorübergehenden Anstieg der Aktienpreise reflektiert, zurückerstatten. Basierten die Insolvenzregeln auf Chancengleichheit, sollte es CEOs nicht erlaubt sein, ihre großzügigen Vergütungen außer Reichweite des Konkursrichters auf die hohe Kante zu legen. Würden bei der Durchsetzung unserer Bausteine CEOs nicht schamlos begünstigt, würde die Börsenaufsicht es ihnen vermutlich – so wie früher – verbieten, die Kurse ihrer Papiere durch Rückkäufe aufzublasen, um ihre Optionen gewinnbringend versilbern zu können. Außerdem wären Vergütungen für CEOs in Höhe von mehr als $1 Million nicht abzugsfähig, selbst wenn sie an die Leistung gebunden sind. Würden die genannten Bausteine nicht die großen Konzerne begünstigen, diese Unternehmen würden nicht die Erträge erwirtschaften, die die fürstlichen Gehälter ihrer Top-Führungskräfte überhaupt erst ermöglicht haben.

Das alles ist jedoch sehr unwahrscheinlich, da die CEOs der großen Unternehmen über genügend politische Macht verfügen, um solche Initiativen im Keim zu ersticken. Die persönlichen Wahlkampfbeiträge alleine von CEOs machen einen erheblichen Anteil aller politischen Spenden aus; zudem bündeln viele von ihnen die Spenden aus der Chefetage ihrer Firmen. Wahlkampfbeiträge (die persönlichen wie die von ihnen gebündelten), ihr Einfluss auf die Political Action Committees der Wirtschaft, ihre Lobbyisten und im-

plizierte Versprechen an gewisse Amtsträger auf künftige Posten –
all das verschafft ihnen zusammengenommen einen erheblichen
Einfluss auf die Regeln des ökonomischen Spiels.

Dann also noch einmal ohne die unsinnige Tautologie, gezahlte Gehälter mit Wert gleichzusetzen: Sind CEOs ihre Vergütungspakete wert? Nun, nach objektiver Beurteilung der Faktenlage sind sie das nicht.

12 DIE TRICKS MIT DEN WALL-STREET-VERGÜTUNGEN

Falls Sie immer noch der Ansicht sein sollten, die ganz oben würden nach ihrem Wert bezahlt, sehen Sie sich doch einmal die Wall Street genauer an, wo man in der Regel sogar noch besser verdient als in den Chefetagen der großen Unternehmen. Sind Wall-Street-Banker ihre Gehälter tatsächlich »wert«? Nicht, wenn wir in die Rechnung die versteckten Subventionen an ihre Banken mit einbeziehen, die seit der Rettungsaktion von 2008 als zu groß gelten, um sie eingehen zu lassen. Und denken Sie dabei immer daran, dass die Kernschmelze, der man dort damals nur um ein Haar entging, durch exzessive Risiken verursacht war. Während der folgenden Finanzkrise erhielten die größten Banken erheblich mehr Hilfe vom Staat als andere Banken, um sie vor dem Untergang zu bewahren. Diese Unterstützung hält in mehreren wichtigen Punkten bis heute an, weil für die größten Banken eben immer noch dasselbe gilt: »too big to fail«.

Diese versteckten Finanzspritzen funktionieren folgendermaßen: Anleger, die ihr Erspartes in diesen Banken parken, akzeptieren niedrigere Zinsen auf ihre Einlagen oder Kredite, als sie sie von Amerikas kleineren Banken verlangen würden. Das liegt daran, dass kleinere Banken für Anleger einfach riskantere Parkplätze sind als die großen, denen der Staat mit Sicherheit unter die Arme greifen wird, wenn sie sich in die Bredouille manövrieren. Das gibt Wall Streets größten Banken einen erheblichen Wettbewerbsvorteil gegenüber den kleineren Banken im Land. Folge davon ist, dass die größten Banken noch mehr verdienen. Und mit dem Anwachsen ihrer Profite werden diese Banken noch größer. Wenn sie also schon vorher zu groß zum Scheitern waren, sind sie mittlerweile *viel* zu groß, um sie scheitern zu lassen. Wie bereits erwähnt, hielten 2014 die fünf größten Wall-Street-Banken etwa 45 Prozent der Aktiva aller amerikanischen Banken, was einem Anstieg um 25 Prozent seit 2000 entspricht.[1] Damit sind sie sowohl viel zu groß, um sie scheitern zu lassen, als auch zu groß, um sie ins Gefängnis zu stecken oder zurechtzustutzen.

Wie groß diese versteckten Subventionen sind? Nun, laut Kenichi Ueda vom Internationalen Währungsfonds und Beatrice Weder di Mauro von der Universität Mainz belaufen sie sich auf 0,8 Prozentpunkte.[2] Das mag sich nicht spektakulär anhören, aber multipliziert mit der Gesamtsumme des in den zehn größten Wall-Street-Banken geparkten Geldes sieht das gleich ganz anders aus.[3] 2013 belief sich die versteckte Stütze auf $ 83 Milliarden. Diese Schätzung deckt sich mit den Ergebnissen anderer Forscher vom Internationalen Währungsfonds und des dem Kongress unterstellten US-Rechnungshofs.[4] Ökonomen von New York University, Virginia Tech und Syracuse University verglichen die Zinssätze kleinerer Banken auf Geldmarktkonten über den von der Bundeseinlagenversicherung garantierten Betrag mit den Zinssätzen großer Banken und stellten fest, dass Letztere dabei einen Vorteil von über einem Prozentpunkt gegenüber den anderen haben. Damit wären die eigentlichen Subventionen noch weit höher anzusetzen.[5]

Man muss kein Genie (oder Wall-Street-Banker) sein, um auszurechnen, dass die versteckte Finanzhilfe an die als »too big to fail« eingestuften Wall-Street-Banken in etwa das Dreifache der $ 26,7 Milliarden ausmacht, die die Wall Street 2013 an Boni ausgezahlt hat. Ohne die Subventionen wäre es Essig gewesen mit dem Bonuspool. Der Löwenanteil der Subventionen, $ 64 Milliarden, ging dabei an die Top Five der Banken: JPMorgan, Bank of America, Citigroup, Wells Fargo und Goldman Sachs.[6] Das entspricht in etwa dem typischen Jahresertrag dieser Banken. Anders gesagt, streicht man die Subventionen, versiegt nicht nur der Bonuspool, sondern auch der Profit.

Die Wall-Street-Banker kassierten 2013 ihre $ 26,7 Milliarden an Boni nicht, weil sie fleißiger, gescheiter oder scharfsichtiger gewesen wären als die meisten anderen Amerikaner. Sie bekamen sie nur, weil sie zufällig für Institutionen tätig sind, die einen privilegierten Platz in Amerikas politischer Ökonomie einnehmen. Die Subventionen, die die Bankenriesen kassieren, kommen von Ihnen, mir und den anderen Steuerzahlern – weil wir für den letzten Rettungsschirm berappt haben und man davon ausgeht, dass wir auch das nächste Mal zahlen.

Gemäß dem Dodd-Frank Act zur Reform des Finanzmarktes hätte jede der größten Wall-Street-Banken eine »Living-Will-Erklärung« – oder »Patientenverfügung« – erarbeiten sollen, die im Falle einer erneuten Insolvenz in Kraft treten würde. Im Wesentlichen sind diese Erklärungen als Blaupausen für die Abwicklung einer Bank gedacht, als Vorsichtsmaßnahme, damit sie nicht gleich das ganze Finanzsystem mit in den Abgrund zieht. Als sichere Bank würde ich das jedoch nicht sehen. Nach Prüfung dieser Erklärungen hielten Ermittler von Zentralbankrat und Bundeseinlagenversicherung (FDIC) diese im August 2014 für »unrealistisch«.[7] Thomas Hoenig, zweiter Mann der FDIC, bezeichnete die Pläne samt und sonders als »mangelhaft«, weil keiner »überzeugend zu demonstrieren vermag, wie auch nur eine dieser Firmen im Falle einer Insolvenz die Hürden der Konkursanmeldung nehmen sollte, ohne eine Finanzkrise auszulösen«.[8] Wenn Sie meiner Argumentation gefolgt sind, werden Sie verstehen, warum die Bankenriesen dafür sorgen werden, dass die »Living-Will-Erklärung« weiterhin »unrealistisch« bleibt. Realistische Pläne zur Vermeidung eines weiteren Bail-outs würden die versteckten Finanzhilfen verschwinden lassen und mit ihnen den Wettbewerbsvorteil, den sie mit sich bringen – und natürlich den konkreten Ausdruck dieses Wettbewerbsvorteils, die Boni.

Die Zentralbank macht Anstalten, die Eigenkapitalvorgaben von Großbanken zu verschärfen, was ihnen vielleicht etwas Wind aus den Segeln nimmt. Aber es scheint mehr als zweifelhaft, dass Kongress oder Verwaltung sie dazu wird zwingen können, sich realistische »Living-Will-Erklärungen« einfallen zu lassen, oder dass man ihre Größe deckelt oder sie sogar zerlegt; noch nicht einmal eine spezielle Steuer in Höhe der Subventionen scheint in Sicht. Diese

Institutionen halten ihre privilegierte Position aus zweierlei Gründen: zum einen wegen ihres unverhältnismäßigen Anteils an Wahlkampfspenden für beide Parteien und zum anderen wegen des lukrativen Drehtürprinzips, das die »Street« mit Washington verbindet. Die Führungskräfte kleiner Banken, vom Großteil der Amerikaner ganz zu schweigen, haben diese Möglichkeiten einfach nicht. Sie können sich weder große Spenden leisten, noch haben sie lukrative Posten an scheidende Amtsträger zu vergeben. Das trägt auch zur Erklärung bei, warum der Großteil kleiner Banker – oder der Rest der Amerikaner – keine derartigen Boni erhält.

Übrigens hätten besagte $ 26,7 Milliarden an Boni für die Wall-Street-Banker 2013 ausgereicht, die Löhne der 1 007 000 Vollzeitbeschäftigten mehr als zu verdoppeln, die im selben Jahr für Mindestlohn tätig waren.[9] Der Rest der $ 83 Milliarden an versteckten Subventionen für die größten Wall-Street-Banken lag um $ 20 Milliarden über dem, was der Staat im selben Jahr in Form von Steuererleichterungen 28 Millionen Niedriglohnarbeitern und ihren Familien gewährte.[10]

Die versteckten Subventionen alleine erklären jedoch noch nicht die Summen, die man an der Wall Street gewissen anderen Leuten hinterherwirft; nehmen wir nur die $ 2,3 Milliarden, die Steven A. Cohen 2013 bekommen hat. In diesem Jahr steckten die erfolgreichsten 25 Hedgefonds-Manager im Durchschnitt fast $ 1 Milliarde pro Nase ein.[11] Selbst profillose Portfoliomanager großer Hedgefonds brachten es auf durchschnittlich $ 2,2 Millionen.[12] Einigen Ökonomen zufolge bekommen sie diese Summen (in der Regel 2 Prozent Jahresgebühren plus 20 Prozent der Erträge über einer bestimmten Benchmark), um die Versuchung zu reduzieren, dass sie einen Teil der ungeheuren Summen einstecken, die sie verwalten. Dahinter steckt die Theorie, dass diese Leute aus Angst um ihre dicken legalen Einkommen nichts illegal abschöpfen. Der Wirtschaftswissenschaftler Eric Falkenstein erklärt das folgendermaßen: »Portfoliomanager kennen den besten Preis, Outsider nicht, also verdienen sie entsprechend gut. Im Kontext hochdynamischer

Märkte und illiquider Werte (wie Hypotheken), weiß man nicht, wie viel Geld man auf dem Tisch lässt, man achtet auf Anreize auf individuellem Level und erwartet, dass die Leute in ihrem eigenen besten Interesse handeln.«[13]

Dieser Logik zufolge, die auch auf viele Investmentbanker und Trader der »Street« anzuwenden ist, verstehen sich die Einkünfte von Hedgefonds-Managern am besten als von Anlegern bezahlte Schmiergelder, damit die Manager ihnen nicht das Fell über die Ohren ziehen. Je mehr Geld Hedgefonds-Manager verwalten, desto höher müssen die Schmiergelder sein.

Das Problem an dieser Logik: Schmiergelder allein sind noch keine Garantie dafür, dass Hedgefonds- und Portfoliomanager nicht doch – durch Nebengeschäfte und Provisionen – etwas von dem Geld ihrer Anleger stehlen. Genau dabei erwischte man die Portfoliomanager von Cohens SAC Capital. Und die Vermutung liegt nahe, dass andere Manager und Trader an der Wall Street es genauso halten – nur dass man sie dabei nicht erwischt. Wie bereits erwähnt verbot der Kongress den Insiderhandel 1934, ließ aber Börsenaufsicht, Bundesanklägern und Richtern großen Auslegungsspielraum. Es war an der Wall Street seit Jahren bekannt, wie Cohen sein Geld verdiente, SAC Capital managte so viel Geld, dass die Firma in der Regel für 3 Prozent des durchschnittlichen Tagesgeschäfts an der New Yorker Börse und 1 Prozent des Geschäfts an der NASDAQ verantwortlich war.[14] Dadurch überwies die Firma jährlich über $ 150 Millionen an Provisionen an die Banker der »Street«, die über eine Menge Informationen von potenziellem Wert für Cohen und seine Partner bei SAC Capital verfügten. Das schuf das Potenzial für lukrative Deals. Laut einer Reportage von *Bloomberg Businessweek* von 2003, also ein Jahrzehnt vor der Anklage gegen Cohen, »schmierten« die Provisionen, die SAC den Bankern routinemäßig auszahlte, »die übermächtige Informationsmaschine, die Cohen aufgebaut« hatte, und verschafften »Cohen den Einfluss, der ihn oft Informationen über Deals und Analysen vor der Konkurrenz in Erfahrung bringen ließ«. Ein Analyst dazu:»Ich rufe Stevie persönlich an, wenn ich eine Einsicht oder eine Neuigkeit über ein Unternehmen habe. Ich weiß, dass er mit der Info was anfangen kann und damit ein Geschäft machen wird.« Das Credo der Firma, so einer ihrer ehemaligen Trader, war es, »die Information immer vor allen anderen zu bekommen«.

Aber obwohl neun von Cohens Portfolio-Managern wegen Insiderhandels verurteilt wurden, kam Cohen selbst recht glimpflich davon. Seine Firma bezahlte eine Buße von $ 1,8 Milliarden, aber den Rest seiner aufgelaufenen Gewinne rührte die Bundesstaatsanwaltschaft im Rahmen ihrer außergerichtlichen Einigung mit Cohen nicht an.[15] Auch um die Haftstrafe kam er herum. Vielleicht blieb Cohen deshalb unbehelligt, weil er sich ein Bataillon hochkarätiger Anwälte leisten konnte, das der Staatsanwaltschaft klarmachte, wie langwierig und schwierig sich eine gerichtliche Auseinandersetzung gestalten würde. (In diesem Sinne waren seine Anwälte ihr Geld wirklich wert.) Aber Cohens Behandlung konnte auch etwas damit zu tun gehabt haben, dass zwischen 2000 und 2008 – der Zeit, in der er einen Gutteil seines Vermögens angehäuft hatte – Justizministerium und Börsenaufsicht von Leuten geleitet wurden, die von den Republikanern ernannt worden waren. Und Cohen war im Wahlkampf der Republikaner einer der großen Spender gewesen, bevor SAC und er sich 2008 auf Obama verlegten.[16]

Falls vertrauliche Informationen tatsächlich »das A und O« der Wall Street sind, wie der Anwalt von Anthony Chiasson 2014 behauptete, als man Chiasson (selbst Absolvent von Cohens SAC Capital) wegen Insiderhandels belangte, ist der Fall von SAC Capital gar nicht so ungewöhnlich.[17] Das Berufungsgericht jedenfalls schien sich mit der Aufhebung des Urteils gegen ihn dieser Ansicht anzuschließen. Angesichts der immensen Mittel, der leichten Verfügbarkeit von Informationen und der Unsummen, die mit Börsengeschäften auf der Basis solcher Informationen zu verdienen sind, läge doch der Schluss nahe, dass, wenn schon nicht alle, so doch ein Gutteil der einschlägigen Geschäfte auf vertraulichen Informationen beruhen. Hedgefonds-Manager sind bestens positioniert, um dieses »A und O« in klingende Münze zu verwandeln. Ihre fetten Vergütungspakete reflektieren also in der Regel wahrscheinlich gleich zwei spendierfreudige Quellen: die ganz legalen »Schmiergelder« von Investoren, die nicht abgezockt werden wollen, sowie die – wenn schon nicht illegalen, so doch bestenfalls fragwürdigen – Provisionen von Investoren, mit denen man auf dem Golfplatz vertrauliche Informationen austauscht. Sie können dabei nur gewinnen. Und wenn sie nur einen kleinen Teil ihrer Gewinne an politische Kandidaten, Lobbyisten und ihr Heer von Anwälten abtreten, lassen sich Risiko und Kosten, wegen Insiderhandels erwischt und belangt zu werden, auf ein Minimum reduzieren. Steven A. Cohen ist ein gutes Beispiel dafür.

Darüber hinaus bleibt ihnen ein Schlupfloch im Steuergesetz offen, das sonst kaum jemandem zur Verfügung steht: Hedgefonds- und Private-Equity-Manager können ihre Gewinne zum niedrigeren Satz von Kapitalerträgen versteuern. Nicht dass es auch nur ein einziges logisches Argument für dieses Schlupfloch gäbe. Diese Manager riskieren noch nicht einmal ihr eigenes Kapital, schließlich investieren sie anderer Leute Geld. Als 2007 der Kongressabgeordnete Sander M. Levin aus Michigan die Eingabe machte, diesen sogenannten »übertragenen Zins« wie gewöhnliche Einkommen zu versteuern, stiegen die jährlichen politischen Aufwendungen der Hedgefonds-Industrie sprunghaft an.[18] Es überrascht dann auch nicht weiter, dass diese Eingaben alle im Sand verlaufen sind.

$

Sind die Leute an der Wall Street die ungeheuren Summen »wert«, die sie bekommen? Sehen wir mal von dem Gemeinplatz ab, jeder sei per definitionem das wert, was ihm der Markt bezahlt, dann legt der spezifische Mechanismus, durch den sie ihr Geld verdienen – etwa die versteckten Zuschüsse aufgrund der »Too big to fail«-Theorie sowie der Einsatz von Insiderwissen – den Schluss nahe, dass sich ein Gutteil ihres Einkommens aus den unfreiwilligen Beiträgen von Steuerzahlern und kleinen Investoren zusammensetzt. Sie sind reich genug, um auf die Spielregeln Einfluss zu nehmen, aber »wert« in irgendeinem nachvollziehbaren Sinne des Worts sind sie ihr Geld nicht.

13 DIE SCHWINDENDE VERHANDLUNGSMACHT DER MITTE

In meiner Kindheit – ich habe es bereits erwähnt – verkaufte mein Vater Kleider und Blusen an die Frauen der Fabrikarbeiter am Ort. Als die Löhne dieser Arbeiter Ende der 1940er-Jahre zu steigen begannen, verdiente mein Vater genug, um mit einem zweiten Geschäft in einer benachbarten Stadt zu expandieren. Wir waren nicht reich, aber dank seines Verdienstes solide Mittelschicht.

In den drei Jahrzehnten nach dem Ende des Zweiten Weltkriegs stieg der Stundenlohn amerikanischer Arbeiter kontinuierlich im Gleichschritt mit den Produktivitätsgewinnen.[1] Es war ein positiver Kreislauf mit Aufwärtsdynamik, von dem wir und zig Millionen andere Familien profitierten. Mit wachsender Wirtschaft wuchs auch die Mittelschicht, die Zunahme ihrer Kaufkraft beschleunigte wiederum das Wirtschaftswachstum, sorgte für neue Investitionen und Innovationen, was wiederum die Mittelschicht anwachsen ließ.

Dann jedoch, etwa ab den ausgehenden 1970er-Jahren, kam diese Aufwärtsdynamik zum Stehen. Die Produktivität nahm zwar weiter zu und auch das Wirtschaftswachstum hielt an, die Lohnkurve jedoch begann abzuflachen (siehe Abb. 4). Anfang der 1980er-Jahre hörte das mittlere Haushaltseinkommen – teuerungskorrigiert – zu wachsen auf. 2013 verdiente der typische Mittelschichthaushalt mit $ 51 939 fast $ 4 500 weniger als vor Beginn der Großen Rezession 2007. Im Jahr 2013 verdiente der mittlere Haushalt weniger als 1989, fast ein Vierteljahrhundert zuvor.[2] Desgleichen nahmen sowohl die Sicherheit der Arbeitsplätze als auch der Prozentsatz an beschäftigten Amerikanern im erwerbsfähigen Alter ab.[3] Kurz gesagt, ein Gutteil der amerikanischen Mittelschicht ist ärmer geworden. (Es kommt nicht von ungefähr, dass mein Vater seine Läden zumachen musste.)

2013 erhielt ein amerikanischer Haushalt genau in der Mitte der Einkommensleiter – unter Berücksichtigung der Teuerungsrate –

weniger als sein Äquivalent 1998, also 15 Jahre zuvor.[4] Die mittleren Haushaltseinkommen lagen um 8 Prozent unter denen von 2007. Und so sah es auch in etwa mit den Stundenlöhnen der einzelnen Arbeiter aus. Diese lagen im September 2014 durchschnittlich bei $ 20,67.[5] Nach Anpassung an die Teuerung entsprach das ziemlich genau der Kaufkraft von 1979 und lag sogar noch unter der vom Januar 1973 (die im Geldwert von 2014 bei $ 22,41 gelegen hätte).

Abb. 4: Die Ursache amerikanischer Ungleichheit: Die Ablösung der Löhne von der Produktivität

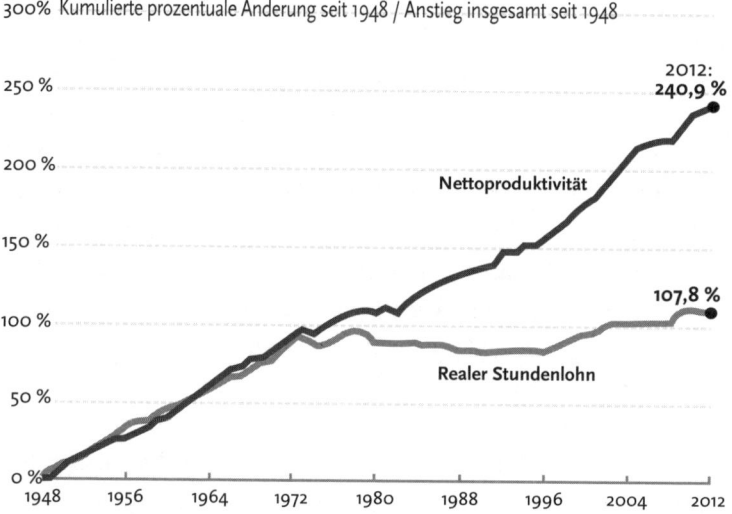

Nettoproduktivität und realer Stundenlohn nicht aufsichtführender Arbeiter in der Produktion 1948–2012

Anmerkung: Es handelt sich hier um Daten für die Entlohnung von Arbeitern aus dem privaten Herstellungssektor in nicht aufsichtführenden Positionen (im Geldwert von 2012); Nettoproduktivität der Gesamtwirtschaft entspricht dem Wachstum der Gesamtproduktion von Waren und Dienstleistungen abzüglich des Wertverlusts pro gearbeiteter Stunde

Quelle: Economic Policy Institute, Analyse unveröffentlichter Daten zur Produktivität der Gesamtwirtschaft des Labor Productivity and Costs-Programms beim Bureau of Labor Statistics (BLS), der aktuellen Beschäftigungsstatistik (BLS Current Employment Statistics) sowie der National Income and Product Accounts des Bureau of Economic Analysis

Dieses Schaubild erschien ursprünglich auf go.epi.org/2013-productivity-wages

Die übliche Erklärung schreibt diese Umkehrung »Marktkräften« zu, vor allem der Globalisierung und technischen Neuerungen, die viele Amerikaner im Wettbewerb einfach nicht mehr bestehen ließen. Ihre Arbeit, sofern man sie nicht im Land selbst von Computern und Robotern erledigen ließ, konnte outgesourct werden, erst nach Mexiko, dann nach Asien, wo man es gar nicht erwarten konnte, sie billiger zu verrichten. Wie auch immer, so das übliche Argument, Amerikas Arbeiter hatten einst gut verdient, sich aber mit ihren Lohnforderungen selbst um ihre Chancen auf dem Arbeitsmarkt gebracht. Wenn sie arbeiten wollen, müssen sie sich eben mit niedrigeren Löhnen und weniger Sicherheit abfinden. Wenn sie bessere Jobs haben wollen, müssen sie eben dazulernen. Der Markt hat es so verfügt.

Nun, so zutreffend sie auch sein mag, die Standarderklärung vermag nicht alles zu erklären, was da geschehen ist. So erklärt sie weder, warum dieser Umschwung so plötzlich – im Verlauf einiger weniger Jahre – vonstattenging, noch, warum die Ökonomien anderer Industrieländer, die ähnlichen Kräften ausgesetzt waren, nicht derart bereitwillig und schnell die Waffen streckten. (Deutschlands Medianeinkommen zum Beispiel stieg schneller als das in den Vereinigten Staaten,[6] und das reichste eine Prozent brachte dort – vor Steuern – etwa 11 Prozent des gesamten Einkommens nach Hause, im Gegensatz zu den mehr als 17 Prozent des reichsten einen Prozents in den USA.) Außerdem gibt uns die Standarderklärung keine Auskunft darüber, warum das Durchschnittseinkommen der unteren 90 Prozent während der ersten sechs Jahre des Aufschwungs nach der Großen Rezession gesunken ist.[7]

Ebenso wenig erklärt die Standarderklärung den frappanten Umstand, dass das mittlere Einkommen von Collegeabsolventen – inflationskorrigiert – in den letzten Jahren ebenfalls nicht mehr wächst. Zwar verdienen Collegeabsolventen immer noch mehr als junge Leute ohne Collegeabschluss, aber ihre Gehälter stiegen nicht weiter an. Im Gegenteil, zwischen 2000 und 2013 ging der reale Stundenlohn von Collegeabsolventen sogar zurück (siehe Abb. 5).[8] Bereits 2014, so stellte die New Yorker Notenbank fest, betrug der Anteil von frisch gebackenen Collegeabsolventen mit Jobs, die in der Regel keinen Collegeabschluss erfordern, bereits 46 Prozent im Verhältnis zu 35 Prozent der Collegeabsolventen allgemein.[9] Die *New York Times* bezeichnete diese Gruppe als »Generation in der Schwebe« (»Generation Limbo«) – gebildete junge Erwachsene, »die beruflich auf der Stelle treten und sich mit dem Problem eines Jobs ohne Aufstiegschancen und lauen Aussichten ganz allgemein konfrontiert sehen«.[10]

Abb. 5: Reale Stundenlöhne junger Collegeabsolventen nach Geschlecht, 2000–2014

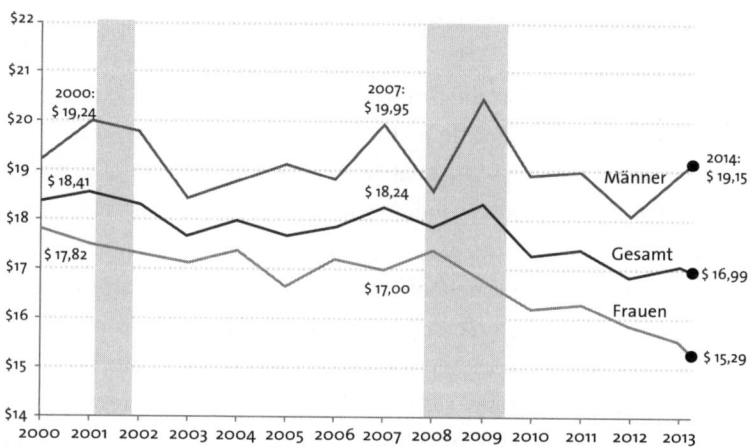

Bei den Daten für 2014 handelt es sich um den Durchschnittswert der zwölf Monate von April 2013 bis März 2014.

Anmerkung: Die Daten beziehen sich auf Collegeabsolventen zwischen 21 und 24 Jahren, die weder über einen akademischen Grad verfügen noch in diesem Zeitraum ein Studium absolvieren. Die schattierten Bereiche kennzeichnen Rezessionen.

Quelle: Mikrodaten der Datei Outgoing Rotation Group des Current Population Survey am Economic Policy Institute; (http://stateofworkingamerica.org/chart/swa-wages-table-4-18-hourly-wages-entry/)

Um das, was der Mittelschicht passiert ist, besser zu verstehen, lohnt sich ein näherer Blick auf die Veränderungen innerhalb des Gefüges marktwirtschaftlicher Organisation, die bei gleichzeitiger Reduzierung der Verhandlungs- und politischen Macht des Mittelstands zu einer höheren Profitabilität von Großunternehmen und Wall Street geführt haben. Diese Veränderungen laufen auf eine »Umverteilung« nach oben hinaus, wenn auch nicht im üblichen Sinne des Worts. Es ist nicht so, dass der Staat Mittelschicht und Arme eigens besteuern würde, um einen Teil ihrer Einkommen an die Reichen zu überweisen. Die Verantwortung des Staats – und derjenigen mit dem größten Einfluss auf ihn – für diese Umverteilung nach oben ist weit weniger direkt, da sie durch eine Änderung der Spielregeln zustande kam.

Sehen wir uns zunächst die fundamentale Veränderung beim Eigentumsrecht im Konzernumfeld an. Vor den 1980er-Jahren – das habe ich bereits erwähnt – gehörten große börsennotierte Gesellschaften im Prinzip all den Interesseneignern, bei denen man von einem berechtigten Anspruch auf das Unternehmen ausgehen konnte. Bereits 1914 forderte der beliebte Kolumnist und Populärphilosoph Walter Lippmann Amerikas Konzernchefs auf, verantwortungsbewusste Verwalter zu sein: »Männer, die mit [großen Unternehmen] verbunden sind, können sich der Tatsache nicht entziehen, dass man von ihnen erwartet, in immer höherem Maße als Träger eines öffentlichen Mandats zu handeln ... Große Geschäftsleute, sofern sie nur irgendwie mit Intelligenz ausgestattet sind, erkennen dies. Sie sprechen mehr und mehr von ihren ›Verantwortlichkeiten‹ und ihrer Rolle als ›verantwortungsbewusste Verwalter‹.«[11]

1932 dann belegten Adolf A. Berle und Gardiner C. Means, der eine Anwalt, der andere Professor für Ökonomie, in ihrer enorm einflussreichen Studie *The Modern Corporation and Private Property*, dass die Top-Executives amerikanischer Großkonzerne noch nicht einmal ihren eigenen Aktionären gegenüber verantwortlich waren, sondern ihre Unternehmen »im eigenen Interesse« leiteten und »einen Teil ihrer Vermögenswerte für den persönlichen Gebrauch«

abzweigten.[12] Die Lösung, so schlossen Berle und Means daraus, bestehe darin, die Macht all der von der Handlungsweise solcher Großunternehmen betroffenen Gruppen zu vergrößern, etwa die der Beschäftigten und Verbraucher.[13] Sie stellten sich die Führungskraft der Zukunft als professionellen Verwalter vor, der nüchtern die Ansprüche von Investoren, Beschäftigten, Verbrauchern und Bürgern allgemein gegeneinander abwägt und die Erträge danach verteilt. »Wenn das Unternehmenssystem weiterbestehen soll«, so Berle und Means, »scheint es schier unabdingbar, dass die ›Kontrolle‹ großer Unternehmen sich zu einer ganz und gar neutralen Technokratie entwickelt, die für ein Gleichgewicht zwischen den unterschiedlichsten Gruppen einer Gemeinschaft sorgt und jeder von ihnen einen Teil am Einkommensfluss auf der Grundlage öffentlicher Politik statt auf persönlicher Habgier zuweist.«

Diese Vision einer Corporate Governance war bereits zum Ende des Zweiten Weltkriegs weithin akzeptiert. »Die Aufgabe des Managements«, so sagte Frank Abrams, Chairman von Standard Oil New Jersey, 1951 in einer Ansprache, die typisch für die CEOs der Zeit war, »besteht darin, für ein gerechtes und brauchbares Gleichgewicht zwischen den Ansprüchen aller direkt betroffenen Interessengruppen zu sorgen ... Anteilseignern, Beschäftigten, Kunden und der Öffentlichkeit allgemein. Geschäftsführer sind im Begriff, zu einem eigenen akademischen Berufsstand zu werden, weil sie in ihrer Arbeit die grundlegenden Verantwortlichkeiten [gegenüber der Öffentlichkeit] sehen, wie Ärzte und Anwälte sie seit Langem schon als die ihren erkannt haben.«[14]

Anfang der 1950er-Jahre forderte das Magazin *Fortune* CEOs dazu auf, »Staatsmänner der Industrie« zu werden, was sie in vielerlei Hinsicht auch wurden – sie halfen bei der Herausbildung einer Wirtschaft, die für Wohlstand auf breiter Basis sorgte.[15] Wirtschaftsführer, so hieß es im November 1956 im *Time*-Magazin, seien bereit, »ihre Handlungsweise nicht nur nach Profit und Verlust« im Sinne ihres Geschäftsergebnisses zu beurteilen, sondern »im Sinne von Profit und Verlust für die Gemeinschaft«. General Electric, so war zu lesen, sei bekannt dafür, den »ausgewogenen besten Interessen«

aller Interesseneigner zu dienen. J.D. Zellerbach, leitender Manager aus der Zellstoff- und Papierindustrie, sagte *Time*, »die Mehrheit der Amerikaner steht hinter dem freien Unternehmertum, nicht als gottgegebenes Recht, sondern als beste aller praktikablen Möglichkeiten, in einer freien Gesellschaft Geschäfte zu machen. ... Sie sehen unternehmerisches Management als verantwortungsbewusste Verwaltung, die sie die Wirtschaft wie ein öffentliches Amt zum Besten aller führen lässt.«[16]

In den 1970er- und 1980er-Jahren setzte sich, was Unternehmen angeht, eine radikal andere Vorstellung von Besitz durch. Sie kam mit den »Heuschrecken« – den Corporate Raiders – und ihren feindlichen Übernahmen, Leuten, die Aktionären mit hochverzinslichen Ramschanleihen winkten, damit sie ihnen ihre Anteile verkauften. Sie arbeiteten mit fremdfinanzierten Übernahmeangeboten und gingen auf Aktionärsstimmenjagd gegen die »Staatsmänner der Industrie«, die angeblich die Aktionäre um den Reichtum brachten, der ihnen ihrer Ansicht nach rechtmäßig zustand. Diese Raiders handelten in der Überzeugung, die Aktionäre seien die einzigen legitimen Eigentümer des Unternehmens und der einzige Sinn und Zweck eines Unternehmens bestehe in der Maximierung ihrer Rendite.

Dieser Wandel kam nicht von ungefähr. Er war das Produkt von Veränderungen in der rechtlichen und institutionellen Organisation sowohl der Unternehmen selbst als auch der Finanzmärkte – Veränderungen, zu denen es auf Betreiben von Wirtschaft und Wall Street gekommen war. 1974 erließ der Kongress auf Drängen von Pensionskassen, Versicherungen und Wall Street den Employee Retirement Income Security Act (ERISA), das Hauptregelwerk für das Recht der betrieblichen Altersversorgung. Vor diesem durften Pensionskassen und Versicherungsunternehmen ausschließlich in hochwertige Unternehmens- und Staatsanleihen investieren – eine treuhänderische Verpflichtung aus ihren Verträgen mit den Nutznießern von Pensionskassen und Versicherungspolicen. Das Gesetz von 1974 änderte das, indem es Pensionskassen und Versicherungsgesellschaften erlaubte, ihre Portfolios an der Börse zu investieren, was der Wall Street einen ungeheuren Kapitalpool verfügbar machte.[17] Zu diesem gesellte sich 1982 ein weiterer großer Kapitalpool, als der Kongress den Spar- und Darlehenskassen, mit anderen Worten: dem Urgestein lokaler Hypothekenmärkte, die Erlaubnis erteilte, die Einlagen ihrer Kundschaft in eine ganze Reihe von Finanzprodukten wie Ramschanleihen und andere riskante Unternehmungen mit potentiell hohen Erträgen zu investieren.[18] Dass der Staat für die Einlagen ihrer Sparer bürgte, ließ diese Art von Investitionen umso verlockender erscheinen (und kostete den Steuerzahler schließlich $ 124 Milliarden, als viele dieser Banken baden gingen).[19] Die Regierung Reagan lockerte weitere Regeln auf dem Banken- und Finanzsektor, während sie gleichzeitig das Personal zu ihrer Durchsetzung bei der Börsenaufsicht reduzierte.

All das ermöglichte es den Heuschrecken, sowohl das Kapital aufzutreiben als auch die nötigen Genehmigungen für ihre feindlichen Übernahmen zu bekommen. Die ganzen 1970er-Jahre über war es nur zu 13 feindlichen Übernahmen von Firmen mit einem Wert von $ 1 Milliarde oder mehr gekommen. In den 1980ern waren es 150. Zwischen 1979 und 1989 tätigten Finanzunternehmer über 2 000 fremdfinanzierte Übernahmen, keine unter $ 250 Millionen.[20] (Die Party war erst – und auch das nur vorübergehend – zu Ende, als der Raider Ivan Boesky sich nach seiner Anklage wegen Insiderhandels und Marktmanipulation der Staatsanwaltschaft als Zeuge anbot, um eine Strafmilderung zu erreichen.[21] Boesky belastete Michael Milken und dessen erfolgreiche Ramschanleihenfabrik Drexel Burnham Lambert mit der Aussage, Börsenkurse manipuliert und Kunden betrogen zu haben. Drexel bekannte sich schuldig. Milkens Anklageschrift umfasste 98 Punkte, darunter Insiderhandel und kriminelle Geschäfte; er landete schließlich im Gefängnis.)

Selbst wenn es nicht zu Übernahmen kam, fühlten sich CEOs unter enormem Druck, die Dividenden ihrer Aktionäre zu maximieren, da sie befürchten mussten, sonst selbst in die Schusslinie der Firmenplünderer zu geraten. Also begannen sie ihre Hauptrolle darin zu sehen, die Kurse nach oben zu treiben. Roberto Goizueta, CEO von Coca-Cola, brachte die neue Philosophie, die in scharfem Gegensatz zu der von den Staatsmännern der Wirtschaft stand, auf den Punkt: »Wir haben nur eine Aufgabe: einen fairen Ertrag für unsere Eigner zu erwirtschaften«, sagte er.[22] Und jeder verstand, dass mit einem »fairen« der größtmögliche Ertrag gemeint war.

Der einfachste und direkteste Weg, das zu bewerkstelligen, bestand in der Kostensenkung – und hier boten sich vor allem Löhne und Gehälter an, die bei den meisten Firmen nun mal der größte Aufwandsposten sind. Entsprechend sah sich der Staatsmann der Wirtschaft der 1950er- und 1960er-Jahre in den 1980er- und 1990er-Jahren vom Firmenschlächter abgelöst; dieser konzentrierte sich fast ausschließlich darauf (um es im Fleischerjargon der Ära zu sagen), »das Fett wegzuschneiden«, und das »bis auf den Knochen«. Als Jack Welch 1981 bei General Electrics das Ruder übernahm, bewertete der Aktienmarkt das Unternehmen mit kaum 14 Milliarden Dollar.[23] Als er 2001 in den Ruhestand ging, war es um die $ 400 Milliarden wert. Erreicht hat Welch das in der Hauptsache durch die Senkung der Lohnkosten. Vor seiner Amtszeit waren die meisten Beschäftigten ihr Leben lang bei GE gewesen. Zwischen 1981 und 1985 jedoch verlor ein Viertel von ihnen – insgesamt 100 000 – ihren Job, was Welch in Anspielung auf die Neutronenbombe den Spitznamen »Neutron Jack« einbrachte. Selbst in guten Zeiten forderte Welch seine Führungsriege auf, 10 Prozent ihrer Untergebenen zu entlassen, um die Wettbewerbsfähigkeit des Unternehmens zu garantieren.

Andere CEOs versuchten Welch gar noch zu übertreffen. So entließ Al »Chainsaw« Dunlap als CEO von Scott Paper 11 000 Arbeiter, darunter 71 Prozent der Beschäftigten im Hauptquartier.[24] Die Wall Street zeigte sich vom Management der »Kettensäge« beeindruckt: Die Aktie der Firma stieg um 225 Prozent. Als Dunlap 1996 zu Sunbeam ging, setzte er prompt die Hälfte der 12 000 Beschäftigten auf die Straße.[25] (Zu seinem Pech kam man ihm darauf, dass er Sunbeams Bücher frisierte; die Börsenaufsicht verklagte ihn wegen Betrugs, und er bezahlte im Rahmen einer außergerichtlichen Einigung $ 500 000 und erklärte sich bereit, nie wieder in leitender Funktion bei einer öffentlichen Kapitalgesellschaft tätig zu sein.)

IBM und Hewlett-Packard habe ich bereits erwähnt, beides Unternehmen, die vor dem Wandel dafür bekannt waren, eine lebenslange Anstellung auf hohem Lohnniveau zu garantieren. Danach schwangen sie beide das Fleischerbeil.

Infolge dieser Entwicklung stiegen die Aktienkurse in schwindelnde Höhen, ebenso wie die Vergütungspakete der CEOs (siehe Abb. 6).

Abb. 6: Dow-Jones-Index

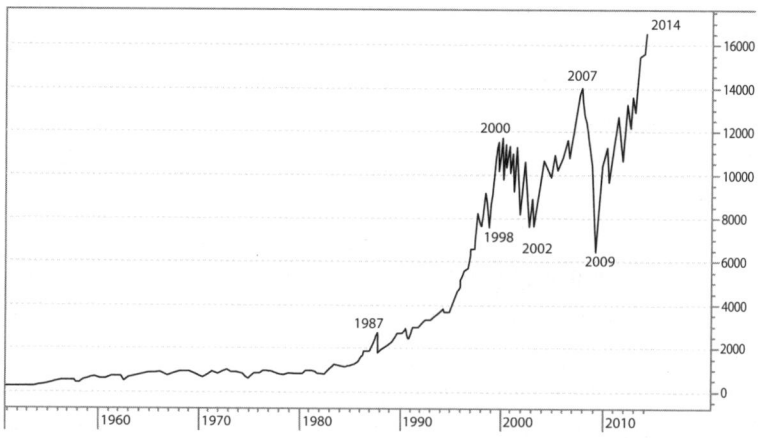

Quelle: Mit freundlicher Genehmigung von e-wavecharts.com

Die Ergebnisse gelten unter dem Strich als effizient, weil Ressourcen – theoretisch – einem höheren und besseren Nutzen zugeführt wurden. Die menschlichen Kosten dieses Wandels jedoch waren enorm. Gewöhnliche Arbeiter verloren reihenweise Stellung und Lohn, ganze Gemeinden sahen sich im Stich gelassen – abgesehen davon, dass von all den Effizienzeffekten nur einige wenige profitieren. Im Zuge der systematischen Schwächung der Verhandlungsmacht ihrer Beschäftigten sorgten Konzerne auch für die Trennung der alten Korrelation zwischen Produktivität und Einkommen der Arbeiterschaft. Seit 1979 ist die Produktivität der Amerikaner um 65 Prozent gestiegen, die mittlere Entlohnung des Arbeiters jedoch nur um 8 Prozent.[26] Fast die gesamten Gewinne aus dem Wirtschaftswachstum flossen nach oben. Wie bereits gesagt steht der heutige Arbeiter – inflationskorrigiert – nicht besser da als sein Äquivalent vor 30 Jahren. Auch in puncto wirtschaftliche Sicherheit haben die meisten Einbußen hinnehmen müssen. Es kommt nicht von ungefähr, dass kaum einer von ihnen Aktien hat.

Auf die Löhne drückte außerdem der Teil der Arbeiter, der sich aus Angst um die Jobs mit immer weniger zufrieden gab (anders gesagt mit Lohntüten, die nicht mit der Inflation Schritt hielten). Und auch hier spielten politische Entscheidungen eine erhebliche Rolle. Ein Teil der herrschenden Unsicherheit auf dem Arbeitsmarkt ist eine direkte Folge von Handelsabkommen, die auf amerikanische Firmen geradezu wie eine Einladung wirken mussten, Arbeitsplätze ins Ausland zu verlegen. Wie bereits erwähnt ist es unsinnig, »Freihandel« und »freien Markt« gleichzusetzen und staatlichem »Protektionismus« gegenüberzustellen. Da die Märkte, egal in welchem Land, politische Entscheidungen bezüglich ihrer Organisation reflektieren, erfordern »Freihandels«-Abkommen in der Praxis komplexe Verhandlungen über die Integration der unterschiedlichen Marktwirtschaften. Wesentliche Aspekte solcher Verhandlungen sind unter anderen geistiges Eigentum, Finanzierung und Arbeitskraft. Bei diesen Verhandlungen triumphieren allemal die Interessen von Großunternehmen und Wall Street – der Schutz von geistigem Eigentum und Finanzanlagen – über das Interesse des durchschnittlichen Arbeiters, den Wert seiner Arbeit geschützt zu sehen. (Ein persönliches Geständnis: Während meiner Zeit als Arbeitsminister unter Clinton habe ich mich intern *gegen* das Nordamerikanische Freihandelsabkommen (NAFTA) ausgesprochen; ich ging mit meinen Bedenken nur deshalb nicht an die Öffentlichkeit, weil ich meiner Ansicht nach von innen mehr erreichen könnte als mit meinem Rücktritt aus Protest über diese und damit verbundene Entscheidungen des Weißen Hauses – wie etwa die Aufnahme Chinas in die Welthandelsorganisation. Ich habe mich seither oft gefragt, ob meine Entscheidung damals die richtige war.)

Hohe Arbeitslosenzahlen haben außerdem unter den Arbeitern zu der Bereitschaft beigetragen, sich mit weniger Lohn zufriedenzugeben. Und auch hierbei spielt die Politik des Staats eine erhebliche Rolle. Wenn die Notenbank den Leitzins anhebt und der Kongress sich dafür entscheidet, den Gürtel enger zu schnallen – weil man lieber das Haushaltsdefizit reduziert, als die Wirtschaft zu stimulieren und damit der Arbeitslosigkeit zu begegnen versucht –, dann untergraben die daraus resultierenden Entlassungen die Verhandlungsmacht des durchschnittlichen Arbeiters. Und das schlägt sich wiederum in einem Sinken des Lohnniveaus nieder. Entscheiden sich Notenbank und Kongress für das Gegenteil, resultiert das in mehr Stellen und höheren Löhnen. Unter Clinton sanken die Arbeitslosenzahlen derart, dass nach Stunden bezahlte Arbeiter mehr Verhandlungsmacht und damit höhere Löhne erreichten; es war dies die erste, ja einzige Periode anhaltenden Wachstums seit den ausgehenden 1970er-Jahren.[27]

Nur ziehen die Chefetagen der Wirtschaft und das Wall-Street-Volk nun mal niedrige Löhne vor, weil sie die Unternehmensprofite erhöhen, was sich wiederum in höheren Erträgen für die Aktionäre – und damit direkt und indirekt für sie selbst – niederschlägt. Auf lange Sicht kann diese Strategie jedoch nicht funktionieren, da höhere Erträge schlussendlich von höheren Verkaufszahlen abhängen, die allerdings voraussetzen, dass es eine breite Mittelschicht mit genügend Kaufkraft und damit Abnehmer für all die produzierten Güter gibt. Niedrige Löhne nehmen sich lediglich aus der beschränkten Sicht des CEOs eines einzelnen Großkonzerns oder eines Investmentbankers oder Fondsmanagers an der Wall Street vorteilhaft aus; diese Leute operieren weltweit und achten eher kurzsichtig auf die nächsten Quartalsergebnisse als auf den langfristigen Profit. Und nicht zuletzt meinen sie, mit niedrigen Löhnen das Risiko einer Inflation zu reduzieren, die am Wert ihrer Aktivposten nagen kann.

Eine weitere Folge der schwindenden Verhandlungsmacht der Mittelschicht ist, dass diese zunehmend die Risiken ökonomischen Wandels zu tragen hat. Die Politik zur Zeit von New Deal und Zweitem Weltkrieg hatte die Risiken größtenteils auf die Schultern der großen Unternehmen geladen – mittels starker Anstellungsverträge, Sozialversicherung, Arbeitnehmerentschädigung, 40-Stunden-Woche mit anderthalbfachem Lohn bei Überstunden, nicht zu vergessen die vom Arbeitgeber getragenen Gesundheitsleistungen (die kriegsbedingte Preiskontrolle förderte solche steuerfreien Leistungen als Ersatz für Lohnerhöhungen). Die überwiegende Mehrheit der Beschäftigten großer Unternehmen blieben ihr Leben lang bei der Firma, und ihr Lohn stieg mit der Dauer der Betriebszugehörigkeit und Produktivität sowie mit den Lebenshaltungskosten und dem Unternehmensprofit. In den 1950er-Jahren hatte diese Art von Anstellungsverhältnis eine solche Verbreitung gefunden, dass – man darf dies ohne Übertreibung sagen – die Beschäftigten praktisch Eigentumsrechte sowohl an ihrem Job hatten als auch an »ihrer Firma« selbst.

Nach der hysterischen Phase der Ramschanleihen und Übernahmen der 1980er-Jahre jedoch ging diese Beziehung in die Brüche. Selbst Vollzeitbeschäftigte, die seit Jahrzehnten bei ein und derselben Firma sind, können heute über Nacht auf der Straße stehen – und das ohne Abfindung, Hilfe bei der Jobsuche oder Gesundheitsleistungen. Fast einer von fünf arbeitenden Amerikanern geht mittlerweile einer Teilzeitbeschäftigung nach,[28] eine Entwicklung, die sich auch in Europa, besonders in Deutschland, beobachten lässt. »Die Bedeutung der Teilzeitbeschäftigung«, so hieß es aus dem Deutschen Institut für Wirtschaftsforschung im Oktober 2011, »ist stark gewachsen – in Deutschland wie generell in Europa. In Deutschland hat sie in überdurchschnittlichem Maße zugelegt und ist derzeit stärker verbreitet als im EU-Durchschnitt.«[29] Vier Jahre später berichtete DIE ZEIT: »Immer mehr Menschen in Deutschland arbeiten in Teilzeit: [2014] waren es weit mehr als die Hälfte aller erwerbstätigen Frauen (57,8 Prozent) und 20 Prozent aller erwerbstätigen Männer. ... Die Teilzeitquote der Frauen hat sich damit seit 1991 fast verdoppelt, die der Männer sogar vervierfacht.«[30] Das Problem dabei ist, dass die Teilzeitarbeiter die positiven Meldungen über Aufschwung und Beschäftigungsmarkt verfälschen. »Der

Beschäftigungsaufbau in der letzten Dekade«, so das DIW, »wurde allein durch eine deutliche Ausweitung der Teilzeitarbeit erzielt«.[31] Die Zahl der Vollzeitbeschäftigten habe dagegen im selben Zeitraum erheblich abgenommen.

In den USA ist eine wachsende Zahl von Arbeitnehmern als Aushilfs- oder Zeitarbeitskräfte tätig, als freie Mitarbeiter und Dienstnehmer oder Berater, deren Einkommen sich jede Woche, wenn nicht gar von Tag zu Tag ändert. Ende 2014 lebten bereits 66 Prozent der amerikanischen Beschäftigten von Gehaltsscheck zu Gehaltsscheck.[32] Außerdem nimmt das Risiko, ohne Aussicht auf eine Rente alt zu werden, erheblich zu. Noch 1980 boten über 80 Prozent der großen und mittleren Unternehmen ihren Beschäftigten einen Versorgungsplan, der ihnen im Ruhestand monatlich eine bestimmte Summe garantierte.[33] Mittlerweile ist deren Anteil auf unter ein Drittel gesunken. Man bietet stattdessen einen Versorgungsplan mit fixen Beiträgen, deren Auszahlungshöhe von allerhand Faktoren abhängt und bei denen das Risiko ausschließlich bei den Beschäftigten liegt. Wenn die Aktienmärkte in den Keller gehen, wie das 2009 der Fall war, ist es auch mit ihrem betrieblichen Rentenplan Essig. Heute zahlt ein Drittel aller Arbeiter mit solchen Versorgungsplänen keine Beiträge, weil sie schlicht nicht bei Kasse sind – was wiederum bedeutet, dass auch die Arbeitgeber ihren Teil nicht einzahlen.[34] Unter Beschäftigten mit weniger als $ 50 000 Jahreseinkommen ist der Anteil, der zu einem solchen Versorgungsplan beiträgt, noch geringer.[35] Insgesamt ist der Anteil der Beschäftigten mit einer Rente, die sich nach ihrer Anstellung richtet, von etwas über der Hälfte 1979 auf unter 35 Prozent gesunken. In einer Erhebung von MetLife von 2014 rechneten 40 Prozent der befragten Beschäftigten damit, dass ihre Bezüge gar noch weiter zurückgehen würden.[36]

Auch das Risiko, plötzlich ohne Einkommen dazustehen, steigt weiterhin an. Sogar bereits vor dem Crash von 2008 stellte eine Panelstudie zur Einkommensdynamik an der University of Michigan fest, dass etwa die Hälfte aller Familien über jeden beliebigen Zeitraum von zwei Jahren einen gewissen Einkommensschwund zu verzeichnen hatte.[37] Und dieser Schwund nahm von Periode zu Periode zu. In den 1970er-Jahren betrug der typische Abschwung etwa 25 Prozent; Ende der 1990er-Jahre waren es 40 Prozent;[38] Mitte der 2000er-Jahre stiegen und sanken Familieneinkommen im Durchschnitt schließlich doppelt so stark wie Mitte der 1970er-Jahre.[39]

Beschäftigte in ökonomisch ungesicherten Verhältnissen sind nicht in der Lage, auf höheren Löhnen zu bestehen. Ihre Angst ist stärker als ihr Glaube an eine Chance. Das ist eine andere zentrale Realität des amerikanischen Kapitalismus, wie ihn heute diejenigen mit der nötigen politischen Macht organisieren.

Eine dritte Kraft hinter der schwindenden Macht der Mittelschicht ist der Niedergang der Gewerkschaften. Vor 50 Jahren, als General Motors Amerikas größter Arbeitgeber war, verdiente der typische Arbeiter dort – nach heutigem Geldwert – $ 35 die Stunde. 2014 zahlte Amerikas größter Arbeitgeber Walmart seinen Beschäftigten im Durchschnitt $ 11,22 die Stunde.[40] (Walmart hat seinen Mindestlohn im Februar 2016 auf $ 10 die Stunde erhöht.[41]) Das heißt nicht etwa, dass der typische Beschäftigte bei GM vor einem halben Jahrhundert dreimal so viel »wert« gewesen wäre wie der typische Beschäftigte bei Walmart 2014. Der Arbeiter bei General Motors war damals nicht gebildeter oder motivierter als der heutige bei Walmart. Der wirkliche Unterschied ist der, dass der Beschäftigte bei GM vor einem halben Jahrhundert eine starke Gewerkschaft hinter sich hatte, hinter der wiederum die Verhandlungsmacht aller Arbeiter der gesamten Autobranche stand, die ihre Mitglieder in erheblichem Umfang an den Gewinnen des Unternehmens teilhaben ließ. Und weil damals mehr als ein Drittel von Amerikas Arbeitern einer Gewerkschaft angehörte, sorgten die Verträge dieser Gewerkschaften mit den Arbeitgebern für Lohnerhöhungen sowohl für die Gewerkschafter als auch für die nicht organisierten Arbeiter.[42] Und Unternehmen ohne organisierte Belegschaft wussten, dass ihre Arbeiter sich organisieren würden, wenn sie den ausgehandelten Bedingungen nicht entsprachen.

Walmarts Belegschaft hat heute keine Gewerkschaft, die für einen besseren Deal sorgen könnte. Sie ist ganz auf sich allein gestellt. Und da weniger als 7 Prozent der heutigen Arbeiterschaft im privaten Sektor organisiert sind, muss sich auch kaum noch ein Arbeitgeber an die von der Gewerkschaft ausgehandelten Verträge halten.[43] Das wiederum sorgt für einen Wettbewerbsnachteil bei Unternehmen mit organisierter Belegschaft. Die Folge davon ist ein Wettlauf zur Talsohle.

Man hört hier und da, der Niedergang der amerikanischen Gewerkschaften sei nichts weiter als ein Ergebnis der »Marktkräfte«. Aber auch andere Länder, wie etwa Deutschland, sehen sich diesen »Marktkräften« ausgesetzt und haben trotzdem noch starke Gewerkschaften. Sie verleihen der Mittelschicht nach wie vor genügend Verhandlungsmacht, um sich einen erheblichen Anteil am Wirtschaftswachstum zu sichern – oder jedenfalls einen weit größeren Anteil als den, den die Mittelschicht in den Vereinigten Staaten erhält. Im Gegensatz zu Jahrzehnten nahezu stagnierenden Lohnzuwachses für die meisten Amerikaner ist der reale Durchschnittsstundenlohn in Deutschland seit 1985 um fast 30 Prozent gestiegen.[44] Und wie ich bereits gesagt habe: Während der Prozentsatz des Gesamteinkommens, der in den Vereinigten Staaten an das oberste eine Prozent geht, von 10 Prozent in den 1960er-Jahren bis 2013 auf deutlich über 20 Prozent angestiegen ist, bekommt in Deutschland das eine reichste Prozent nach wie vor etwa 11 Prozent des Gesamteinkommens.[45] An diesem Prozentsatz hat sich seit fast vier Jahrzehnten nichts geändert.

Wie kommt es zu diesem Unterschied? Richten Sie Ihr Augenmerk einmal mehr auf die Politik und die Zuteilung von Macht, gerade was die Gewerkschaften angeht. Es ist in diesem Fall nützlich, den Grundbaustein des Kapitalismus in Betracht zu ziehen, den ich als Marktmacht bezeichne – und die Rolle, die der Staat dabei spielt, dieser Marktmacht Grenzen zu setzen. In den ersten Jahrzehnten nach Verabschiedung des Sherman Antitrust Act waren die Gewerkschaften das bevorzugte Ziel dieses neuen Gesetzes. Als 1894 die Eisenbahnbeschäftigten streikten, sahen die Bundesgerichte nach den Buchstaben des neuen Rechts in dem Streik eine »illegale Einschränkung des Handels«.[46] Präsident Grover Cleveland schickte 2 000 Soldaten, um den Streik niederzuschlagen, was nicht nur zu einem Dutzend toter Streikender führte, sondern auch die eben aufkommende Eisenbahngewerkschaft im Keim erstickte.[47] In den Augen vieler Wirtschaftskapitäne war die Gewerkschaftsbewegung nicht nur eine fundamentale Bedrohung für die Nation, ihre Ziele liefen ihrer Ansicht nach den Prinzipien der Wirtschaft zuwider. Der Präsident des Amerikanischen Herstellerverbands (National Association of Manufacturers) warnte 1903: »Die organisierte Arbeiterschaft kennt nur ein Gesetz, und das ist das Gesetz körperlicher Gewalt – das Gesetz von Hunnen und Wandalen, das Gesetz der Wilden ... Aus Männern mit Muskeln statt Männern von Intelligenz zusammengesetzt und unter der Führung von Männern, die im Grunde ihres Herzens Jünger der Revolution sind, nimmt es nicht Wunder, dass die organisierte Arbeiterschaft für Prinzipien steht, die in direktem Konflikt mit den natürlichen Gesetzen der Wirtschaft stehen.«[48]

In dem Augenblick, in dem der arbeitende Durchschnittsamerikaner es jedoch zu politischer Macht brachte, war er in der Lage, den Gewerkschaften zur Legitimität zu verhelfen und sie als kritischen Wirtschaftsfaktor zu etablieren. 1914, mitten während der progressiven Ära, verabschiedete der Kongress den Clayton Antitrust Act,[49] der Gewerkschaften von der Antitrustgesetzgebung auszunehmen schien, als er das Prinzip formulierte: »Die Arbeit eines Menschen ist weder eine Ware noch ein Handelsgut.« Nachdem das Oberste Bundesgericht 1921 – etwas verbohrt (und gegen die Stimmen der Richter Holmes, Brandeis und Clarke) – den Clayton Antitrust Act zum Verbot von Gewerkschaften heranzog, legalisierte sie der Kongress schließlich 1932 mit dem Norris-LaGuardia Act endgültig.[50] Der National Labor Relations Act von 1935 ging noch weiter, indem er der Arbeiterschaft das Recht garantierte, sich in Gewerkschaften zu organisieren, und die Arbeitgeber per Gesetz verpflichtete, mit ihnen zu verhandeln.[51]

Als sich die Gewerkschaften Ende der 1930er-, Anfang der 1940er-Jahre zum wirtschaftlichen Machtfaktor entwickelten, wuchs damit auch ihre politische Schlagkraft. Diese wiederum verschaffte dem amerikanischen Arbeiter eine nie gekannte Verhandlungsmacht. Nach dem legendären Vertrag von Detroit 1950, bei dem Big Business und Big Labor beschlossen, die Produktivitätsgewinne um des Arbeitsfriedens willen miteinander zu teilen, stieg die Zahl der Gewerkschaften (und damit verbunden ihr Einfluss) ebenso dramatisch an wie die Löhne und Sozialleistungen.[52] So kam es, dass bis Mitte der 1950er-Jahre bereits ein Drittel aller in der Privatwirtschaft Beschäftigten einer Gewerkschaft angehörte. Entsprechend wuchs das mittlere Einkommen im Gleichschritt mit der Produktivität.

Ab den ausgehenden 1970er-Jahren kehrte sich dieser Prozess um. Der Anteil der gewerkschaftlich organisierten Beschäftigten ging zurück und damit auch die Verhandlungsmacht der meisten Arbeitnehmer. Zu den Gründen für diesen Niedergang gehören die bereits erwähnten Veränderungen – die Globalisierung im Verein mit arbeitsvernichtenden Technologien und der Wechsel des Unternehmensauftrags hin zur Maximierung der Aktionärsrendite. Aber er war auch eine Folge politischer und rechtlicher Entscheidungen, die die wirtschaftliche Macht der Gewerkschaften verringerte und mit ihr ihre politische Macht, jede weitere Erosion zu verhindern. Ronald Reagans berüchtigte Entscheidung, Amerikas Fluglotsen zu feuern, weil sie streikten – wozu er *jedes* Recht hatte, weil sie *kein* Recht zum Streik hatten –, signalisierte den großen Arbeitgebern der Nation, dass Amerika in eine neue Ära der Arbeitgeber-Arbeitnehmer-Beziehungen eingetreten war.[53] CEOs von Konzernen mit einem hohen Prozentsatz an gewerkschaftlich organisierten Arbeitern bestanden auf Lohnkonzessionen als Bedingung dafür, dass diese ihren Job behalten durften. Viele verlegten ihre Betriebe oder drohten mit deren Verlegung in »Right to Work«-Staaten – Bundesstaaten, in denen die Gewerkschaften keine rechtliche Grundlage haben, die Einstellung nicht organisierter Arbeiter zu verhindern, auch wenn diese keine Beiträge zahlen wollten.

Der strategische Einsatz der Insolvenz als Mittel, sich lästiger Gewerkschaftsverträge zu entledigen (ich habe ihn bereits am Beispiel von American Airlines 2013 erklärt), kam in den 1980er-Jahren auf. In einer Aktion, die zum wiederkehrenden Alptraum werden sollte, führte Frank Lorenzo, damals CEO von Continental Airlines, die klamme Fluggesellschaft 1983 in die Insolvenz, zerriss die Tarifverträge, entließ Tausende von Arbeitern und stellte für streikende Piloten und Flugbegleiter Ersatzleute ein.[54] Dann zahlte er seinen neuen Angestellten die Hälfte von dem, was sie nach ihren alten Arbeitsverträgen bekommen hatten, und nötigte ihnen obendrein mehr Arbeitsstunden ab. 1993 drohte Northwest Airlines gar mit der Insolvenz, um Flugbegleitern und Mechanikern Lohnkonzessionen abzutrotzen.[55] Ein Jahrzehnt später, als mehr als 4000 Northwest-Mechaniker in Streik traten, entschloss sich die Airline, diese Jobs größtenteils outzusourcen.[56] 2002 meldete United Airlines Bankrott an und zwang Piloten und Flugbegleiter, Lohnkürzungen zwischen 9,5 und 11,8 Prozent zu akzeptieren. Als das Unternehmen 2006 aus dem Insolvenzverfahren kam, war es profitabler denn je.[57]

Als der Taft-Hartley Act von 1947 »Right to Work«-Gesetze erlaubte, zog man daraus die Konsequenz, Arbeiter, die keine Gewerkschaftsbeiträge zahlten, einfach mitzuziehen, was natürlich den Anreiz unterminierte, sich überhaupt zu organisieren.[58] Nur hatten bis zu den 1980er-Jahren solche Gesetze kaum Folgen für die amerikanische Wirtschaft, weil nur Staaten im Süden und Westen sie einführten, während die industrielle Fertigung hauptsächlich im Norden und Mittelwesten angesiedelt ist. Als jedoch die Unternehmen immer höhere Renditen zu erbringen, mit anderen Worten, vor allem Arbeitskosten zu sparen hatten, wurden die »Right to Work«-Staaten für viele CEOs attraktiv. 2012 erließen sogar die alten Industriestaaten im Herzland, Indiana und Michigan, »Right to Work«-Gesetze, und 2015 zog auch Wisconsin nach.[59]

Beschäftigte der lokalen Dienstleistungswirtschaft – Einzelhandel, Gastronomie, Hausverwaltung, Hotels, Kinderbetreuung, Pflegeberufe, Krankenhäuser und Transportwesen – sahen sich einer anderen Herausforderung gegenüber als ihre Kollegen aus der Industrie. Ihre Jobs liefen weniger Gefahr zu verschwinden, weil in den meisten Fällen weder ein Outsourcing ins Ausland noch eine Automatisierung möglich war; die Zahl der Dienstleistungsstellen steigt in Amerika sogar weiter an. Das Problem ist nur, dass diese Berufe von Haus aus schlecht bezahlt und obendrein selten mit Sozialleistungen verbunden sind; darüber hinaus bieten sie kaum Aufstiegsmöglichkeiten. Bezeichnenderweise sind die meisten Dienstleister nicht gewerkschaftlich organisiert. Wären sie es, dann hätten sie mehr Verhandlungsmacht ihren Arbeitgebern gegenüber.

Walmart und die großen Fast-Food-Ketten ersticken vehement jeden einschlägigen Ansatz im Keim. Mit der Möglichkeit konfrontiert, dass ihre Belegschaft sich organisieren könnte, haben diese Unternehmen allerhand verfahrensrechtliche Hürden aufgestellt; so gehen sie mit Verzögerungstaktiken gegen Beschäftigte vor, die sich zu organisieren versuchen, und schüchtern andere ein, damit sie sich Anwerbungsversuchen seitens der Gewerkschaften widersetzen. Unter dem National Labor Relations Act, der die Arbeitgeber-Arbeitnehmer-Beziehungen regelt, sind solche Taktiken eigentlich illegal, aber in den 1980er-Jahren strich der Kongress die Mittel zur Durchsetzung des Gesetzes – mit der Folge, dass das mit dem Schutz des Rechts auf gewerkschaftliche Organisation und Tarifverhandlungen beauftragte National Labor Relations Board eine endlose Latte von Fällen aufzuarbeiten hat. Aber selbst wenn es im einen oder anderen Fall die Rechtswidrigkeit von Entlassungen festgestellt hat, verhängt das Board zahnlose Strafen – wie etwa die Zahlung des Lohns, der den zu Unrecht gefeuerten Beschäftigten seit ihrer Entlassung entgangen ist.[60] Eine Reihe demokratischer Präsidenten versprach, die Gründung von Gewerkschaften durch eine gesetzliche Regelung zu vereinfachen und die Strafen für einschlägige Rechtsbrüche zu erhöhen, aber aus keinem dieser Versprechen ist etwas geworden.

Die Folge war ein steter Schwund der organisierten Arbeiterschaft im privaten Sektor. Und nicht ganz zufällig schrumpfte parallel dazu auch der Anteil der Mittelschicht am Gesamteinkommen (siehe Abb. 7).[61]

Abb. 7: Mit dem Rückgang gewerkschaftlicher Organisation sinkt der Einkommensanteil der Mittelschicht.

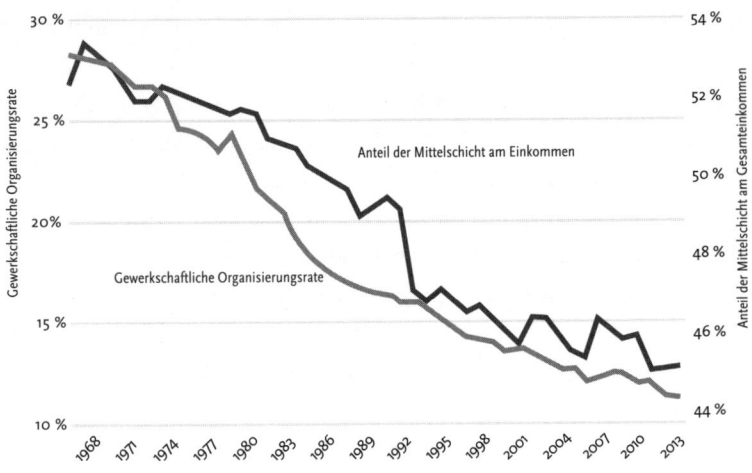

Quelle: Analyse des Center for American Progress Action Fund auf der Basis der Organisierungsraten; aus Barry T. Hirsch, David A. MacPherson und Wayne G. Vroman, »Estimates of Union Density by State«, *Monthly Labor Review* 124, Nr. 7 (2001), S. 51–55, abrufbar auf http://unionstats.gsu.edu/MonthlyLaborReviewArticle.htm. Anteil der Mittelschicht am Gesamteinkommen aus Bureau of the Census, Tabelle H-2: Share of Aggregate Income Received by Each Fifth and Top 5 Percent of Households (2013), abrufbar auf http://www.census.gov/hhes/www/income/data/historical/household.

Das eigentliche Problem ist demnach nicht, dass der durchschnittliche amerikanische Beschäftigte auf dem Markt heute weniger »wert« wäre als früher oder dass er über seine Verhältnisse leben würde. Das eigentliche Problem ist, dass die Arbeiterschaft nach und nach die Verhandlungsmacht eingebüßt hat, die nötig wäre, um denselben Anteil an den Gewinnen der Wirtschaft abzubekommen wie in den ersten drei Jahrzehnten nach dem Zweiten Weltkrieg – und dass ihre Verhältnisse deshalb hinter dem wirtschaftlich durchaus Möglichen zurückgeblieben sind.

Schreiben wir diese Entwicklung dem unpersönlichen Walten des »freien Marktes« zu, ignorieren wir die Art und Weise, wie der

Markt seit den 1980er-Jahren organisiert wird und von wem. Wir vergessen dabei die Macht der Großfinanz, die mithilfe ebendieser Macht allmählich nach einem immer größeren Anteil an den wirtschaftlichen Gewinnen hat greifen können. Es lässt darüber hinaus außer Acht, dass mit der Zunahme ihrer Gewinne auch ihre Macht zugenommen hat. Und schließlich übersehen wir damit auch den Niedergang der Countervailing Power in unserem wirtschaftspolitischen System.

14 DAS WACHSENDE HEER
DER ERWERBSARMEN

Die landläufige Annahme, unsere Arbeit bestimme unseren Wert –
und bestätige uns als anständige, sozial verantwortliche Menschen –, wird außerdem widerlegt durch die erheblich zunehmende
Zahl derer, die zwar ganztägig arbeiten, aber dennoch arm sind, und
die gleichzeitig wachsende relativ kleine Gruppe von Menschen, die
absolut nichts tun und trotzdem reich sind. Es fällt schwer, an dem
Glauben festzuhalten, Menschen seien »wert«, was sie verdienen,
wenn immer mehr mit einer Vollzeitbeschäftigung nicht genügend
verdienen, um sich und ihre Familien über die Armutsgrenze hi-
nauszubringen, während eine andere Gruppe am entgegengesetz-
ten Ende des Einkommensspektrums – nicht zuletzt aufgrund von
Erbschaften –, so reich ist, dass sie bequem von den Zinsen leben
kann, ohne je ins Schwitzen zu kommen.

Bis in die jüngste Zeit beschränkte sich Armut auf Menschen
ohne Anstellung – Witwen und Kinder, Ältere, Behinderte, Schwer-
kranke und Leute, die ihren Job verloren hatten. Ein öffentliches Si-
cherheitsnetz und private karitative Einrichtungen halfen den Betroffenen aus. Dass Vollzeitbeschäftigte in Armut lebten, kam aus
den bereits genannten Gründen eher selten vor; die Wirtschaft
schuf eine Fülle von Arbeitsplätzen mit vernünftigem Einkommen
für die Mittelschicht, die ihrem Wesen nach sicher waren. Das ist
vorbei. Einige Politiker klammern sich an die Ansicht, die John
Boehner, Sprecher des Repräsentantenhauses, 2014 zum Ausdruck
brachte, als er sagte, die Armen lebten »in der Vorstellung, ich brau-
che nicht unbedingt zu arbeiten, wenn ich etwas nicht machen will.
Ich würde sagen, da sitze ich lieber rum«.[1] Tatsache ist, dass Amerikas Arme arbeitsame Leute sind, die nicht selten mehr als 40 Stunden die Woche arbeiten, manchmal in zwei oder noch mehr Jobs.[2]
Und trotzdem bleiben sie und ihre Familien arm.

Es gibt mehrere Gründe für das Anwachsen dieser relativ jungen Gruppe von Erwerbsarmen in den Vereinigten Staaten. Erstens gehen die Löhne am unteren Ende des Einkommensspektrums – teuerungskorrigiert – weiter zurück. Bereits 2013 waren die Reihen von Amerikas Erwerbsarmen auf 47 Millionen angeschwollen, was bedeutet, dass jeder siebte Amerikaner dazu gehörte. Ein Viertel aller amerikanischen Arbeiter bekam für seine Arbeit weniger als das, was ein ganzjährig arbeitender Vollzeitbeschäftigter zum Unterhalt einer vierköpfigen Familie über der offiziellen Armutsgrenze braucht.[3] Dieser Abwärtstrend bei den Niedriglöhnen hielt auch während des sogenannten Aufschwungs nach der Großen Rezession noch an. Zwischen 2010 und 2013 sank das Durchschnittseinkommen des unteren Fünftels aller Erwerbstätigen um 8 Prozent, während ihr Durchschnittswohlstand um 21 Prozent zurückging.[4] Laut einer Studie von Oxfam America kamen über die Hälfte der 46 Millionen Amerikaner, die 2013 Tafeln und ähnliche karitative Programme in Anspruch nahmen, aus arbeitenden Familien.[5]

Es steht zu bezweifeln, dass alle diese Beschäftigten derart an »Wert« verloren haben sollten – es sind nur ihre Löhne gesunken. Tatsache ist, dass der Rückgang eine ganze Menge mit ihrem Mangel an wirtschaftlicher und politischer Macht zu tun hat. Nach wie vor drücken CEOs auf der Suche nach Profit in einer flauen Konjunktur die Arbeitskosten, sei es durch Outsourcing oder Automatisierung oder einfach dadurch, dass sie die Beschäftigten nötigen, niedrigere Löhne zu akzeptieren. Dieser Prozess hat viele Beschäftigte, die früher der Mittelschicht angehörten, in die lokale Dienstleistungsbranche abgedrängt, wo sie weniger verdienen als in ihren alten Jobs. 22 Prozent der Arbeitsplätze, die während der Großen Rezession verloren gingen, verschwanden in Niedriglohn-Branchen wie Einzelhandel und Fast-Food-Restaurants.[6] Auf der anderen Seite schufen sie laut einer National Employment Law Project-Studie 44 Prozent aller neuen Stellen zwischen dem Ende der Rezession und 2013.[7] Arbeitgeber in diesen Branchen lehnen Gewerkschaften tendenziell vehement ab und haben sich erfolgreich gegen alle Organisationsversuche ihrer Arbeiterschaft gewehrt.

Den tatsächlichen Wert des von der US-Regierung vorgeschriebenen Mindestlohns fraß derweil die Inflation. Der Kongress (genauer gesagt, die republikanische Fraktion im Kongress) stimmte gegen eine Kompensation für diesen Schwund. Die National Restaurant Association und die National Retail Federation haben sich mit Rückendeckung der großen Fast-Food-Ketten und Einzelhändler gegen eine Erhöhung des Mindestlohns stark gemacht, was einer Lizenz zur weiteren Aushöhlung der gesetzlichen Bestimmung gleichkommt. 2014 lag sein wahrer Wert ($7,25 die Stunde) unter dem Niveau seiner letzten Anhebung von 1996, als ich in meiner Eigenschaft als Arbeitsminister den Kampf um seine Erhöhung anführte.[8] Hätte der Mindestlohn seinen Wert von 1968 beibehalten, er läge heute bei $10,86 die Stunde.[9] Und 2014 war die Wirtschaft bei weitem größer und produktiver als damals.

Dennoch gibt es Leute, deren Ansicht nach jeder Versuch, den realen Wert des Mindestlohns anzuheben, die Arbeitgeber dazu veranlassen würde, ihre Beschäftigten auf der untersten Stufe zu feuern, weil sie ihre Kosten nicht länger »wert« wären. Im Juni 2014 zog bei einer Tagung der größten politischen Geldgeber der Republikaner unter der Ägide von Charles und David Koch im luxuriösen St. Regis Monarch Beach Resort im kalifornischen Dana Point der hauseigene Ökonom der Kochs Richard Fink über den Mindestlohn her. »Die große Gefahr am Mindestlohn ist nicht, dass man ein paar Leute über ihre Wertschöpfung hinaus bezahlt«, sagte er. »Sie besteht in den 500 000 Leuten, die des Mindestlohns wegen ihre Stellung verlieren.«[10] Fink warnte davor, dass eine solch große Gruppe desillusionierter Arbeitsloser zum »Nährboden für Totalitarismus und Faschismus« werden würde.[11] Wozu die Tagungsteilnehmer vermutlich feierlich nickten, bevor man zur Foie gras überging.

Der Mythos, die Erhöhung des Mindestlohns (oder, um genau zu sein, die Wiederherstellung seines Niveaus von 1968) würde Arbeitgeber zum Abbau von Stellen veranlassen, ist ein abgedroschener Gemeinplatz. Einer der Schlüsse daraus ist der, dass die Abschaffung des Mindestlohns und die Entlohnung nach »Wert« die Arbeitslosigkeit reduzieren oder gleich ganz beseitigen würden. Würde man den Mindestlohn aufheben, so hat es die ehemalige Kongressabgeordnete Michele Bachmann einmal formuliert, »könnten wir potenziell die Arbeitslosigkeit praktisch komplett abschaffen, da wir Stellen auf jedem Niveau anbieten könnten«.[12] Theoretisch hat Bachmann natürlich Recht. Aber ihr Argument geht am Thema vorbei. Eine Unzahl von Jobs auf niedrigstem Lohnniveau zu schaffen ist wahrlich keine ökonomische Großtat. Schließlich herrschte auch zu Sklavenzeiten Vollbeschäftigung.

In Wirklichkeit gibt es keinen Hinweis darauf, dass Arbeitsplätze verloren gingen, brächten wir die Mindestlöhne – teuerungskorrigiert – wenigstens wieder auf das Niveau von 1968. Im Gegensatz zu Stellen in der Industrie lassen sich Niedriglohnstellen in der Dienstleistungsbranche nicht ins Ausland verlegen. Ebenso wenig lassen sich diese Beschäftigten durch Automatisierung und Computer ersetzen, weil ihre Dienstleistung persönlich und direkt ist – es muss jemand zur Stelle sein, um der Kundschaft zu helfen oder den Gästen im Restaurant die Speisen zu bringen. Abgesehen davon haben die Gewinne aus höheren Mindestlöhnen nicht nur für diejenigen eine Bedeutung, die sie bekommen. Mehr Geld in den Taschen von Niedriglohnbeschäftigten führt zu mehr Umsatz dort, wo sie wohnen, was wiederum zu schnellerem Wachstum führt und zu mehr Jobs. Studien von Arindrajit Dube, T. William Lester und Michael Reich bestätigen das. Sie untersuchten die Arbeitsmarktsituation in mehreren Hundert Paaren benachbarter, durch eine Staatsgrenze getrennte Countys mit unterschiedlichen Mindestlöhnen (eines mit dem Bundesmindestlohn, das andere mit einem höheren staatlichen) und konnten statistisch keine wesentliche Zunahme der Arbeitslosigkeit in den Countys mit höherem Mindestlohn feststellen, noch nicht einmal nach vier Jahren.[13] (Andere Studien, die zu gegenteiligen Ergebnissen kamen, vergaßen, nach Countys zu kontrollieren, in denen die Arbeitslosenrate bereits vor der Anhebung des Mindestlohns im Ansteigen begriffen war.[14]) Dube, Lester und Reich stellten darüber hinaus fest, dass die Arbeitskräftefluktuation dort geringer ausfiel, wo die Mindestlöhne höher waren, wodurch

Arbeitgeber vermutlich einiges an der Rekrutierung und Ausbildung neuer Arbeitskräfte sparten.[15]

Die meisten Beschäftigten, die heute für Mindestlohn arbeiten, sind längst keine Teenager mehr, die sich nebenbei etwas Taschengeld verdienen wollen. Laut dem Bureau of Labor Statistics betrug das mittlere Alter von Beschäftigten in der Fast-Food-Branche 2014 28 Jahre; das Medianalter von Frauen in diesen Jobs, die zwei Drittel der Branche ausmachen, lag bei 32. Das Medianalter von Beschäftigten in Big-Box-Retail-Häusern (Großflächenmärkten) lag bei über 30. Mehr als ein Viertel von ihnen hat Kinder. Diese Beschäftigten sind in der Regel die Hauptverdiener ihrer Familien und für über die Hälfte des Haushaltseinkommens verantwortlich.

Eigentlich sollte man es gar nicht sagen müssen, aber ein höherer Mindestlohn würde darüber hinaus dem Rest der Steuerzahler eine Menge Geld für Medicaid, Lebensmittelmarken und sonstige Hilfsleistungen sparen, die diese Arbeiter und ihre Familien in Anspruch nehmen, um über die Runden zu kommen. Eine Studie von Kollegen an der University of California in Berkeley und Forschern an der University of Illinois in Urbana-Champaign stellte fest, dass 2012 52 Prozent aller Beschäftigten in der Fast-Food-Branche von der einen oder anderen Art staatlichen Hilfe abhängig waren und fast $ 7 Milliarden an Unterstützung von Staat und Bund bekamen.[16] Diese Summe läuft effektiv auf Subventionen des Steuerzahlers für die Fast-Food-Branche hinaus – zur Belohnung dafür, dass die Branche ihren Beschäftigten noch nicht einmal genügend bezahlt, um davon leben zu können.

Was immer diese Beschäftigten mehr bekommen, wird selten in Form von höheren Preisen an die Kundschaft weitergegeben. Das liegt daran, dass Big-Box-Einzelhändler und Fast-Food-Ketten miteinander in einem harten Wettbewerb um die Kundschaft stehen und keine andere Wahl haben, als die Preise niedrig zu halten. Es ist durchaus bemerkenswert, dass zum Beispiel in Dänemark, wo Beschäftigte von McDonald's über 18 umgerechnet 20 Dollar die Stunde verdienen, ein Big Mac gerade mal 35 Cent mehr kostet als in den USA.[17] Lohnzugewinne von Niedriglohnarbeitern gehen höchstwahrscheinlich zulasten der Profite – was wiederum zulasten der Aktionärsrendite und der Vergütungspakete der obersten Führungsriege geht. Was ich nicht unbedingt beunruhigend finde. Dem National Employment Law Project zufolge sind die meisten Niedriglohnarbeiter bei Großunternehmen beschäftigt, die sich 2013 gesunder Profite erfreuten.[18] Drei Viertel dieser Unternehmen (die 50 größten Arbeitgeber von Niedriglohnarbeitern) generierten höhere Profite als vor der Rezession.[19] Zwischen 2000 und 2013 vervierfachte sich die Vergütung der CEOs von Fast-Food-Unternehmen – in konstanten Dollars – auf durchschnittlich $ 24 Millionen im Jahr.[20] Auch Walmart entlohnt seine Top-Kräfte fürstlich. 2012 bekam Walmarts CEO $ 20,7 Millionen.[21] Es kommt nicht von ungefähr, dass der Reichtum der Familie Walton – der nach wie vor der Löwenanteil der Walmart-Anteile gehört – laut einer Analyse des Economic Policy Institute bis dahin den der unteren 40 Prozent amerikanischer Familien zusammengenommen übertraf.[22]

Ein weiterer Grund für die Zunahme der Erwerbsarmut in den USA ist eine grundlegende Umschichtung der Kriterien, nach denen man die Qualifikation für staatliche Hilfe misst. Wie bereits angemerkt, galt staatliche Hilfe früher hauptsächlich den Erwerbslosen. Heute bekommen die Menschen ohne Job so gut wie gar nichts mehr. Bereits 2014 bezogen nur noch 26 Prozent aller arbeitslosen Amerikaner irgendeine Art von einschlägiger Unterstützung.[23] In der Regel müssen Empfänger öffentlicher Hilfe arbeiten, um sich dafür zu qualifizieren. Bill Clintons Sozialreform von 1996 schob die Armen aus dem Kreis der Wohlfahrtsempfänger in die Beschäftigung, nur dass die Arbeit, die für sie infrage kam, schlecht bezahlt war und kaum Aufstiegsmöglichkeiten in die Mittelschicht bot. Die Steuervergütung für Steuerpflichtige mit geringen Erwerbseinkünften (Earned Income Tax Credit), eine Art Lohnzuschuss, wurde ausgeweitet. Aber auch für sie ist eine Anstellung Voraussetzung. Auch wenn man nicht notwendigerweise Arbeit nachweisen muss, um Lebensmittelmarken zu erhalten, so lässt sich doch sagen, dass mittlerweile ein großer – und wachsender – Anteil der

Empfänger von Lebensmittelmarken ebenfalls einer Beschäftigung nachgeht. (Der Anteil von Empfängern mit Erwerbseinkünften ist von 19 Prozent im Jahr 1980 auf 31 Prozent 2012 gestiegen.[24] Und da etwa ein Drittel aller Empfänger von Lebensmittelmarken – aus Alters- oder körperlichen Gründen – arbeitsunfähig ist, geht ein weit höherer Anteil als diese 31 Prozent der erwerbsfähigen Empfänger einer Beschäftigung nach.)

Alles in allem haben die neuen Voraussetzungen für eine staatliche Unterstützung die Zahl der unter der Armutsgrenze lebenden Amerikaner keineswegs reduziert. Die Armutsquote lag 2013 mit 14,5 Prozent deutlich über den 11,3 Prozent von 2000 und den 12,5 Prozent von 2007.[25] Faktisch haben die neuen Bestimmungen lediglich die Zahl der Armen ohne Arbeit reduziert und die Zahl der Armen mit Arbeit erhöht.

Eine weitere, wenn nicht gar die eigentliche Erklärung für das wachsende Heer von Erwerbsarmen findet man mit einem Blick auf die Lage der anderen Amerikaner. So mancher würde diesen Zusammenhang lieber leugnen und einfach davon ausgehen, dass die schwindende Mittelklasse und die Umschichtung von Einkommen und Reichtum nichts mit dem zu tun haben, was denen am unteren Ende widerfahren ist. Die Frage, die wir in diesem Zusammenhang stellen sollten, ist laut Harvard-Ökonom Greg Mankiw folgende: »Wie helfen wir denen ganz unten, ohne den Leuten an der Spitze Knüppel zwischen die Beine zu werfen?«[26]

Diese Problembereiche sind nicht voneinander zu trennen. Je mehr von den Erträgen nach oben gehen, desto mehr hat die Mittelschicht an ebenjener Kaufkraft verloren, die nötig wäre, um ein ähnliches Wirtschaftswachstum wie noch Anfang der 2000er-Jahre zu garantieren. In den 1970er- und 1980er-Jahren strömten (Ehe-) Frauen und Mütter in bezahlte Arbeit, in den 1990ern machte jeder Überstunden und vor 2008 gerieten die Haushalte immer tiefer in Schulden. In dem Augenblick, in dem die Mittelschicht ihre Möglichkeiten erschöpft hatte, angesichts schwindender Löhne das Niveau ihrer Ausgaben beizubehalten, war auch mit der Erhöhung ihrer Ausgaben Schluss.[27] Die unweigerlichen Folgen waren weniger Arbeitsplätze und ein langsameres Wachstum. Beides traf die Armen besonders hart. Die ganz unten sind die Ersten, die man auf die Straße setzt, die Letzten, die man wieder einstellt, und sie tragen in der Regel auch die Hauptlast schwindender Löhne und Leistungen.

Als die Einkommensleiter länger wurde und viele ihrer mittleren Sprossen verschwanden, wurde der soziale Aufstieg zunehmend zum Problem. Eine schrumpfende Mittelschicht bietet weniger Möglichkeiten, sich ihr anzuschließen. Kurz nach dem Zweiten Weltkrieg standen die Chancen eines in Armut geborenen Kindes, es als Erwachsener bis in die Mittelschicht zu schaffen, etwas besser als 50 zu 50.[28] Heute bleiben in den USA 43 Prozent aller in Armut geborenen Kinder ihr Leben lang arm.[29]

Es gibt so einige, die an dem Glauben festhalten, dass die Armen arm bleiben, weil es ihnen an Ehrgeiz fehlt. Aber woran es ihnen wirklich fehlt, das sind Chancen und politische Macht, um an die Ressourcen zu kommen, die nötig sind, um diese Chancen zu realisieren. Das beginnt mit der unzureichenden Kinderbetreuung im Vorschulalter und setzt sich in Grund- und weiterführenden Schulen fort – was auch das zunehmende Leistungsgefälle zwischen Kindern aus Familien mit niedrigem und solchen mit höherem Einkommen erklären hilft. Noch vor 30 Jahren betrug bei Eignungstests für die Aufnahme in ein College das durchschnittliche Gefälle zwischen Kindern der reichsten und der untersten 10 Prozent etwa 90 Punkte bei einer erreichbaren Zahl von 800.[30] Im Jahr 2014 waren es 125 Punkte. Die Kluft bei den mathematischen Fertigkeiten amerikanischer Kinder (im Verhältnis zum Einkommen) ist eine der breitesten der 65 Teilnehmerländer an der PISA-Studie. Hinsichtlich ihrer Lesefertigkeiten schneiden die Kinder einkommensstarker Familien im Durchschnitt um 110 Punkte besser ab als die aus armen Familien.[31]

Dieses Leistungsgefälle zwischen armen und reichen Kindern ist nicht in erster Linie eine Frage der ethnischen Zugehörigkeit.[32] Im

Gegenteil, die Leistungslücke mit ethischem Hintergrund ist kleiner geworden. Das Gefälle reflektiert vielmehr die wachsende Kluft zwischen armen und reichen Familien, die Art der Finanzierung von Schulen in armen und reichen Gemeinden sowie die wachsende Segregation von Wohngegenden nach Arm und Reich. Einer Analyse der aus der Volkszählung von 2010 gewonnenen Daten über Bezirke und Haushaltseinkommen des Pew Research Centers zufolge hat in den USA die Segregation nach Einkommen während der letzten drei Jahrzehnte zugenommen.[33]

Das spielt deshalb eine Rolle, weil ein großer Teil der Mittel zur Unterstützung staatlicher Schulen aus lokalen Einkommensteuern kommt. Die amerikanische Bundesregierung stellt nur etwa 10 Prozent dieser Mittel, der Bundesstaat sorgt im Durchschnitt für 45 Prozent.[34] Der Rest wird von den Kommunen lokal aufgebracht. Die meisten Bundesstaaten versuchen durchaus, armen Bezirken mehr Mittel zufließen zu lassen, fuhren aber während der Rezession ihre Ausgaben größtenteils wieder zurück und haben diese Kürzungen seither nicht mehr rückgängig gemacht.[35] Der Immobilienmarkt in Gemeinden mit geringem Einkommen bleibt derweilen schwach, was dazu führt, dass auch die lokalen Steuereinnahmen nicht steigen. Wenn wir Gemeinden nach Einkommen segregieren, stehen Schulen in Gegenden mit niedrigem Einkommen weniger Ressourcen zur Verfügung denn je. Die Folge davon ist eine zunehmende Ungleichheit der Mittel pro Schüler, was einen unmittelbaren Nachteil für minderbemittelte Kinder zur Folge hat.[36]

Die reichsten Bezirke, die mehr als alle anderen ausgeben, verwenden heute laut einer beratenden Fachkommission des Bundes etwa doppelt so viele Mittel auf einen Schüler wie die Bezirke, die am wenigsten ausgeben.[37] In einigen Staaten – wie etwa Kalifornien – ist das Verhältnis größer als drei zu eins. »Öffentliche« oder staatliche Schulen sind in vielen reichen Gemeinden Amerikas alles andere als das. Es handelt sich faktisch um Privatschulen; das Schulgeld ist im Kaufpreis der exklusiven Immobilien in der betreffenden Gegend und der davon nicht zu trennenden Vermögensteuer versteckt.

Selbst dort, wo Gerichte reichere Schulbezirke dazu verdonnert haben, ihre ärmeren Verwandten zu subventionieren, bleibt die Ungleichheit hoch. Anstatt höhere Steuern zu zahlen, die an ärmere Bezirke gehen würden, haben viele Eltern in besser gestellten Gemeinden ihre finanzielle Unterstützung in aller Stille auf steuerabzugsfähige Stiftungen umgestellt, die der Förderung ihrer eigenen Schulen dienen.[38] Etwa 12 Prozent der mehr als 14000 amerikanischen Schulbezirke werden, wenigstens teilweise, durch solche Stiftungen finanziert. Diese kommen für alles Mögliche auf, vom neuen Auditorium über eine Hightech-Wetterstation bis zum Sprach- und Literaturprogramm.[39] »Eltern-Stiftungen«, so hieß es im *Wall Street Journal,* »sind der sichtbare Beweis für die Bemühungen von Eltern, ihr Geld ihren eigenen Kindern zugutekommen zu lassen« – und nicht, so sollte man hier anmerken, Kindern in anderen Gemeinden, die mit einiger Wahrscheinlichkeit weniger gut gestellt sind.[40]

Als Folge dieser Entwicklungen gehören die Vereinigten Staaten zu den drei der 34 von der Organisation für wirtschaftliche Zusammenarbeit und Entwicklung (OECD) überwachten Industrienationen, deren Schulen für Kinder gut verdienender Eltern mehr Mittel und mehr Lehrer pro Schüler zur Verfügung haben als Schulen für arme Schüler (die anderen beiden sind die Türkei und Israel).[41] Andere Industrienationen handhaben das anders. Hier stellt der Staat im Durchschnitt 54 Prozent der Mittel; das lokale Steueraufkommen sorgt also – anders als in Amerika – für weniger als die Hälfte der Mittel.[42] Obendrein gilt ihr Hauptaugenmerk beim Zuteilen staatlicher Gelder den ärmeren Gemeinden. Andreas Schleicher, Leiter der OECD-Schülerleistungsuntersuchungen, drückte das der *New York Times* gegenüber folgendermaßen aus: »Die überwiegende Mehrheit der OECD-Länder investiert entweder zu gleichen Teilen in jeden Schüler oder unverhältnismäßig mehr in benachteiligte Schüler. Amerika ist eines der wenigen Länder, die es mit dem Gegenteil halten.«[43]

Geld ist nicht alles, das versteht sich von selbst. Aber wie können wir behaupten, dass es überhaupt keine Rolle spielt? Geld bezahlt die besten Lehrer, Geld sorgt für weniger überfüllte Klassenzimmer, finanziert qualitativ hochwertiges Lehrmaterial und extracurriculare Aktivitäten. Und dennoch scheinen wir alles zu tun, um den Schulen die Mittel vorzuenthalten, die sie am nötigsten haben. Wir verlangen von allen Schulen die höchsten Standards, wir verlangen von Schülern immer mehr Tests und wir beurteilen Lehrer nach den Testergebnissen ihrer Schüler. Aber solange wir nicht erkennen wollen, dass wir Schulen für benachteiligte Kinder systematisch Fesseln anlegen, schließen wir Fortschritte praktisch aus.

Wir können es drehen und wenden, wie wir wollen, Armut unter arbeitenden Menschen und ihre politische Machtlosigkeit sind untrennbar miteinander verknüpft.

15 DAS WACHSENDE HEER
MÜSSIGER REICHER

So wie die Zahl der Erwerbsarmen angestiegen ist, so haben sich auch die Reihen der nicht arbeitenden Reichen erheblich verstärkt. Auch wenn sie eine weit kleinere Gruppe darstellen, ihre Einkünfte sind in den letzten Jahren in ungeahnte Höhen gestiegen. Sie brauchen nicht zu arbeiten, weil sie beträchtliche Einkünfte aus Einkommen schaffendem Vermögen wie Aktien, Anleihen und Immobilien beziehen. Sind sie diese Einkünfte »wert«? Natürlich haben einige dieser nicht arbeitenden Reichen ihren Reichtum selbst geschaffen: durch Ersparnisse, durch Arbeit, die ihre Entlohnung im bereits behandelten Sinne »wert« war. Aber wenn diese Anlagevermögen an Wert gewinnen, sind ihre Besitzer in den seltensten Fällen dafür verantwortlich. Vermögenswerte steigen aus vielen Gründen im Wert, so zum Beispiel durch Bevölkerungszuwachs oder durch die Beschränkung des Angebots im Falle beliebter Gebrauchsgüter oder, wie wir bereits bei den Aktienkursen festgestellt haben, durch Veränderungen bei Anreizen und Verhandlungsverhältnissen, die die Basis aller Unternehmen sind. Auch Politik, Gesetze, Verordnungen und Regeln können hier eine erhebliche Rolle spielen. So kann zum Beispiel der Wert eines Hauses oder Wohnblocks drastisch steigen, weil die Leute wegen besserer Schulen oder besserer Verkehrsverbindungen in eine Gegend ziehen oder einfach weil den Käufern aufgrund der Lockerung von Kreditbestimmungen mehr Geld zur Verfügung steht.

Ein wachsender Anteil dieser müßigen Reichen jedoch hat überhaupt nie gearbeitet; er hat seinen Reichtum geerbt. Diese Leute hatten einfach das Glück, in eine Familie hineingeboren zu werden, die ihnen als junge Menschen nicht nur jeden Vorteil in den Schoß legte, sondern auch genügend Reichtum, um den Rest ihres Lebens im Vorteil zu sein, egal ob sie etwas damit anzufangen wissen oder nicht.

Der »Selfmademan«, seit jeher Symbol der amerikanischen Leistungsgesellschaft, ist im Verschwinden begriffen. Sechs der zehn reichsten Amerikaner sind heute Erben berühmter Vermögen.[1] Wie bereits gesagt verfügen die Walmart-Erben über mehr Reichtum als die unteren 40 Prozent der Amerikaner zusammengenommen.[2]

Und das ist erst der Anfang. Amerika steht auf der Schwelle des größten intergenerationellen Wohlstandstransfers der Geschichte. Laut einer Studie des Center on Wealth and Philantropy am Boston College dürften in den nächsten 50 Jahren etwa $ 36 Billionen an Erben gehen.[3] Eine Erhebung, die der Vermögensverwalter US Trust 2013 unter Amerikanern mit mehr als $ 3 Millionen frei verfügbarem Vermögen durchführte, lässt eine deutliche Generationenkluft erkennen.[4] Fast drei Viertel der Altersgruppe über 69 und die Mehrheit der geburtenstarken Nachkriegsjahrgänge gleich darunter sind die Ersten ihrer Generation, die es zu erheblichem Reichtum gebracht haben. Der Reichtum der Gruppe unter 35 ist dagegen überwiegend ererbt.[5] Es handelt sich hier um die Art von dynastischem Reichtum, die – wie uns der französische Ökonom Thomas Piketty erinnert – über Jahrhunderte die Haupteinnahmequelle der europäischen Aristokratie war.[6] Jetzt steht sie kurz davor, zur Haupteinnahmequelle einer neuen amerikanischen Aristokratie zu werden.

Der Grund für die steigende Zahl nicht arbeitender Reicher sollte mittlerweile auf der Hand liegen. Mit zunehmender Konzentration der aus Arbeit entstehenden Einkünfte hat ein relativ kleiner Anteil sehr reicher Amerikaner ihr Einkommen in Kapitalvermögen investiert. Daneben ging ein Teil des Investments in die Politik, sei es direkt durch eigene Beiträge und Beziehungen oder indirekt durch Unternehmen, Verbände und Portfoliomanager. Infolgedessen haben die Spielregeln sich zugunsten der Anhäufung von Reichtum verändert.[7] So hatte bereits 2014 die geballte Macht von Kapital- und politischen Investitionen dafür gesorgt, dass sich der Reichtum noch schneller konzentriert als die Einkommen.

Überlegen Sie mal: War 1978 das reichste 1 Prozent der Haushalte für 20 Prozent des gesamten Geschäftseinkommens verantwortlich,[8] hatte es 2007 bereits 49 Prozent auf sich konzentriert.[9] Darüber hinaus sackten die Reichsten 75 Prozent aller Veräußerungsgewinne ein.[10] 2014 lag der Wert des Aktienmarkts deutlich höher als vor dem Crash von 2008. Entsprechend verdiente die reiche Spitze auch erheblich mehr mit ihren Investments und konzentrierte einen noch größeren Anteil an den Veräußerungsgewinnen auf sich.

Auch wenn letztlich beide politischen Parteien in diesem ungeheuren Wohlstandstransfer Komplizen gewesen sind, so haben die Republikaner sich dafür doch eifriger eingesetzt als die Demokraten. So waren etwa Familientrusts früher auf 90 Jahre begrenzt.[11] Gesetzliche Änderungen unter Reagan veranlassten viele Bundesstaaten dazu, diese auf unbegrenzte Zeit auszuweiten. Sogenannte »Dynastie-Trusts« ermöglichen es heute superreichen Familien, ihr Geld und ihre Immobilien größtenteils steuerfrei an ihre Erben weiterzugeben, und das über Generationen. George W. Bushs größte gesetzliche Steuersenkungen von 2001 und 2003 halfen den Gutverdienenden, aber noch mehr halfen sie denen, die von ihrem kumulierten Reichtum leben. Während der höchste Steuersatz auf Einkommen von 39,6 Prozent auf 35 Prozent sank, sank der Höchststeuersatz auf Dividenden von 39,6 Prozent (als normales Einkommen besteuert) auf 15 Prozent und die Erbschaftsteuer auf Gesamtvermögen wurde völlig gestrichen.[12]

Barack Obama reduzierte einige dieser Steuersenkungen wieder, aber die meisten blieben in Kraft. Vor der Präsidentschaft von George W. Bush lag die Erbschaftssteuer auf Gesamtvermögen über $ 2 Millionen pro Ehepaar bei 55 Prozent.[13] 2014 galt sie überhaupt nur noch für Vermögen von mehr als $ 10 Millionen pro Ehepaar und betrug nur noch 40 Prozent.[14] Die Republikaner im Repräsentantenhaus wollten sogar noch weiter gehen. Paul Ryans sogenannte »Straßenkarte« (Road Map) schaffte alle Steuern auf Zinsen, Dividenden, Veräußerungsgewinne und Nachlässe ab.[15] Bereits 2013 schuldeten nur 1,4 von 1000 Nachlässen dem Staat die einschlägige Steuer und der effektive Steuersatz, der bezahlt wurde, betrug gerade mal 17 Prozent.[16]

Derweil sank der Steuersatz, den Amerikas Reiche auf Veräußerungsgewinne – die wesentliche Einkommensquelle für nicht arbeitende Reiche – bezahlen, von 33 Prozent Ende der 1980er-Jahre auf 23,8 Prozent 2014; damit lag er erheblich unter dem Satz auf gewöhnliche Einkommen.[17] Ein weiterer – ebenso großer wie gut versteckter – Vorteil, in dessen Genuss die Erben großer Vermögen kommen, steckt in einem Steuergesetz, demzufolge der Wertzuwachs von Anlagevermögen beim Tod des Erblassers nicht der Kapitalertragssteuer unterliegt. Diese sogenannten nicht realisierten Gewinne sind in Amerika zu einer wesentlichen Quelle dynastischen Reichtums geworden; sie gehen von einer Generation auf die nächste über, ohne dass jemand dafür Kapitalertragsteuer zu entrichten hat. Sie machen mittlerweile über die Hälfte des Werts aller Nachlassvermögen über 100 Millionen Dollar aus.[18]

Dennoch ist die Vorstellung einer ganzen Generation, die für ihr Geld nichts weiter zu tun braucht, als hin und wieder mit ihrem Vermögensverwalter zu telefonieren, nicht besonders attraktiv – ganz abgesehen davon, dass es weder unserer Wirtschaft noch unserer Gesellschaft guttut. Auf diese Weise gelangt die Verantwortung für die Investition eines erheblichen Anteils unserer Vermögenswerte zunehmend in die Hände einer kleinen Zahl von Leuten, die nie im Leben für ihre Einkünfte haben arbeiten müssen und nicht die geringste Ahnung haben, wie der Durchschnittsmensch lebt oder was er zum Leben braucht. Und da dynastischer Reichtum unweigerlich auch politischen Einfluss und Macht mit sich bringt, ist er darüber hinaus zunehmend eine Gefahr für unsere Demokratie.

Zuweilen führt man zur Rechtfertigung dieser Anhäufung von Reichtum in den Händen einiger weniger, die nicht für ihren Lebensunterhalt arbeiten müssen, ihre philanthropische Großzügigkeit an. Nun, zweifelsohne tun die Familienstiftungen Superreicher wie etwa die Bill & Melinda Gates Foundation eine Menge Gutes. Die Spendierfreudigkeit reicher Philanthropen wächst kontinuierlich; sie hat ihre Entsprechung im Aufstieg der Superreichen, wie er für das ausgehende 19. Jahrhundert charakteristisch war, als Magnaten (die bereits erwähnten »Raubritter«) wie Andrew Carnegie und John D. Rockefeller philanthropische Einrichtungen gründeten, die es heute noch gibt. Wir leben in einer Zeit, die Professor Bob Reich von der Stanford University (kein Verwandter von mir) als »das zweite goldene Zeitalter der amerikanischen Philanthropie« bezeichnet hat.[19]

Natürlich ist es ihre Sache, wem diese Leute ihr Geld geben und wozu – wenn auch nicht so ganz: Nicht nur können sie solche Spenden von ihrem zu versteuernden Einkommen absetzen, die wohltätigen Stiftungen, die sie erhalten, zahlen auch keine Steuern auf die Einkünfte, die sie generieren. Im ökonomischen Sinne kommen diese Abzüge und steuerfreien Einkünfte damit öffentlichen Subventionen gleich. Sie beliefen sich zum Beispiel 2011, im letzten Jahr, für das uns verlässliche Daten vorliegen, auf geschätzte $ 54 Milliarden.[20] Nur verteilt man diese öffentlichen Subventionen, wie Reich erklärt, in der Regel unter den wachsamen Augen ihrer betuchten Spender, ohne dass Staat oder Öffentlichkeit dafür verantwortlich wären. Wenn es dem einen oder anderen Angehörigen dieser Öffentlichkeit nicht passt, wen die Reichen mit ihren wohltätigen Mitteln beglücken, hat er eben Pech gehabt. Um das in die richtige Perspektive zu rücken: $ 50 Milliarden sind mehr, als die US-Regierung 2011 für die Befristete Hilfe für bedürftige Familien (das ist das, was bei den Amerikanern von der Wohlfahrt geblieben ist), Schulmahlzeiten für Arme und Head Start (das Bildungsprogramm für Benachteiligte) zusammen ausgab.[21]

Vergessen wir darüber hinaus nicht, dass diese öffentlichen Subventionen in Form von Steuerabzügen zwar allen möglichen »wohltätigen«, »karitativen« oder »gemeinnützigen« Zwecken, jedoch selten den Armen zugutekommen. Laut einer Analyse des Center on Philanthropy der Indiana University von 2005 zielt selbst bei großzügiger Auslegung des Begriffs gerade mal ein Drittel aller »karitativen« Spenden auf die Hilfe Bedürftiger ab.[22] Ein großer Anteil geht an Opern, Museen, Symphonieorchester und Theater – sicher alles verdienstvolle, aber eben alles andere als »karitative« Einrichtungen in der üblichen Definition des Begriffs. So hielt vor einiger Zeit das

New Yorker Lincoln Center eine Benefizgala ab, auf der es reichlich »wohltätige« Beiträge von führenden Köpfen der Hedgefonds-Industrie gab, Leuten, die zum Teil $1 Milliarde im Jahr verdienen. Aber arme New Yorker sind bei Konzerten im Lincoln Center wohl eher selten zu sehen.[23]

Ein weiterer Teil geht an elitäre Prep Schools, Colleges und Universitäten, die die Spender entweder selbst einst besuchten oder an denen sie ihre Kinder gerne sehen würden. (Solche Einrichtungen bevorzugen in der Regel bei der Aufnahme Bewerber, deren Eltern besonders großzügig waren – eine Art gezielte Förderungsmaßnahme zugunsten der Reichen.) Harvard, Yale, Princeton und der Rest unserer Eliteuniversitäten sind sicher wichtige Einrichtungen, aber sie unterrichten kaum nennenswerte Zahlen junger Leute aus armen Familien. (An der University of California in Berkeley, an der ich unterrichte, qualifizieren sich fast so viele arme Studenten für ein staatliches Stipendium in Form eines Studienzuschusses wie bei allen Eliteuniversitäten zusammengenommen.[24]) Darüber hinaus dürften diese Eliteuniversitäten wohl weniger ambitionierte Sozialarbeiter und Rechtshilfe-Anwälte heranbilden als ambitionierte Investmentbanker und Unternehmensberater.

Das Stiftungskapital privater Universitäten belief sich 2014 auf etwa $550 Milliarden und konzentriert sich auf eine Handvoll renommierter Institutionen.[25] Die finanzielle Ausstattung der Harvard University beläuft sich auf mehr als $32 Milliarden, gefolgt von Yale mit 20,8, Stanford mit 18,7 und Princeton mit $18,2 Milliarden.[26] (2013 startete Harvard eine Kapitalkampagne, um weitere $6,5 Milliarden aufzutreiben.[27]) Aufgrund der Steuerabzugsfähigkeit für »wohltätige« Aufwendungen beläuft sich die Höhe staatlicher Subventionen dieser Einrichtungen in Form von Steuerabzügen auf etwa einen von drei Dollar, die ihnen zufließen. So bedachte etwa vor einigen Jahren Meg Whitman, heute CEO von Hewlett-Packard, Princeton mit einer Spende von $30 Millionen – was ihr geschätzte $10 Millionen an Steuern ersparte.[28] Princeton bekam also $20 Millionen von Meg Whitman und $10 Millionen vom amerikanischen Finanzministerium, mit anderen Worten von Steuerzahlern wie Ihnen und mir – wir mussten für die Differenz aufkommen. Die Tatsache, dass diese Stiftungen weder auf Dividenden noch auf Veräußerungsgewinne Steuern zahlen, hebt die Ausgaben der öffentlichen Hand weiter an. Dividiert man sie durch die relativ kleine Zahl von Studenten dieser Institutionen, belaufen sich die Subventionen pro Student auf einen immensen Betrag. Einer Schätzung des Wirtschaftswissenschaftlers Richard Vedder zufolge bezuschusst der Staat jeden Studenten der Princeton University jährlich mit $ 54000.[29] Bei anderen Eliteuniversitäten liegt dieser Betrag nur wenig darunter.

Dekan Henry Brady von der Goldman School of Public Policy in Berkeley verweist auf den starken Kontrast zu staatlichen Universitäten, die für die Bildung von über 70 Prozent aller Studenten verantwortlich sind.[30] Staatliche Universitäten verfügen kaum über Einkommen aus Stiftungskapital, wenn sie überhaupt eines haben. Sie werden fast ausschließlich aus öffentlichen Mitteln der Bundesstaaten finanziert. Aber diese Mittel gehen seit Langem zurück. Staatliche und lokale Ausgaben für die höhere Bildung an staatlichen Einrichtungen beliefen sich 2013 auf $ 76 Milliarden und lagen damit fast 10 Prozent unter dem Wert von kaum zehn Jahren zuvor.[31] Da 2013 mehr Studenten staatliche Universitäten besuchten als zehn Jahre zuvor, entspricht dieser Schwund einem Rückgang von 30 Prozent je Student.[32] Das bedeutet nichts anderes, als dass der Staat den Studenten einer staatlichen Universität mit weniger als $ 6000 bezuschusst, mit anderen Worten gerade mal mit einem Zehntel dessen, was er einem Studenten in Princeton gibt.[33] Das ist sowohl eine weitere Ursache als auch eine weitere Konsequenz des Drucks auf Mittelschicht und Arme auf der einen Seite und des wachsenden Reichtums der Leute ganz oben auf der anderen.

Wir gestalten unser Schicksal selbst; wir sind unsere eigenen Autoren. Aber, wie ich bereits klargestellt habe, sind wir weder Produzenten noch Regisseure der größeren Dramen, in denen wir agieren. Hier bestimmen andere Kräfte nicht nur, was wir verdienen, sondern auch, was wir erreichen können; das Gleiche gilt für die

Kraft unserer Stimme und die Schlagkraft unserer Ideale. Wer reich ist und von Tag zu Tag reicher wird, ist deswegen weder gescheiter als andere noch anderen moralisch überlegen. Diese Menschen haben aber oft mehr Glück, mehr Privilegien und mehr Macht. Was nichts anderes bedeutet, als dass ihr hoher Nettowert nicht notwendigerweise ihren menschlichen Wert reflektiert.

Aus demselben Grund sind der großen Mehrheit – die für ihren Lebensunterhalt fleißig arbeitet und gegen Strömungen anschwimmt, die sie immer wieder mitzureißen drohen und sie mit Sorge um sich und ihre Familien erfüllten – keine Vorwürfe zu machen. Sie ist auch nicht allein. Ihre Stimme jedoch ist kaum noch hörbar und viele sind längst desillusioniert, wenn nicht gar zynisch. Erinnern Sie sich an den Arbeiter, der mir gegenüber meinte, er hätte mehr verdienen können, hätte er nur »den nötigen Grips« dazu. Dieser Mann führte seinen bescheidenen Status und die noch bescheidenere Entlohnung eher auf sein eigenes Versagen zurück als auf ein Wirtschaftssystem, das ihn im Stich gelassen hat, indem es ihm die nötige Verhandlungsmacht zur Verbesserung seiner Lage vorenthält. Auch die Armen, die sich nicht aus ihrer Armut befreien können, sind weder Loser noch Versager, obwohl sich viele von ihnen so sehen. Weit erheblicher ist, dass sie in unserer Gesellschaft völlig machtlos sind.

Anders gesagt, man sollte auf keinen Fall Einkommen mit Tugend verwechseln oder finanziellen Status mit Wert an sich. Die zugrunde liegende Realität ist, dass der Kapitalismus nicht so funktioniert, wie er sollte oder könnte. Wir müssen den Mythos, wir würden nach unserem Wert bezahlt, als solchen erkennen und die Realitäten dahinter sehen.

Ich bezichtige die Reichen hier nicht der Bösartigkeit oder behaupte, sie wollten absichtlich jemandem schaden. Es gibt keinen Grund für die Annahme, dass die Top-Executives der Wirtschaft, die Erfolge der Wall Street und andere »hochwertige« Individuen sich miteinander verschworen haben sollten, die amerikanische Wirtschaft zu kapern. Sie alle handeln lediglich rational nach den Maßgaben ihrer ganz persönlichen Interessen. Mit der Zunahme ihres

Reichtums hat auch ihre politische Macht zugenommen und sie haben diese ganz natürlich dazu eingesetzt, ihren Reichtum zu vergrößern und abzusichern. Wir können ihnen ihre Selbstsucht und ihre Gier vorwerfen, aber sie sind nicht selbstsüchtiger und gieriger als andere. Und einige von ihnen gehen äußerst großzügig mit ihrem Reichtum um.

Wenn wir jedoch unser System als Ganzes sehen – als politisch-ökonomisches Arrangement für eine gerechte Verteilung der Früchte unserer Arbeit –, dann haben wir allen Grund zur Sorge. Das Ideal der Leistungsgesellschaft, mit dem wir unsere Art von Kapitalismus rechtfertigen, entspricht nicht der Realität, in der die meisten von uns leben und arbeiten. Es haben nicht alle gleich gute Karten; die besseren Karten haben diejenigen mit den Ressourcen und der Macht, sich die besseren Karten zu geben. Und je besser ihre Karten sind, desto höher sind ihre Chancen auf ein noch besseres Blatt.

Globalisierung und technologische Veränderungen sind Tatsachen, sicher, und sie haben die Wirtschaft bis in die Grundfesten erschüttert – sie haben die arbeitende Bevölkerung in zwei Gruppen gespalten: eine relativ kleine mit der Möglichkeit, diese Veränderungen zu ihrem Vorteil zu nutzen, und eine große Gruppe, die nicht über diese Möglichkeiten verfügt. Das ist jedoch nur die eine Hälfte der Geschichte. Die Nation hätte auf diese Möglichkeiten reagieren können, und sie könnte es immer noch – und zwar auf eine Art, die Wohlstand für alle schafft, die die Mittelklasse stärkt und für Aufstiegschancen für die Armen sorgt. Dass wir das nicht getan haben, dass wir stattdessen einigen relativ wenigen an der Spitze erlaubt haben, den Markt in eine entgegengesetzte Richtung zu manipulieren das ist zum Teil unsere Schuld. Diesen Stand der Dinge umzukehren liegt ganz in unserer Verantwortung – das Thema, auf das ich als Nächstes zu sprechen komme.

Teil III

Die Gegenkraft

Fassen wir an dieser Stelle noch einmal kurz zusammen. Seit einer Ewigkeit, so scheint es, geht es in der zentralen Debatte der amerikanischen (und nicht nur der amerikanischen) Politik um die scheinbare Wahl zwischen »freiem Markt« und »Staat«. Der politisch rechte Flügel argumentiert für mehr Markt und weniger Staat, was sich normalerweise in Steuersenkungen und niedrigeren Staatsausgaben ausdrückt; der linke Flügel will mehr Staat und weniger Markt, was typischerweise in Form von höheren Steuern (wenigstens für die Reichen) und mehr staatlichen Leistungen zu Buche schlägt. Diese Debatte kaschiert jedoch eine übergeordnete Realität: die unerlässliche Rolle des Staats bei Entwurf, Organisation und Durchsetzung eines Marktes an sich. Die Diskussion versperrt mit anderen Worten den Blick auf die unzähligen Entscheidungen, vor die sich Gesetzgeber, Verwaltung und Richter bei der Ausführung dieser grundlegenden Aufgabe gestellt sehen – einer Aufgabe, die nie als erledigt gelten kann, da Innovation, technischer Fortschritt sowie der kontinuierliche Wandel der Marktbedingungen an sich es unabdingbar machen, ständig neue Entscheidungen zu treffen und alte infrage zu stellen.

Indem sie diese grundlegenden Entscheidungen ignoriert, lenkt die alte Debatte »freier Markt vs. Staat« davon ab, wie diese Entscheidungen getroffen werden, und kaschiert den zunehmenden Einfluss von Großunternehmen, Wall Street und reichen Privatleuten auf den Entscheidungsprozess. Deren wirtschaftliche Macht ist größer geworden und damit auch ihr politischer Einfluss auf die grundlegenden Spielregeln – was wiederum ihre wirtschaftliche Macht verstärkt hat. Darüber hinaus gehören viele der vehementesten Verfechter des »freien Marktes« auch zu denjenigen, die am meisten von diesem versteckten Prozess profitieren. Indem sie das

Kernproblem der Macht aus dem landläufigen Verständnis ökonomischer Mechanismen streichen, nehmen sie sich geflissentlich aus der Gleichung heraus.

Folglich sind die vom Staat vorgenommenen expliziten Umverteilungen von Reich nach Arm durch Steuern und Transferleistungen (wie Sozialhilfe und Fürsorge) das Einzige, was der Mann auf der Straße auf den ersten Blick sieht. Mit der Verbreiterung der Lücke zwischen oben und unten haben diese Umverteilungen zugenommen. Infolgedessen ist die Ungleichheit in Bezug auf Steuern und Transferleistungen nicht so ausgeprägt, wie es ohne sie der Fall wäre.[1]

Nur stellen diese Umverteilungen nach unten lediglich einen kleinen Teil des Gesamtbildes dar. In Wirklichkeit erfolgt die Umverteilung in den letzten Jahren in die andere Richtung – nach oben und damit weg von Verbrauchern, Arbeitern, kleinen Geschäften und Kleininvestoren hin zu den Top-Führungskräften von Wirtschaft und Finanzbranche, Wall-Street-Händlern und Portfolio-Managern sowie den großen Inhabern von Wirtschaftsgütern wie Wertpapieren und Immobilien. Nur dass *diese* Umverteilung unsichtbar ist. Was sie in der Hauptsache ermöglicht hat, versteckt sich in den Spielregeln des Marktes: Eigentum, Monopolisierung, Verträge, Insolvenz und Durchsetzung – und diese Spielregeln werden längst in der Hauptsache von den Reichen und politisch Mächtigen geformt. In diesem Sinne müssten wir von einer *Vor*-Umverteilung nach oben sprechen, für die bereits der Marktmechanismus sorgt. Erst in einem zweiten Schritt sorgt der Staat über Steuern und Transferleistungen für eine mehr als bescheidene Umverteilung nach unten.

Je mehr die Wirtschaft sich weg von greifbaren Produkten hin zum Geschäft mit Ideen entwickelt hat, desto obskurer wurden die fundamentalen Regeln (und die Entscheidungen, die sie reflektieren) und desto einfacher waren sie für den zu manipulieren, der die nötigen Ressourcen dazu hat. Das wertvollste Eigentum ist heute geistiges Eigentum in Form von Patenten und Copyrights. Sie wurden von Konzernriesen durch »Product Hopping« (»Evergreening«) sukzessive ausgeweitet; »Pay for Delay«-Absprachen zwischen Pharmakonzernen und Herstellern von Generika unterlaufen sie ebenso wie die amerikanischen Gesetzgeber, die Urheberrechte mittlerweile auf 95 Jahre verlängert haben.

Die besten Beispiele für Marktbeherrschung finden sich heute in Netzwerken wie Breitband, Saatgut, digitalen Plattformen und Finanzsystemen, die von einer Handvoll Wall-Street-Banken kontrolliert werden. Auch hier haben Konzernriesen und Wall Street ihren politischen Einfluss geltend gemacht, um ihre Marktmacht zu vergrößern und die Konkurrenz kleinerer Mitbewerber oder kartellrechtliche Bedrohungen im Keim zu ersticken. Auch bei modernen Verträgen geht es weniger um Dinge als um Daten und Ideen. So konnten mächtige Interessen etwa Insiderinformationen gegen Kleininvestoren einsetzen oder Angestellten, Franchisenehmern und Kunden eigene Schlichter oder Verzichterklärungen aufnötigen. Aus denselben Gründen beinhaltet das Insolvenzrecht heute immer komplexere Prozesse, die systematisch – und zum Schaden von Beschäftigten, Eigenheimbesitzern und verschuldeten Akademikern – Großkonzerne und Bankenriesen favorisieren. Die Finanzwirtschaft ist mittlerweile so undurchsichtig geworden, dass CEOs die Einlösung ihrer Optionen und Awards zeitlich mit Rückkaufprogrammen ihrer Unternehmen koordinieren können, wodurch sie Kleinaktionäre um ihre Werte bringen. Gleichzeitig unterhöhlen Bundesstaaten die kollektive Verhandlungsmacht der Beschäftigen, sei es durch »Right to Work«-Gesetzgebung, sei es durch unzureichende Durchsetzung des Rechts auf Tarifverhandlungen, sei es durch Handelsabkommen, die zwar das geistige Eigentum und Finanzanlagen schützen, aber nicht den wirtschaftlichen Wert von Arbeitsplätzen.

All das wurde von mangelhaften Durchsetzungsstrategien begleitet. So sind die mit der Überwachung und Inspektion von Unternehmen und Wall Street betrauten Behörden ganz bewusst unterbesetzt, um weder für die Einhaltung der Gesetze noch für adäquate Strafen und Bußgelder sorgen zu können – ganz zu schweigen davon, dass sie einzelne Manager strafrechtlich belangen könnten. Letzten Endes haben sie mit ihren unzureichenden Ressourcen nicht die geringste Chance gegen die Anwaltsheere von Konzern-riesen und Wall Street. Ihr Ziel besteht doch nur darin, ihre Arbeit-geber mit harmlosen Verwarnungen davonkommen zu sehen und sowohl das private Klagerecht als auch die Rechtsgrundlagen für Sammelklagen zu unterminieren.

Der Einfluss von großen Unternehmen, Wall Street und rei-chen Privatleuten auf all diese Entscheidungen zur Schaffung und Durchsetzung von Marktregeln nimmt die verschiedensten Formen an: Beiträge für politische Kampagnen oder Gruppen, die Werbe-kampagnen für einen Kandidaten oder gegen seinen Kontrahenten aufziehen; »Drehtüren« zwischen öffentlichen Ämtern und lukrati-ven Stellen bei Lobbyfirmen oder an der Wall Street – oder auch nur das unausgesprochene Angebot solcher Stellen nach dem Ausschei-den aus dem öffentlichen Dienst; »Denkfabriken« bezahlter Exper-ten und PR-Kampagnen, die die Öffentlichkeit davon überzeugen sollen, eine bestimmte Politik sei in ihrem Interesse; nicht zu ver-gessen die Heere hoch bezahlter Lobbyisten und Anwälte, mit de-nen Legislative, Hearings und Gerichte überfüllt sind. Noch nicht einmal Staatsanwälte und Richter sind dagegen immun.

Der »freie Markt« dient als Deckmantel für all das. Sein Konzept stellt uns das System für die Verteilung ökonomischer Erträge als natürliche und unvermeidliche Folge neutraler Kräfte dar. Dem Ide-al der Leistungsgesellschaft nach werden die Leute in etwa im Ver-hältnis zu ihrem Wert bezahlt. Somit geht man davon aus, dass die, die sehr wenig bekommen, auch nicht mehr »wert«, und die, die sehr viel bekommen, eben auch jeden Cent »wert« sind. Von hier ist es nur ein kleiner Schritt zu der Ansicht, unsere Entlohnung kor-respondiere mit irgendeinem Wert im moralischen Sinne. Inner-halb dieser tief verwurzelten Vorstellung von einer amerikanischen Leistungsgesellschaft setzt man die Höhe des Einkommens einer Person mit ihrer Tugend gleich und den Nettowert mit dem mo-ralischen Wert. In diesem Kontext sieht man Versuche, hohe Ein-kommen durch Steuern zu beschneiden oder niedrige Einkommen durch staatliche Transferleistungen zu ergänzen, als riskante Ein-griffe in den Markt – als gehe es darum, damit die Effizienz zu unterminieren, Anreize zu verzerren und den moralischen Unterbau der Leistungsgesellschaft an sich zu kompromittieren. (Je nach politischer Einstellung kann man ein solches Risiko durchaus für notwendig halten, um Fairness zu erzielen.)

Aber da die Organisation des Marktes zunehmend politische Entscheidungen zugunsten der Großfinanz reflektiert, korrespondiert das System zur Verteilung ökonomischer Gewinne durch den Markt nicht notwendigerweise mit dem »Wert« eines Menschen in irgendeinem anderen als besagtem tautologischem Sinn. Wenn wir uns näher ansehen, warum die Entlohnung von Top-Executives großer Unternehmen in den letzten Jahrzehnten derart gestiegen ist und warum die Vergütungen von Managern und Tradern an der Wall Street gar noch steiler nach oben geschossen sind, wird eines deutlich: Das alles hat weniger mit einer mutmaßlichen Wertzunahme ihrer Einsichten oder Fähigkeiten zu tun als mit der Zunahme ihrer Macht über eben die Marktregeln, die sie bereichern. Desgleichen haben die sinkenden Einkommen des typischen Mittelschichthaushalts und die weitere Verarmung der Erwerbsarmen mehr mit ihrem schwindenden politischen und wirtschaftlichen Einfluss zu tun als mit einem persönlichen Defizit. Einfach ausgedrückt: Großunternehmen, Wall Street und reiche Privatpersonen haben erheblichen Einfluss auf eben die Marktregeln erlangt, die ihnen so reiche Erträge garantieren – und ihre Macht nimmt in dem Maße zu, in dem der zusätzliche Reichtum ihnen weiteren Einfluss auf die Regeln verschafft. Währenddessen haben diejenigen in der Mitte und darunter einen Gutteil ihrer einstigen Macht verloren – ein Prozess, der sich in die entgegengesetzte Richtung aufschaukelt, da ihnen ihre schwindende wirtschaftliche Stellung immer weniger Einfluss auf die Gestaltung der Regeln gibt.

Wie gesagt, ich möchte hier keinesfalls andeuten, dass die ganz oben mit bewusst böswilliger Absicht Einfluss auf die Regeln nehmen. Sie handeln aus eben jenem Eigeninteresse, das mutmaßlich den theoretischen »freien Markt« zu effizienten und deshalb für alle vorteilhaften Ergebnissen führt. Sie handeln jedoch nicht in einem theoretischen »freien Markt«, sondern in der Realität politischer

Ökonomie, in der wirtschaftliche Macht für politischen Einfluss auf die Spielregeln sorgt, was unweigerlich zu mehr politischer Macht führen wird. Sie verhalten sich innerhalb dieses Systems völlig rational, auch wenn die Summe der Folgen ihrer individuellen rationalen Rechnungen weder effizient noch für das System als Ganzes rational ist. Ganz im Gegenteil, sie untergräbt das System nach und nach.

Wie ich auf den folgenden Seiten zeigen werde, liegt das Problem nicht in ihrer Macht oder ihrem Einfluss an sich; das Problem liegt im relativen Mangel an Macht und Einfluss auf der anderen Seite. Was heute fehlt, ist eine nennenswerte Countervailing Power, eine gegengewichtige Kraft, die der wachsenden politischen Stärke von Großunternehmen, Wall Street und Superreichen Grenzen setzt oder wenigstens für einen Ausgleich sorgt. Dass Mittelschicht und Arme – und ihre wirtschaftlichen Interessen – eine schwache oder überhaupt keine Vertretung haben, ist das Problem.

Uns bleiben damit drei Fragen. Erstens, inwiefern stellt dieser Trend eine Bedrohung für den Kapitalismus an sich dar, wenn wir diese Gegenkraft nicht wiederherstellen? Zweitens, wie können Mittelschicht und Arme genügend Gegenkraft zurückbekommen, um den Markt auf eine Weise zu organisieren, die für eine Prosperität auf breiterer Basis sorgt? Und drittens, wie könnte eine solche Neuorganisation aussehen?

Den Amerikanern stellen sich diese Fragen nicht zum ersten Mal.

Gerade in Zeiten großer technologischer Umbrüche sehen Beschäftigte sich verdrängt, Gesellschaftssysteme werden instabil und die Wirtschaft schwankt in raschen Zyklen zwischen Aufschwung und Crash. Wer über Kapital verfügt, streicht nicht selten immense Gewinne ein, finanzielle Eliten gewinnen an Boden, es kommt zu einer hohen Konzentration von wirtschaftlicher und politischer Macht. Ungeachtet des Potenzials der neuen Technologien, für einen Wohlstand auf breiter Basis zu sorgen, versagen die vorherrschenden wirtschaftlichen und politischen Systeme, weil die politische Macht sich zunehmend an der Spitze konzentriert. Verständlich, dass eine Menge Leute sich des Gefühls nicht erwehren können, hier seien gezinkte Karten im Spiel. Es sind letztendlich diese Ängste und Frustrationen, die die Reformen hin zu einer breiteren Verteilung des Wohlstands anschieben und befeuern.

Wie ich bereits ganz am Anfang sagte, charakterisierte dieses Muster die Erste Industrielle Revolution, als sie Einzug in Amerika hielt und für die Reformen unter Präsident Jackson in den 1830er-Jahren sorgte. Nach Ansicht der Jacksonians hatten die Eliten sich zu viele Privilegien angeeignet, die man beseitigen müsste, damit auch der Durchschnittsbürger wieder zum Zuge käme. »Es ist dies ein festes Prinzip unserer politischen Institutionen«, erklärte Roger B. Taney, unter Jackson erst Justiz-, dann Finanzminister und schließlich Oberster Richter am Supreme Court, »der unnötigen Anhäufung von Macht über Personen und Eigentum in den Händen einiger weniger zu wehren. Und keine Hände sind weniger würdig, damit betraut zu werden, als die eines Geldinstituts.«[1] Die Jacksonians wollten das Wahlrecht nicht länger an Grundbesitz gebunden sehen; Firmen sollten sich ohne spezielle – Monopole begünstigende – Zulassung zu Gesellschaften zusammenschließen können; und schließlich waren sie gegen die Second Bank of The United States in Philadelphia, weil sie ihrer Ansicht nach unweigerlich unter die Kontrolle finanzieller Eliten geraten würde. Sie waren nicht gegen den Kapitalismus; sie waren gegen die Aristokratie. Sie wollten einen Kapitalismus, der das Los der vielen verbesserte, nicht nur das einiger weniger. (Wobei anzumerken ist, dass in den Augen der Jacksonians – und der Oberste Bundesrichter Taney war da keine Ausnahme – weder Indianer noch Schwarze vor den Eliten der Nation zu schützen waren.)

Ähnliche Fragen tauchten in den letzten Jahrzehnten des 19. Jahrhunderts auf, als die Zweite Industrielle Revolution das Zeitalter von Eisenbahnen, Stahl, Öl und Elektrizität einläutete. Damit begann auch die Hochzeit der großen Kartelle (oder »Trusts«, wie man sie damals nannte) mit der Konzentration des Reichtums an der Spitze – ganz zu schweigen von der Verelendung der Städte und der politischen Korruption. Die Lakaien der »Raubritter« legten buchstäblich Säcke voll Geld auf die Schreibtische williger Gesetzgeber, was den großen Juristen Louis Brandeis dazu veranlasste, die Nation vor die Wahl zu stellen: »Wir können eine Demokratie haben oder großen Reichtum in den Händen einiger weniger«, sagte er, »aber beides geht nicht.«[2]

Amerika traf seine Wahl. Aus der öffentlichen Entrüstung ging die progressive Einkommensteuer hervor. Präsident Theodore Roosevelt wetterte gegen die »reichen Verbrecher«,[3] nutzte die Staatsmacht zur Zerschlagung der Trusts und sorgte für Gesetze gegen verunreinigte Nahrungsmittel und Medikamente. Seiner Ansicht nach sollten »alle Beiträge von Unternehmen an politische Komitees und zu politischen Zwecken überhaupt ... gesetzlich verboten sein«.[4] Das veranlasste den Kongress 1907 zur Verabschiedung des Tillman Act, des ersten Bundesgesetzes, das politische Spenden verbot und das drei Jahre später zum Publicity Act führte, der Kandidaten zur namentlichen Nennung sämtlicher Wahlkampfspender verpflichtete. In derselben Zeit erließen mehrere Bundesstaaten Amerikas erste Arbeitsschutzgesetze, die unter anderem die 40-Stunden-Woche beinhalteten.

Dreh- und Angelpunkt der nächsten innovationsreichen Ära in den 1920er-Jahren war die Massenproduktion von langlebigen Konsumgütern – Auto, Telefon, Kühlschrank und anderen strombetriebenen Gerätschaften. Auch damals begannen sich Einkommen und Wohlstand zu konzentrieren; die Wall Street wurde reich und damit wuchs auch ihr politischer Einfluss. Um die Zeit des Börsencrashs von 1929 konnten sich die meisten Amerikaner die neuen Produkte und Dienstleistungen bestenfalls leisten, indem sie sich hoffnungslos verschuldeten – was zu einer Blase führte, die schließlich laut platzen *musste*. Auf dem Fuße dieser Wirtschaftskrise folgten die Reformen des New Deal, die das Recht der Gewerkschaften auf Tarifverhandlungen mit den Arbeitgebern verbrieften und außerdem den Schutz kleiner Investoren vor Finanzbetrügereien und kleiner Geschäfte vor großen Einzelhandelsketten. Bei den Wahlen von 1936 geriet Franklin D. Roosevelt unter den Beschuss von Big Business und Wall Street. In einer Ansprache im Madison Square Garden wetterte der Präsident: »Nie in unserer Geschichte standen diese Kräfte derart geschlossen gegen einen Kandidaten wie heute. Sie sind einstimmig in ihrem Hass gegen mich – und ich stelle mich diesem gern.«[5]

Zu einer ähnlichen Folge von Ereignissen kam es Ende der 1970er-Jahre, als eine weitere Welle von Innovationen – Containerschiffe, Satellitenfunk, neue Materialien, Computer, digitale Technologien und schließlich das Internet – buchstäblich eine New Economy, eine neue Wirtschaft, hervorbrachten – ganz zu schweigen von den großen Vermögen einiger weniger Megakonzerne und Einzelpersonen und dem triumphalen Wiederaufleben der Wall Street. Ende der 1970er-Jahre begann jedoch auch das reale mittlere Haushaltseinkommen zu stagnieren.[6] Die immense amerikanische Mittelschicht bediente sich ungeachtet dessen mehrerer Methoden, um sich ihre Kaufkraft zu erhalten. Die erste bestand darin, dass Mütter bezahlte Arbeit annahmen, die zweite darin, länger zu arbeiten; als dritte Methode schließlich belastete man – vor dem Hintergrund steigender Immobilienpreise – das eigene Heim oder refinanzierte. Ende 2007 schließlich hatte die Verschuldung 135 Prozent des verfügbaren Einkommens erreicht.[7] Nachhaltig waren diese Methoden jedoch nicht. 2008 platzte die Schuldenblase schließlich – so wie eine ähnliche Blase 1929. Es ist kein Zufall, dass die Einkommenskonzentration in Amerika während der letzten 100 Jahre nie so hoch war wie ausgerechnet 1928 und 2007.[8] Beide Male strich das eine reichste Prozent mehr als 23 Prozent des gesamten Einkommens ein. Ohne die Kaufkraft einer großen *und* wachsenden Mittelschicht kann eine Wirtschaft jedoch nicht funktionieren.

Der sogenannte Aufschwung nach der Großen Rezession war so ziemlich der matteste der gesamten amerikanischen Wirtschaftsgeschichte, auch wenn man bedenkt, in welchen Abgrund die Wirtschaft in den Jahren 2008 und 2009 gestürzt war. Das Dauerproblem ist die Bremswirkung einer unzureichenden Gesamtnachfrage – mit anderen Worten dasselbe Problem, das uns die Große Rezession überhaupt erst eingebrockt hat. Nach dem Crash von 2008 fehlte es den meisten Amerikanern am nötigen Kleingeld, um all die Güter und Dienstleistungen zu kaufen, die nötig gewesen wären, um die Expansion der Wirtschaft wieder in Gang zu setzen. Ohne Investitionen und Neueinstellungen blieb die Arbeitslosigkeit ungewöhnlich hoch, das Einkommen der meisten Haushalte stagnierte, wenn es nicht sogar sank. Und da Amerikas Konsum für die Nachfrage in der übrigen Welt eine kritische Größe ist, bremste seine relative Schwäche auch den weltweiten Aufschwung. Folglich glichen die amerikanischen Exporte die mangelnde Binnennachfrage nicht aus.

Anfang 2015, während ich das hier schreibe, ist in den Vereinigten Staaten eine Art Aufschwung im Gange. Man beginnt wieder einzustellen; die Löhne der meisten Beschäftigten steigen jedoch nicht an. Und die Konzentration von Reichtum und Einkommen steht nach wie vor knapp unter der Rekordmarke. Die 400 reichsten Amerikaner besitzen mehr als die unteren 50 Prozent zusammengenommen;[9] dem reichsten einen Prozent gehören 42 Prozent des nationalen Privatvermögens;[10] und der Anteil der unteren, schlechter gestellten Hälfte der Haushalte am Gesamtreichtum ist von 3 Prozent 1989 auf 1 Prozent gefallen.[11] Um das so recht zu verstehen, vergleichen Sie einfach einen Haushalt an der Spitze mit einem Durchschnittshaushalt. 1978 war der typische Haushalt im reichsten Zehntelprozent 220-mal reicher als der Durchschnittshaushalt; 2012 war besagter Haushalt an der Spitze bereits 1120-mal so reich wie der Durchschnitt.[12] Seit 2000 ist das mittlere Wocheneinkommen vollzeitbeschäftigter Lohn- und Gehaltsempfänger – inflationskorrigiert – gesunken, und die durchschnittlichen Stundenlöhne liegen – inflationskorrigiert – unter denen von vor 40 Jahren.[13]

In Europa, so hat Thomas Piketty in seinem Buch *Das Kapital im 21. Jahrhundert* gezeigt, zieht sich dieses Muster durch einen Gutteil des 18. und 19. Jahrhunderts, und wir finden es, wenn auch in geringerem Ausmaß, auch in Amerika.[14] Und im Augenblick ist dieses Muster wieder im Kommen. Man könne, so meint Piketty pessimistisch, kaum etwas dagegen tun (sein umfassendes wirtschaftliches Datenmaterial legt den Schluss nahe, dass eine Verlangsamung des Wachstums fast automatisch zu einer Konzentration großen Reichtums in den Händen einiger weniger führen muss). Was er jedoch außer Acht lässt, das sind die politischen Umwälzungen und Reformen, zu denen eine derartige Konzentration von Reichtum immer wieder geführt hat – denken Sie an Amerikas populistische Revolten der 1890er-Jahre, denen die Progressive Era folgte, oder sogar an die sozialistische Bewegung im Deutschland der 1870er-Jahre, die zum ersten Wohlfahrtsstaat unter Otto von Bismarck führte.

Das von mir beschriebene Phänomen steht über Konjunkturzyklen. Abbildung 8 stellt unsere gegenwärtige Ära in den Kontext; sie zeigt die Daten der einzelnen Expansionsphasen seit dem Zweiten Weltkrieg und verdeutlicht, welcher Anteil davon an die reichsten 10 Prozent und an die ärmsten 90 Prozent der Haushalte ging.[15] Drei Dinge springen sofort ins Auge. Erstens begann der Anteil der unteren 90 Prozent zwischen 1982 und 1990 drastisch zu sinken. Zweitens ging mit jedem Aufschwung ein noch größerer Teil der Erträge nach oben. Drittens fielen während des Aufschwungs von 2009 die Realeinkommen der unteren 90 Prozent der Haushalte zum ersten Mal; nie zuvor waren die mittleren Haushaltseinkommen während einer Aufschwungsphase gesunken. Das Muster, das wir hier über drei Jahrzehnte sehen, lässt auf eine Beschleunigung des Teufelskreises schließen – diejenigen mit dem größten Anteil an wirtschaftlicher Macht konnten die Spielregeln zu ihrem Vorteil beeinflussen, was wiederum zu einem Mehr an wirtschaftlicher Macht führt, während der Großteil der Amerikaner, der diese Macht nicht hat, entsprechend kaum oder gar keinen Zuwachs beim Realeinkommen zu verzeichnen hat.

Abb. 8: Verteilung des durchschnittlichen Einkommenszuwachses in Expansionsphasen

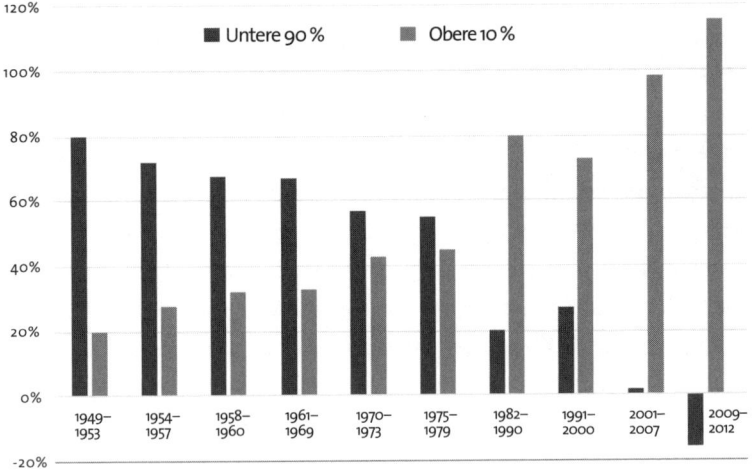

Quelle: Pavlina R. Tcherneva, »Reorienting Fiscal Policy: A Bottom-up Approach«, *Journal of Post Keynesian Economics* 37, Nr. 1 (2014), S. 43–66

Das kann unmöglich so weitergehen, weder ökonomisch noch politisch. Vom wirtschaftlichen Standpunkt aus betrachtet wird bei anhaltendem Schwund ihres Anteils am Gesamteinkommen sowohl der Mittelschicht als auch den Armen die Kaufkraft ausgehen, die nötig ist, um die Wirtschaft voranzutreiben. Eine direkte Umverteilung von Reich nach Arm, die groß genug wäre, um dieser Entwicklung zu begegnen, ist politisch nicht machbar. Unterdessen gerät – da mehr und mehr Amerikaner zu dem Schluss kommen, aufgrund manipulierter Spielregeln den Kürzeren zu ziehen – das soziale Gefüge zunehmend ins Wanken. Das Vertrauen in die wirtschaftlichen Institutionen geht ohnehin bereits in den Keller. Einer Umfrage von Gallup zufolge waren 2001 noch 77 Prozent der Amerikaner zufrieden mit ihren Möglichkeiten, sich durch harte Arbeit nach oben zu arbeiten; nur 22 Prozent drückten diesbezüglich Unzufriedenheit aus.[16] Seit damals hat diese Zufriedenheit jedoch ab- und die Unzufriedenheit zugenommen. Bereits 2014 waren nur noch 54 Prozent mit ihren Chancen zufrieden und 45 Prozent nicht. Dem Pew Research Center zufolge ist der Prozentsatz der Amerikaner, deren Ansicht nach man nur hart genug arbeiten muss, um vorwärtszukommen, seit 2000 um 13 Punkte gefallen.[17]

Wenn sich so viele Menschen willkürlich und unfair behandelt fühlen, untergräbt das wirtschaftliche Institutionen in mehrerlei Hinsicht. Erstens wird das Brechen von Regeln weitere Verbreitung finden. Wenn das Spiel zugunsten der wenigen an der Spitze manipuliert zu sein scheint, dann steigt die Wahrscheinlichkeit, dass Schummeln auch für andere akzeptabel ist – man bestiehlt seinen Arbeitgeber, manipuliert Stechuhren, schwindelt bezüglich der Arbeitszeit, stellt zu hohe Rechnungen, schöpft Profite ab, akzeptiert Schmiergelder und Provisionen für die Vergabe von Aufträgen oder Abschlüssen. Eine Wirtschaft ist jedoch auf Vertrauen gebaut. Die Gesamtwirkung selbst kleiner Vertrauensbrüche kann zu enormen Kosten führen. Arbeitgeber können sich zur Straffung der Regeln und zur Einschränkung des Ermessensspielraums für alle Beschäftigten gezwungen sehen; zu zeitraubenden Scans und Sicherheitschecks bei Arbeitsschluss; zur abermaligen Überprüfung sämtlicher Konten und Transaktionen; und dann sind weitere juristische Schritte und kleinliche Prozeduren nötig, nur damit keiner den anderen durch eigennützige Manöver überraschen kann. Geschäftliche Transaktionen werden zunehmend durch mit ausgefeilten Bestimmungen gespickte Verträge abgesichert; zusätzliche Kredite erfordern immer mehr belastende Garantien. Über die gesamte Wirtschaft hinweg explodieren Papierkram und Bürokratie proportional zu den Schummeleien, die sie eindämmen sollen. Die einzigen Nutznießer dieser ökonomischen Sklerose sind Anwälte, Buchhalter, Revisoren sowie Sicherheits- und Scanpersonal.

Zweitens, wenn das Spiel manipuliert scheint und das Vertrauen den Bach runtergeht, kann man auch nicht länger von Loyalität ausgehen. Das untergräbt den Willen zur besonderen Anstrengung, den Willen, einen Schritt weiterzugehen, zu tun, was nötig ist, auch wenn es nicht verlangt wird – man meldet weder unerwartete Probleme, noch überlegt man sich neue Lösungen. Arbeit- oder Auftragnehmer halten etwas zurück, seien es technische Informationen oder ökonomische Einsichten. Diese könnten auf der einen Seite zu einem vereinten Produktivitätsschub führen – könnten jedoch auf der anderen Seite auch genauso gut einfach die Taschen der obersten Führungsriege füllen oder gar Entlassungen nach sich ziehen. Und da Investitionen in diese Art von Extrawissen nicht so zu schützen sind wie Investitionen in Immobilien, Maschinen oder gar geistiges Eigentum, reduziert allgemeines Misstrauen die Anreize zu solchen Investitionen, da alle Angst haben, dass man ihnen die neuen Kenntnisse stiehlt.

Drittens unterlaufen Leute, die sich durch manipulierte Spiele betrogen fühlen, gern das System auf eine Art und Weise, bei der alle verlieren. Nehmen Sie zum Beispiel die Simulation, die ich mit den Studenten meines Reichtum/Armut-Seminars in Berkeley mache. Ich teile sie in Zweiergruppen auf und bitte sie, sich vorzustellen, dass jeweils einer der beiden von mir $ 1000 bekommt. Unter der Bedingung, dass sie sich über die Aufteilungsmodalitäten einigen, dürfen sie etwas von dem Geld behalten. Sie dürfen dabei jedoch nur ein Angebot machen, auf das der andere nur mit »ja« oder »nein« reagieren kann; außerdem dürfen sie nur über einen Zettel kommunizieren, auf den der eine schreibt, wie viel er abgeben will, und der andere sein »ja« oder »nein«.

Man könnte nun denken, dass so einige der imaginären Empfänger der $ 1000 ihrem Partner $ 1 oder gar noch weniger bieten würden, was dieser mit Freuden akzeptieren würde, da selbst ein Dollar besser ist als nichts. Der ökonomischen Theorie zufolge wäre dieses Ergebnis eine Verbesserung gegenüber dem Status quo. Aber dazu kommt es nicht. Die meisten Empfänger der $1000 sind ihren Partnern gegenüber weit großzügiger und bieten ihnen wenigstens $250. Noch überraschender ist, dass die meisten Partner Angebote unter $250 ablehnen, obwohl ein »nein« zur Folge hat, dass keiner von beiden etwas behalten darf. Sozialwissenschaftler haben dieses Spiel – und Variationen davon – Tausende von Malen mit verschiedenen Gruppen und Paarungen durchgeführt und sind zu bemerkenswert ähnlichen Ergebnissen gekommen.

Eine Version dieses Spiels sehen wir – sozusagen in großem Stil – in den letzten Jahren auf nationaler Ebene. Nur dass es dort kein Spiel mehr ist: Eine Handvoll Amerikaner streicht immer größere Anteile am nationalen Gesamteinkommen ein, während der Anteil des Durchschnittsamerikaners, der härter zupackt denn je, fast durch die Bank schrumpft. Und wie in den Simulationen sagen die Verlierer mehr und mehr »nein«. So waren zum Beispiel Umfragen zufolge 2015 die meisten Amerikaner gegen die Transpazifische Partnerschaft, die Handel und Verkehr zwischen den Vereinigten Staaten und der Pazifikregion fördern soll.[18] Geschichte und Politik liefern uns durchaus Hinweise, dass von einer Ausweitung des Handels alle profitieren, weil dadurch Güter und Dienstleistungen für jeden von uns billiger werden. In den letzten Jahren geht jedoch der größte Teil der Handelsgewinne an Investoren und Spitzenkräfte, während die Lasten unverhältnismäßig den Menschen aus der Mittelschicht (und darunter) zufallen, die ihre gut bezahlten Jobs verloren haben. Bereits 2014 hatte der überwiegende Teil der Amerikaner Umfragen zufolge mit weiteren Abkommen zur Öffnung des Handels nichts mehr am Hut.[19]

Warum sollten Leute einen Deal ablehnen, nach dem sie besser dastehen würden, nur weil der andere noch viel, viel besser dasteht? Könnte man das nicht als Neid oder Boshaftigkeit deuten? Aber wenn ich meine Studenten frage, warum sie Angebote unter $250 abgelehnt hatten, erklärten sie mir, dass alles andere unfair gewesen wäre. Vergessen Sie nicht, ich habe die $1000 willkürlich verschenkt. Die Empfänger hatten dafür keinen Finger krumm machen müssen. Anders gesagt, wenn ein Spiel manipuliert scheint, sind die Verlierer durchaus bis zu einem gewissen Grad bereit, Gewinne zu opfern, um zu verhindern, dass der Sieger viel mehr einstreicht als sie – was ihnen schlicht unfair scheint. Eine weitere Erklärung der Studenten für ihr Verhalten ist die, dass sie ihrem Partner mit dem Mehr an Geld auch weit mehr Macht zugestehen würden, mit der sich das Spiel noch weiter zu ihren Ungunsten manipulieren ließe. Also sind sie bis zu einem gewissen Grad bereit, auf einen Gewinn zu verzichten, um einer zunehmend einseitigen und korrupten Politik vorzubeugen. Das legt die Vermutung nahe, dass, falls es bei diesem Spiel – der Verteilung des Nationaleinkommens – weiterhin nur eine Handvoll großer Gewinner und eine breite Masse von Verlierern gibt, Letztere irgendwann den Versuch unternehmen werden, diesem Spiel ein Ende zu machen. Sie täten das nicht aus Neid, sondern aus einem tief empfundenen Sinn für Ungerechtigkeit, ganz zu schweigen von der Angst vor immer mehr Privilegien und unkontrollierter Macht für die anderen.

Zusammenfassend lässt sich also sagen: Wenn Leute das Gefühl haben, das System an sich sei unfair und willkürlich und harte Arbeit zahle sich schlicht nicht aus, verlieren wir dabei letztlich alle. Das ist unvermeidlich angesichts der geschilderten negativen Auswirkungen: um sich greifende Betrügereien und Diebstähle, wachsendes Misstrauen und die Bereitschaft, lieber auf gemeinsame Gewinne zu verzichten, nur um diejenigen, denen es ohnehin schon besser geht, davon abzuhalten, noch besser dazustehen. Das Sozialprodukt mag aufgrund steigender Aufwendungen für Sicherheitspersonal, Buchhalter, Wirtschaftsprüfer, Anwälte, Röntgenapparate und anderes Überwachungsgerät trotzdem anwachsen – aber die Lebensqualität des durchschnittlichen Amerikaners verbessern diese »Verteidigungsausgaben« nicht. Die andere negative Folge ist, wie wir gesehen haben, die chronisch unzureichende Nachfrage nach Gütern und Dienstleistungen aufgrund ungenügender Kaufkraft und wirtschaftlicher Unsicherheit. All das zusammengenommen fügen diese Auswirkungen einem Wirtschaftssystem unermesslichen Schaden zu. Sie machen Wirtschaft und Gesellschaft zu einem »Negativsummenspiel«, wie Mathematiker sagen würden. Wirft der Kapitalismus keine Gewinne für die Mehrheit mehr ab, wird er über kurz oder lang überhaupt keine Gewinne mehr abwerfen – noch nicht einmal für die reiche Minderheit an der Spitze. Nur verstehen die wenigen an der Spitze diese fundamentale Wahrheit bislang noch nicht.

Diese Dynamik bedroht nicht nur den amerikanischen Kapitalismus; der Kapitalismus beginnt auch andernorts zu versagen. Bereits 2014 stagnierten oder sanken die Löhne in weiten Teilen Europas und in Japan, und auch die wirtschaftliche Unsicherheit nimmt dort zu. In China gewannen die Verbraucher an Boden, aber der Verbrauch hielt nicht Schritt mit Chinas zunehmend produktiver Wirtschaft und die Ungleichheit stieg sprunghaft an.[20] Chinas reiche Eliten eiferten den schlimmsten Auswüchsen westlichen Prestigekonsums nach, und die Korruption, so hat man den Eindruck, ist ebenfalls auf dem Vormarsch.

Wenn uns die Geschichte als Leitlinie dienen darf, werden Reformen aller Wahrscheinlichkeit nach von Amerika ausgehen und den Rest der Welt inspirieren. Das liegt daran, dass Amerikaner immer schon mehr Pragmatiker als Ideologen waren. Schon aus Gewohnheit machen wir uns an die Lösung vertrackter Probleme, haben wir sie erst einmal gesehen und die Ursachen dahinter erkannt. Wann immer der Kapitalismus bislang in die Krise geriet, haben wir uns nicht für Kommunismus oder Faschismus oder einen der anderen großen Entwürfe entschieden. Wir haben den Kapitalismus vor seinen Exzessen gerettet, indem wir die nötigen Korrekturen vornahmen. Wann immer die Konzentration politischer und wirtschaftlicher Macht zur Bedrohung für das System wurde, haben wir etwas dagegen getan. Jetzt sind wir einmal mehr dazu aufgerufen, genau das zu tun.

Die wesentliche Herausforderung unserer Zeit ist eher politischer als ökonomischer Art. Es ist schlicht nicht möglich, ein Wirtschaftssystem zu reformieren, dessen Grundregeln von einer ökonomischen Elite kontrolliert werden, ohne zuerst die Verteilung der politischen Macht hinter dieser Kontrolle zu reformieren.

Im Herbst 2014 erschien eine Studie der Professoren Martin Gilens, Princeton, und Benjamin Page von der Northwestern University, die das ganze Ausmaß dieser Herausforderung enthüllt.[1] Gilens und Page analysierten – im Detail – 1799 Gesetze, Bestimmungen und Verordnungen, um den relativen Einfluss ökonomischer Eliten, Konzerne, Interessengruppen mit breiter Basis und Durchschnittsbürger auf sie herauszuarbeiten. Ihre Schlussfolgerung: »Der Wille des Durchschnittsamerikaners scheint eine verschwindend geringe, statistisch nicht länger signifikante Wirkung auf die Politik zu haben, sein Einfluss geht gegen null.«[2] Stattdessen reagierten Gesetzgeber auf die politischen Forderungen reicher Einzelpersonen und bedienten finanzielle Interessen – mit anderen Worten die Interessen von Leuten mit der stärksten Lobby und ausreichend dicken Konten, um Wahlkämpfe zu finanzieren. Besonders ernüchternd ist, dass Gilens und Page mit Daten aus dem Zeitraum zwischen 1981 und 2002 arbeiten, also noch bevor der Oberste Gerichtshof mit seinen Urteilen in den Fällen *Citizens United* und *McCutcheon* Big Money Tür und Tor geöffnet hat. Wir kommen darauf gleich zu sprechen. Die Studie stammt außerdem noch aus der Zeit vor Super Political Action Committees (unabhängigen Ausgabenkomitees, die einen Kandidaten mit unbegrenzt hohen Summen von Unternehmen, Verbänden oder Einzelpersonen unterstützen) und »Dark Money«, den Geldern für Non-Profit-Organisationen, deren Herkunft nicht der Offenbarungspflicht unterliegt – ja, sie liegt sogar noch vor dem Wall-Street-Bail-out. Wir können davon ausgehen, dass ihre Ergebnisse noch eindeutiger auf finanzielle Interessen weisen würden, wenn die Daten bis heute erhoben worden wären.

Der eine oder andere mag an dieser Stelle einwenden, dass Amerikas Durchschnittsbürger doch nie viel direkte politische Macht gehabt hätten. Schrieb nicht schon Walter Lippmann 1922 in seinem Buch *Public Opinion*, die breite Öffentlichkeit habe nicht nur keine Ahnung von Politik, sie sei ihr egal?[3] Die Zustimmung der Öffentlichkeit sei von einer Elite »fabriziert«, die sie manipuliert. Es sei »unmöglich«, so Lippmanns Schluss, noch »länger an das ursprüngliche Dogma der Demokratie zu glauben«.[4] Nichtsdestotrotz schien die amerikanische Demokratie robust im Vergleich mit so manch anderer Nation, die der einen oder anderen Form von Totalitarismus zum Opfer fiel.

Nach dem Zweiten Weltkrieg versuchten sich Politwissenschaftler an einer Erklärung der relativen Stabilität und Reaktionsfähigkeit der amerikanischen Demokratie. Sie kamen zu der Hypothese, dass – auch wenn die einzelnen Stimmen der amerikanischen Bürger nicht unbedingt zählten – fast jeder von ihnen der einen oder anderen Interessengruppe angehörte oder Mitglied von Organisationen war, seien es Clubs, Verbände, Parteien oder Gewerkschaften. Und auf genau diese Gruppen und Organisationen reagierten die Politiker. Der »Pluralismus der Interessengruppen«, wie man das damals nannte, passte nicht so recht in die alten Schulbuchmodelle direkter oder auch nur repräsentativer Demokratie. Dennoch ging er auf die Bedürfnisse und Hoffnungen der meisten Bürger ein. In den Augen dieser Wissenschaftler baute die demokratische Staatsführung auf die laufenden Verhandlungen all dieser zwar konkurrierenden, aber eben auch wieder ineinander verwobenen Gruppen. »Die wichtigste politische Ausgleichskraft in einer aus vielen Gruppen bestehenden Gesellschaft wie den Vereinigten Staaten«, so schrieb der Politwissenschaftler David Truman 1951 in seiner einflussreichen Abhandlung *The Governmental Process*, »ist die überlappende Mitgliedschaft in organisierten Interessengruppen.«[5] Truman zufolge gehörte die überwiegende Zahl von Amerikanern mehreren solchen Gruppen an, die wiederum als solche den Willen ihrer Mitglieder an die politische Führung übermittelten. Diese überlappenden Gruppen stabilisierten die Demokratie und ließen gleichzeitig Raum für eine friedliche Veränderung. Während sie andernorts versagt habe, so der Politwissenschaftler Robert A. Dahl 1956 in *A Preface to Democratic Theory*, sei die Demokratie in Amerika erfolgreich gewesen, weil sie aus einer breiten Zahl solcher Gruppen bestehe, von denen jede einzelne für sich eine politische Minderheit sei.[6] Da jede dieser Gruppen Koalitionen mit anderen eingehen müsse, um etwas zu bewegen, bleibe das System insgesamt flexibel und reaktionsfähig. Das Ergebnis sei weder eine Mehrheits- noch eine Minderheitsherrschaft, sondern eine »Mehrheitsherrschaft der Minderheiten«.

Wie die Forschung gezeigt hat, hörten gewählte Führer auf lokale Eliten – kleine Geschäfte etwa, aus denen sich die örtliche Handelskammer zusammensetzte – sowie auf nationale Organisationen, deren Mitglieder sowohl in lokalen als auch in staatlichen Gruppierungen tätig waren. Beispiel dafür sind die American Legion oder ein Bauernverband wie das Farm Bureau oder lokale Töchter nationaler Gewerkschaften. Auch die politischen Parteien waren sozusagen von unten nach oben geschichtet; sie gründeten auf der Basis einer starken lokalen und staatlichen Organisation. Der Kommunikationsfluss erfolgte in der Hauptsache von der Basis an aufwärts. Die American Legion zum Beispiel mit ihren lokalen Gruppen in allen Bundesstaaten und großen Städten war größtenteils für die Verabschiedung der GI Bill (1944) verantwortlich, die jedem Ex-Soldaten bis zu vier Jahre weiterführende Schule garantierte und bei Hypotheken und Geschäftskrediten aushalf.[7] Die Legion war deshalb erfolgreich, weil ihre Untergruppen auf städtischer und Staatsebene Zehntausende von Mitgliedern mobilisierten, die Druck auf ihre Abgeordneten ausübten.

Noch bedeutsamer war der Erfolg der Bundesregierung, als es darum ging, neue Zentren ökonomischer Macht zu schaffen, die die Macht von Konzernriesen und Wall Street aufwogen. Er begann mit dem New Deal zu Beginn der 1930er-Jahre und setzte sich während des Zweiten Weltkriegs und in den ersten Nachkriegsjahrzehnten fort. Wie bereits erwähnt, drängten die Gewerkschaften auf Gesetze zur Legitimierung von Tarifverhandlungen, die sie 1935 bekamen – eine Basis, aus der sich die folgenden Jahrzehnte über wirtschaftliches und politisches Kapital schlagen ließ. Selbst nicht gewerkschaftlich organisierte Arbeiter gelangten zu wirtschaftlicher Macht in Form eines gesetzlichen Mindestlohns. Der Bund stützte nicht nur die Preise kleiner Farmer, er gab ihnen obendrein eine Stimme bei der Formulierung der Agrarpolitik. Genossenschaften erreichten, wie die Gewerkschaften, die Ausnahme vom Kartellrecht. »Fair Trade«-Gesetze boten kleinen Einzelhändlern Schutz gegen große Einzelhandelsketten, indem sie Großhändler dazu verpflichteten, von allen Einzelhändlern dieselben Preise zu verlangen, und den Ketten die Senkung der Preise verboten. Gleichzeitig durften Einzelhandelsketten sich zu nationalen Verbänden zusammenschließen, um gegen die erhebliche Marktmacht der großen Hersteller bestehen zu können. Das Wertpapiergesetz (Securities Exchange Act) schützte kleine Anleger vor der Macht von Großinvestoren und Top-Executives. Kleine Banken sahen sich vor der Wall Street geschützt, indem man Bankenholdings den Ankauf von Töchtern über Staatsgrenzen hinweg verbot und Geschäfts- von Investmentbanken trennte. Und so ging es über die gesamte Wirtschaft hinweg.

Der Ökonom John Kenneth Galbraith bezeichnete die Gesamtheit dieser Marktkräfte als *Gegenkraft* (»Countervailing Power«); er sah in diesen neuen Einflusszentren das Mittel, die Gewinne aus dem Wirtschaftswachstum möglichst breit zu verteilen.[8] »Eigentlich«, so schrieb er bereits 1952, »ist diese Förderung der Gegenkraft im Laufe der letzten zwei Jahrzehnte vielleicht zur wichtigsten Friedensaufgabe der Regierung geworden.«[9] Diese Gegenkraft hatte in weiten Teilen der Wirtschaft für ein ausgleichendes Gegengewicht zu Konzernriesen und Wall Street gesorgt. »Wo ein Einfluss der Privatwirtschaft auf dem Markt vorhanden ist«, fährt Galbraith fort, »ergibt sich durch das Erstarken der Gegenkraft eine bessere Selbstregulation der Wirtschaft. Damit vermindert sich das Ausmaß einer geforderten oder angestrebten umfassenden staatlichen

Kontrolle oder Planung.«[10] Diese alternativen Machtzentren sicherten Amerikas Mittelschicht und Arbeiterklasse, mit anderen Worten dem überwiegenden Teil der Bevölkerung, einen erheblichen Anteil an den Gewinnen aus dem wirtschaftlichen Wachstum.

Mit Beginn der 1980er-Jahre kam es zu einer tief greifenden Veränderung. Das lag nicht einfach nur daran, dass Großunternehmen, Wall Street und reiche Einzelpersonen politisch an Einfluss gewannen, wie die Arbeit von Gilens und Page ganz klar zeigt.[11] Es kam auch daher, dass die Zentren gegengewichtiger Wirtschaftsmacht zu verkümmern begannen. So, wie die finanziellen Interessen von Konzernen und Großbanken zunehmend Einfluss auf die Formulierung der marktwirtschaftlichen Spielregeln gewannen, begannen diese Gegenkräfte zu schwächeln – und damit auch ihre Stimmen bei der Mitbestimmung der Regeln.

Die Zahl der Mitglieder in volksnahen Basisorganisationen wie der American Legion sank, und das nicht zuletzt deshalb, weil es den Amerikanern allmählich an Zeit für sie fehlte. Da ihre Einkommen stagnierten, mussten die Leute immer mehr und länger arbeiten, um über die Runden zu kommen. Das betraf auch die Zeit von Frauen und Müttern, die sich Ende der 1970er-Jahre in Scharen der bezahlten Arbeiterschaft anschlossen, um das Familieneinkommen aufzubessern, das durch die schwächelnden Löhne für die männlichen Arbeiter zu schrumpfen begann. Wie der Soziologe Robert Putnam dokumentiert hat, war Amerika mit einem Mal keine Nation von »Mitgliedern« mehr.[12] Spätestens in den 1980ern begann das gewaltige Mosaik der Organisationen abzubröckeln, das dem amerikanischen Pluralismus Kraft und Bedeutung verliehen hatte. In den ersten beiden Jahrzehnten des 21. Jahrhunderts waren viele dieser volksnahen Organisationen so gut wie verschwunden und damit auch ihre kollektiven Stimmen verstummt. Ersetzt wurden sie durch bundesweite Interessenverbände, die ihren Sitz in der Regel in Washington haben. »Mitgliedschaft« bedeutet damit heute nicht länger aktive Mitarbeit auf lokaler und Staatsebene; und auch die lokalen und staatlichen Gruppen tragen nicht mehr wir früher Stufe für Stufe den Willen der Basis an die nationale Führung heran. »Mitgliedschaft« bedeutet heute kaum mehr als die Bereitschaft des Einzelnen, mit Überweisungen auf die Flut der Spendenaufrufe von oben zu reagieren. Zur gleichen Zeit begann die Zahl der Gewerkschaftsmitglieder zu sinken. Die Unternehmen hatten damit begonnen, Stellen ins Ausland zu verlegen, und drohten damit, noch mehr ins Ausland zu verlegen, es sei denn, gewerkschaftlich organisierte Arbeiter erklärten sich zu Konzessionen hinsichtlich Lohn und Leistungen bereit – wenn sie nicht gleich in »Right to Work«-Staaten auswichen und Organisationsversuche ihrer Arbeiterschaft im Keim erstickten. Präsident Reagan trug tatkräftig zur Legitimierung dieser Schritte bei, als er die streikenden Fluglotsen feuern ließ, aber letztlich sahen sich CEOs bereits durch den Konkurrenzdruck in diese Richtung gedrängt. In der Folge setzten, wie ich dargelegt habe, feindliche oder fremdfinanzierte Übernahmen die Unternehmensspitzen zunehmend unter Druck, die Arbeitskosten zu senken und gegen die Gewerkschaften vorzugehen. Mit dem Niedergang der Gewerkschaften schwand nicht nur die Möglichkeit des durchschnittlichen Arbeiters, einen fairen Anteil am Unternehmensgewinn auszuhandeln. Mit ihm schwanden auch die politischen Möglichkeiten der arbeitenden Bevölkerung, Gesetze und Bestimmungen auszuhandeln, die ihnen ihr Einkommen erhalten halfen – Arbeitsgesetze, die ihr Recht auf Tarifverhandlungen nicht nur untermauerten, sondern ausweiteten, Handelsabkommen, die ihre Stellen schützten (oder sie wenigstens für deren Verlust angemessen entschädigte), Gesellschaftsrechte, die ihnen ein gewisses Mitspracherecht bei der Unternehmensführung gaben, Insolvenzgesetze, die den Absprachen mit den Gewerkschaften eine höhere Priorität einräumten.

Gewerkschaften betreiben weiterhin Lobbyarbeit, sicher, und sie tragen nach wie vor zu den Wahlkampfkassen bei, aber ihre politische und wirtschaftliche Schlagkraft hat abgenommen, vor allem im Vergleich zu der von Konzernriesen, Handelsverbänden, Wall Street und Milliardären. Im Wahlkampf 2012, zum Beispiel, gab das politische Netzwerk der Gebrüder Koch allein über $ 400 Millionen aus.[13] Das war mehr als das Doppelte der Summe, die die zehn größten Gewerkschaften zusammengenommen beisteuerten.[14] Im selben Jahr kamen auf jeden Dollar, den die Gewerkschaften für Lobbyarbeit ausgaben, $ 56 von der Unternehmerseite.[15] Die Kandidaten der Demokratischen Partei verlassen sich bei der Finanzierung ihrer Wahlkämpfe bei Weitem mehr auf reiche Privatleute als auf die Gewerkschaften. 2012 bekamen die Demokraten von dem Zehntelprozent der reichsten Haushalte Amerikas viermal so viel wie aus Gewerkschaftskassen.[16] Der Verlust an kollektiver ökonomischer Macht des amerikanischen Arbeiters hat so den Verlust an politischer Macht zementiert – der wiederum den Verlust an wirtschaftlicher Macht beschleunigt hat.

Andere Zentren der Gegenkraft – kleinere Einzelhändler, landwirtschaftliche Genossenschaften und lokale oder regionale Banken – haben ebenfalls an Boden verloren. Viele kleine Einzelhändler gingen ein, als Bundesstaaten die »Fair Trade«-Gesetze aufhoben und Gerichte die Preisbindung zweiter Hand für unrechtmäßig erklärten, da sie gegen das Kartellrecht verstoße. Die großen Ketten, die diese Entwicklung vorantrieben, führten ins Feld, dass sie letztendlich dem Verbraucher zugutekäme. Aber sie ebnete auch den Weg für die riesigen »Big Box«-Einzelhändler – die großen Kästen am Stadtrand – wie Walmart, die der amerikanischen Hauptstraße so viel Kundschaft entzogen, dass viele Orte zu Geisterstädten wurden. Die Veränderungen führten außerdem millionenfach zur Schließung von lokalen Geschäften, die ihr Viertel mit den verschiedensten (zum Teil regionalen) Produkten und Dienstleistungen versorgten. Mit ihnen gingen Millionen von Stellen verloren. In gleicher Weise ermöglichte auch die – von der Wall Street geforderte – Deregulierung der Finanzmärkte es den größten Banken der »Street«, immer größer zu werden und damit Märkte an sich zu reißen, die früher lokale und regionale Banken bedienten – was letztlich dazu führte, dass man vielen kleinen und regionalen Geschäften und Unternehmen den finanziellen Hahn abdrehte.

Unterdessen richteten sich auch die politischen Parteien neu aus. Je mehr Einkommen und Reichtum sich an der Spitze konzentrierten, je mehr die Kosten für Wahlkämpfe eskalierten, desto mehr mutierten Parteien, die einst – auf lokale und staatliche Organisationen bauend – die Ansichten ihrer Mitglieder nach oben weitergaben, zu ungeheuren Top-down-Spendenmaschinerien. Die Republikaner waren längst auf den Willen von Konzernriesen, Wall Street und anderen reichen Gönnern geeicht, bevor sie vor den eskalierenden Wahlkampfspenden kapitulierten. Seit einigen Jahren jedoch zeigen sich die Demokraten kaum weniger aufgeschlossen für ebendiese finanziellen Interessen.»Die Wirtschaft muss mit uns zusammenarbeiten, ob sie das will oder nicht, denn wir sind die Mehrheit«, tönte der demokratische Abgeordnete Tony Coelho, der als Chef des demokratischen Wahlkampfteams in den 1980er-Jahren die amerikanische Wirtschaft auszunehmen begann.[17] Coelhos Demokraten strichen bald ähnliche Summen aus den Wahlkampfkassen von Wirtschaft und Wall Street ein wie die Republikaner, aber die mutmaßliche Abhängigkeit der Konzernriesen von den Demokraten im Kongress und die daraus folgende Großzügigkeit dieser Unternehmen erwiesen sich als faustischer Pakt. Offensichtlich wurde die Abhängigkeit der Demokraten von den Konzernriesen, als – nur wenige Monate vor ihrem Verlust der Mehrheit 1994 – viele Demokraten im Kongress gegen Clintons Gesundheitsreform stimmten, weil ihre Sponsoren aus der Wirtschaft dagegen waren.

Auch wenn nicht-wirtschaftliche Anliegen – etwa die Rechte von Minoritäten und Frauen – unter demokratischen Regierungen und Mehrheiten im Kongress weiterhin bessere Chancen haben als unter den Republikanern, kommen die wirtschaftlichen Interessen bei beiden besonders gut weg. In seinen ersten zwei Amtsjahren, als die Demokraten im Kongress in beiden Häusern die Mehrheit hatten, drängte Bill Clinton auf die Verabschiedung des Nordamerikanischen Freihandelsabkommens (NAFTA), der die Einrichtung der Welthandelsorganisation (WTO) folgte – beide von zentraler Bedeutung für Big Business. Außerdem machte er sich auf Insistieren der

Wall-Street-Trader für den Abbau des Haushaltsdefizits stark. Während Franklin D. Roosevelts Demokraten die Wall Street im Rahmen des New Deal zu regulieren versuchten, schafften Clinton und seine Verbündeten im Kongress viele der einschlägigen Einschränkungen wieder ab. So stellten die Demokraten sich 1994 hinter den Interstate Banking and Branching Efficiency Act, der die Beschränkungen aufhob, die Fusionen von Banken aufs unterschiedlichen Bundesstaaten bzw. Regionen auferlegt waren; 1999 machte sich Clinton für die Aufhebung des Glass-Steagall Act von 1933 stark, der Geschäftsbanken das Investmentbanking untersagt hatte; und 2000 schließlich stimmte er für den Commodity Futures Modernization Act, der das Over-the-Counter-Derivate-Geschäft praktisch von jeder Aufsicht freistellte – darunter auch die verhängnisvollen Spekulationen mit Kreditausfall-Wechseln (CDS). Und schließlich machte er Abstriche an seinem Wahlkampfversprechen von 1992, Unternehmen daran zu hindern, Vergütungen ihrer Manager von über $ 1 Million steuerlich geltend machen zu können. Stattdessen erlaubte er deren Abzug vom Einkommen, solange solche Zahlungen an die »Leistung« gekoppelt wären (was auf Optionen und Awards hinauslief). Während der Clinton-Jahre explodierten die Unternehmensprofite, der Aktienmarkt kletterte in ungeahnte Höhen und die Vergütung von CEOs schoss in die Stratosphäre.

Und Barack Obama war, so oft ihn die Geschäftswelt auch als wirtschaftsfeindlich kritisiert haben mag, in Wirklichkeit der Chef einer der wirtschaftsfreundlichsten Regierungen der amerikanischen Geschichte. Obama pumpte Hunderte von Milliarden in die Wall Street, um sie (und die amerikanische Wirtschaft) nach dem Crash von 2008 vor Implosion zu bewahren; er sorgte für Anreize, die eine weitere Große Depression verhinderten, und setzte ein breit angelegtes Gesundheitsprogramm durch, das Versicherungen und Pharmakonzernen eine Menge Geld einbringt. Unter Obamas Ägide machte der Aktienmarkt die Verluste der Großen Rezession wieder wett und kletterte in neue Rekordhöhen,[18] und die Unternehmensprofite – ich habe es bereits gesagt – erreichten den höchsten Anteil an der nationalen Wirtschaft seit 1929.[19]

Der Berufsweg so einiger Demokraten vor und nach ihrer offiziellen Funktion bestätigt ihre engen Verbindungen zu Wirtschaft und Wall Street. Bill Clintons Finanzminister Robert Rubin, der vor seiner Zeit in Washington in leitender Funktion bei Goldman Sachs gewesen war, wurde nach seinem Rücktritt Direktor der Citigroup. Barack Obamas Finanzminister Timothy Geithner war vor seinem Ruf nach Washington – von Rubin selbst ernannt – Chef der New Yorker Fed gewesen und kehrte als Präsident der Kapitalbeteiligungsgesellschaft Warburg Pincus an die Wall Street zurück. Jack Law, der Geithner als Finanzminister ablöste, war bei Citigroup Betriebsdirektor (COO) der auf Eigenhandel spezialisierten Alternative Investments Division gewesen. Peter Orszag, der bei Obama als Chef des Office of Management and Budget Bundesverwaltung und -haushalt überwacht hatte, wurde nach seinem Ausscheiden aus dem Amt bei Citigroup Vice Chairman der Global Banking Division und Chairman der Financial Strategy and Solutions Division. Vielleicht war es also kein reiner Zufall, dass die Regierung Obama keine strengeren Bedingungen an die Mittel knüpfte, die im Rahmen des Rettungsschirms an die Banken gingen, oder dass man keinem der Top-Executives aus der Wall Street für die Exzesse, die um ein Haar zur finanziellen Kernschmelze führten, den Prozess machte. Womöglich war es auch kein reiner Zufall, dass die Regierung Obama sich noch nicht einmal hinter eine kleine Steuer auf Finanztransaktionen stellte, die dem Staat nicht nur zweistellige Milliardenbeträge jährlich beschert hätte, sie hätte obendrein auch noch dem Programmhandel Grenzen gesetzt.

Sachdienlicher als ein Vergleich der Berufswege von Demokraten und Republikanern ist der Vergleich zwischen Leuten, die Jahrzehnte vor dem Einzug des großen Geldes in Washington arbeiteten, und denen, die nach der finanziellen Sintflut dort ein Mandat übernahmen. So blieben zum Beispiel in den 1970er-Jahren nur etwa 3 Prozent aller scheidenden Kongressabgeordneten als Lobbyisten in der Bundeshauptstadt.[20] In den letzten Jahren nahmen sage und schreibe die Hälfte aller scheidenden Senatoren eine Lobbytätigkeit in Washington an, und das ungeachtet ihrer Parteizugehörigkeit; dasselbe gilt für 42 Prozent aller scheidenden Repräsentanten. Das liegt nicht etwa daran, dass die heutigen Ruheständler weniger Skrupel hätten als ihre Vorgänger, Kapital aus ihren Kontakten und der während ihrer Amtszeit gesammelten Erfahrung zu schlagen; es liegt einfach daran, dass das Unternehmenslobbying um so vieles einträglicher geworden ist.

Aufgrund ihrer Beiträge zu den Wahlkampfkassen von Republikanern und Demokraten hat der Einfluss der Wall Street in Washington erheblich zugenommen. Dies räumte etwa Connecticuts demokratischer Senator Chris Murphy ein, als er 2013 vor Studenten in der Yale University über die leidige Notwendigkeit des Spendensammelns klagte: »Man telefoniert endlos mit Leuten aus der Finanzbranche. Also hört man auch eine Menge mehr über die Probleme der Banker als über die der Arbeiter in Thomaston, Connecticut.«[21]

Auch die Superreichen kommen – als Privatleute – mittlerweile zunehmend für die Wahlkampfaufwendungen beider Parteien auf. Und nicht nur das, seit Anfang der 1980er-Jahre ist die Höhe der politischen Beiträge des reichsten Hundertstelprozents sogar noch schneller gestiegen als das Einkommen dieser Leute.[22] Noch 1980 war das oberste Hundertstelprozent für 10 Prozent aller Wahlkampfbeiträge verantwortlich gewesen;[23] 2012, als das reichste Hundertstelprozent der Haushalte etwa 5 Prozent des nationalen Einkommens einstrich, machten seine Wahlkampfbeiträge bereits sage und schreibe 40 Prozent aller Spenden für bundesweite Wahlen aus (siehe Abb. 9).[24]

Die beiden größten politischen Spender 2012 waren mit $ 56,8 respektive $ 46,6 Millionen Sheldon und Miriam Adelson.[25] Aber die Adelsons sind nur die Spitze eines riesigen Eisbergs superreicher Spender. Aus der *Forbes*-Liste der 400 reichsten Amerikaner dieses Jahres spendeten sage und schreibe 388 an politische Parteien. Sie waren für 40 der 155 Beiträge von $ 1 Million oder mehr verantwortlich. Von den 4493 Board-Mitgliedern und CEOs der Fortune 500-Unternehmen spendeten mehr als vier von fünf (viele, die nicht spendeten, waren Ausländer, denen politische Spenden verboten

Abb. 9: Konzentration von Einkommen und Wahlkampfbeiträgen im obersten 0,01 % der Bevölkerung im wahlfähigen Alter

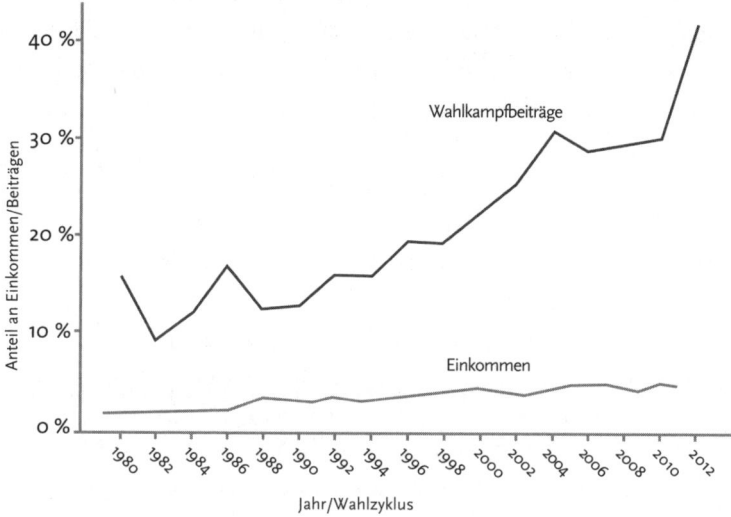

Jahr/Wahlzyklus

Anmerkung: Die obere Linie zeigt den Anteil an Wahlkampfbeiträgen in allen Bundeswahlen vom obersten 0,01 % der Bevölkerung im wahlfähigen Alter. Die Zahl der Spender in diesem Anteil von 0,01 % der Bevölkerung im wahlfähigen Alter stieg von 16 444 (1980) auf 24 092 (2012). Im selben Zeitraum stieg der gegebene Mindestbetrag, der jemanden für das oberste 0,01 % qualifiziert, real von $ 5 616 auf $ 25 000 (im Geldwert von 2012). Die untere Linie zeigt den Anteil am Gesamteinkommen (inklusive Kapitalerträge) des obersten 0,01 % der Haushalte. Die Abbildung berücksichtigt individuelle Beiträge an Super PACs (Super Political Action Committees/unabhängige Ausgabenkomitees) und 527 Organisationen, berücksichtigt jedoch keine Beiträge an Organisationen ohne Offenbarungspflicht nach 501(c)4, die 2010 schätzungsweise $ 143 und 2012 $ 318 Millionen ausgegeben haben, ein Gutteil davon aus den Taschen von Millionären. Wäre es möglich, die Beiträge an Organisationen ohne Offenbarungspflicht nach 501(c)4 mit zu berücksichtigen, lägen die Trendlinie 2010 und 2012 aller Wahrscheinlichkeit um 1–2 Prozentpunkte höher.

Quelle: A. Bonica, N. McCarty, K. Poole, und H. Rosenthal, »Why Hasn't Democracy Slowed Rising Inequality?«, *Journal of Economic Perspectives* 27, Nr. 3 (Sommer 2013), S. 112; aus Einkommensdaten von Piketty und Saez (2013)

sind).[26] Im Vorfeld der Wahlen von 2016 taten die Milliardärsbrüder Charles und David Koch sich mit ihren reichen Freunden zusammen, um eine Kriegskasse von fast $ 1 Milliarde aufzubauen – die es ihrer politischen Organisation erlaubte, auf demselben Niveau zu operieren wie die beiden großen Parteien.

Die zunehmende Dominanz der Spenden von Superreichen wäre weniger bedeutsam, würden ihre Belange und Standpunkte die Belange und Standpunkte der meisten anderen Amerikaner mit derselben Parteizugehörigkeit reflektieren. In diesem Fall bildete die Macht demokratischer Milliardäre vermutlich eine Gegenkraft zur Macht republikanischer Milliardäre. So, wie die Dinge liegen, haben die Reichen jedoch ganz andere Prioritäten als die Durchschnittsamerikaner. Ein Duell der Milliardäre ist kein Ersatz für eine ökonomisch-politische Gegenkraft.

Laut einer Erhebung von Pew Research aus dem Jahr 2014, um nur ein Beispiel zu nennen, sorgt sich eine überwiegende Mehrheit von Amerikanern, ungeachtet ihrer politischen Sympathien, um ihren Job.[27] Als jedoch die Politwissenschaftler Benjamin Page und Larry Bartels in Chicago Leute mit einem durchschnittlichen Nettovermögen von $ 14 Millionen unter die Lupe nahmen, stellten sie fest, dass deren größte Sorgen entweder das Haushaltsdefizit oder exzessive öffentliche Ausgaben waren; sie nannten sie dreimal so oft wie Arbeitslosigkeit.[28] Wen sollte es überraschen, dass diese reichen Leute bei weitem nicht so willig waren wie andere, das Haushaltsdefizit durch höhere Steuern anzugehen – sie hätten das Problem lieber durch Abstriche bei Sozialhilfe und Medicare gelöst. Außerdem waren sie gegen Initiativen, die den meisten anderen Amerikanern am Herzen liegen, wie etwa mehr Geld für Schulen und die Anhebung des Mindestlohns.

Es gab jedoch noch etwas anderes, was die Reichen aus Pages und Bartels' Erhebung vom Rest der Amerikaner unterschied, und das war ihr politischer Einfluss. Während der zwölf Monate vor der Erhebung hatten zwei Drittel von ihnen an politische Kampagnen und Organisationen gespendet (im Durchschnitt $ 4633).[29] Ein Fünftel von ihnen hatte sogar Spenden von anderen gebündelt. Dieses Geld verschaffte ihnen eben den politischen Einfluss, von dem der Rest der Amerikaner nur träumen kann. Etwa die Hälfte dieser reichen Leute hatte erst kurz zuvor Kontakt mit einem Washingtoner Parlamentarier aufgenommen, und bei 44 Prozent dieser Kontaktaufnahmen ging es nicht etwa um breiter gefasste nationale, sondern um relativ eng gefasste ökonomische Eigeninteressen. Und wir sprechen hier nur von Chicago, mit anderen Worten von den Reichen einer einzigen Stadt. Multiplizieren Sie das mit den gesamten Vereinigten Staaten, und Sie werden sehen, auf wen unsere gewählten Volksvertreter hören und warum. Dabei berücksichtigt die Erhebung noch nicht einmal den institutionalisierten Reichtum und die politische Macht von Wall Street und Großunternehmen. Multiplizieren Sie den Multiplikator.

Wären Reichtum und Einkommen nicht in den Händen einiger weniger konzentriert und die ökonomisch-politische Gegenkraft nicht verkümmert – die Entscheidungen des Obersten Gerichts in den Fällen *Citizens United v. Federal Election Commission* (2010) und *McCutcheon vs. Federal Election Commission* (2014), die beide mit der Mehrheit der fünf Republikaner zustande gekommen waren, wären nicht halb so beunruhigend, wie sie tatsächlich sind. *Citizens United* erklärte Unternehmen zu Personen im Sinne des Ersten Verfassungszusatzes, was sie zur Teilnahme an Wahlen in Form finanzieller Beiträge berechtige wie jeden anderen Staatsbürger auch.[30] Die Entscheidung eines Bundesberufungsgerichts im Fall *Speech-Now.org vs. Federal Election Commission,* die sich explizit auf *Citizens United* berief,[31] gestattete später Unternehmen und Einzelpersonen die Spende unbegrenzter Beiträge an unabhängige Ausgabenkomitees oder »Super PACs«, wie wir sie heute nennen. *McCutcheon* schaffte den Höchstbetrag ($ 123 000) für Spenden von Einzelpersonen an politische Parteien bei Bundeswahlkämpfen ab und erlaubte Präsidentschaftskandidaten, pro zweijährigem Wahlzyklus bis zu $ 1,2 Millionen pro Spender anzunehmen; Parteiführer im Repräsentantenhaus konnten fortan bis zu $ 2,3 Millionen pro Spender und zweijährigem Wahlzyklus annehmen.[32]

Indem der Oberste Bundesgerichtshof den Gesetzen über die Wahlkampffinanzierung praktisch die Zähne gezogen hatte, beschleunigte er den bereits mehrmals angesprochenen Teufelskreis, bei dem große Unternehmen und reiche Einzelpersonen für die Ausformung der Spielregeln zu ihren Gunsten bezahlen, was sie noch reicher macht und ihnen so noch mehr Einfluss auf die Spielregeln gibt. Und, was das Ganze noch schlimmer macht, all das passiert im Dunkeln. Bei den Zwischenwahlen 2014, bei denen sämtliche Abgeordneten des Repräsentantenhauses und ein Drittel der Senatoren gewählt werden, kam mehr als die Hälfte der von parteifremden Gruppen ausgestrahlten Werbung von Organisationen, die die Herkunft ihrer Mittel kaum oder gar nicht offenlegten.[33] Einige dieser Organisationen waren eigens dazu eingerichtet worden, die Identität der reichen Privat- und Firmenspender zu schützen. Diese Gruppen finanzierten sogar noch mehr politische Werbung als die erwähnten Super PACs.[34]

Wirtschaftliche und politische Macht wurden so zementiert. 1990 gehörten für das Oberste Bundesgericht zur Korruption vernünftigerweise noch »die zersetzenden und verzerrenden Auswirkungen der ungeheuren finanziellen Mittel, die mithilfe körperschaftlicher Gebilde angehäuft werden und die, wenn überhaupt, nur in geringem Bezug zum Rückhalt des politischen Gedankenguts dieser Körperschaft bei der Öffentlichkeit stehen«.[35] Zwanzig Jahre später definierte dasselbe Gericht Korruption bereits weit enger als den Austausch bestimmter Summen für ein bestimmtes Abstimmungsverhalten – mit anderen Worten, als direkte Bestechung. Ganz im Sinne der Mehrheit seiner Kollegen erklärte der Oberste Bundesrichter Anthony Kennedy schlicht, dass »unabhängige Ausgaben, darunter auch die von Körperschaften, nicht zur Korruption oder zum Anschein von Korruption führen«.[36]

Wen wundert es da, wenn das Vertrauen in politische Institutionen und Akteure weiterhin schwindet? 1964 waren gerade einmal 29 Prozent der Wähler der Ansicht, der Staat werde »von einer Handvoll großer Interessen geleitet, die nur an sich selbst denken«.[37] Dieses Verhältnis sollte sich umkehren: 2013 waren 79 Prozent der Amerikaner dieser Ansicht.

Diese Erosion des öffentlichen Vertrauens nahm gerade in den letzten Jahren erheblich zu. Noch 2006 waren 59 Prozent der Amerikaner der Ansicht, Korruption sei in der Politik an der Tagesordnung; 2013 teilten diese Ansicht bereits 79 Prozent.[38] Umfragen von Rasmussen im Herbst 2014 zufolge waren zu diesem Zeitpunkt 63 Prozent aller Amerikaner der Ansicht, Kongressabgeordnete würden ihre Stimme gegen Cash oder Wahlkampfbeiträge verkaufen, und 59 Prozent hielten es für durchaus wahrscheinlich, dass ihr eigener Volksvertreter dies bereits getan hatte.[39] 66 Prozent waren der Überzeugung, dass die meisten Abgeordneten die Meinung ihrer Wähler nicht kümmere, und 51 Prozent sagten, noch nicht einmal ihr eigener Abgeordneter interessierte sich für ihre Ansichten.[40]

Ein großer Teil der amerikanischen Bevölkerung macht sich noch nicht einmal mehr die Mühe, zur Urne zu gehen. Die größte politische Partei sind weder die Republikaner noch die Demokraten, sondern die Partei der Nichtwähler. Nur 58,2 Prozent aller Wahlberechtigten gaben bei den Präsidentschaftswahlen 2012 auch tatsächlich ihre Stimme ab.[41] Die Wahlbeteiligung bei den Zwischenwahlen ist grundsätzlich niedriger, aber 2014 wählten sage und schreibe gerade mal 33,2 Prozent[42] – die niedrigste Wahlbeteiligung seit den Zwischenwahlen von 1942,[43] die – nicht ganz zufällig – mitten im Krieg lag. Überdies bringen die Wähler ihre Unzufriedenheit dadurch zum Ausdruck, dass sie in großen Wellen die jeweils regierende, d. h. beherrschende Partei abwählen. Barack Obama und die Demokraten gewannen 2008 mit überwältigender Mehrheit, die sich jedoch in einer Art Gezeitenwende sofort wieder für die andere Richtung entschied, sodass die Republikaner 2010 das Repräsentantenhaus übernahmen und 2014 auch den Senat.

Andere Nationen, die eine ähnliche Divergenz zwischen den wirtschaftlichen Gewinnen eines kontrollierenden Establishments und der wirtschaftlichen Unsicherheit aller anderen zu verzeichnen haben, weisen analoge Anzeichen von Unzufriedenheit auf. So gab es etwa 2014 in vielen Teilen der Welt wirtschaftlich motivierte Abspaltungsbewegungen. Schottland zum Beispiel hätte sich um ein Haar von Großbritannien getrennt, und während die Schotten 2014 laut einer Umfrage von YouGov trotz der Trennung von England in der EU geblieben wären, steht für Juni 2016 im Vereinigten Königreich der Austritt aus der EU zur Abstimmung an.[44] Auch die Katalanen sprachen sich in einer Probeabstimmung für die Abspaltung von Spanien aus.[45] Anfang 2014 gewannen bei einigen europäischen Parlamentswahlen extrem nationalistische Parteien an Boden. Auch in Russland, Japan, Indien und China haben nationale Bewegungen gegen globale Eliten und internationale Einrichtungen Konjunktur.

Was die amerikanischen Präsidentschaftswahlen von 2016 angeht, führt eine beispiellose Konzentration von Einkommen und Reichtum an der Spitze im Verein mit Wahlkampfausgaben und Einflusshandel durch Konzerne, Wall Street und reiche Privatpersonen in nie gekanntem Ausmaß zum perfekten Sturm. Und der fordert seinen Tribut: Eine Gegenmacht gibt es praktisch nicht mehr. Der Großteil der Amerikaner fühlt sich machtlos und hat nichts als Verachtung übrig für Politik und Politiker; den Möglichkeiten einer spürbaren Veränderung begegnen die Menschen nur noch mit Zynismus. Machtlosigkeit ist jedoch auch eine sich selbst bewahrheitende Prophezeiung. Der einzige Weg zur Demokratie und zu einer Wirtschaft, die auch tatsächlich im Sinne und zugunsten der Mehrheit funktioniert, besteht darin, politisch aktiv zu werden und für eine neue ökonomische Gegenkraft zu sorgen. Die finanziellen Interessen werden weiterhin tun, was sie am besten können, und das ist Geld verdienen. Wir anderen müssen tun, was wir am besten können – unsere Stimme hörbar machen, unsere Kraft und unsere Wahlstimmen zur Rückeroberung der ökonomischen und politischen Kontrolle einsetzen.

Nur die Loslösung – erstens – von dem Gedanken, der »freie Markt« könnte unabhängig vom Staat existieren, und – zweitens – von der Idee, wir würden nach unserem »Wert« in der Gesellschaft bezahlt, gibt den Blick auf die eigentlich anstehende Entscheidung frei. Und das ist nicht die Entscheidung zwischen mehr oder weniger Staat, sondern zwischen einem Staat, der auf die Forderung einer reichen Minderheit nach immer mehr reagiert, und einem Staat, der auf die Bedürfnisse einer breiten Mehrheit hört, die vergleichsweise immer ärmer wird und zunehmend an wirtschaftlicher Sicherheit verliert. Wir könnten uns dann über ideologische Rangeleien hinausentwickeln, die der politischen Rechten wie der Linken nur Zeit und Energie stehlen, und uns der eigentlichen Herausforderung unserer Zeit zuwenden: der Wiederherstellung der Gegenkraft in unserem politisch-ökonomischen System.

Finanzielle Interessen wollen den Vorhang nicht vom Konzept des »freien Marktes« gelüftet sehen, weil das ihren Einfluss auf die Spielregeln der kapitalistischen Wirtschaft entlarven und den Blick auf die potenziellen Bündnisse freigeben würde, die ein Gegengewicht zu dieser Macht schaffen könnten. Ihnen wäre es lieber, wenn die unteren 90 Prozent sich weiterhin tendenziöse Schlachten um zu viel oder zu wenig Staat lieferten (oder um andere Themen wie Homosexuellenehe, Abtreibung, Waffen, ethnische Zugehörigkeit und Religion), anstatt sich auf der Basis ökonomischer Interessen zusammenzutun.

Es ist also unabdingbar, den Vorhang zu lüften. Wenn eine Mehrheit von Amerikanern ärmer wird, während eine kleine privilegierte Minderheit mehr Reichtümer anhäuft denn je, weil die Spielregeln die wirtschaftlichen Gewinne zunehmend nach oben verteilen, dann bestehen definitiv Möglichkeiten sowohl für neue Allianzen als auch eine neue Politik. Leute, die sich heute in der Regel rechts auf dem politischen Spektrum einordnen lassen – einzelne Investoren, Familienbetriebe, Unternehmer, Angehörige ländlicher Gemeinden und die weiße Arbeiterklasse, um nur einige zu nennen –, könnten eine ganze Reihe von Gemeinsamkeiten mit arbeitenden Frauen, Minderheiten und gut verdienenden gebildeten Städtern entdecken – alles Leute, die in der Regel eher links einzuordnen sind. So haben sie unter anderem gemeinsam, dass sie alle mehr für Medikamente, Breitbandanschlüsse, Nahrungsmittel, Kreditkartenschulden und Kassenbeiträge bezahlen als nötig – würden die Marktregeln nicht von Konzernriesen formuliert.

Ganz ähnlich liegen zahllose Leute im Clinch mit einem Finanzsystem, dessen Regeln von den größten Wall-Street-Banken formuliert und durchgesetzt werden (Banken, die seit dem Bail-out *noch* größer geworden sind): die Inhaber kleiner Geschäfte, die erheblich höhere Zinsen auf Kredite bezahlen, wenn sie überhaupt welche bekommen; ehemalige Studenten, die den Überblick über die Tilgung ihrer Studienkredite verloren haben; Hausbesitzer, die mehr Hypotheken auf ihren Häusern haben, als diese wert sind. Auch das geistige Eigentum unterliegt Regeln, die für viele unüberwindbare Barrieren schaffen: einzelne Erfinder, die ihre Ideen zum Leben erwecken wollen, einzelne Unternehmer, die Firmen zu gründen versuchen, kreative Künstler auf der Suche nach einem Publikum für ihre Arbeiten, Verbraucher, die einfach nur Designs oder Bilder mit anderen teilen wollen. Oder sie bezahlen ein Heidengeld für den Zugang zu Plattformen und Netzwerken, die nur deshalb so kostspielig sind, weil der Konzern mit den Rechten daran einen Standard geschaffen hat, den alle nutzen müssen, weil ihn so viele nutzen – und weil seine Besitzer sich erfolgreich gegen das Kartellamt wehren.

Franchisenehmer sehen sich in Verträgen gefangen, die den größten Teil ihrer Profite absaugen, ihnen aber den Rechtsweg verbieten und obendrein noch jederzeit einseitig vom Franchisegeber gekündigt werden können. Sie befinden sich damit in einer ähnlichen Position wie viele Stundenlohnempfänger, die durch strikte

Arbeitsverträge geknebelt werden – man verlangt von ihnen lange Arbeitstage oder Wechselschichten bei Niedriglohn, zwingt ihnen Schlichter auf, und auch ihnen kann jederzeit vom Arbeitgeber einseitig gekündigt werden. Auch kleine Gläubiger, Gewerkschafter, einzelne Aktionäre, landwirtschaftliche Familienbetriebe und kleinere Subunternehmer machen ganz ähnliche Erfahrungen, wenn beispielsweise ein großes Unternehmen, das ihnen Geld schuldet, nicht zahlen will. Und sie alle sehen sich in einer ähnlichen Klemme, wenn dieses Unternehmen Insolvenz anmeldet und sie in der Rangfolge der Gläubiger weit unten stehen, weil die einschlägigen Regeln von Bankenriesen und großen Gläubigern formuliert wurden.

Bedenken Sie die potenziellen Verbindungen zwischen Einzelinvestoren, Gehaltsempfängern und Arbeitern auf Stundenbasis, die alle immer kleinere Stücke vom großen Kuchen bekommen, weil die Portionen für CEOs und andere Top-Executives, Portfolio- und Hedgefonds-Manager immer größer werden. Was wiederum daran liegt, dass Letztere Zugang zu Insiderinformationen haben – und natürlich die Macht, darüber zu bestimmen, wie diese Informationen zu verteilen sind.

In all den genannten Fällen haben die unteren 90 Prozent der Amerikaner – ob sie nun Inhaber kleiner Geschäfte sind oder Erwerbsarme, Unternehmer oder Empfänger von Studienkrediten, Kleinanleger oder Hausbesitzer, weiß, schwarz oder Latinos, Mann oder Frau – ökonomisch gesehen untereinander weit mehr gemeinsam als mit den Top-Executives von Konzernriesen, der Wall Street oder Amerikas Milliardären. Die unteren 90 Prozent verlieren an Boden, und das größtenteils deshalb, weil die Spielregeln des »freien Marktes« bereits im Vorfeld dafür sorgen, dass der Reichtum nach oben geht – Spielregeln, auf die sie einen überproportionalen Einfluss haben. Würden die kleineren Player diese Dynamik verstehen, sie würden vermutlich einen größeren Einfluss zu gewinnen versuchen, indem sie sich zusammentun. Ein solches Bündnis – oder ein Pakt von Bündnissen – würde für eine neue Gegenkraft sorgen.

Es ist schwer zu sagen, wie oder wann es dazu kommen könnte; sehr wohl lassen sich dagegen bereits heute erste Anzeichen einer Bewegung erkennen. Noch nie waren die Antipathien gegen Wall Street und Konzernriesen so stark wie 2014. In einer internationalen Erhebung von CNBC/Burson-Marsteller vom September 2014 stimmten 51 Prozent der Befragten folgender Aussage zu:»Starke und einflussreiche Unternehmen sind schlecht, selbst wenn sie Innovation und Wachstum fördern.«[1] Derweilen tobt innerhalb der Republikanischen Partei ein Bürgerkrieg zwischen Anti-Establishment-Republikanern, die von Großunternehmen und Wall Street nichts wissen wollen, und Establishment-Republikanern mit engen Beziehungen zu den Genannten. Wir»können nicht die Partei der dicken Spender sein, der Reichen und der Wall Street«, sagte der republikanische Senator Rand Paul in dem Bemühen um eine gute Ausgangsposition für den Präsidentschaftswahlkampf 2016.[2] Der republikanische Senator Ted Cruz, der sich ebenfalls Hoffnungen auf die Präsidentschaft machte, bezichtigt»die Reichen und Mächtigen in den Schaltzentralen der Macht [,] ... fett und zufrieden« zu werden.[3] Der Republikaner David Brat, der im Juni 2014 den Mehrheitsführer im Repräsentantenhaus Eric Cantor bei den Vorwahlen in Virginias siebtem Kongressbezirk schlug, warf Cantor»Vetternwirtschaft« vor und den Konzernen, nichts weiter als »billige Arbeitskräfte« zu wollen, was unweigerlich»die Löhne aller senken« werde.[4]

Man mag die Aufrichtigkeit dieser Aussagen infrage stellen, aber Aufrichtigkeit ist auch nicht das Thema. Die Politiker, die diese Aussagen machen, wissen, dass sie bei den Wählern gut ankommen, um deren Stimmen sie werben. Meinungsforscher und Wahlkampfberater der republikanischen Kandidaten konstatieren bei den Wählern einen nicht länger zu beschwichtigenden Zorn gegen die»Reichen und Mächtigen«, die»fett und zufrieden« werden und nichts weiter als »billige Arbeitskräfte« und »die Löhne aller senken« wollen. So zeigen zum Beispiel Meinungsumfragen sowohl bei Republikanern als auch Demokraten einen Rückhalt für Bestrebungen, Wall-Street-Banken auf eine Größe zurechtzustutzen, in der sie eben nicht mehr »zu groß zum Scheitern« wären.[5] 2014 schlug der

Vorsitzende des Finanzausschusses (Einnahmen) im Repräsentantenhaus David Camp eine Quartalssteuer auf die Aktiva der größten Wall-Street-Banken vor, um ihnen einen Anreiz zu geben, sich zu verkleinern.[6] »Die Wall Street herauszuhauen hat nichts mit konservativ zu tun«, sagte Rand Paul.[7]

Desgleichen spricht man sich an der Parteibasis sowohl der Republikaner als auch der Demokraten für eine Wiederbelebung des Glass-Steagall Act aus, des Gesetzes, das seit 1933 für eine strikte Trennung von Wertpapiergeschäft (Investmentbanken) und Kreditgeschäft (Geschäftsbanken) gesorgt hatte, bis Bill Clinton es für nicht länger zeitgemäß erklärte. Als 2013 die demokratische Senatorin Elizabeth Warren einen entsprechenden Entwurf vorlegte, sah sie ihren Antrag von Senator John McCain, einem Republikaner, unterstützt. Auch Tea-Party-Republikaner brachten ihre Sympathien für den Entwurf zum Ausdruck und kritisierten die Establishment-Republikaner dafür, sich nicht vorbehaltlos dahinterzustellen. »Die etablierte politische Klasse würde sich nie dazu bekennen, dass ihre Geldgeber und Gönner ihre ungehinderten Trading-Strategien einschränken müssen«, schrieb die *Tea Party Tribune.*[8] Für eine ähnliche Allianz sorgte kurzzeitig gegen Ende 2014 eine gebündelte Bewilligungsvorlage im Kongress, die unter anderem die Rücknahme der Dodd-Frank-Finanzreform vorsah, was den Banken einmal mehr riskante Wetten mit Einlagen erlaubt hätte. Mehrere progressive demokratische Senatoren, darunter Elizabeth Warren, taten sich mit dem republikanischen Tea-Party-Senator David Vitter aus Louisiana zusammen, um gegen diese Rücknahme zu opponieren.

Es hat sich mittlerweile auch eine Bewegung zur Beendigung all dessen gebildet, was wir unter dem Schlagwort »Sozialhilfe für Konzerne« zusammenfassen – Subventionen für Big Oil, Big Agribusiness, Big Pharma, Wall Street und die Export-Import Bank; und diese wird zunehmend von Angehörigen beider Parteien getragen. Progressive von der Linken drängen seit Langem darauf, aber spätestens 2014 hatten sich auch Leute von rechts angeschlossen. David Camps Vorschlag zu einer Steuerreform hätte Dutzende von Steuererleichterungen abgeschafft. Ted Cruz, wie Camp Republikaner, drängte den Kongress, der »Sozialhilfe für Unternehmen und dem Vetternkapitalismus« ein Ende zu bereiten. Und schließlich ist, wie bereits erwähnt, auch an der Basis die Abneigung gegen von Konzernriesen formulierte Handelsabkommen gewachsen. In den 1990er-Jahren schlossen sich die Republikaner den Bemühungen der Demokraten um das Nordamerikanische Freihandelsabkommen (NAFTA) an, drängten auf den Beitritt zur Welthandelsorganisation (WTO) und unterstützten Chinas Mitgliedschaft in der WTO. Nach der Jahrtausendwende wandte man sich an der Basis beider Parteien gegen solche Abkommen. »Die Tea-Party-Bewegung steht nicht hinter der Transpazifischen Partnerschaft«, erklärte Judson Phillips, Präsident der Tea Party Nation.[9] »Interessengruppen und Großunternehmen bekommen einen Platz am Tisch«, während der durchschnittliche Amerikaner außen vor bleibe.

Es besteht die Wahrscheinlichkeit, dass die Bruchlinie der amerikanischen Politik sich in den kommenden Jahren von Demokraten vs. Republikaner zu Anti-Establishment vs. Establishment verschieben wird. Mittelschicht, Arbeiterklasse und Arme, die in der Wirtschaft ein abgekartetes Spiel sehen, werden gemeinsam den Chefetagen großer Unternehmen, der Wall Street und den Milliardären gegenüberstehen, die ihnen die schlechten Karten zuspielen. Ende 2014 signalisierten die Republikaner von Big Business und Wall Street, sie würden einen Kandidaten aus dem demokratischen Establishment einem Anti-Establishment-Kandidaten der Republikaner vorziehen. Dutzende von großen republikanischen Spendern, Wall-Street-Republikanern und Wirtschaftslobbyisten sagten dem Washingtoner Magazin *Politico* gegenüber, sie würden Hillary Clinton unterstützen, falls die Republikaner nicht einen Kandidaten stellten, der für Big Business und Wall Street steht, mit anderen Worten Jeb Bush, Chris Christie oder Mitt Romney. »Das finsterste Geheimnis in der von Big Money geprägten Welt der republikanischen Ostküstenelite«, so schloss der Analytiker von *Politico*,[10] sei, »dass die akzeptabelste Alternative zu Kandidaten wie dem texanischen Senator Ted Cruz oder Senator Rand Paul aus Kentucky Hillary Clinton wäre.« Ein den Republikanern nahestehender Spitzenanwalt aus der Wall Street sagte dem Magazin: »Es ist jedermanns schlimmster Alptraum, dass das auf Rand Paul oder Ted Cruz gegen jemanden wie Elizabeth Warren hinausläuft.«[11]

Mit »jedermann« meint er Wall Street und die Chefetagen der Konzerne. Und selbst wenn dieser »Alptraum« 2016 nicht wahr werden sollte, besteht die große Wahrscheinlichkeit, dass er auf die eine oder andere Art und Weise im Lauf des nächsten Jahrzehnts wahr wird, wenn wir den ökonomisch-politischen Trend nicht umkehren, vom dem hier die Rede ist. Die amerikanische Wirtschaft ist zum Scheitern verurteilt, wenn die reichsten 10 Prozent weiterhin alle ökonomischen Profite einstreichen, während die ärmsten 90 Prozent immer ärmer werden. Es ist völlig unmöglich, die amerikanische Demokratie aufrechtzuerhalten, wenn man die Stimme der großen Mehrheit weiterhin ignoriert.

Wenn nicht eine oder beide großen amerikanischen Parteien von den etablierten Zentren politischer und wirtschaftlicher Macht abrücken, könnte sich die neue Gegenkraft in Form einer neuen Partei herausbilden, die sich aus den unzufriedenen, establishmentfeindlichen Elementen beider großen Parteien zusammensetzt und den 90 Prozent der Amerikaner eine Stimme gibt, die seit geraumer Zeit an Boden verlieren. Dazu ist es erforderlich – und das kann nicht oft genug betont werden –, die ebenso abgedroschene wie zunehmend irrelevante Diskussion um »freien Markt« und »Staat« aufzugeben. Wir müssen uns stattdessen auf die mannigfaltigen Arten konzentrieren, in denen wir den Markt zugunsten großer Konzerne, Wall Street und einer kleinen, immer reicheren Minderheit an der Spitze organisieren – nur so können wir dafür sorgen, dass er zukünftig der breiten Mehrheit nützt. Das explizite Ziel dieser neuen Partei bestünde darin, den Kapitalismus zu retten, indem sie der Mehrheit der Amerikaner die Möglichkeit gibt, von seinem Erfolg zu profitieren.

Das Interesse an einer solchen dritten Partei scheint zuzunehmen. Laut einer Gallup-Umfrage vom September 2014 fühlen sich nur 35 Prozent aller Amerikaner von den beiden großen Parteien hinreichend repräsentiert;[12] nach Ansicht von 58 Prozent leisten Demokraten wie Republikaner derart schlechte Arbeit bei der Vertretung des amerikanischen Volks, dass eine dritte große Partei dringend gebraucht wird. Das ist so ziemlich der höchste Prozentsatz, seit Gallup – zehn Jahre zuvor – die Frage nach einer dritten Partei zum ersten Mal gestellt hat. Nur im Oktober 2013, während der teilweisen Stilllegung des Staatsapparats wegen der Haushaltskrise, war der Wunsch nach einer dritten Partei ähnlich stark ausgeprägt. Interessanterweise hält sich die Zahl derer, die eine dritte Partei für nötig halten, bei den Anhängern beider Parteien die Waage – 46 Prozent aller selbsterklärten Republikaner und 47 Prozent aller selbst erklärten Demokraten.[13]

Dieser erklärte Wunsch nach einer dritten Partei bedeutet nicht zwangsläufig, dass sich eine solche Partei als dominante Kraft der amerikanischen Politik herausbilden wird. Amerikas politisches System ist der Bildung einer starken dritten Partei nicht eben förderlich. Nicht zuletzt das Fehlen eines Verhältniswahlrechts wirkt enorm zugunsten der beiden dominanten Parteien. Die Sieger der Wahlen für Senat, Repräsentantenhaus und die einzelstaatlichen Wahlausschüsse repräsentieren bei den Präsidentschaftswahlen jeweils den gesamten Wahlbezirk. Infolgedessen erreichen dritte Parteien kaum mehr, als dass sie der dominanten Partei Stimmen entziehen, die ihr ideologisch oder von den Wählerpräferenzen her am nächsten steht.

Darüber hinaus waren die beiden dominanten Parteien bislang hinreichend anpassungsfähig und (wenn auch zögerlich) opportunistisch genug, um aus den sich verändernden Ansichten der Wähler politisches Kapital zu schlagen. Bei den Präsidentschaftswahlen 1932 zum Beispiel reformierten die Demokraten sich zu einer neuen Koalition aus städtischen Wählern mit ethnischem Hintergrund, gewerkschaftlich organisierten Fabrikarbeitern, weißen Südstaatlern, Wählern aus dem Westen, Katholiken und Juden; sie verhalfen Franklin D. Roosevelt zu einem überwältigenden Sieg und stellten den eben eingeleiteten New Deal auf eine solide Wählerbasis. Die Fraktion der Demokraten im Repräsentantenhaus wuchs von

37,7 Prozent der Sitze 1929 auf 72 Prozent 1933, und von 40,6 Prozent der Sitze im Senat auf 61,5 Prozent.[14]

Weitere Belege für die Anpassungsfähigkeit der beiden dominanten Parteien finden sich in den 16 Jahren nach den Wahlen von 1896. Damals versuchte der demokratische Kandidat William Jennings Bryan – in einem mutmaßlichen Kreuzzug des arbeitenden Volkes gegen die Reichen – Farmer im Westen, Südstaatler und Arbeiter aus dem Osten gegen Big Business und Hochfinanz zu mobilisieren; der Republikaner William McKinley dagegen sorgte für eine siegreiche konservative Koalition aus Geschäftsleuten, Facharbeitern und Akademikern. Spätestens bei den Wahlen 1904 jedoch sahen Präsident Theodore Roosevelt und andere führende Republikaner die Notwendigkeit, auf die zunehmende Sorge der Öffentlichkeit hinsichtlich des Missbrauchs wirtschaftlicher Macht durch die großen Trusts zu reagieren; sie richteten die Partei so aus, dass sie auch Arbeitern, städtischen Immigranten und progressiven Reformern etwas zu sagen hatte, und gingen die bereits angesprochenen Reformen an. Beim Wahlkampf 1912 stellte sich Roosevelt nach einer Auszeit von vier Jahren noch einmal zur Wahl, diesmal unter dem Banner der Progressiven Partei, deren Plattform nach einer »Auflösung der unheiligen Allianz zwischen korrupter Wirtschaft und korrupter Politik« durch striktere Deckelung und Offenlegung von Wahlkampfspenden und der Registrierung von Lobbyisten rief; außerdem hatte man sich eine Sozialversicherung für Senioren, Arbeitslose und Behinderte auf die Fahnen geschrieben, das Frauenwahlrecht und einen Mindestlohn für arbeitende Frauen, einen Acht-Stunden-Tag sowie eine Entschädigung bei Arbeitsunfällen.[15] Auch wenn die Wählerschaft sich lieber gleich für den Demokraten Woodrow Wilson entschied, fand Theodore Roosevelts Plattform ihren Weg später in den New Deal seines demokratischen Cousins fünften Grades Franklin D.

Diese Fälle zeigen, dass eine oder beide großen Parteien sich den wechselnden Ansichten und Bedürfnissen angepasst haben. Eine lebensfähige dritte Partei wird aller Wahrscheinlichkeit nach nur dann entstehen, wenn Demokraten wie Republikaner so abhängig von Big Business und Wall Street sind, dass keiner von beiden auf neue Ansichten und Bedürfnisse der breiten Mehrheit mehr einzugehen vermag. Aber die Frage, wie es zum Wiederaufbau der Gegenkraft kommt – ob durch Anpassung einer oder beider großen Parteien oder durch eine neue dritte – tritt letztlich in den Hintergrund angesichts der Tatsache, dass es ohne eine solche Wiederbelebung der Gegenkraft schlicht nicht geht. Es sollte sich niemand der Illusion hingeben, dass sich das problemlos bewerkstelligen ließe. Aufgrund der derzeitigen Verteilung von Einkommen, Reichtum und politischer Macht steht jedoch zu viel auf dem Spiel für die Geldinteressen, als dass sie der Wiederbelebung einer ökonomischen Gegenkraft tatenlos zusehen könnten. Sie werden sich widersetzen, auch wenn sie gut beraten wären, sich hinter einschlägige Bestrebungen zu stellen – und das nicht nur aus den oben genannten Gründen, sondern auch, weil sie mit einem kleineren Anteil an einer schneller wachsenden Wirtschaft, deren Beteiligte mehr von den Erträgen abbekommen, besser fahren würden. Sie wären darüber hinaus auch sicherer in einer integrativen Gesellschaft, deren Bürger das Gefühl haben, dass man sie nicht vergessen hat. Sie werden sich also widersetzen, weil der Status quo zu bequem ist und die Aussicht auf eine solche Gegenkraft ihnen zu riskant und unberechenbar erscheinen muss. Da wir jedoch unmöglich so weitermachen können, ist das Wiedererstarken dieser Gegenkraft absolut unabdingbar.

Wie würden nun die Ziele einer neuen Gegenkraft aussehen? Nun, in einem ersten Schritt wäre die Wahlkampffinanzierung zu reformieren, um den Einfluss der Großfinanz auf die Politik zu beschränken. Dazu müsste der Oberste Gerichtshof die Entscheidungen in den Fällen *Citizens United* und *McCutcheon* kassieren. Dazu könnte es durchaus kommen, wenn einer der Richter seinen Irrtum einsieht und sich einer neuen Mehrheit anschließt. (Dafür gibt es ein Vorbild in den 1930er-Jahren, als Richter Owen Roberts die Seiten wechselte und sich mit seiner Stimme den vier Befürwortern des New Deal anschloss.) Oder ein neuer Präsident besetzt eine freie Position am

Gericht und sorgt so für die Voraussetzung für eine Aufhebung der Urteile. Eine dritte, aber recht unwahrscheinliche Möglichkeit wäre die, dass die neue Gegenkraft genügend politische Stoßkraft für eine Verfassungsänderung zusammenbekommt, die dem Kongress die Möglichkeit an die Hand gäbe, Wahlkampfspenden zu regulieren.

Eine Voraussetzung dafür, Big Money aus der Politik herauszubekommen, wäre die volle Offenlegung aller politischen Ausgaben. Darüber hinaus müssten die Parlamentswahlen öffentlich finanziert werden, aller Wahrscheinlichkeit nach durch ein System, das die Beträge kleiner Spender mit öffentlichen Mitteln aufwiegt. Und schließlich müsste man die Manipulation von Wahlbezirksgrenzen zum Vorteil bestimmter Parteien ebenso verbieten wie Wahlbestimmungen, die unverhältnismäßige Belastungen für Minderheiten darstellen.

Eine damit eng verbundene Reihe von Reformen würde die oben angesprochenen »Drehtüren« zwischen politischen Ämtern und Wall Street, Konzernriesen und Lobbyfirmen wenn schon nicht schließen, so doch das Drehmoment etwas hemmen. Das Mindeste wäre, gewählten und ernannten Amtsträgern für wenigstens fünf Jahre nach dem Ausscheiden aus dem Dienst die Annahme jeder Art von Beschäftigung bei Konzernen, Handelsverbänden, Lobbyingfirmen oder anderen gewinnorientierten Organisationen zu verbieten, die sie als Amtsträger beaufsichtigt, reguliert, ja, mit denen sie überhaupt in ihrer offiziellen Funktion zu tun gehabt hatten.

Schlussendlich sollten Sachverständige, Akademiker und Angehörige von Think-Tanks zur Offenlegung sämtlicher Quellen von Fremdmitteln für Sachverständigenaussagen, Bücher, Vorträge oder Studien verpflichtet sein, mit denen sie an die Öffentlichkeit gehen. Wenn dann zum Beispiel ein von den Gebrüdern Koch finanzierter »Sachverständiger« behauptet, der Mensch habe nichts mit dem Klimawandel zu tun, oder ein vom Einzelhandelsverband gesponserter Professor zu der Erkenntnis kommt, dass die Anhebung des Mindestlohns nur zu noch mehr Arbeitslosigkeit führen würde, dann hätte die Öffentlichkeit wenigstens die Möglichkeit, der Neutralität solcher Aussagen auf den Grund zu gehen.

20 DAS AUS FÜR DIE VORABVERTEILUNG NACH OBEN

Eine neu erstarkte Gegenkraft würde außerdem der Vorabverteilung nach oben einen Riegel vorzuschieben versuchen, die gegenwärtig in den Marktregeln verankert ist. Zum Beispiel wäre die Dauer von Patent- und Copyright-Schutz zu verkürzen und »Pay for Delay«-Absprachen müssten verboten werden, so wie das bereits jetzt schon in den meisten anderen Industrieländern der Fall ist. Patente könnten dann nicht mithilfe geringfügiger oder kosmetischer Änderungen am Produkt oder Prozess verlängert werden; außerdem dürften Pharmafirmen dann nicht länger für ihre verschreibungspflichtigen Produkte werben, was auch in den USA so gehandhabt wurde, bevor Big Pharma auf eine Änderung der Gesetze bestand.

Das Kartellrecht hätte wieder seinen ursprünglichen Sinn und Zweck zu erfüllen. Das würde nicht nur zu mehr Markteffizienz führen und die Position der Verbraucher stärken, es würde auch den politischen Einfluss großer Konglomerate wirtschaftlicher Macht reduzieren. Man würde das Kartellrecht zur Zerschlagung der großen Kabelmonopole einsetzen und zur Verhinderung von Oligopolen, wie sie heute etwa die Regeln für Kreditkarten bestimmen; außerdem würde es die Größe der gigantischen Klinikketten begrenzen und die marktbeherrschende Macht großer Hightech-Unternehmen über Netzwerke und Standardplattformen reduzieren. Keinem Unternehmen wäre es erlaubt, ein Patent auf genetische Schlüsselinformationen unserer Nahrungskette zu halten. Versicherer wären nicht länger vom Kartellrecht ausgeschlossen, sodass es weder zu Preisabsprachen noch zu solchen über Marktanteile oder Bedingungen kommen kann. Gleichzeitig würden Wall-Street-Banken so zurechtgestutzt, dass keine mehr als 5 Prozent aller amerikanischen Bankaktiva halten geschweige denn Einfluss auf die Preisgestaltung von Gütern nehmen oder eine beherrschende

Rolle bei einem Börsengang spielen kann. Der Glass-Steagall Act würde wieder eingeführt, um das Wertpapiergeschäft vom Einlagen- und Kreditgeschäft zu trennen, so wie sich das zwischen 1933 und 1999 bewährt hat.

Das Vertragsrecht würde es nicht länger zulassen, dass Unternehmen Arbeitnehmer, Subunternehmer oder Franchisenehmer durch bestimmte Bedingungen binden können. Kein Franchisegeber könnte einen Vertrag einseitig wegen eines geringfügigen Verstoßes kündigen, nur weil er die Konzession zu einem höheren Preis an den Nächsten verkaufen will. Betrug würde dahingehend definiert, dass er alle Arten von Insiderhandel einschließt wie etwa die Rückkäufe eigener Papiere zum künstlichen Aufblähen von Aktienpreisen zugunsten der Optionen und Awards des eigenen CEO (also so, wie man das bis 1991 gehandhabt hat). Außerdem müssten Unternehmen ihren Anteilseignern Zeitpunkt und Ausmaß von Rückkäufen offenlegen, wie das bis 1982 Pflicht war. Verboten wäre außerdem jedes Aktiengeschäft auf der Basis von Informationen, die der allgemeinen Öffentlichkeit nicht zur Verfügung stehen. Hochfrequenz-Trader wären verpflichtet, sowohl Methoden als auch Technologien mit allen anderen Tradern zu teilen. Aktionäre sollten das Recht haben, das gesamte Board eines Konzerns zu Neuwahlen zu verpflichten, wenn ein Viertel oder mehr seiner Aktionäre und Interesseneigner sich zwei Jahre hintereinander gegen den Vergütungsplan eines CEOs ausspricht (wie das derzeit in Australien der Fall ist). Das Insolvenzrecht würde den Tarifverträgen mit der Arbeiterschaft eine höhere Priorität einräumen als den Übereinkünften mit Gläubigern. Außerdem sollte das Insolvenzrecht Privatpersonen mit unzumutbaren Schulden aus Studienkrediten oder Hypotheken auf ihren ersten Wohnsitz die Möglichkeit zur Umschuldung einräumen, was ihnen mehr Verhandlungsmacht gegenüber den Kreditgebern geben würde.

Der Mindestlohn wäre mindestens auf die Hälfte des Medianeinkommens anzuheben und danach der Teuerung anzupassen. Arbeiter in traditionellen Niedrigpreisbranchen wie Einzelhandels- und Fast-Food-Ketten, Hotels und Krankenhäusern sollten sich durch eine einfache Mehrheitsabstimmung organisieren dürfen, was ihnen mehr Spielraum bei Verhandlungen über Löhne und Leistungen gäbe. Ein gerechterer Ansatz hinsichtlich internationaler Handelsabkommen würde nicht nur auf den Schutz der Eigentumsrechte amerikanischer Unternehmen und der Aktiva amerikanischer Banken achten, sondern auch auf den Schutz der Arbeitsplätze amerikanischer Arbeiter, die durch das jeweiige Abkommen in Gefahr geraten. So müssten die Vereinigten Staaten verlangen, dass ihre Handelspartner Mindestlöhne in Höhe der Hälfte ihrer Medianeinkommen einführen, damit in diesen Ländern ein angemessener Teil der Bevölkerung von den Erträgen aus diesem Handel profitieren kann. Das würde für neue Abnehmer amerikanischer Exporte sorgen und außerdem die politische Stabilität auf beiden Seiten erhöhen. Ein Teil der Gewinne aus dem Handel zu Hause würde ein erstklassiges Wiedereinstellungsprogramm finanzieren, inklusive Lohnversicherung. Menschen, die arbeitslos werden und einen schlechter bezahlten Job annehmen müssen, würden dann zwei Jahre lang 90 Prozent der Differenz bekommen oder 90 Prozent ihres alten Einkommens, wenn sie sich fortbilden, umschulen oder eine weiterführende Schule besuchen wollen.

Der Kongress würde ausreichend Mittel zur Durchsetzung all dieser Gesetze und Bestimmungen bewilligen; Straf- und Bußgelder wären hoch genug, um eine abschreckende Wirkung zu garantieren; über die staatlichen Maßnahmen hinaus stünde jedem der Rechtsweg zur Verfügung – auch durch Sammelklagen.

Zu guter Letzt würden Bildungsressourcen – auch wenn sie kein eigentlicher Teil des Marktmechanismus sind, aber doch ein wichtiger Bestandteil des gegenwärtigen verzerrten Vorverteilungssystems – nicht länger wie heute üblich zugewiesen. Kinder in ärmeren Schulbezirken bekämen nicht weniger Mittel pro Schüler als solche in Bezirken mit hohem Steueraufkommen. Damit wären Schulen in einem Land, in dem Gemeinden mittlerweile nach Einkommen segregiert sind, nicht länger auf die lokale Vermögenssteuer als Haupteinnahmequelle angewiesen.

So würde die neue Gegenkraft Schluss machen mit der gegenwärtigen institutionalisierten Vorabverteilung nach oben. Es gibt noch andere Möglichkeiten, aber selbst diese bescheidene Agenda wäre ein Anfang. Die Zentrifugalkräfte von Globalisierung und technologischem Wandel erfordern kühnere Schritte, wenn wir wollen, dass ein breiterer Teil der Bevölkerung vom Wohlstand profitiert.

21 DIE REFORMIERUNG VON KAPITAL- UND AKTIENGESELLSCHAFT

Die wiederbelebte Gegenkraft würde nicht nur die in den Markt eingebaute Vorabverteilung an die Reichen beseitigen, sie würde eine gerechtere Vorabverteilung innerhalb des Marktes anstreben, was die Notwendigkeit von Steuern und Transferleistungen reduzieren würde. Voraussetzung dafür wäre jedoch eine Neuorientierung der zentralen Einrichtung des modernen Kapitalismus, sprich der großen Kapital- bzw. Aktiengesellschaft.

In den letzten 30 Jahren führten, wie ich bereits gesagt habe, so gut wie alle Anreize, die auf die Kapitalgesellschaft wirken, zur Senkung der Arbeitslöhne auf der einen Seite und zur Anhebung der Vergütungen für CEOs und andere Top-Executives auf der anderen. Daraus resultiert die Frage, wie sich diese Anreize umkehren ließen.

Eine Möglichkeit bestünde darin, die Höhe der Körperschaftsteuer am Verhältnis zwischen der Vergütung von CEOs und der mittleren Entlohnung der Beschäftigten ihrer Unternehmen auszurichten. Unternehmen mit niedriger Verhältniszahl würden so eine niedrigere Körperschaftsteuer zahlen und umgekehrt. Eine 2014 in Kalifornien eingebrachte Vorlage bietet ein Beispiel hierfür.[1] Danach würde, wenn ein CEO das Hundertfache eines mittleren Beschäftigten seines Unternehmens verdient, der Satz der Körperschaftsteuer von den heutigen für alle Firmen gültigen 8,8 Prozent auf 8 Prozent fallen. Verdient der CEO nur fünfundzwanzigmal so viel wie der typische Beschäftigte, fällt der Steuersatz auf 7 Prozent. Verdient auf der anderen Seite der CEO das Zweihundertfache von dem, was der typische Beschäftigte bekommt, steigt der Steuersatz auf 9,5 Prozent und beim Vierhundertfachen auf 13 Prozent.

Nach Ansicht der kalifornischen Handelskammer ist die Vorlage ein »Jobkiller«, aber in Wirklichkeit ist das Gegenteil der Fall.[2] CEOs schaffen keine Stellen; diese schafft nur eine Kundschaft, die mehr von dem kauft, was ihre Firmen verkaufen, was die Firmen wiederum zum Expandieren veranlasst und damit zur Einrichtung neuer Stellen. Anders gesagt: Wenn Unternehmen dazu angehalten werden, weniger Geld in die Taschen ihrer CEOs und mehr in die Hände ihrer durchschnittlichen Beschäftigten zu geben, sorgt das für mehr Kaufkraft unter den Leuten, die auch tatsächlich etwas kaufen, und damit für mehr Jobs. Das andere Argument gegen die Vorlage ist die angebliche Komplexität der Berechnungen, die damit verbunden wären. Aber der Dodd-Frank Act verpflichtet Unternehmen ja bereits heute dazu, das Verhältnis von CEO-Vergütungen zur Entlohnung des mittleren Arbeiters offenzulegen. Und auch wenn die Regelung erst im Januar 2017 in Kraft tritt: Die kalifornische Vorlage verlangt von Unternehmen nicht mehr als das, was nach Bundesgesetz ohnehin bereits nötig ist. Außerdem fasst die Vorlage die Steuersätze weit genug, um die Berechnung einfach zu machen. Diese Vorlage ist nicht perfekt, weist aber in eine vielversprechende Richtung. Dass ausgerechnet Amerikas größter Bundesstaat sie ernsthaft in Betracht zieht, sagt einiges darüber, wie oberlastig die amerikanische Wirtschaft geworden ist und warum – selbst ohne Gegenkraft – der politische Rückhalt dafür wächst, ernsthaft etwas dagegen zu tun.

Eine Variante dieser Idee, die William Galston von der Brookings Institution vorgeschlagen hat, würde den Steuersatz von Arbeitgebern senken, die die Entlohnung ihrer Beschäftigung entsprechend dem jährlichen nationalen Produktivitätszuwachs erhöhen, während man die Steuer bei Arbeitgebern anhebt, die dies versäumen.[3] Dieser Vorschlag würde einiges dazu beitragen, wieder für so etwas wie ein Verhältnis zwischen Beschäftigteneinkommen und gesamtwirtschaftlichen Erträgen zu sorgen. Dagegen könnte man einwenden, das System ließe sich aushebeln, indem Unternehmen die Niedriglohnjobs an Subunternehmer outsourcen. Beide Vorschläge tragen dem Rechnung. Nach der kalifornischen Vorlage würden Unternehmen, die mit dem Outsourcen ihrer Niedriglohnstellen beginnen, automatisch einen höheren Steuersatz zahlen; Galstons Vorschlag würde es Arbeitgebern verbieten, Beschäftigte als unabhängige Subunternehmer einzustufen oder Niedriglohnarbeit außer Haus zu geben, die zuvor vom Unternehmen selbst erledigt wurde.

Einem weiteren Änderungsvorschlag zufolge würde ein Teil des Unternehmens in den Besitz der Beschäftigten übergehen. Zu bewerkstelligen wäre dies zum Beispiel entweder durch zusätzliche Steueranreize für den Aktienerwerb durch Beschäftigte und eine Gewinnbeteiligung oder durch die Bildung genossenschaftlich organisierter Unternehmen, die ganz im Besitz der Beschäftigten sind. Die Idee ist alles andere als neu. In Amerika geht sie bis in die Anfänge der Republik zurück, als der Gesetzgeber Steuervergütungen für die Eigner von Fischkuttern gewährte, die für einen »schriftlichen Vertrag über die Verteilung von Erträgen unter allen Seeleuten« sorgten, »welche die Gesamtheit des Fangs umfassen«.[4]

Bei allen diesen Vorschlägen drängt sich eine weit grundlegendere Frage auf, die wiederum eine noch fundamentalere Reform nahelegt: Warum eigentlich sollten die Anteilseigner Vorrang gegenüber den Beschäftigten haben? Schließlich sind Kapitalgesellschaften im Grunde doch nichts weiter als eine Ansammlung von Verträgen und Eigentumsrechten. Es ist nicht etwa so, dass sie den Aktionären »gehörten«, wie uns etwa Konsumgüter gehören. Es ist völlig normal, dass die einzelnen Aktionäre großer Unternehmen nicht die geringste Ahnung haben, welche Firmen sie im Einzelnen »besitzen« oder für wie lange. Das liegt daran, dass ihr Besitz von Pensionskassen oder Investmentfonds verwaltet wird, die Anteile um des schnellen Spekulationsgewinns willen meist nur kurzfristig halten. Gerade der Hochfrequenzhandel illustriert die Bedeutungslosigkeit der Anteilseignerschaft für eine effektive Unternehmensführung. Dass Anteilseigner ein Unternehmen »besitzen«, ist eine auf Paragraphen gegründete Fiktion. Dasselbe gilt für die Vorstellung, CEOs oder sonst jemand aus der Chefetage habe irgendeine Art treuhänderischer Verpflichtung zur Maximierung des Aktienwerts eines Unternehmens. In den von den Bundesstaaten herausgegebenen Satzungen ist von einer solchen Verpflichtung nirgendwo die Rede. Zwar wählen die Anteilseigner die Direktoren einer Aktiengesellschaft aus – diese sind jedoch gesetzlich nicht verpflichtet, ihre Interessen deshalb über die aller anderen zu stellen. Wir haben ja gesehen, dass der Gedanke, der einzige Zweck einer Aktiengesellschaft bestehe in der Maximierung des Aktionärswerts, noch relativ neu ist; er geht auf die 1980er-Jahre zurück. Die vorherrschende Sicht während der ersten Jahrzehnte nach dem Zweiten Weltkrieg war die, dass Kapital- bzw. Aktiengesellschaften allen Interesseneignern verantwortlich seien.

Abgesehen davon sind Aktionäre nicht die einzigen Beteiligten, die in ein Unternehmen investieren und somit das Risiko tragen, dass ihre Investition an Wert verliert. So können Beschäftigte, die jahrelang bei einer Firma sind, durchaus spezielle Fertigkeiten entwickelt haben, die nur dort gebraucht werden. Andere sind mitsamt ihren Familien umgezogen, um eine Stelle bei der Firma anzunehmen, und haben sich in der Nähe ein Haus gekauft. Die Gemeinde hat womöglich Geld in Straßen und andere infrastrukturelle Einrichtungen investiert, um einer Firma den Standort schmackhaft zu machen. Im Gegensatz dazu investiert der typische Anteilseigner einer Aktiengesellschaft sein Geld nicht in die Erhöhung ihrer produktiven Kapazität, schließlich hat der Wert des Unternehmens auf dem Aktienmarkt wenig mit Geldspritzen zu tun. Aktienpakete sind eher wie eine riesige Sammlung von Baseball-Sammelkarten, die immer wieder getauscht und verkauft werden. So hat der Börsengang 1980 Apple $ 97 Millionen Dollar eingebracht.[5] Seither sind diese Papiere durch zahllose Anlegerhände gegangen, die ihren Preis nach oben trieben, aber dieser Mehrwert ging nicht an Apple; er ging ausschließlich an Anleger, die das Glück hatten, sie günstig zu kaufen und teuer wieder abzustoßen. Großinvestoren wie Carl Icahn haben genügend Anteile gekauft, um das Unternehmen auffordern zu können, den Preis seiner Aktien anzuheben, indem es zum Beispiel einen Teil davon zurückkauft. (Wie bereits erwähnt, kam Steve Jobs' Nachfolger Timothy D. Cook dieser Forderung nur zu gerne nach. In seinen ersten beiden Jahren als CEO, 2011 und 2012, strich er $ 382 Millionen ein, $ 376 Millionen davon in Awards – Papieren, die er statt Barvergütungen bekommen hatte.[6]) Aber keine dieser Machenschaften hat irgendetwas mit Apples Kapazitäten zu tun, innovativ zu bleiben, den realen Wert des Unternehmens zu erhöhen oder langfristig erfolgreich zu sein.

Wegweisend könnte das Beispiel der neuenglischen Supermarktkette Market Basket sein, deren Manager, Beschäftigte und Kundschaft 2014 gemeinsam der Entscheidung ihres Board of Directors die Stirn boten, dem beliebten CEO der Kette Arthur T. Demoulas den Stuhl vor die Tür zu stellen. Aufgrund von Demonstrationen und Boykotten blieb der größte Teil der 70 Filialen für geraume Zeit leer.[7] Das Besondere an Arthur T., wie man ihn überall nennt, war sein Geschäftsmodell. Er hielt die Preise niedriger als seine Konkurrenten, bezahlte seine Beschäftigten besser und gab ihnen und seinen Managern mehr Autorität. Kurz vor seinem Rauswurf bot er der Kundschaft einen zusätzlichen Rabatt von 4 Prozent mit der Begründung, sie könnten das Geld besser gebrauchen als die Aktionäre. Man könnte auch sagen, dass Arthur T. die Firma als Gemeinschaftsunternehmen sah, von dem jedermann profitieren sollte, nicht nur seine Aktionäre – das war auch der Grund für seine Kündigung. Schließlich jedoch setzten Verbraucher und Angestellte sich durch. Der Boykott kam Market Basket derart teuer, dass das Board Arthur T. die Firma schließlich verkaufte.

Market Basket wurde nicht öffentlich gehandelt, aber Arthur T.s Geschäftsmodell taucht an vielen Stellen auf, selbst wenn zahlreiche Aktionäre involviert sind. Patagonia, ein großer Bekleidungshersteller mit Sitz im kalifornischen Ventura, zum Beispiel hat sich als sogenannte Benefit Corporation organisiert – als profitorientiertes Unternehmen, dessen Statuten neben den Interessen der Aktionäre auch das Interesse der Beschäftigten, der Gemeinschaft und der Umwelt im Auge haben. Benefit Corporations haben sich zur Erfüllung bestimmter sozialer und ökologischer Standards verpflichtet, ihre Leistung wird regelmäßig von unabhängigen Non-Profit-Organisationen wie B Lab geprüft. 2014 hatten bereits 27 Bundesstaaten Gesetze, die diese Art der Gesellschaftsgründung erlaubten. Das stellt die Direktoren solcher Unternehmen explizit unter Rechtsschutz, wenn es darum geht, die Interessen aller Interesseneigner im Auge zu behalten und nicht nur die der Aktionäre, die sie wählen.[8] Zu diesem Zeitpunkt waren bereits 1165 Unternehmen in 121 Branchen als Benefit Corporations zertifiziert, darunter der Hersteller von Haushaltsprodukten Seventh Generation.[9]

Es ist gut möglich, dass wir hier erste Anzeichen für die Rückkehr einer Form von Interesseneigner- oder Stakeholder-Kapitalismus erleben, die Amerika vor 60 Jahren noch für selbstverständlich hielt. Es gibt jedoch durchaus Ökonomen, die behaupten, dass der Anteilseigner-Kapitalismus die effizientere Variante sei. Unter dem Druck der Aktionäre, so ihr Argument, bewegten Unternehmen ökonomische Ressourcen dorthin, wo sie am produktivsten seien, was das Wachstum der ganzen Wirtschaft beschleunigte. Ihrer Ansicht nach blockierte der Interesseneigner-Kapitalismus der letzten Jahrhundertmitte auf unproduktive Art und Weise Ressourcen und wiegte CEOs in einer falschen Selbstzufriedenheit – sie behielten Arbeiter, die die Firma nicht brauchte, bezahlten ihnen zu viel und wären ihrer Gemeinde zu sehr verhaftet.

Es dürften freilich Zweifel an der Funktionstüchtigkeit des Anteilseigner-Kapitalismus in der Praxis aufkommen, sieht man sich seine Folgen für die meisten Amerikaner seit den 1980er-Jahren an: stagnierende oder sinkende Löhne und Gehälter, wirtschaftliche Unsicherheit, Outsourcing von Jobs, Geisterstädte, CEOs mit schwindelerregenden Vergütungen, ein kurzsichtiger Fokus auf Quartalsergebnisse und ein Finanzsektor, der einem Spielkasino gleicht – und dessen Fiasko 2008 fast ganz Amerika mit in den Abgrund gerissen hätte. Nur wenige von uns sind Aktionäre, und der größte Teil der an amerikanischen Börsen gehandelten Aktien gehört einer winzigen Minderheit reicher Amerikaner. Wir sind jedoch alle Interesseneigner, was die amerikanische Wirtschaft angeht, und die meisten Interesseneigner sind damit nicht gerade gut gefahren. Vielleicht brauchen wir mehr Interesseneigner-Kapitalismus – und weniger von der Aktionärsvariante.

Ein gutes Beispiel für diesen Ansatz finden wir in Deutschland. Hier erfordert das Gesellschaftsrecht die »Mitbestimmung«; ein Vorstand kümmert sich um das Tagesgeschäft, während ein Aufsichtsrat die übergeordneten Entscheidungen trifft.[10] Je nach Größe der Firma vertreten bis zu 50 Prozent der Aufsichtsratsmitglieder eher die Beschäftigten als die Anteilseigner; außerdem sind die Arbeiter durch Betriebsräte vertreten. Diese Struktur macht große deutsche Konzerne wie etwa Volkswagen weit aufgeschlossener für die Rechte der Arbeitnehmer als ihre amerikanischen Pendants. (Das zeigte sich auf dramatische Weise 2014, als sich VW-Arbeiter in der Firma in Chattanooga zu organisieren versuchten; während man bei VW selbst nichts dagegen hatte, machten sich Staats- wie Kommunalpolitiker lautstark Sorgen, dass die Gründung einer Gewerkschaft Tennessees Wirtschaft schaden könnte.[11]) Diese Struktur hat auch die Vergütungen des Managements in Grenzen gehalten und zahlreiche hoch qualifizierte Arbeitsplätze gerettet. Sie hat nicht nur für ein höheres Medianeinkommen gesorgt, sondern auch für weit mehr Sicherheit und Wohlstand bei der Arbeiterklasse als in den USA.

Mit einer wirksamen Gegenkraft ließe sich die amerikanische Kapitalgesellschaft überdenken und reformieren. Wir bräuchten nicht nur eine gesetzlich vorgeschriebene Beschäftigtenvertretung, sondern auch Stimmrechte proportional zu ihren Interessen, um zu verhindern, dass ein Einzelner oder einer der Interesseneigner die Stimmrechte an sich reißt. Die mit einer Gesellschaftsgründung einhergehenden Rechtsprivilegien – begrenzte Haftung und Bestehen auf Dauer sowie der Status einer juristischen Person, um Verträge eingehen zu können und in den Genuss der Grundrechte zu kommen – würden nur Unternehmen zugutekommen, die ihre Wachstumserträge mit ihren Beschäftigten teilen und den Interessen ihrer Gemeinden und der Umwelt Rechnung tragen.

Das langfristige Ziel einer wiederbelebten ökonomisch-politischen Gegenkraft ginge jedoch weit darüber hinaus. Die Reformierung der Kapital- bzw. Aktiengesellschaft wäre nur ein Teil des Wegs hin zu einer gerechteren, weil ausgewogeneren Wirtschaft. Das liegt einfach daran, dass das Unternehmen der Zukunft weit weniger Arbeitskräfte brauchen wird als heute. Neue Technologien werden einen Großteil der Arbeit erledigen. Die kommende Herausforderung ist die Entwicklung neuer Marktregeln, die auch dann noch für eine gerechte Verteilung der erwirtschafteten Gewinne sorgen, wenn die Roboter übernehmen.

22 WENN DIE ROBOTER ÜBERNEHMEN

Seit der Dämmerung des Industriezeitalters hat der technologische Wandel zahlreiche Prophezeiungen hervorgebracht, die durchaus nicht alle eingetreten sind. John Maynard Keynes sagte 1928 in seinem Essay »Economic Possibilities for Our Grandchildren« für das nächste Jahrhundert voraus, dass die »Entdeckung von Möglichkeiten zur Einsparung von Arbeit schneller voranschreitet, als wir neue Einsatzmöglichkeiten für Arbeiter finden können«.[1] Er sagte voraus, dass spätestens 2028 der »Lebensstandard« in Europa und den Vereinigten Staaten sich derart verbessert haben würde, dass sich niemand mehr Sorgen machen müsste, wie er sein Geld verdient. Er sagte ein Zeitalter des Überflusses voraus. »Zum ersten Mal seit seiner Erschaffung wird der Mensch sich seinem wahren und ewigen Problem gegenübersehen – wie er seine Freiheit von drückenden wirtschaftlichen Sorgen verwenden soll, wie er die freie Zeit, zu der Wissenschaft und Zinseszins ihm verholfen haben werden, zu einem weisen, angenehmen und guten Leben nutzen soll.«

Das Jahr 2028 ist gar nicht mehr so fern, und doch scheinen wir so ganz und gar nicht auf dem Wege zu der von Keynes prophezeiten Gesellschaft zu sein. Noch nicht einmal in Industrienationen wie den Vereinigten Staaten fühlt sich ein überwiegender Teil der Bevölkerung von den drückenden wirtschaftlichen Sorgen befreit. Anstatt ein Zeitalter des Überflusses zu schaffen, in dem wir uns nicht mehr um Geld sorgen müssen, sind arbeitssparende Technologien auf dem besten Weg, eine Zweiklassengesellschaft zu schaffen, deren eine Klasse eine Handvoll Superreicher umfasst und die andere die breite Masse, die immer ärmer wird.

Auch ich habe die eine oder andere Vorhersage gemacht. In meinem Buch *The Work of Nations* habe ich 1991 die moderne Arbeit in drei Kategorien eingeteilt und dann prognostiziert, wie sich jede der drei Kategorien entwickeln würde.[2] Ich bezeichnete die erste Kategorie als »routinemäßige Produktionsdienstleistungen«; damit ist die Art von Routinetätigkeiten gemeint, wie sie das Fußvolk des amerikanischen Kapitalismus während des größten Teils des 20. Jahrhunderts über erledigt hat – sich wiederholende Tätigkeiten, sei es an einem Fließband, sei es in einem Büro. Obwohl man darunter oft die Tätigkeiten des traditionellen Arbeiters versteht, gehören dazu auch Aufsichtstätigkeiten wie etwa das wiederholte Überprüfen der Arbeit von Untergebenen oder die Durchsetzung standardisierter Abläufe sowie routinemäßige Dateneingabe und -abfrage. Meiner Einschätzung nach umfassten diese Jobs etwa ein Viertel aller Stellen in den USA; ich war aber sicher, dass ihr Anteil allmählich in dem Maße zurückgehen würde, in dem sie von neuen, arbeitssparenden Technologien und von Arbeitern in Entwicklungsländern übernommen würden, die mehr als bereit wären, dieselbe Arbeit für niedrigere Löhne zu tun. Außerdem ging ich davon aus, dass die Entlohnung der in der Routineproduktion verbleibenden amerikanischen Arbeiter aus ähnlichen Gründen sinken würde.

Ich habe mich nicht geirrt. Unter Einsatz der Methode von damals fand ich heraus, dass spätestens 2014 die Routineproduktion in Amerika nur noch ein Fünftel aller Jobs umfasste; die mittlere Entlohnung dafür lag – teuerungskorrigiert – 15 Prozent unter der zwei Jahrzehnte zuvor.[3] Man kann sogar sagen, dass jede Arbeit, die sich programmieren ließ, von Software ersetzt worden war oder bald von Software ersetzt werden wird. So waren Textmining-Programme auf dem besten Weg, eine Menge Jobs in Anwaltskanzleien zu vernichten; Bildverarbeitungssoftware machte Fotolaboranten überflüssig; Steuersoftware ersetzte Steuerberater und so weiter und so fort.

Die zweite Kategorie nannte ich »persönliche Dienstleistungen«. Ich verstehe darunter Arbeit, die persönlich verrichtet werden muss, weil der persönliche Kontakt eine ihrer Grundbedingungen ist. Dazu zählen Beschäftigte im Einzelhandel, in der Hotelbranche und in der Gastronomie, Flugbegleiter, Makler, Erzieher, Pflegepersonal in Heimen oder zu Hause, Physiotherapeuten, Sicherheitspersonal und viele andere mehr. Das Wesen dieser Kategorie von Arbeit ist der persönliche Verkauf, die Sorge um die persönliche Sicherheit anderer oder dafür zu sorgen, dass andere versorgt sind, zufrieden oder entspannt. 1990 umfasste diese Kategorie meiner Schätzung nach etwa 30 Prozent aller amerikanischen Beschäftigten, und ich sagte voraus, dass ihre Zahl zunehmen würde, da sie als Person weder durch Technik noch Outsourcing zu ersetzen wären.[4] Ich habe aber auch vorhergesagt, dass ihre Entlohnung sinken würde, und zwar aus zwei Gründen: Erstens würden sie mit einer großen Zahl ehemaliger Arbeiter aus der Routineproduktion konkurrieren, die mittlerweile lediglich Arbeit in diesem persönlichen Sektor finden könnten; und zweitens würden sie mit arbeitssparenden Maschinen konkurrieren: »Geldautomaten, computerisierte Kassierer, Autowaschanlagen, Verkaufsautomaten, Selbstbedienungstankstellen«; außerdem habe ich vorausgesagt, dass selbst Verkäufer im Einzelhandel gegen »PCs in Verbindung mit Bildschirmen« konkurrieren, über die »der Verbraucher von morgen Möbel, Haushaltsgeräte und alle möglichen Arten von elektronischem Spielzeug von seinem Wohnzimmer aus kaufen kann – nachdem er die Ware aus allen Winkeln begutachtet, Farbe, Größe, spezielle Features gewählt hat und ihm der Preis attraktiv genug erscheint; er übermittelt die Bestellung augenblicklich an ein Lagerhaus, von dem aus ihm das Produkt auf der Stelle zugeschickt wird. Dasselbe gilt auch für finanzielle Transaktionen, Flug- und Hotelbuchungen, Absprachen über Mietwagen und ähnliche Verträge, die zwischen Verbrauchern zu Hause und Computern irgendwo auf dem Globus zustande kommen.«[5]

Auch in diesem Punkt lag ich gar nicht so falsch. 2014 machten die Tätigkeiten innerhalb des persönlichen Dienstleistungssektors fast die Hälfte aller Jobs in Amerika sowie den größten Teil aller neuen Jobs aus. Darüber hinaus lag das mittlere Einkommen in diesem Sektor – inflationskorrigiert – unter dem von 1990.[6] Was ich nicht vorhergesehen hatte, war, wie schnell die Technik sich auch im Sektor persönlicher Dienstleistungen breit machen würde. Spätestens 2014 vernichtete Amazon im Eiltempo Stellen im Einzelhandel, überlegte fieberhaft, wie sich Menschen in Lagerhäusern einsparen ließen, und plant sogar, künftig per Drohne zu liefern.[7] Selbst das Transportwesen ist bedroht. In ihrem Buch *The New Division of Labor* (2004) benutzten die Ökonomen Frank Levy und Richard Murnane die Führung eines Lkws als Beispiel für eine Arbeit, die Computer nie würden übernehmen können, weil sie das Erkennen komplexer Muster erfordert.[8] Seit 2014 jedoch stellte Googles selbstfahrendes Auto eine ernsthafte Bedrohung für etwa 4,5 Millionen Taxi-, Bus-, Lkw-Fahrer und Müllmänner dar.[9]

Die dritte Kategorie von Jobs hatte ich seinerzeit als »symbolisch-analytische Dienstleistungen« bezeichnet.[10] Darunter ordnete ich Problemlösung, Problemidentifizierung und strategisches Denken ein, alles, was es zur Manipulation von Symbolen braucht – Daten, Worte, mündliche und visuelle Darstellung. Diese Kategorie umfasst Ingenieure, Investmentbanker, Anwälte, Managementberater, Systemanalytiker, Werbe- und Marketingfachleute, Kreative mit höherer Schuldbildung wie Journalisten, Filmemacher, ja selbst Universitätsprofessoren. Die meisten von ihnen sind hochgebildete Leute, die in Teams arbeiten oder auf Computerbildschirme starren. Das Wesen ihrer Arbeit besteht in der Neuorganisation abstrakter Symbole mithilfe einer Vielzahl von analytischen und kreativen Werkzeugen wie Algorithmen, juristischen Argumenten, finanztechnischen Gimmicks, wissenschaftlichen Prinzipien, wirkungsvoller Sprache, visuellen Schemata, psychologischen Einsichten und anderen Techniken zur Lösung konzeptueller Puzzles. Solche Manipulationen erhöhen die Effizienz, sie erledigen Aufgaben akkurater und schneller oder sie dienen der Verbesserung von Unterhaltung, Amüsement und Informationsvermittlung oder vermögen uns einfach zu faszinieren.[11]

Ich schätzte damals, 1990, den Anteil dieser Symbolanalytiker auf 20 Prozent aller amerikanischen Beschäftigten und ging von einem Wachstum der Sparte wie auch ihres Einkommens aus, da die Nachfrage nach entsprechend ausgebildeten Arbeitskräften schneller wachsen würde als das Angebot. Diese Schere zwischen symbolisch-analytischen Jobs und den anderen beiden großen Kategorien, so sagte ich voraus, wäre die große Kraft hinter der zunehmenden

Ungleichheit. Auch hier lag ich gar nicht so falsch, nur hatte ich nicht ahnen können, wie schnell es dazu kommen oder wie groß die Kluft tatsächlich werden würde – ganz zu schweigen davon, welchen Tribut Ungleichheit und wirtschaftliche Unsicherheit fordern würden. Nie und nimmer hätte ich zum Beispiel erwartet, die Lebenserwartung einer weißen Amerikanerin ohne Highschool-Abschluss zwischen 1990 und 2008 um fünf Jahre sinken zu sehen.[12]

Außerdem habe ich nicht vorhergesehen, wie schnell das Zusammenwirken von digitalen Technologien mit den ungeheuren Netzwerkeffekten das Zahlenverhältnis von Beschäftigten zu Verbrauchern gegen null treiben würde. Als 2012 die beliebte Foto-Sharing-Site Instagram für etwa $ 1 Milliarde an Facebook ging, hatte sie 13 Mitarbeiter und 30 Millionen Kunden.[13] Vergleichen Sie das mit Kodak,[14] das Unternehmen, das einige Monate zuvor Insolvenzantrag gestellt hatte – in seiner besten Zeit hatte Kodak 145 000 Leute beschäftigt.[15]

Dieses Verhältnis sinkt weiterhin ab. Als Facebook Anfang 2014 für $ 19 Milliarden WhatsApp kaufte, hatte WhatsApp 45 Mitarbeiter (darunter seine beiden jungen Gründer), die eine Kundschaft von 450 Millionen bedienten.[16] Für die Digitalisierung braucht es keine große Belegschaft. Man kann eine Idee einigen Hundertmillionen Leuten verkaufen, ohne dass man für Produktion und Verteilung viele Mitarbeiter einstellen müsste (wenn überhaupt). Ein Freund von mir aus Tucson entwickelte kürzlich – bei sich zu Hause – eine Maschine, mit der sich die Spuren gewisser Elemente in der Luft nachweisen lassen; mit einem 3D-Drucker stellte er Hunderte von Exemplaren her, die er über das Internet an Kunden in der ganzen Welt verkauft. Alles, was er braucht, ist eine Drohne, um sie zu liefern. Sein Unternehmen hat eine Belegschaft von nur einem Beschäftigten – ihm selbst.

Man führe sich vor Augen, dass 1964 die vier wertvollsten amerikanischen Unternehmen mit einer Marktkapitalisierung von durchschnittlich $ 180 Milliarden (im Geldwert von 2011) durchschnittlich 430 000 Leute beschäftigten. Siebenundvierzig Jahre später waren die größten amerikanischen Unternehmen etwa doppelt so viel wert wie ihre damaligen Pendants, schafften das aber mit kaum einem Viertel der Beschäftigten.[17]

Wir sehen uns nicht nur mit arbeitssparenden Technologien konfrontiert, sondern auch mit solchen, die Wissen und Kenntnisse ersetzen.* Die Kombination modernster Sensoren, Stimmerkennung, künstlicher Intelligenz, Big Data, Textmining und Algorithmen zur Mustererkennung sorgt für eine Armee von Robotern, denen man im Nu menschliche Handgriffe beibringen kann, ja die sogar voneinander lernen können. Parallel dazu ist eine Revolution in den Lebenswissenschaften im Gange, die es uns ermöglichen soll, Medikamente auf spezielle Leiden und Genome des Einzelnen maßzuschneidern.

Falls der gegenwärtige Trend anhält, werden sich in den kommenden Jahren noch viel mehr Beschäftigte im Bereich »symbolische Analyse« von Maschinen ersetzt sehen. Das wird hierzulande besonders die beiden größten Sektoren für Fachkräfte mit höherer Schuldbildung betreffen – die Gesundheitsfürsorge und das Bildungssystem – da hier der zunehmende Druck zur Kostendämpfung mit der zunehmenden Verfügbarkeit hoch qualifizierter Maschinen einhergeht. So stehen wir zum Beispiel kurz vor einer Welle mobiler Gesundheitsapplikationen, die uns rund um die Uhr überwachen werden, von der Kalorienaufnahme bis zum Blutdruck. Im Verein mit entsprechender Software werden sie für jeden Einzelnen das erledigen, wozu bislang teure medizinische Gerätschaften benötigt werden, die nur von Technikern im Krankenhaus bedient werden können (denken Sie an Ultraschall, Computertomografie, Elektrokardiografie); hinzu kommt dann noch diagnostische Software, die uns sagt, was das im Einzelnen alles zu bedeuten hat. Ganz ähn-

---

* Die einschlägigen Produktivitätsdaten sagen derzeit nichts über den Output aus, für den diese Technologien zu sorgen scheinen. Das könnte daran liegen, dass offizielle Daten ihn nicht besonders gut messen (so taucht zum Beispiel Open-Source-Software nicht unter Output auf, weil sie kostenlos ist) und dass es angesichts tief verwurzelter älterer Technologien nicht selten Jahre dauert, bis ein technologischer Durchbruch die gesamte Wirtschaft durchdringt.

lich werden Schulen und Universitäten sich (unter großem Gezeter der Fakultäten) um intelligente Maschinen organisieren. Viele Lehrer und Professoren sind jetzt schon auf dem besten Wege, von Software ersetzt zu werden – sogenannten MOOCs (Massive Open Online Courses) – und von interaktiven Lehrbüchern online – inklusive Assistenten, die Schüler und Studenten durch den Stoff führen.

Wo das noch alles enden wird? Ich stelle mir eine kleine Box vor, nennen wir sie iEverything, die uns alles beschafft, was das Herz begehrt, eine moderne Version von Aladins Wunderlampe. Man sagt ihr einfach, was man will, und – Abrakadabra! – bekommt seinen Wunsch erfüllt. Das einzige Problem dabei ist, dass das gute Stück keiner kaufen kann, weil uns – dank iEverything – die Verdienstmöglichkeiten ausgegangen sind. Offensichtlich übertreibe ich hier etwas, aber wenn immer mehr von immer weniger Leuten erledigt werden kann, gehen die Profite an einen immer kleineren Kreis von Managern und Eigner-Investoren, während alle anderen immer weniger Geld zum Erwerb dessen haben, was produziert werden kann, weil wir entweder arbeitslos sind oder unser Niedriglohnjob nicht genug hergibt. Das vorherrschende Wirtschaftsmodell des 20. Jahrhunderts war die Massenproduktion durch eine Vielzahl von Beschäftigten für den Massenkonsum einer Vielzahl von Verbrauchern. Das gilt heute nicht mehr. Es sieht ganz so aus, als sei das Wirtschaftsmodell der Zukunft das einer unbegrenzten Produktion durch eine Handvoll Beschäftigter für die, die sich noch etwas leisten können.

Das eigentliche Problem dabei ist nicht etwa die Zahl der Arbeitsplätze, sondern die Zuteilung von Einkommen und Reichtum. Wer heute eine Bombenidee hat oder in eine solche investiert, verdient damit unerhörte Summen. Jan Koum, CEO und einer der jungen Gründer von WhatsApp, besaß 45 Prozent der Aktien an der Firma, als Facebook sie kaufte, was ihm $ 6,8 Milliarden einbrachte. Mitbegründer Brian Acton bekam $ 3 Milliarden für seinen Anteil von 20 Prozent.[18] Dem Vernehmen nach hatte jeder der ersten Beschäftigten einen Anteil von 1 Prozent. was jedem von ihnen $ 160 Millionen eingebracht haben dürfte.

Falls die gegenwärtigen Trends anhalten, werden die Glücklichen mit Bombenideen noch mehr verdienen. Die logische Konsequenz daraus, ich kann es nicht genug betonen, ist die beispiellose politische Macht, die ihnen damit in die Hände fällt. Der größte Teil der Bevölkerung jedoch wird von den finanziellen Gewinnen nichts zu sehen bekommen und seine politische Macht wird verschwinden. Er kann die blendende Vielfalt von Produkten und Dienstleistungen bestaunen, die all die neuen Technologien hervorbringen, nur kaufen kann er sie nicht, weil dieselben Technologien seine Arbeit ersetzt und seinen Lohn in den Keller gedrückt haben.

Als ich, vor mittlerweile einem Vierteljahrhundert, meine Vorhersagen machte, ging ich davon aus, dass moderne Technologien die Nachfrage nach hochgebildeten Arbeitskräften weiterhin fördern, während sie die Nachfrage nach weniger gebildeten senken würden. Ich nahm also an, dass die Abhilfe gegen den Verlust von Arbeitsplätzen und sinkende Löhne in mehr Bildung für eine größere Zahl von Leuten bestand, vor allem im Zugang zu höherer Bildung. Damit hatte ich nur teilweise Recht. Leute mit Collegeabschluss schnitten weiterhin besser ab als Leute ohne. 2013 verdienten Amerikaner mit vier Jahren College im Durchschnitt 98 Prozent mehr die Stunde als Leute ohne Collegeabschluss. Das war besser als die 89 Prozent, die Collegeabsolventen gegenüber Leuten ohne Collegebildung fünf Jahre zuvor gehabt hatten oder Anfang der 1980er-Jahre, als sie 64 Prozent mehr verdienten.[19]

Ich irrte mich allerdings in der Annahme, dass Collegeabschlüsse zunehmend höhere Löhne mit sich bringen würden und letztlich auch einen größeren Anteil am ökonomischen Kuchen. Tatsache ist, dass die Nachfrage nach Arbeitskräften mit höherer Schulbildung in den Vereinigten Staaten um das Jahr 2000 offensichtlich ihren Höhepunkt erreicht hatte und danach gesunken zu sein scheint – und das, obwohl das Angebot an Kräften mit höherer Schulbildung weiterhin steigt. Die große Mehrheit der Collegeabsolventen bekam seit 2000 wenig oder überhaupt nichts von den Einkommenszugewinnen zu sehen. Selbst diejenigen im obersten 90. Perzentil der Collegeabsolventen erhöhten ihr kumuliertes Einkommen zwischen 2000 und 2013 gerade mal um 4,4 Prozent. Tatsächlich sind im selben Zeitraum die Anfangsgehälter für Collegeabsolventen (um 8,1 Prozent bei Frauen und 6,7 Prozent bei Männern) gefallen.[20] Anders gesagt, während ein Collegeabschluss zur unabdingbaren Eintrittskarte in die Mittelschicht geworden ist, garantiert er den Absolventen längst nicht mehr, dass sie anschließend auch tatsächlich an Boden gewinnen, wenn sie erst einmal drin sind. Der Anteil der Mittelschicht am Gesamteinkommen geht weiterhin zurück, während der Anteil des obersten einen Prozents weiterhin wächst.

Die Umkehr der in die steinernen Tafeln der Marktregeln gemeißelten Vorabverteilung nach oben, der Platzverweis für Big Money in der politischen Arena, die Neuformierung der Kapitalgesellschaft und die Verbesserung der Qualität von Bildung (und auch der Zugang zu ihr) – all das wird helfen. Auf weniger als das sollte die Gegenkraft jedoch nicht abzielen. Nur, so ganz für sich alleine werden diese Veränderungen die Richtung nicht ändern, in die der technologische Fortschritt uns führt. Aber wie ich gezeigt habe, kann sich keine Wirtschaft, keine Gesellschaft mit einem Produktionssystem am Leben erhalten, dessen Einnahmen und Profite in der Hauptsache an einige wenige gehen. Wie also sieht die Antwort aus?

Es gibt die Fraktion, die nach höheren Steuern auf Einkommen und Reichtum der wenigen Gewinner ruft, um die Erträge unter allen anderen zu verteilen. Und es sollte der Gegenkraft durchaus möglich sein, für die Anhebung des Spitzensteuersatzes zu sorgen. Immerhin sank dieser während der ersten drei Jahrzehnte nach dem Zweiten Weltkrieg, als die Macht der großen Unternehmen und der Wall Street noch effektiv durch die Gegenkraft aufgewogen war, nie unter 70 Prozent (und der effektive Spitzensteuersatz inklusive aller Steuerabzüge und Gutschriften nie unter 50 Prozent).[21] Sollten die gegenwärtigen Trends jedoch anhalten, wird die direkte Umverteilung in einem Umfang, der nötig ist, um in 40, 50 Jahren für einen Wohlstand auf breiter Ebene zu sorgen, mehr erfordern als das. Wenn sich so gut wie alles durch Wissen und Kenntnisse ersetzende Technologien erledigen lässt – Technologien, die im Besitz einer kleinen Zahl von Leuten sind –, wird noch nicht einmal die von Thomas Piketty vorgeschlagene globale Wohlstandssteuer ausreichen. Was also brauchen wir dann? Und wie müssten wir den Markt organisieren, um es zu erreichen?

Statt die Einkommen oder den Reichtum einiger weniger zu besteuern, um die nötigen Transferzahlungen an die vielen leisten zu können, ist es wesentlich vernünftiger, den künftigen Wohlstand an sich zu verteilen. Der Unterschied ist nicht nur semantischer Art. Wie wir gesehen haben, ist der gegenwärtige Reichtum das Resultat eines Systems von Marktregeln. Es steht zu vermuten, dass die Gründer von WhatsApp sich die Mühe mit ihrem Superhit gemacht haben, weil sie damit auf den Jackpot hofften, den sie dann auch gewannen. Aber die Größe dieses Jackpots und das System von Anreizen, zu dem er gehört, hängen ihrerseits von Regeln ab: Regeln bezüglich des geistigen Eigentums (etwa die Laufzeit von Patentschutz und Urheberrechten); Regeln bezüglich der Marktmacht (etwa die Grenze, ab der Standardplattformen unter das Kartellrecht fallen), Vertragsregeln (wenn Unternehmen ihre Macht dazu nutzen, mit ihren Verträgen Verbraucher und Arbeitnehmer zu nötigen, oder wenn Interessenkonflikte und Insiderinformationen zum Betrug führen); Regeln darüber, wer Insolvenz anmelden und seine Schulden sanieren kann; und schließlich noch Regeln zur Durchsetzung all dieser Regeln (inklusive Schutz von Privateigentum und Vermögen).

Sähen diese Regeln anders aus – würde das Patentamt zum Beispiel »neu und nützlich« so eng definieren, dass bei einem Patentantrag wie dem von WhatsApp von »neu und nützlich« im Vergleich zu anderen Nachrichtensystemen nicht die Rede sein könnte –, wäre WhatsApp keine $ 19 Milliarden wert; dito für den Fall, dass der Kongress den Patentschutz von 20 auf drei Jahre senken würde; dito für den Fall, dass das Kartellrecht einem Unternehmen (wie Facebook), das bereits ein großes Netzwerk oder eine bestimmende Plattform kontrolliert, den Erwerb eines anderen Unternehmens (wie WhatsApp) verbieten würde, da es sich damit die Kontrolle über ein weiteres Netzwerk verschafft; dito für den Fall, dass die Durchsetzung der Patentbestimmungen so lax wäre, dass jeder sich WhatsApps' Nachrichtensystem problemlos aneignen könnte. WhatsApp wäre weit weniger oder gar nichts wert, sodass die Mühe seiner Gründer weit weniger lukrativ, wenn nicht gar völlig umsonst gewesen wäre. Wäre eine solche Entwicklung zu begrüßen?

Die Antwort auf diese Frage hat mit den fundamentalen Marktregeln über die Vorabverteilung von Einkommen und Reichtum zu tun, zu denen auch angemessene Anreize für Erneuerer wie die Gründer von WhatsApp gehören. Wie ich bereits herausgearbeitet habe, sorgen die gegenwärtigen Marktregeln für steigende Erträge auf Kapitalvermögen und sinkende Erträge für die große Mehrheit der Menschen, die für ihren Lebensunterhalt arbeiten. Mit einer ausreichend großen Gegenkraft hat die Gesellschaft die Möglichkeit, durch entsprechende Regeln zu verhindern, dass die Erträge größtenteils in die Hände einiger weniger gelangen – und zwar, ohne den Erneuerern die Anreize für Innovationen zu nehmen.

Wie soll sie nun aussehen, diese angemessene Balance zwischen stimulierendem Anreiz für Innovation und Investment? Wie ließe sich ein Gleichgewicht schaffen, das nach Möglichkeit die Lebensqualität von Millionen Menschen verbessert, anstatt so gut wie allen Reichtum – auf Kosten aller anderen – in den Händen einiger weniger zu konzentrieren? Es gibt darauf keine präzise Antwort. Aber mit einer angemessenen Gegenkraft könnten wir die Lösung des Problems mit einiger Zuversicht unserem volkswirtschaftlichen System überlassen. Wir könnten in höherem Maße als heute darauf vertrauen, dass die Verteilung von Einkommen und Reichtum einen Kompromiss darstellt, den einzugehen wir als Gesellschaft bereit sind.

Damit ist die Angelegenheit jedoch längst nicht erledigt. So ein Kompromiss müsste ganz anders aussehen, wenn es darum geht, Reichtum an künftige Generationen weiterzureichen, die weder eine Rolle bei der ursprünglichen Erfindung gespielt noch investiert haben. Selbst wenn der Markt ganz darauf abgestimmt ist, die beiden Gründer von WhatsApp reich zu belohnen, müsste er ihre Nachkommen nicht unbedingt mit der gleichen Überfülle belohnen, um die Gründer ausreichend zu motivieren. Selbst wenn sie sich um ihre eigenen Kinder sorgen, so dürften sich diese Sorgen spätestes mit Blick auf ihre Urenkel in Grenzen halten, geschweige denn in Bezug auf nachfolgende Generationen, die sie nie kennenlernen werden und deren Gene bis dahin längst durch die zahlreicher anderer Vorfahren verwässert sind. Das bedeutet, dass die Marktregeln, die über Reichtum und Einkommen entscheiden, durchaus stufenweise von Generation zu Generation für einen Rückgang der Erträge für die Erfindererben sorgen können, ohne dass sich das hemmend auf die Motivation der ursprünglichen Erfinder auswirken müsste. Vom gesellschaftlichen Standpunkt aus könnte dieser Kompromiss allmählich der Konzentration von Reichtum entgegenwirken und für eine breitere Verteilung der volkswirtschaftlichen Gewinne sorgen.

Ein ähnliches Problem mit der Balance stellt sich hinsichtlich des geistigen Eigentums. Hinreichende Anreize für Schöpfer, in neuen Bahnen zu denken, stehen hier dem Interesse der Öffentlichkeit gegenüber, freien Zugang zu ihren Kreationen zu erhalten – und diese in dem Augenblick, in dem die Anreize nicht mehr nötig sind, der »Public Domain« zu überstellen (wie man heute so schön sagt). Ausgeweitet auf den Prozess technologischen Fortschritts an sich und die ihm zugrunde liegenden Marktregeln, lässt sich daraus ein Prinzip für die Entscheidung über die Regeln ableiten, die künftig über Reichtum entscheiden. So wie im Falle des geistigen Eigentums würde dieser Reichtum irgendwann wieder in die Public Domain zurückgehen.

Das Fehlen einer Gegenkraft hat uns jedoch in die entgegengesetzte Richtung geführt. Noch einmal: 2014 waren bereits sechs der zehn reichsten Amerikaner Erben prominenter Vermögen.[1] Die sechs Walmart-Erben verfügten gemeinsam über ein größeres Vermögen als die unteren 42 Prozent der Amerikaner zusammengenommen – 2007 waren es noch 30,5 Prozent .[2] Laut dem Volkswirt Peter Barnes stammt einer von drei Dollar amerikanischen Einkommens aus Zinsen, Dividenden, Kapitalerträgen und Erbschaften – und geht so gut wie ausschließlich an das reichste 1 Prozent.[3] Mittlerweile bezahlt man Erbschaftsteuer erst dann, wenn das Vermögen eines Paares $10,68 Millionen übersteigt, und die Gesetze geben einem halbwegs cleveren Anwalt genügend Möglichkeiten, noch eine Menge mehr in Treuhandvermögen auf die Seite zu bringen. Darüber hinaus gehen Vermögenswerte, die im Verlauf eines Lebens im Wert steigen – Häuser, Aktien und Anleihen, Schmuck, Gemälde, Antiquitäten, Grundbesitz – an die Erben, ohne dass sie auch nur einen Cent Kapitalsteuer auf diesen Zuwachs bezahlen. Die Erben beziehen zeitlebens ein Einkommen aus diesen Aktiva und geben sie dann an ihre eigenen Erben weiter, ohne dass es sie auch nur einen Cent Kapitalzuwachssteuer kostet.

Stellen Sie das in den Kontext: Denken Sie an den von mir umrissenen technologischen Trend, der immer mehr Werte in die Hände von immer weniger Leuten legt, während er die Realeinkommen der großen Mehrheit senkt, und denken Sie an den zu erwartenden Transfer von etwa $36 Billionen, die reiche Amerikaner im Verlauf des nächsten halben Jahrhunderts an ihre Erben weitergeben werden – dann sehen Sie, warum wir uns unaufhaltsam auf einen Kapitalismus zubewegen, der so toplastig sein wird, dass er sich nicht mehr aufrechterhalten lässt.[4]

Eine neue politisch-ökomomische Gegenkraft würde nicht nur diese Entwicklung umkehren, sie würde mit den Einkünften aus den von mir vorgeschlagenen Änderungen der Marktregeln allen Bürgern einen Anteil am künftigen Wirtschaftswachstum garantieren.

Eine direkte Methode sähe wie folgt aus: Allen Amerikanern wäre vom Monat ihres 18. Geburtstags an ein Grundeinkommen zu gewähren, das ihnen wirtschaftliche Unabhängigkeit und Selbstständigkeit garantiert.[5]

Das ist bei Weitem nicht so radikal, wie es sich im ersten Augenblick anhören mag. Bereits 1979 hat der konservative Ökonom Friedrich August von Hayek ein solches System vorgeschlagen:

Die Zusicherung eines bestimmten Minimaleinkommens für jedermann oder eine Art von unterer Grenze, unter die keiner zu sinken braucht, selbst wenn er außerstande ist, für sich selbst zu sorgen, erscheint nicht nur als ein vollkommen legitimer Schutz gegen ein Risiko, das allen gemeinsam ist, sondern als ein notwendiger Teil der Großen Gesellschaft, in der das Individuum nicht länger spezifische Ansprüche an die Mitglieder der besonderen kleinen Gruppe hat, in die hinein er geboren ist.[6] *

Auch so einige selbst erklärte Libertäre finden das Konzept eines garantierten Mindesteinkommens durchaus attraktiv. Es würde die Notwendigkeit von Sozialhilfe und anderen staatlichen Transferleistungen an die Armen unnötig machen, die mit Auflagen verbunden sind, wie sie ihre Mittel zu verwenden haben, oder die sie auf andere Art herabwürdigen oder stigmatisieren. Ein Mindesteinkommen würde darüber hinaus die Abhängigkeit der Bevölkerung von privaten Arbeitgebern reduzieren, was es ihnen erlauben würde, ihre Meinung frei zu äußern, ohne dass sie Vergeltungsmaßnahmen fürchten müssten.

Ein solches System, so mag der eine oder andere einwenden, würde der Arbeitsethik unserer Gesellschaft zuwiderlaufen, würde es die Bürger doch der Struktur und Bedeutung berauben, die ihnen ihre Arbeit gibt. Die Antwort darauf lautet, dass ein Grundeinkommen gerade mal ausreichen würde, um den Empfängern und ihren Familien ein minimales Auskommen zu garantieren. Jeder, dem dieses Grundeinkommen nicht genügt, könnte selbstverständlich einer Beschäftigung nachgehen, obwohl der Großteil der Jobs aus den genannten Gründen nicht eben üppig bezahlt wäre.

* Über einen ähnlichen Vorschlag, der jedem Schweizer Staatsbürger ein »bedingungsloses Grundeinkommen« garantieren würde, soll 2016 per Volksentscheid entschieden werden. Das erste Land, das sich bereits für das Experiment entschieden hat, ist Finnland; hier ist von 440 bis 1000 Euro monatlich die Rede, die jedoch an noch nicht im Einzelnen geklärte Bedingungen gekoppelt sein sollen.

Das Mindesteinkommen würde es den Leuten ermöglichen, künstlerischen Interessen oder einem Beruf ihrer Wahl nachzugehen, der ihnen sinnvoll erscheint – der Rest der Gesellschaft könnte sich an den Früchten dieser künstlerischen Interessen oder freiwilligen Arbeit erfreuen. Es scheint zweifelhaft, dass die Mehrheit der Bürger körperliche und geistige Aktivitäten ganz aufgeben würde, um sich dem süßen Nichtstun hinzugeben. Wir werden eher eine Rückkehr in eine Zeit erleben, in der für viele der Beruf eben nicht nur ein »Job« war, eine Möglichkeit zum Gelderwerb, sondern eine »Berufung«, in der ein tiefes persönliches Interesse zum Ausdruck kam. Ich habe mit einer ganzen Reihe von Lehrern, Sozialarbeitern, Ärzten, Krankenschwestern und – ja – selbst mit Politikern gesprochen, die ihre Arbeit so sehen. Ich habe dagegen noch keinen Investmentbanker kennengelernt, der so gedacht hätte, was natürlich nicht heißt, dass es nicht den ein oder anderen gibt.

Ähnlich stünde es auch potenziellen Künstlern frei, ihrer Arbeit nachzugehen. T. S. Eliot konnte sich seinen geografischen Hobbys widmen, wenn er nicht gerade Gedichte schrieb, und Walt Whitman konnte sich als Kopist in der Zahlmeisterei der Army ein Zubrot verdienen, während der junge Albert Einstein als technischer Experte dritter Klasse am Berner Patentamt an seiner Relativitätstheorie arbeiten konnte. Bei den meisten Leuten hat die bezahlte Arbeit in den letzten Jahrzehnten das ganze Leben bestimmt; sie nahm irgendwann den ganzen den Tag in Anspruch und bei vielen auch einen Teil der Nacht. Wie viele potenzielle Dichter oder Wissenschaftstheoretiker können ihrer Berufung nicht nachgehen, weil sie effektiv praktisch rund um die Uhr ihrem Broterwerb nachgehen? Ein Grundeinkommen gäbe ihnen wenigstens eine Chance.

Wir würden damit eine Zukunft schaffen, in der Roboter den größten Teil der Arbeit erledigen und der Mensch die Gewinne einstreicht. Das wäre die Art von Gesellschaft, die John Maynard Keynes 1928 mit seiner Behauptung voraussah, dass binnen eines Jahrhunderts technologische Fortschritte für ein Zeitalter der Überfülle sorgen würden, in der sich niemand mehr ums Geldverdienen sorgen müsste – die einzige verbleibende Herausforderung wäre die, zu überlegen, was sich mit all der daraus resultierenden Freiheit und Freizeit anstellen ließ.[7] Keynes kümmerte sich damals nicht im Einzelnen darum, wie man die Gewinne aus diesem technologischen Fortschritt verteilen sollte, damit auch tatsächlich jeder davon profitiert. Ein aus reduzierten Eigentumsrechten für die künftigen Erben technologischer Durchbrüche finanziertes Grundeinkommen würde Keynes' Vision realisieren.

Der eigentliche Visionär ist hier – und nicht nur hier – Thomas Paine, der Autor des 1776 erschienen Pamphlets *Gesunder Menschenverstand (Common Sense)*, aus dessen Feder jedoch noch ein anderer, nicht weniger weitsichtiger und wichtiger Essay stammt, den man heute jedoch kaum noch kennt. Dieser trägt den Titel *Agrarian Justice (Agrar-Gerechtigkeit)* und erschien 1797. Er enthält den Vorschlag, allen Amerikanern – Männern wie Frauen – an ihrem 21. Geburtstag 15 Pfund auszuzahlen, eine Summe, die als Grundeinkommen dienen sollte. Die dazu nötigen Einkünfte sollten aus einer Steuer auf vererbten Grundbesitz kommen. Das, so Paines Logik, würde die Unabhängigkeit fördern, die er für das Heranwachsen einer jungen Demokratie für entscheidend hielt. Privateigentum, so argumentiert er, sei eine Erfindung des Menschen. Als der Mensch noch als Jäger und Sammler unterwegs gewesen sei, habe die Erde allen gehört, sie sei mit anderen Worten »Gemeineigentum« gewesen. Mit dem Aufkommen von Ackerbau und Sesshaftigkeit habe Eigentum die Form des Rechts auf den Ausschluss anderer angenommen. Derartiger Grundbesitz schien Paine so nützlich wie unvermeidlich, schließlich lässt sich kaum unterscheiden zwischen dem Besitz des Landes an sich und den am Land vorgenommenen Verbesserungen.[8] Es schien ihm jedoch nur recht und billig, jeden Bürger daran zu beteiligen, sozusagen als »gerechte Abfindung« für das, was ihm genommen wurde.

Sicher, die Analogie hinkt etwas; die Roboter der Zukunft oder bahnbrechende Technologien werden den Bürgern nicht eigentlich »Gemeineigentum« wegnehmen, für das sie entschädigt werden müssten. Sehr wohl werden sie ihnen aber gute Jobs wegnehmen, deren Zahl ohnehin bereits sinkt, und sie werden ihnen weiter

Chancen und Möglichkeiten nehmen, die ebenfalls bereits knapp werden. Kurzum, sie werden die Mittelschicht ersetzen, die bislang das Herz sowohl unserer Wirtschaft als auch unserer Gesellschaft gewesen ist und sich bereits jetzt in einem Schrumpfprozess befindet. Eine Möglichkeit, dieser fatalen Entwicklung zu entgehen, sind neue Marktregeln, die dafür sorgen, dass der Reichtum schließlich wieder in die Public Domain übergeht, anstatt sich für künftige Generationen aufzuhäufen, die an seiner Entstehung in keiner Weise beteiligt waren. Dieses »Gemeingut« ließe sich zur Finanzierung eines garantierten Grundeinkommens für alle Bürger heranziehen.

Alternativ dazu könnte man jedem Bürger einen winzigen Anteil am Gesamtbestand des durch Patentamt und Staat geschützten geistigen Eigentums geben. Vom Anstieg des Werts eines solchen nationalen Gesamtbestands an geistigem Eigentum würden alle Bürger durch Dividenden profitieren. Eine weitere Alternative bestünde darin, jedem Neugeborenen eine Art minimale »Mitgift« an Aktien und Anleihen mit auf den Weg zu geben – einen »Anteil« sozusagen an der künftigen Wirtschaft, dessen Wert mit dem der Wirtschaft selbst zunimmt und irgendwann für ein Grundeinkommen sorgen kann.

Wie immer wir es angehen wollen, zuerst müssen wir durch eine Änderung der Regeln die Weichen in Richtung einer integrativeren Wirtschaft stellen. Ohne die eine oder andere Möglichkeit zur Verteilung der ständig wachsenden Einkünfte einiger weniger Besitzer (und Erben) der besagten Roboter und der dazugehörigen Technologien wird die Mittelschicht verschwinden, und der Kapitalismus, wie wir ihn kennen, wird nicht überleben.

Ich hoffe, durch meine Ausführungen ist eines deutlich geworden: Es besteht durchaus Anlass zum Optimismus. Wir stehen kurz vor einer Welle von Erfindungen und Innovationen, die unser aller Leben erheblich verbessern können. Und selbst wenn diese Erfindungen und Innovationen zahllose Arbeitsplätze vernichten und damit die Löhne drücken werden – wie es in den Vereinigten Staaten und anderen Industrienationen längst zu beobachten ist –, verfügen wir durchaus über Mittel und Wege, den Kapitalismus zu reformieren und seine Gewinne auf breiter Basis zu teilen.

Was uns mit Optimismus erfüllen sollte, ist, dass wir keinesfalls Opfer unpersönlicher und vermeintlich nicht kontrollierbarer »Marktkräfte« sein *müssen*. Der Markt ist vom Menschen geschaffen; er basiert auf Regeln, die von Menschen geschaffen werden. Die zentrale Frage ist die, wer diese Regeln formt und zu welchem Zweck. Während der letzten drei Jahrzehnte wurden diese Regeln hauptsächlich von Konzernriesen, Wall Street und superreichen Privatpersonen zu dem Zweck geformt, einen möglichst großen Anteil am nationalen Einkommen und Reichtum in die eigene Tasche zu dirigieren. Wenn sie weiterhin ungezügelten Einfluss auf die Regeln haben und die Kontrolle über die Werte im Herzen der neuen Innovationswelle erlangen, werden sie über fast den gesamten Reichtum verfügen, über fast das gesamte Einkommen und fast die gesamte politische Macht. Dieses Ergebnis liegt weder in ihrem eigenen Interesse noch im Interesse aller anderen, da unter solchen Bedingungen weder eine Wirtschaft noch eine Gesellschaft Bestand haben kann.

Die kommende Herausforderung gilt also weder der Technologie noch der Wirtschaft an sich; sie gilt nichts Geringerem als der Demokratie. Bei der entscheidenden Debatte für die Zukunft geht es nicht um einen schlanken oder fetten Staat; es geht darum, *für wen* dieser Staat da ist, wem er eigentlich dient. Die zentrale Alternative ist nicht die zwischen »freiem Markt« und Staat; wir müssen uns entscheiden zwischen einem Markt, der auf einen Wohlstand auf breiter Basis abzielt, und einem, bei dem so gut wie alle Gewinne in die Taschen einiger weniger ganz oben fließen. Die relevante Frage ist nicht, wie viel man den Reichen durch Steuern wegnehmen soll, um die Mittel an die weniger Glücklichen zu verteilen; die Frage, die sich uns stellt, ist die, wie wir die Marktregeln so gestalten, dass die Wirtschaft von vornherein für eine allgemeiner Ansicht nach faire Verteilung sorgt, ohne dass große Umschichtungen im Nachhinein nötig sind.

Die große Mehrheit der Staatsbürger hat sehr wohl die Macht, die Marktregeln zu ändern, um sie ihren Bedürfnissen anzupassen. Um diese Macht jedoch auch tatsächlich einzusetzen, muss sie verstehen, was da passiert und wo ihre Interessen liegen. Und sie muss sich zusammentun. Es wäre schließlich nicht das erste Mal. Wenn wir aus der Geschichte tatsächlich etwas lernen können und es noch so etwas wie gesunden Menschenverstand gibt, dann schaffen wir das noch einmal.

DANK

Das vorliegende Buch ist das Ergebnis mehrerer Jahre Forschungsarbeit, Beobachtungen und Diskussionen; zahlreiche Leute waren daran beteiligt, deren Einsichten auf jeder Seite durchscheinen. Es ist schlecht möglich, hier allen angemessen zu danken. Meine Kollegen von der Goldman School of Public Policy an der University of California in Berkeley waren ein Quell intellektueller Provokation und fürsorglicher Stimulanz. Zu ganz besonderem Dank verpflichtet bin ich Henry Brady, Sean Farhang, Alex Gelber, Hilary Hoynes, David Kirp, Amy Lerman, Paul Pierson, Jesse Rothstein und Eugene Smolensky für ihre wertvollen Kommentare zu den ersten Entwürfen. Außerdem gebührt mein Dank einigen Freunden und ehemaligen Kollegen, deren offene und konstruktive Kritik mich das Ziel nicht aus den Augen verlieren ließ. Besondere Erwähnung verdienen Richard Parker, Jacob Kornbluth, John Isaacson, Steve Silberstein, Michael Pertschuk, Paul Starr, Laura Tyson und Erik Tarloff. Der renommierte Volkswirtschaftler Charles Lindblom half mit einer wertvollen Perspektive, wofür ich ihm besonders dankbar bin. Drei außergewöhnliche Studenten – Liz Gross, Sonja Petek und Taylor Smiley – leisteten großartige Unterstützung bei der Suche nach schwer zugänglichen Fakten und Beispielen. Vorzügliche technische Assistenz erhielt ich von Manuel Castrillo und Sergey Shevtchenko. Der mannigfaltigen Hilfe meiner stets gut aufgelegten und ungemein tüchtigen Assistentin Rebecca Boles kann ich unmöglich mit Worten gerecht werden. Ich bedanke mich für die Forschungsförderung seitens der Goldman School und des Blum Center for Developing Economies. Mein Literaturagent Rafe Sagalyn stand mir wie so oft schon auch diesmal mit seinem Rat zur Seite, und mein Lektor Jonathan Segal mit seinem gesunden Menschenverstand erwies sich wie immer als Quell der Weisheit. Last but not least bedanke ich mich bei meiner Frau und Partnerin Perian Flaherty, deren Leidenschaft für Authentizität und soziale Wahrheit mich ein Leben lang inspiriert.

ANMERKUNGEN

EINLEITUNG

1 Siehe Lawrence Mishel und Alyssa Davis, *CEO Pay Continues to Rise as Typical Workers Are Paid Less*, Issue Brief #380, Economic Policy Institute; Website, Juni 2014.

2 Siehe zum Beispiel A. Atkinson, T. Piketty und E. Saez, »Top Incomes in the Long Run of History«, *Journal of Economic Literature* 49, Nr. 1 (2011), S. 3–71.

3 Während 2001 einer Gallup-Umfrage zufolge 76 % aller Amerikaner zufrieden mit ihren Möglichkeiten waren, durch harte Arbeit vorankommen zu können, und nur 22 % unzufrieden, waren 2013 nur 54 % zufrieden und 45 % unzufrieden. Siehe Rebecca Riffkin, »In U.S., 67 % Dissatisfied with Income, Wealth Distribution«, Gallup-Website, 20. Januar 2014 (http://www.gallup.com/poll/166904/dissatisfied-income-wealth-distribution.aspx).

4 Laut einer Erhebung des Pew Research Centers war der Prozentsatz von Amerikanern, deren Ansicht nach die meisten von uns durch harte Arbeit vorankommen können, wenn sie nur wollen, seit 2000 um 14 Punkte gefallen. Siehe Pew Research Center for the People and the Press/USA Today, »January 2014 Political Survey, Final Topline«, Pew Research Center-Website, 15.–19. Januar 2014 (http:// www.people-press.org/files/legacy-questionnaires/1–23–14 % 20Poverty_Inequality%20topline %20for%20release.pdf).

5 Nach Ansicht von 63 % aller Amerikaner sind die meisten Kongressabgeordneten bereit, ihre Stimmen zu verkaufen, entweder gegen Cash oder Wahlkampfbeiträge, und 59 % halten es für wahrscheinlich, dass ihr Abgeordneter das bereits getan hat. 66 % sind der Ansicht, dass den meisten Kongressabgeordneten die Ansichten ihrer Wähler egal sind. Siehe »Americans Don't Think Incumbents Deserve Reelection«, Rasmussen Reports-Website, 2. Oktober 2014.

6 Siehe »Views of Government: Key Data Points«, Pew Research Center-Website, 22. Oktober 2013

7 Siehe Standard-Eurobarometer 81, Frühjahr 2014: Die öffentliche Meinung in der Europäischen Union, Erste Ergebnisse. Website der Europäischen Kommission. Befragung: Juni 2014, Veröffentlichung: Juli 2014.

DIE VORHERRSCHENDE ANSICHT

8 Thomas Hobbes, *Leviathan.* Hamburg: Felix Meiner 1996. Aus dem Englischen von Jutta Schlösser.

9 Siehe Karl Polanyi, *The Great Transformation: Politische und ökonomische Ursprünge von Gesellschaften und Wirtschaftssystemen.* Frankfurt: Suhrkamp 1977. Übersetzt von Heinrich Jelinek.

DIE FÜNF BAUSTEINE DES KAPITALISMUS

1 Siehe John Rawls, *Eine Theorie der Gerechtigkeit.* Frankfurt: Suhrkamp, 1979. S. 140–211. Übersetzt von Hermann Vetter.

FREIHEIT UND MACHT

1 *Citizens United v. Federal Election Commission,* 558 U.S. 310 (2010).

2 Ibid.

3 *Carter v. Carter Coal Co. et al.,* 298 U.S. 238 (1936), S. 311.

4 Siehe zum Beispiel *United States v. Darby,* 312 U.S. 100 (1941).

5 Siehe Nick Russo und Robert Morgus, Sarah Morris und Danielle Kehl, *The Cost of Connectivity 2014,* Open Technology Institute auf der New America-Website, 20. Oktober 2014. Siehe auch Claire Cain Miller, »Why the U.S. Has Fallen Behind in Internet Speed and Affordability«, *New York Times,* 30. Oktober 2014.

6 Siehe Valerie Paris, »Why Do Americans Spend So Much on Pharmaceuticals?«, *PBS NewsHour* Website, 7. Februar 2014.

DAS NEUE EIGENTUM

1 Garrett Hardin, »The Tragedy of the Commons«, *Science* 162, Nr. 3859 (1968), S. 1243–48.

2 Adam Hochschild, *Sprengt die Ketten: Der entscheidende Kampf um die Abschaffung der Sklaverei.* Stuttgart: Klett-Cotta 2007. Deutsch von Ute Spengler.

3 Heather Cox Richardson, *To Make Men Free: A History of the Republican Party.* New York: Basic Books 2014. S. 6–12.

4 Hochschild, *Sprengt die Ketten.*

5 Constance Johnson, »Mauritania; United Nations: Plan to End Slavery Expected«, Law Library of Congress-Website, 11. März 2014.

6 Siehe Shared Hope International, *National Colloquium 2012, Final Report,* Shared Hope International-Website, Mai 2013, S. 80.

7 »Teaching with Documents: The Homestead Act of 1862«, National Archives-Website.

8 Henry George, *Progress and Poverty,* 25th ann. ed. Garden City, NY: Doubleday, Page & Company 1912, S. 9.

9 Ibid.

10 Siehe Julian L. Simon, »The Airline Oversales Auction Plan: The Results«, *Journal of Transport Economics and Policy* 28, Nr. 3 (1994), S. 319–23.

11 Verfassung der Vereinigten Staaten von Amerika. Artikel I. Abschnitt 8.

12 Patent Act of 1790, 1 Stat. 109–12 (1790).

13 Laut dem Patentgesetz von 1793 konnten Patente für »irgendeine neue und nützliche Kunst, Maschine, Herstellungsart oder stoffliche Zusammensetzung oder für Verbesserungen an solchen« erteilt werden. Siehe Patent Act of 1793, 1 Stat. 318–23 (1793).

14 U.S. Patent and Trademark Office, *Performance and Accountability Report Fiscal Year 2009*, Patent and Trademark Office-Website, S. 11.

15 Siehe Administrative Office of the U.S. Courts, »Caseload Statistics 2014: Caseload Analysis«, Tabelle »Federal Circuit Filings, Percent Change Over Time«, U.S. Courts-Website (www.uscourts.gov/Statistics/FederalJudicial-CaseloadStatistics/caseload-statistics-2014/caseload-analysis.aspx). Siehe außerdem PricewaterhouseCoopers LLP, *2013 Patent Litigation Study*, PricewaterhouseCoopers-Website, 2013, S. 6.

16 Peri Hartman, Jeffrey P. Bezos, Shel Kaphan und Joel Spiegel, »Method and System for Placing a Purchase Order via a Communications Network«, U.S. Patent 5,960,411, eingereicht am 12. September 1997, gewährt am 28. September 1999.

17 Casey Maureen Dougherty und Melissa Breglio Hajj, »Embedding an Autograph in an Electronic Book«, U.S. Patent 8,880,602, eingereicht am 23. März 2012, gewährt am 4. November 2014.

18 Siehe Timothy B. Lee, »Software Patent Reform Just Died in the House, Thanks to IBM and Microsoft«, *Washington Post*, 20. November 2013.

19 Siehe Phillip Elmer-DeWitt, »Is Google Buying Motorola for Its 24,000 Patents?«, *Forbes*, 15. August 2011.

20 Colleen Chien, »Reforming Software Patents«, *Houston Law Review* 50, Nr. 2 (2012), S. 323–88.

21 OECD, *Health at a Glance 2013: OECD Indicators* (OECD Publishing, 2013), S. 160–61. Siehe auch Valerie Paris, »Why Do Americans Spend So Much on Pharmaceuticals?« *PBS NewsHour*-Website, 7. Februar 2014.

22 National Center for Health Statistics, *Health, United States, 2013: With Special Feature on Prescription Drugs*, National Center for Health Statistics-Website, 2014, Tabellen 112 und 114.

23 Robert Pear, »Bill to Let Medicare Negotiate Drug Prices Is Blocked«, *New York Times*, 18. April 2007.

24 Elisabeth Rosenthal, »The Price of Prevention: Vaccine Costs Are Soaring«, *New York Times*, 2. Juli 2014.

25 Ibid.

26 Ed Silverman, »Actavis Is Ordered to Continue Selling the Namenda Alzheimer's Pill«, *Wall Street Journal*, 11. Dezember 2014.

27 C. Lee Ventola, »Direct-to-Consumer Pharmaceutical Advertising: Therapeutic or Toxic?« *Pharmacy & Therapeutics* 36, Nr. 10 (2011), S. 669–84.

28 »Food and Drug Administration Safety and Innovation Act (FDASIA)«, U.S. Food and Drug Administration-Website.

29 Sara R. Collins, Ruth Robertson, Tracy Garber und Michelle M. Doty, *Insur-*

ing the Future: Current Trends in Health Coverage and the Effects of Implementing the Affordable Care Act, Commonwealth Fund-Website, April 2013, S. 9–10.

30 Katie Thomas, Agustin Armendariz und Sarah Cohen, »Detailing Financial Links of Doctors and Drug Makers«, *New York Times,* 30. September 2014.

31 Ibid.

32 »Pay-for-Delay: When Drug Companies Agree Not to Compete«, Federal Trade Commission-Website.

33 Marc-André Gagnon und Joel Lexchin, »The Cost of Pushing Pills: A New Estimate of Pharmaceutical Promotion Expenditures in the United States«, *PLoS Med* 5, Nr. 1 (2008), S. 0029–0033.

34 Center for Responsive Politics, »Influence and Lobbying: Pharmaceuticals/ Health Products: Industry Profile: Summary, 2013«, OpenSecrets.org-Website (https://www.opensecrets.org/lobby/indusclient.php?id=H04&year= 2013).

35 Center for Responsive Politics, »Pharmaceuticals/Health Products Summary«, OpenSecrets.org.-Website (http://www.opensecrets.org/industries/ indus.php?ind=h04).

36 Die Summen, die die Industrie an direkten politischen Spenden aufbringt, sind – auch wenn diese effektiv erheblich über denen der 1980er-Jahre und davor liegen – eher gering im Vergleich zu den Ausgaben für Lobbying, Rechtsstreitigkeiten und andere Arten der politischen Einflussnahme. Und alle diese Ausgaben zusammengenommen sind weit geringer als die Gewinne, die man mittels dieser Taktiken einfahren kann. Was einfach daran liegt, dass Unternehmen nicht mehr als nötig ausgeben, um ein gewünschtes Ziel zu erreichen. Und infolge des Niedergangs gegengewichtiger Marktkräfte, den ich später noch diskutieren werde, bekommen sie, was immer sie wollen, zu Schleuderpreisen.

37 Copyright Act of 1790, 1 Stat. 124 (1790).

38 Einen Überblick über die Geschichte des amerikanischen Urheberrechts gibt »United States Copyright Office: A Brief Introduction and History«, U.S. Copyright Office-Website.

39 Einen Überblick über den Fall Disney gibt Timothy B. Lee, »15 Years Ago, Congress Kept Mickey Mouse out of the Public Domain. Will They Do It Again?«, *Washington Post,* 25. Oktober 2013.

DAS NEUE MONOPOL

1 Ian Hathaway und Robert E. Litan, »Declining Business Dynamism in the United States: A Look at States and Metros«, Brookings Institution-Website, S. 1.

2 Ibid.

3 Ibid., Abb. 1.

4 Akamai Technologies, *Akamai's State of the Internet,* Akamai Technologies-Website, 2014, Abb. 12 und Abb. 22.

5 Nur 52 % aller Haushalte mit einem Gesamteinkommen von $ 30 000 hatten 2013 zu Hause einen Breitband-Internetanschluss, Im Gegensatz zu

91 % der Haushalte mit einem Gesamteinkommen von $ 75 000 und mehr. Pew Research Internet Project, »Broadband Technology Fact Sheet«, Pew Research Center-Website, Daten von 2013.

6 Siehe Susan Crawford, *Captive Audience: The Telecom Industry and Monopoly Power in the New Gilded Age.* New Haven, CT: Yale University Press 2013. S. 65.

7 Auskunft über die Geschwindigkeiten von Internetanschlüssen gibt »Global Broadband: Household Download Index«, Ookla-Website. Auskunft über einschlägige Preise gibt »OECD Broadband Portal«, section 4.01, »Range of Broadband Prices per Megabit per Second of Advertised Speed«, OECD-Website, Abb. 7.17.

8 Susan Crawford, »Government Should Invest in Fiber Optics«, *New York Times,* 14. Juli 2014.

9 Allan Holmes, »How Big Telecom Smothers City-Run Broadband«, Center for Public Integrity-Website, 28. August 2014; Update: 15. September 2014.

10 David Lieberman, »Liberty Media's John Malone Says Cable Is ›Pretty Much a Monopoly‹ in Broadband«, *Deadline Hollywood,* 6. Mai 2011.

11 Aus einer offiziellen Erklärung von FCC-Chairman Tom Wheeler, »The Facts and Future of Broadband Competition«, 1776 Headquarters, Washington, DC, 4. September 2014.

12 Susan Crawford, »Let America's Cities Provide Broadband to Their Citizens«, *Bloomberg View,* 14. Februar 2012.

13 Stephen Seufert, »Chattanooga v. Kabletown«, Philly.com, 29. Juni 2014.

14 Center for Responsive Politics, »Influence and Lobbying: Lobbying: Top Spenders, 2014«; siehe auch »Comcast Corp.: Profile for 2014 Election Cycle«, OpenSecrets.org-Website (www.opensecrets.org/orgs/summary. php?id=D000000461&lname= Comcast+Corp).

15 Siehe »Michael Powell«, Website der National Cable and Telecommunications Association.

16 Center for Responsive Politics, »Influence and Lobbying: Lobbying: Top Spenders, 2014«, OpenSecrets.org-Website, (https://www.opensecrets.org/ lobby/top.php?showYear=2014&indexType=s).

17 Center for Responsive Politics, »Comcast Corp.: Lobbyists Representing Comcast Corp., 2014«, OpenSecrets.org-Website (www.opensecrets.org/ lobby/clientlbs.php?id=D000000461&year=2014).

18 »Tying Up the Cable Business«, *The Economist,* 4. Oktober 2014.

19 Die Federal Communications Commission wird von fünf Commissionern geleitet; siehe Alex Rogers, »Comcast Has About 76 Lobbyists Working Washington on the Time-Warner Cable Merger. This Is Why«, *Time,* 29. April 2014.

20 Food and Water Watch, *Monsanto: A Corporate Profile,* Food and Water Watch-Website, April 2013.

21 Einen Abriss über die Problematik von Monsantos Saatgut findet sich in Donald L. Barlett und James B. Steele, »Monsanto's Harvest of Fear«, *Vanity Fair,* Mai 2008.

22 Ibid.

23 Siehe William Neuman, »Rapid Rise in Seed Prices Draws U.S. Scrutiny«, *New York Times,* 11. März 2010.

24 Siehe Center for Food Safety & Save Our Seeds, *Seed Giants v. U.S. Farmers,* Center for Food Safety-Website, 2013; siehe außerdem Rachel Tepper, »Seed Giants Sue U.S. Farmers over Genetically Modified Seed Patents in Shocking Numbers: Report«, *Huffington Post,* 13. Februar 2013.

25 Richard Schiffman, »Seeds of the Future«, Truthout-Website, 4. Dezember 2014; siehe auch Center for Food Safety & Save Our Seeds, *Seed Giants v. U.S. Farmers.*

26 Center for Food Safety & Save Our Seeds, *Seed Giants v. U.S. Farmers,* S. 5.

27 Christoph Then und Ruth Tippe, »Das Saatgutkartell auf dem Vormarsch: Patentanmeldungen und Patenterteilungen im Bereich der Pflanzen- und Tierzucht im Jahr 2010, März 2011 (http://www.keinpatent.de/uploads/media/Patente_Report_2011_01.pdf).

28 »Bericht über die Auswirkungen des Patentrechts im Bereich der Biotechnologie unter anderem hinsichtlich ausreichender Technizität sowie hinsichtlich der Auswirkungen im Bereich der Pflanzen- und Tierzüchtung«. Deutscher Bundestag, Unterrichtung durch die Bundesregierung. Drucksache 18/2119. 9. Juli 2014. Deutscher Bundestag-Website (http://dip21.bundestag.de/dip21/btd/18/021/1802119.pdf).

29 »Anhörung zu Monsantos Patent auf indische Melonen«. no patents on seeds-Website, 18. Januar 2016 (https://no-patents-on-seeds.org/de/information/aktuelles/anhoerung-zu-monsantos-patent-indische-melonen).

30 Harald Ebner, »Angela Merkel lässt Genmais auf Europas Äckern säen«. Pressemitteilung Bündnis 90/Die Grünen-Website 11.02.2014 (https://www.gruene-bundestag.de/presse/pressemitteilungen/2014/februar/angela-merkel-laesst-genmais-auf-europas-aeckern-saeen.html).

31 Kristina Hubbard, »Monsanto's Growing Monopoly«, *Salon,* 30. Mai 2013.

32 Mina Nasseri und Daniel J. Herling, »Ho Ho Ho GMO! The 2014 GMO Legislation Scorecard«, *National Law Review,* 23. Dezember 2014; siehe auch Connor Adams Sheets, »GMO Labeling Debate Headed to Congressional Committee«, *International Business Times,* 4. Dezember 2014.

33 »EU-Verordnungen zur Kennzeichnung gentechnisch veränderter Lebens- und Futtermittel«. Bund Friends of the Earth Germany-Website (http://www.bund.net/themen_und_projekte/gentechnik/gesetze_und_zulassungen/eu_gentechnikrecht/eu_verordnungen/)

34 Siehe Barlett und Steele, »Monsanto's Harvest of Fear«.

35 Siehe Union of Concerned Scientists, »Eight Ways Monsanto Fails at Sustainable Agriculture«, Nr. 7, »Suppressing Research«, Website der Union of Concerned Scientists.

36 Siehe Monsanto, »Monsanto Notified That U.S. Department of Justice Has Concluded Its Inquiry«, Monsanto-Website, 16. November 2012; siehe außerdem Tom Philpott, »DOJ Mysteriously Quits Monsanto Antitrust Investigation«, *Mother Jones,* 1. Dezember 2012.

37 Center for Responsive Politics, »Agricultural Services/Products: Summary, 2012«, OpenSecrets.org-Website (www.opensecrets.org/lobby/indusclient.php?id=A07&year=2012).

38 Siehe Center for Responsive Politics, »Monsanto Co.: Lobbyists Representing Monsanto Co., 2014«, OpenSecrets.org-Website (https://www.ope

nsecrets.org/lobby/clientlbs.php?id=D000000055&year=2014), und Janie Boschma,»Monsanto: Big Guy on the Block When It Comes to Friends in Washington«, OpenSecrets.org-Website, 19. Februar 2013; siehe auch Food and Water Watch, *Monsanto: A Corporate Profile*, Abb. 3, S. 10, und Janice Person,»I Heard Monsanto Employees Control USDA, FDA, etc.«, *Beyond the Rows* Blog, 15. Februar 2012.

39 Apples Geschäftsstrategie, so das Unternehmen, nutze lediglich den Umstand,»wie kein zweites seine eigenen Betriebssysteme, Hardware, Anwendungssoftware und Dienstleistungen so designen und entwickeln zu können, dass es seinen Kunden Produkte und Lösungen mit innovativem Design, unerreichtem Handling und nahtloser Integration zu liefern vermag«; siehe U.S. Securities and Exchange Commission, Apple Inc. Proxy Statement, part 1, item 1,»Business Strategy«, S. 1

40 *United States v. Microsoft Corporation*, U.S. District Court for the District of Columbia, civil action no. 98–1232 (CKK), 2002.

41 Center for Responsive Politics,»Client Profiles: Summary, 2013«, was Apple, Amazon, Facebook, Microsoft und Google anbelangt, sowie »Influence and Lobbying: Lobbying: Top Spenders, 2013«, OpenSecrets.org-Website (https://www.opensecrets.org/lobby/top.php?showYear=2013).

42 Brody Mullins, Rolfe Winkler und Brent Kendall,»Inside the U.S. Antitrust Probe of Google«, *Wall Street Journal*, 1. März 2015.

43 Tom Hamburger und Matea Gold,»Google, Once Disdainful of Lobbying, Now a Master of Washington Influence«, *Washington Post*, 12. April 2014.

44 Siehe zum Beispiel Frédéric Filloux,»Do the Media Really Have an Alternative to Distribution via Facebook and Google?«, *Quartz*, 20. Oktober 2014.

45 Ibid.

46 »Fifty Favorite Retailers (2013)«, National Retail Federation-Website.

47 Siehe Astra Taylor, *The People's Platform: Taking Back Power and Culture in the Digital Age*. Toronto: Random House Canada,2014. S. 37.

48 Nick Statt,»Amazon Facing United Front of Authors in Hachette E-book Dispute«, *CNET*, 25. Juli 2014.

49 David Streitfeld,»Amazon, a Friendly Giant as Long as It's Fed«, *New York Times*, 12. Juli 2014.

50 David Streitfeld,»Amazon and Hachette Resolve Dispute«, *New York Times*, 13. November 2014.

51 Jeremy Greenfield,»How the Amazon-Hachette Fight Could Shape the Future of Ideas«, *The Atlantic*, 28. Mai 2014.

52 David Streitfeld,»Amazon Is Not Holding Back on Paul Ryan«, *New York Times*, 30. September 2014.

53 Elaine Sciolino,»The French Still Flock to Bookstores«, *New York Times*, 10. Juni 2012.

54 Pamela Druckerman,»The French Do Buy Books. Real Books«, *New York Times*, 9. Juli 2014.

55 Siehe dazu Börsenverein des deutschen Buchhandels-Website (http://www.boersenverein.de/de/158337).

56 Siehe dazu Joachim Jahn: »Amazon-Rabattaktion verstieß gegen Buchpreisbindung«, *Frankfurter Allgemeine Zeitung*, 23. Juli 2015 (http://www.

faz.net/aktuell/wirtschaft/recht-steuern/bgh-amazon-rabattaktion-verstiess-gegen-buchpreisbindung-13717524.html).

57 Center for Responsive Politics, »Amazon.com, Client Profile: Summary, 2008«, OpenSecrets.org-Website. (www.opensecrets.org/lobby/clientsum. php?id=D000023883&year =2008); siehe auch »Summary, 2012«, (https://www.opensecrets.org/lobby/clientsum.php?id=D000023883&year=2012).

58 Paul Farhi, »Washington Post Closes Sale to Amazon Founder Jeff Bezos«, *Washington Post*, 1. Oktober 2013.

59 Federal Deposit Insurance Corporation, »Top 100 Banks and Thrifts, Nationally by Asset Size«, 31. Dezember 2000 und 30. September 2014, sowie »FDIC–Statistics on Depository Institutions Report«, Assets and Liabilities, 31. Dezember 2000 und 30. September 2014.

60 Thomas M. Hoenig, »Statement by Thomas M. Hoenig, Vice Chairman, FDIC on the Credibility of the 2013 Living Wills Submitted by First Wave Filers«, Website der Federal Deposit Insurance Corporation, 4. August 2014.

61 Center for Responsive Politics, Contributions to Presidential Candidates, »Barack Obama (D): Top Industries, 2008«, OpenSecrets.org-Website. (http://www.opensecrets.org/pres08/indus.php?cycle=2008&cid= n00009638).

62 Center for Responsive Politics, Contributions to Presidential Candidates, »John McCain (R): Top Industries, 2008«, OpenSecrets.org-Website. (http://www.opensecrets.org/pres08/expend.php?cycle=2008&cid=n00006424).

63 Center for Responsive Politics, Contributions to Presidential Candidates, »Barack Obama (D): Top Contributors, 2008«. OpenSecrets.org-Website (https://www.opensecrets.org/pres08/contrib.php?cid=N00009638).

64 Center for Responsive Politics, Contributions to Presidential Candidates, »Mitt Romney (R): Top Industries, 2012«, OpenSecrets.org-Website (https://www.opensecrets.org/pres12/contrib.php?id=N00000286).

65 CBS Investigates, »Goldman Sachs' Revolving Door«, CBS News-Website, 8. April 2010; siehe auch Eric Dash und Louise Story, »Rubin Leaving Citigroup; Smith Barney for Sale«, *New York Times*, 9. Januar 2009.

66 Center for Responsive Politics, Employment History, »Geithner, Timothy, Bio«, OpenSecrets.org-Website (http://www.opensecrets.org/revolving/rev _summary.php?id=78265).

67 Josh Israel, »After 30 Years of Fighting for Wall Street, Eric Cantor Will Make Millions at an Investment Bank«, *ThinkProgress*, 2. September 2014.

68 Siehe U.S. Securities and Exchange Commission, Moelis & Company, Form 8-K, 2. September, 2014, Item 5.02 (d) (http://www.sec.gov/Archives/edgar/data/1596967/000110465914064087/a14–20284_18k.htm).

69 Dana Cimilluca und Patrick O'Connor, »Eric Cantor to Join Wall Street Investment Bank«, *Wall Street Journal*, 2. September 2014.

70 Moelis & Company, »Moelis & Company Announces the Appointment of Eric Cantor as Vice Chairman and Member of the Board of Directors«, Presseerklärung, 2. September 2014.

71 William Alden, »K.K.R., Blackstone and TPG Private Equity Firms Agree to Settle Lawsuit on Collusion«, *New York Times*, 7. August 2014.

72 Ibid.
73 Halah Touryalai, »Libor Explained: How Manipulated Rates Could Be Hurting (Or Helping) You«, *Forbes*, 9. Juli 2012.
74 »Timeline: Libor-Fixing Scandal«, BBC News-Website, 6. Februar 2013.
75 Ibid.
76 Man schätzt die Ausgaben für die Gesundheitsversorgung auf 17,9 % des amerikanischen Bruttoinlandsprodukts; siehe Global Health Observatory Data Repository, »United States of America Statistics Summary (2002–present)«, Website der World Health Organization.
77 McCarran-Ferguson Act of 1945, 15 U.S.C. §§ 1011–1015 (2011).
78 H. W. Brands, *American Colossus: The Triumph of Capitalism, 1865–1900*. New York: Anchor Books 2011. S. 8.
79 Jack Beatty, *Age of Betrayal: The Triumph of Money in America, 1865–1900*. New York: Vintage Books 2008. S. 192.
80 Chief Justice Edward G. Ryan, zitiert in James Truslow Adams, *The Epic of America*. New York: Triangle Books 1931. S. 297–98.
81 Mary K. Lease, zitiert in Bruce Levine, *Who Built America?* New York: Harper & Bros., 1947. S. 147.
82 Henry Demarest Lloyd, *Wealth Against Commonwealth*. New York: Harper & Bros., 1902. S. 2, 494.
83 Winfield Scott Kerr, *John Sherman: His Life and Public Services*, Bd. 2. Boston: Sherman, French & Co., 1908. S. 215.
84 Sherman Antitrust Act, 15 U.S.C. §§ 1–7 (1890); siehe auch Kerr, *John Sherman*, S. 204.
85 Kathleen Dalton, *Theodore Roosevelt: A Strenuous Life*. New York: Vintage Books, 2004. S. 208, 224–26, 253.
86 Doris Kearns Goodwin, *The Bully Pulpit: Theodore Roosevelt, William Howard Taft, and the Golden Age of Journalism*. New York: Simon & Schuster 2013. S. 299.
87 Marc Winerman, »The Origins of the FTC: Concentration, Cooperation, Control, and Competition«, *Antitrust Law Journal* 71, Nr. 1 (2003), S. 1–97.
88 Ibid., S. 12.
89 Woodrow Wilson, *The New Freedom*. BiblioBazaar 2007.
90 Siehe Spencer Weber Waller, *Thurman Arnold: A Biography*. New York: New York University Press 2005. Kapitel 6.
91 »AT&T Breakup II: Highlights in the History of a Telecommunications Giant«, *Los Angeles Times*, 21. September 1995.

DIE NEUEN VERTRÄGE

1 The National Organ Transplant Act of 1984, 1984 Pub. L. 98–507; siehe Title III–Prohibition of Organ Purchases, sec. 301.
2 Laura Meckler, »Kidney Shortage Inspires a Radical Idea: Organ Sales«, *Wall Street Journal*, 13. November 2007.
3 U.S. Food and Drug Administration, »CPG Sec. 230.150 Blood Donor Classification Statement, Paid or Volunteer Donor«, Website der U.S. Food and Drug Administration, letztes Update am 18. September 2014.

4 Tamar Lewin, »Coming to U.S. for Baby, and Womb to Carry It«, *New York Times*, 5. Juli 2014; siehe auch Surrogacy Arrangements Act 1985, 1985 Kapitel 49.

5 Max-Planck-Institut für ausländisches und internationales Strafrecht. Max-Planck-Datenbank zu den rechtlichen Regelungen zur Fortpflanzungsmedizin in europäischen Ländern (https://meddb.mpicc.de/).

6 Siehe Heather J. Clawson, Nicole Dutch, Amy Solomon und Lisa Goldblatt Grace, *Human Trafficking Into and Within the United States: A Review of the Literature*, Office of the Assistant Secretary for Planning and Evaluation, U.S. Department of Health and Human Services-Website, August 2009.

7 Office of Public Affairs, »GlaxoSmithKline to Plead Guilty and Pay $3 Billion to Resolve Fraud Allegations and Failure to Report Safety Data«, Website des U.S. Department of Justice, 2. Juli 2012.

8 Fair Sentencing Act of 2010, Pub. L. No. 111–220, 124 Stat. 2372 (2010); siehe auch Gary G. Grindler, »Memorandum for All Federal Prosecutors«, Website des U.S. Department of Justice, 5. August 2010.

9 Ruth Levush, »Firearms-Control Legislation and Policy: Comparative Analysis«, Law Library of Congress-Website, letztes Update 16. September 2014. Siehe auch Philip Alpers, Amélie Rossetti, Daniel Salinas und Marcus Wilson, »United States-Gun Facts, Figures and the Law«, Sydney School of Public Health, University of Sydney, GunPolicy.org, 20. August 2014.

10 Zephyr Teachout, *Corruption in America: From Benjamin Franklin's Snuff Box to Citizens United*. Cambridge, MA: Harvard University Press 2014. S. 154.

11 *Trist v. Child*, 88 U.S. 441 (1874).

12 Ibid., S. 451.

13 *Citizens United v. Federal Election Commission*, 558 U.S. 310 (2010).

14 Beth Akers, »How Income Share Agreements Could Play a Role in Higher Ed Financing«, Brookings Institution-Website, 16. Oktober 2014.

15 Joe Coscarelli, »The Uber Hangover: That Bar Tab Might Not Be the Only Thing You'll Regret in the Morning«, *New York Magazine*, 27. Dezember 2013.

16 Bart Chilton, »No Need to Demonize High-Frequency Trading«, *New York Times*, 7. Juli 2014.

17 Securities Exchange Act of 1934, Pub. L. 73–291, 48 Stat. 881.

18 »Insider Trading«, Website der U.S. Securities and Exchange Commission.

19 Floyd Norris, »Loosening the Rules on Insider Trading«, *New York Times*, 24. April 2014.

20 Anya Kamenetz, »Is Your 401(k) Plan Is [sic] Ripping You Off?«, *Chicago Tribune*, 8. Juli 2014.

21 »Commission on the Future of Worker–Management Relations«, Kapitel. 4, »Employment Litigation and Dispute Resolution«, Website des U.S. Department of Labor.

22 Alexander Colvin, »An Empirical Study of Employment Arbitration: Case Outcomes and Processes«, Cornell University, Digital Commons @ILR, Februar 2011; siehe auch David Benjamin Oppenheimer, »Verdicts Matter: An Empirical Study of California Employment Discrimination and Wrong-

ful Discharge Jury Verdicts Reveals Low Success Rates for Women and Minorities«, *U.C. Davis Law Review* 37 (2003), S 511–66.

23 Mehr über Online-AGBs finden Sie in Jeremy B. Merrill, »One-Third of Top Websites Restrict Customers' Right to Sue«, *New York Times*, 23. Oktober 2014; siehe auch »In re. Online Travel Company (OTC) Hotel Booking Antitrust Litigation«, Consol. Civil Action No. 3:12-cv-3515-B (http://law.justia.com/cases/federal/district-courts/texas/txndce/3:2012cv03515/222550/136/).

24 *American Express Co. et al. v. Italian Colors Restaurant et al.*, 570 U.S. (2013).

25 Ibid.

26 Ibid.

27 Aleecia M. McDonald und Lorrie Faith Cranor, »The Cost of Reading Privacy Policies«, *I/S: A Journal of Law and Policy for the Information Society* 4, Nr. 3 (2008), S. 540–65.

28 »iCloud Terms and Conditions«, Apple-Website, letzte Überarbeitung 20. Oktober 2014.

29 Michael Corkery, »States Ease Interest Rate Laws That Protected Poor Borrowers«, *New York Times*, 21. Oktober 2014.

30 Ibid.

31 Ibid.

32 Steven Greenhouse, »Noncompete Clauses Increasingly Pop Up in Array of Jobs«, *New York Times*, 8. Juni 2014.

33 David Streitfeld, »Court Rejects Deal on Hiring in Silicon Valley«, *New York Times*, 8. August 2014.

34 Ibid.

35 Ibid.

DIE NEUE INSOLVENZ

1 »Trump Plaza: 4th Atlantic City Casino Shutdown«, *Associated Press*, 16. September 2014.

2 »Trump Plaza to Close, Costing Atlantic City 1,000 Jobs«, *Bloomberg News*, 14. Juli 2014.

3 Vicki Hyman, »Donald Trump Crows about Casino Woes: Atlantic City ›Lost Its Magic After I Left‹«, NJ.com-Website, 16. September 2014.

4 Todd Zywicki, »The Auto Bailout and the Rule of Law«, *National Affairs*, Nr. 7 (2011), S. 66–80.

5 Verfassung der Vereinigten Staaten von Amerika, Artikel. I, Abschnitt 8, cl 4; siehe auch »The Evolution of U.S. Bankruptcy Law: A Timeline«, Federal Judicial Center. (http://www.rib.uscourts.gov/newhome/docs/the_evolution_of_bankruptcy_law.pdf).

6 Timothy Egan, »Newly Bankrupt Raking in Piles of Credit Offers«, *New York Times*, 11. Dezember 2005.

7 »The Last Great American Airline Merger … and the Last Great American Airline Bankruptcy?«, *The Economist*, 12. Januar 2013.

8 Richard Finger, »Why American Airlines Employees Loathe Management«, *Forbes*, 29. April 2013.

9 Gregory Karp, »American Airlines Parent Will Freeze, Not Terminate, Pensions«, *Chicago Tribune*, 7. März 2012.

10 Eine Darstellung von American Airlines' Weg aus der Insolvenz finden Sie in Jack Nicas, »American Airlines Delivers Rich Payout«, *Wall Street Journal*, 8. April 2014.

11 Nick Brown, »American Airlines–US Airways Merger Gets Court Approval«, *Reuters*, 27. März 2013.

12 Finger, »Why American Airlines Employees Loathe Management«.

13 U.S. Financial Crisis Inquiry Commission, *The Financial Crisis Inquiry Report*. Washington, DC: U.S. Government Printing Office 2011.

14 Siehe Robert B. Reich, »The Coming Bailout of All Bailouts: A Better Alternative«, *Robert B. Reich*-Blog, 18. September 2008.

15 Jon Hilsenrath, Deborah Solomon und Damian Paletta, »Paulson, Bernanke Strained for Consensus in Bailout«, *Wall Street Journal*, 10. November 2008.

16 Bob Ivry, »Fed Gave Banks Crisis Gains on Secretive Loans Low as 0.01 %«, *Bloomberg News*, 26. Mai 2011.

17 James C. Duff, *Bankruptcy Basics*, rev. 3rd ed., Administrative Office of the U.S. Courts, April 2010 (www.uscourts.gov/uscourts/FederalCourts/BankruptcyResources/bankbasics.pdf).

18 Helping Families Save Their Homes in Bankruptcy Act of 2008, S. 2136 (110th).

19 Dick Durbin, »Durbin's Bankruptcy Amendment to Help Homeowners in Foreclosure«, Rede vor dem US Senat, 29. April 2009 (http://www.durbin.senate.gov/public/index.cfm/statementscommentary?ID=5f256057-e6ed-442b-a866-396a16735b0a).

20 Siehe Anne Flaherty, »Senate Votes Down Foreclosure Mortgage Relief Bill«, *USA Today*, 30. April 2009.

21 Federal Reserve Bank of New York, »Quarterly Report on Household Debt and Credit«, August 2014, S. 3 (http://www.new yorkfed.org/householdcredit/2014-q2 /data/pdf/HHDC_2014Q2.pdf).

22 Josh Mitchell, »Trying to Shed Student Debt«, *Wall Street Journal*, 3. Mai 2012.

23 Annamaria Andriotis, »Student Debt Takes a Bite Out of More Paychecks«, *Wall Street Journal*, 13. Juni 2014.

24 Ibid.

25 Federal Student Aid, »Forgiveness, Cancellation, and Discharge: Discharge in Bankruptcy«, Federal Student Aid-Website.

26 Tim Donovan, »Student Loan Debt Should Be Treated Like Detroit's«, *Salon*, 24. Juli 2013.

27 Ibid.

28 Eine Darstellung der Detroiter Insolvenz finden Sie in Monica Davey und Mary Williams Walsh, »Plan to Exit Bankruptcy Is Approved for Detroit«, *New York Times*, 7. November 2014.

29 »Detroit: Economy; Major Industries and Commercial Activity«, City-Data.com, 2009; siehe auch Automation Alley, *Automation Alley's 2013 Technology Industry Report*, Anderson Economic Group-Website.

30 U.S. Census Bureau, 2008–12 American Community Survey, Detroit-War-

ren-Livonia, MI, Metro Area, Tabelle DP-03 5-Year Estimates, American FactFinder-Website.

31 U.S. Census Bureau, 2009–13 American Community Survey, Birmingham and Bloomfield Hills, 5-Year Estimates, »Community Facts«, American FactFinder-Website.

32 U.S. Census Bureau, »Profile of General Population and Housing Characteristics: 2010 Demographic Profile«, Tabelle DP-1, und »Profile of General Demographic Characteristics: Census 2000 Summary File 1 (SF 1) 100-Percent Data«, Tabelle DP-1, Detroit, MI, American FactFinder-Website.

33 64 % lagen unter 200 % der nationalen Armutsgrenze; siehe U.S. Census Bureau, 2009–13 American Community Survey, Detroit, MI, 5-Year Estimate, »Poverty Status in the Past 12 Months«, Tabelle S1701, American FactFinder-Website.

34 U.S. Census Bureau, 2009–13 American Community Survey, Detroit, MI, 5-Year Estimate, »Community Facts«, American FactFinder-Website.

35 55 % lebten unter der nationalen Armutsgrenze; siehe U.S. Census Bureau, 2009–13 American Community Survey, Detroit, MI, 5-Year Estimate, »Children Characteristics«, Tabelle S0901, American FactFinder-Website.

36 »Proposal for Creditors«, City of Detroit-Website, 14. Juni 2013, S. 12.

37 Ibid.

38 Rick Cohen, »UN Declares Detroit Water Shutoffs Violate Human Rights«, *Nonprofit Quarterly*, 26. Juni 2014.

39 Paige Williams, »Drop Dead, Detroit!« *New Yorker*, 27. Januar 2014.

DER DURCHSETZUNGSMECHANISMUS

1 Zur Geschichte des Bundesprogramm zur Entschädigung bei Impfschäden siehe »Vaccine Injury Compensation Programs«, College of Physicians of Philadelphia, History of Vaccines-Website. Zum Einsatz der Pharmabranche für die Einrichtung des National Vaccine Injury Compensation Program (VICP) siehe »History of Vaccine Safety«, Centers for Disease Control and Prevention-Website, letztes Update 4. November 2014.

2 Siehe dazu Gregg Lee Carter, *Gun Control in the United States*. Santa Barbara: ABC-CLIO Inc., 2006, S. 193–94.

3 Protection of Lawful Commerce in Arms Act, House Report 109–124, 14. Juni 2005.

4 Tom Zeller, Jr., »Experts Had Long Criticized Potential Weakness in Design of Stricken Reactor«, *New York Times,* 15. März 2011; siehe »U.S. Boiling Water Reactors with ›Mark 1‹ and ›Mark 2‹ Containments«, U.S. Nuclear Regulatory Commission-Website.

5 Zeller, »Experts Had Long Criticized Potential Weakness in Design of Stricken Reactor«.

6 Paul Gunter, »Hazards of Boiling Water Reactors in the United States«, Nuclear Information and Resource Service-Website, letztes Update März 2011.

7 Center for Responsive Politics, »General Electric: Profile for 2012 Election Cycle«, OpenSecrets.org-Website (https://www.opensecrets.org/orgs/summary.php?id=D000000125&cycle=2012).

8 Center for Responsive Politics, »Influence and Lobbying: Lobbyists Representing General Electric, 2012«, OpenSecrets.org (http://www.opensecrets.
   org/lobby/clientlbs.php?id=D000000125&year=2012).

9 Siehe National Commission on the BP *Deepwater Horizon* Oil Spill and Offshore Drilling, *Deep Water: The Gulf Oil Disaster and the Future of Offshore
   Drilling*, U.S. Government Publishing Office-Website, Januar 2011; siehe
   außerdem Stephen Power und Ben Casselman, »White House Probe
   Blames BP, Industry in Gulf Blast«, *Wall Street Journal*, 6. Januar 2011.

10 Stephen Power, »Regulators Accepted Gifts from Oil Industry, Report
   Says«, *Wall Street Journal*, 25. Mai 2010.

11 »Chronology: A Regulatory Free Ride? NHTSA and the Hidden History of
   the SUV«, PBS-Website (http://www.pbs.org/wgbh/pages/frontline/shows/
   rollover/unsafe /cron.html).

12 Siehe »The Secret Recordings of Carmen Segarra«, Radiosendung, *This
   American Life*, Chicago Public Media, 26. September 2014.

13 Daniel Gilbert, Alexandra Berzon und Nathan Koppel, »Deadly Explosion
   Prompts Fresh Look at Regulation«, *Wall Street Journal*, 19. April 2013.

14 »Statement of David Michaels, PHD, MPH, Assistant Secretary Occupational Safety and Health Administration U.S. Department of Labor Before
   the Committee on Education and the Workforce Subcommittee on Workforce Protections«, 5. Oktober 2011 (https://www.osha.gov/pls/oshaweb/
   owadisp.show_document?p_table=TESTIMONIES&p_id=1482).

15 Zum Budget der NHTSA siehe »National Highway Traffic Safety Adminis-
   tration Budget Information: Fiscal Year 2015 Budget Overview«, NHTSA-
   Website, S. 14. Zu den Aufwendungen zum Schutz der US-Botschaft in
   Bagdad siehe U.S. Department of State and the Broadcasting Board of Gov-
   ernors, *Inspection of Embassy Baghdad and Constituent Posts, Iraq*, U.S. State
   Department, Office of Inspector General-Website, Mai 2013.

16 John Koskinen, Rede vor dem National Press Club, 2. April 2014 (https://
   www.youtube.com/watch?v=MuIMC7syoX0).

17 »IRS Releases FY 2012 Data Book«, Internal Revenue Service-Website,
   25. März 2013.

18 Rob Nixon, »Funding Gap Hinders Law for Ensuring Food Safety«, *New
   York Times*, 8. April 2015.

19 Commissioner Michael V. Dunn, »Opening Statement, Public Meeting on
   Final Rules Under the Dodd-Frank Act«, U.S. Commodities Futures Trading Commission-Website, 18. Oktober 2011.

20 *SIFMA v. U.S. CFTC*, 1:11-cv-02146-RLW (2011) (http://www.scribd.com/
   doc/74545374 /Financial-industry-groups-lawsuit-against-the-C-F-T-C).

21 *Business Roundtable and Chamber of Commerce v. U.S. Securities and Ex-
   change Commission*, U.S. Chamber Litigation Center-Website; siehe auch
   Christopher Doering, »Wall St. Sues CFTC Over Commodity Trading
   Crackdown«, *Reuters*, 2. Dezember 2011.

22 U.S. Senate Permanent Subcommittee on Investigations, »JPMorgan Chase
   Whale Trades: A Case History of Derivatives Risks and Abuses«, U.S. Senate Committee on Homeland Security and Government Affairs-Website,
   15. März 2013, S. 1.

23 Jessica Silver-Greenberg und Ben Protess, »JPMorgan Caught in Swirl of Regulatory Woes«, *New York Times*, 2. Mai 2013.

24 »Form 10-Q, Quarterly Report«, JPMorgan, 7. August 2013, S. 198–206; siehe außerdem Stephen Gandel, »JP Morgan's Legal Problems Continue to Mount«, *Fortune*, 19. August 2013.

25 Floyd Norris, »The Perils When Megabanks Lose Focus«, *New York Times*, 5. September 2013.

26 Francesco Guerrera, »The J.P. Morgan Settlement: Misconceptions De-bunked«, *Wall Street Journal*, 25. November 2013.

27 Michael Korkery, »Citigroup Settles Mortgage Inquiry for $7 Billion«, *New York Times*, 14. Juli 2014.

28 Christina Rexrode und Andrew Grossman, »Record Bank of America Settlement Latest in Government Crusade«, *Wall Street Journal*, 21. August 2014.

29 »Bank of America to Pay $16.65 Billion in Historic Justice Department Settlement for Financial Fraud Leading Up to and During the Financial Crisis«, U.S. Department of Justice-Website, 21. August 2014.

30 *Bank of America Corporation 2013 Annual Report*, Bank of America-Website, Tabelle 2, S. 23.

31 James Kwak, »Why Is Credit Suisse Still Allowed to Do Business in the United States?«, *The Atlantic*, 20. Mai 2014.

32 »Credit Suisse Pleads Guilty, Pays $2.6 Billion to Settle U.S. Tax Evasion Charges«, *Forbes*, 20. Mai 2014.

33 Katharina Bart, Karen Freifeld und Aruna Viswanatha, »Credit Suisse Guilty Plea Has Little Immediate Impact as Shares Rise«, *Reuters*, 20. Mai 2014.

34 John Cassidy, »Credit Suisse Got Off Lightly«, *New Yorker*, 20. Mai 2014.

35 Jonathan Berr, »GM's Pain Will Exceed That $35 Million Fine«, CBS News-Website, 1. Juni 2014.

36 »Hersteller schummeln immer mehr bei Angaben zum Spritverbrauch«, *Spiegel Online*, 28. September 2014 (spiegel.de/auto/aktuell/spritverbrauch-autohersteller-tricksen-immer-mehr-a-994184.html).

37 »Diesel dreckiger als erlaubt«, *Handelsblatt*, 15. Oktober 2014 (http://www.handelsblatt.com/auto/nachrichten/stickoxid-emissionen-diesel-dreckiger-als-erlaubt/10835780.html).

38 Daniel Wetzel, »TÜV erhebt schwere Vorwürfe gegen Bundesregierung«, *Die Welt*. 23. November 2015 (http://www.welt.de/wirtschaft/article149147 139/TUeV-erhebt-schwere-Vorwuerfe-gegen-Bundesregierung.html).

39 »Politik schützt die Autohersteller«, *Der Tagesspiegel*. 23. November 2015 (http://www.tagesspiegel.de/wirtschaft/abgas-skandal-tuev-nord-politik-schuetzt-die-autohersteller/12626766.html).

40 Clifford Krauss, »Halliburton Pleads Guilty to Destroying Evidence After Gulf Spill«, *New York Times*, 25. Juli 2013.

41 Halliburton, »Halliburton Announces Fourth Quarter Income«, Presseverlautbarung, 21. Januar 2014, S. 1.

42 »Court-Appointed Lehman Examiner Unveils Report«, *New York Times*, 11. März 2010.

43 Adam Liptak, »Rendering Justice with One Eye on Re-election«, *New York Times*, 25. Mai 2008.

44 Ibid.

45 Alicia Bannon, Eric Velasco, Linda Casey und Lianna Reagan, *The New Politics of Judicial Elections 2011–12*, New York University, Brennan Center for Justice, October 2013, S. 5 (http://newpolitics report.org/report/2012-report/).

46 Joanna Shepherd, »Justice at Risk: An Empirical Analysis of Campaign Contributions and Judicial Decisions«, American Constitution Society for Law and Policy-Website, Juni 2013.

47 Billy Corriher, »No Justice for the Injured«, Center for American Progress-Website, Mai 2013.

48 Eric Lipton, »Lobbyists, Bearing Gifts, Pursue Attorneys General«, *New York Times*, 28. Oktober 2014.

49 Ibid.

50 *AT&T Mobility LLC v. Concepcion et ux.*, 563 U.S. 321 (2011).

51 Jeremy B. Merrill, »One-Third of Top Websites Restrict Customers' Right to Sue«, *New York Times*, 23. Oktober 2014.

52 *Comcast v. Behrend*, 569 U.S. (2013).

ZUSAMMENFASSUNG: DER MARKTMECHANISMUS ALS GANZES

1 Floyd Norris, »Corporate Profits Grow and Wages Slide«, *New York Times*, 4. April 2014.

2 »Corporate Profits After Tax with Inventory Valuation Adjustment (IVA) and Capital Consumption Adjustment (CCAdj)«, Federal Reserve Bank of St. Louis Economic Research-Website, letztes Update 23. Dezember 2014.

3 Robert J. Samuelson, »Robert Samuelson: Capitalists Wait, While Labor Loses Out«, *Washington Post*, 8. September 2013.

4 Ibid.

5 Thomas Piketty, *Das Kapital im 21. Jahrhundert*, übersetzt von Ilse Utz und Stefan Lorenzer. München: C.H. Beck 2014. S. 14: »Wenn die Kapitalrendite dauerhaft höher ist als die Wachstumsrate von Produktion und Einkommen, was bis zum 19. Jahrhundert der Fall war und im 21. Jahrhundert wieder zur Regel zu werden droht, erzeugt der Kapitalismus automatisch inakzeptable und willkürliche Ungleichheiten, die das Leistungsprinzip, auf dem unsere demokratischen Gesellschaften basieren, radikal infragestellen.«

DER MYTHOS VON DER LEISTUNGSGESELLSCHAFT

1 Das Gespräch wurde gefilmt und ist in Jacob Kornbluths auf dem Sundance Film Festival ausgezeichneten Dokumentarfilm *Inequality for All* zu sehen; siehe Jacob Kornbluth, *Inequality for All*. 72 Productions, 2014.

2 Siehe Agustino Fontevecchia, »Steve Cohen Personally Made $ 2.3B in 2013 Despite Having to Shut Down SAC Capital«, *Forbes*, 13. März 2014.

3 Zitiert in Joshua Rhett Miller, »Ex-Clinton Official Robert Reich Delivers Lecture on Greed While Earning $ 240G to Teach One Class«, FoxNews.com, 10. August 2014. (Nur der Ordnung halber: Die Aussage in dieser Schlagzeile von Fox News ist und bleibt falsch.)

4 U.S. District Court Southern District of New York, versiegelte Anklageschrift, *United States of America v. SAC Advisors L.P., et al.*, 25. Juli 2013 (http://www.justice.gov/usao/nys/pressreleases/July13/SACCharging AndSupportingDocuments.php).

5 Siehe John Cassidy, »The Great Hedge Fund Mystery: Why Do They Make So Much?«, *New Yorker*, 12. Mai 2014.

6 Siehe Stephen J. McNamee und Robert K. Miller, Jr., *The Meritocracy Myth*. Lanham, MD: Rowman & Littlefield 2009.

7 Siehe Herbert Simon, »Public Administration in Today's World of Organizations and Markets«, *PS: Political Science & Politics* 33, Nr. 4 (2000), S. 749–56; siehe auch Anthony B. Atkinson, Thomas Piketty und Emmanuel Saez, »Top Incomes in the Long Run of History«, *Journal of Economic Literature* 49, Nr. 1 (2011), S. 3–71.

8 Siehe Edward N. Wolff, »The Asset Price Meltdown of the Middle Class«, Vortrag, 2012 APPAM Fall Research Conference, 10. November 2012, National Bureau of Economic Research-Website.

9 Siehe »Getting Paid in America 2014«, American Payroll Association, 2014 (http://www.nationalpayrollweek.com/documents/2014GettingPaidIn AmericaSurveyResults_FINAL.pdf).

10 Siehe Raj Chetty, John N. Friedman und Jonah E. Rockoff, »Measuring the Impacts of Teachers II: Teacher Value Added and Student Outcomes in Adulthood«, NBER Working Paper Nr. 19424, National Bureau of Economic Research-Website, September 2013.

11 Siehe Amy J. Binder, »Why Are Harvard Grads Still Flocking to Wall Street?«, *Washington Monthly*, September 2014.

12 Siehe Catherine Rampell, »Out of Harvard, and into Finance«, *New York Times*, 21. Dezember 2011.

13 Siehe Thomas Piketty und Emmanuel Saez, »Income Inequality in the United States, 1913–1998«, *Quarterly Journal of Economics* 118, Nr. 1 (2003), S. 1–39 (Tabellen und Zahlen auf den Stand von 2012 gebracht, September 2013, Tabelle A6).

14 Siehe Lawrence Mishel und Alyssa Davis, *CEO Pay Continues to Rise as Typical Workers Are Paid Less*, Issue Brief #380, Economic Policy Institute-Website, 2014.

15 Zu den Berufen des obersten Zehntelprozents siehe Jon Bakija, Adam Cole und Bradley Heim, »Jobs and Income Growth of Top Earners and the Causes of Changing Income Inequality: Evidence from U.S. Tax Return Data«, Department of Economics Working Papers 2010–22, Williams College, Department of Economics-Website, 2008, überarbeitet im Januar 2012.

1 Siehe Lawrence Mischel und Alyssa Davis, *CEO Pay Continues to Rise as Typical Workers Are Paid Less*, Issue Brief #380, Economic Policy Institute-Website, 2014.

2 Siehe William Lazonick, *Taking Stock: Why Executive Pay Results in an Unstable and Inequitable Economy*, white paper, Roosevelt Institute-Website, 5. Juni 2014.

3 Siehe Comcast Corporation, Schedule 14A Definitive Proxy Statement, 5. April 2013, Sp. 42 (http://www.sec.gov/Archives/edgar/data/1166691/000119312513144100/d496632ddef14a.htm; siehe auch Karl Russell, »Executive Pay by the Numbers«, *New York Times*, 29. Juni 2013.

4 Lucian A. Bebchuk und Yaniv Grinstein, »The Growth of Executive Pay«, *Oxford Review of Economic Policy* 21, Nr. 2 (2005), S. 283–303.

5 Siehe Scott Klinger und Sarah Anderson, *Fleecing Uncle Sam*, Center for Effective Government-Website und Institute for Policy Studies-Website, 2014.

6 Siehe N. Gregory Mankiw, »Yes, the Wealthy Can Be Deserving«, *New York Times*, 16. Februar 2014.

7 Jeff Green und Hideki Suzuki, »Board Director Pay Hits Record $ 251,000 for 250 Hours«, *Bloomberg News*, 29. Mai 2013.

8 U.S. Securities and Exchange Commission, »SEC Adopts Rules for Say-on-Pay and Golden Parachute Compensation as Required Under Dodd-Frank Act«, Presseverlautbarung vom 25. Januar 2011.

9 Aaron Ricadela, »Oracle Investors Reject CEO Ellison's Pay at Annual Meeting«, *Bloomberg Business*, 31. Oktober 2013.

10 Siehe Julie Walker, »Australia Has Had Three Years with the Two-Strikes Law and Executive Pay Pain Won't Go Away«, *Business Insider Australia*, Oktober 2013.

11 Trevor Chappell, »Pay Packets for Top Bosses Hit $ 4.8 m«, *The Australian*, 18. September 2014.

12 Siehe Kevin J. Murphy, »Executive Compensation: Where We Are, and How We Got There«, *Handbook of the Economics of Finance*, Hg. George Constantinides, Milton Harris und René Stulz. Oxford: Elsevier Science North Holland, 2013. S. 211–356.

13 Siehe Lazonick, *Taking Stock*, S. 5.

14 Ibid., S. 8.

15 Ibid., S. 9.

16 Siehe Steven Balsam, *Taxes and Executive Compensation*, Briefing Paper #344, Economic Policy Institute-Website, 14. August 2012.

17 William Lazonick, »Profits Without Prosperity«, *Harvard Business Review*, September 2014.

18 »The Repurchase Revolution«, *The Economist*, 13. September 2014.

19 Lazonick, »Profits Without Prosperity«.

20 IBM, *What Will We Make of This Moment? 2013 IBM Annual Report*, IBM-Website, 2013, S. 7.

21 Andrew Ross Sorkin, »The Truth Hidden by IBM's Buybacks«, *New York Times*, 20. Oktober 2014.

22 Lazonick, *Taking Stock*, S. 12.
23 William Lazonick, »Innovative Enterprise and Shareholder Value«, AIR Working Paper #14–03/01, Academic-Industry Research Network-Website, März 2014, S. 16.
24 Lazonick, *Taking Stock*, S. 12.
25 Charles Mead und Sarika Gangar, »Apple Raises $17 Billion in Record Corporate Bond Sale«, *Bloomberg News*, 30. April 2013.
26 Gary Strauss, Barbara Hansen und Matt Krantz, »Millions by Millions, CEO Pay Goes Up«, *USA Today*, 4. April 2014; siehe Tabelle »2013 CEO Compensation, Realized Compensation«.
27 Murphy, »Executive Compensation«, S. 211–356.
28 William Launder, »Time Warner CEO Bewkes's 2013 Compensation Up 26 %«, *Wall Street Journal*, 21. April 2014.
29 Facebook, Inc., Schedule 14A Definitive Proxy Statement, 31. März 2014, S. 21, 32 (http://www.sec.gov/Archives/edgar/data/1326801/000132680114 000016/facebook2014proxystatement.htm).
30 Zum Verhältnis zwischen der Vergütung von CEOs und ihrer Leistung siehe Michael J. Cooper, Huseyin Gulen und P. Raghavendra Rau, »Performance for Pay? The Relation Between CEO Incentive Compensation and Future Stock Price Performance«, Arbeitsreihe, Social Science Research Network-Website, 1. Oktober 2014; siehe auch Susan Adams, »The Highest-Paid CEOs Are the Worst Performers, New Study Says«, *Forbes*, 16. Juni 2014.
31 Gavin J. Blair, »Sony CEO, Top Execs to Return $10 Million in Bonuses Amid Electronics Unit Losses«, *Hollywood Reporter*, 13. Mai 2014.
32 Michael B. Dorff, *Indispensable and Other Myths: How the Notes to Pages 105–109/245 CEO Pay Experiment Failed and How to Fix It.* Berkeley and Los Angeles: University of California Press 2014, S. 1–2.
33 Gary Rivlin, »New Study Shows How Golden Parachutes Are Getting Bigger«, *Daily Beast*, 11. Januar 2012.
34 Liz Moyer, »Supersize That Severance!«, *Forbes*, 31. Oktober 2007.
35 Richard Finger, »Why American Airlines Employees Loathe Management«, *Forbes*, 29. April 2013.
36 Paul Hodgson und Greg Ruel, *Twenty-One U.S. CEOs with Golden Parachutes of More Than $100 Million*, GMI Ratings-Website, Januar 2012.
37 Sarah Anderson und Marjorie Wood, *Restaurant Industry Pay: Taxpayers' Double Burden*, Institute for Policy Studies-Website, 22. April 2014, S. 5.
38 Senator Chuck Grassley, »Executive Compensation: Backdating to the Future/Oversight of Current Issues Regarding Executive Compensation Including Backdating of Stock Options; and Tax Treatment of Executive Compensation, Retirement and Benefits«, Schlusserklärung, Hearing vor dem Finanzausschuss, 6. September 2006 (http://www.finance.senate.gov/ newsroom/chairman/release/?id=fa3baac7–174f-4e3e-b16d-2eda0b6cec87).
39 Steven Balsam, *Taxes and Executive Compensation*, Briefing Paper #344, Economic Policy Institute-Website, 14. August 2012.
40 »Topic 409–Capital Gains and Losses«, Internal Revenue Service-Website, 19. August 2014.

DIE TRICKS MIT DEN WALL-STREET-VERGÜTUNGEN

1 Hester Peirce und Robert Greene,»The Decline of US Small Banks (2000 –2013)«, Mercatus Center-Website, 24. Februar 2014.

2 Kenichi Ueda und Beatrice Weder di Mauro,»Quantifying Structural Subsidy Values for Systemically Important Financial Institutions«, IMF Working Paper Nr. 12 /28, International Monetary Fund-Website, Mai 2012, S. 4.

3 »Why Should Taxpayers Give Big Banks $83 Billion a Year?«, Editorial, *Bloomberg View,* 20. Februar 2013.

4 Siehe International Monetary Fund,»Global Financial Stability Report: Moving from Liquidity to Growth-Driven Markets«, World Economic and Financial Surveys, International Monetary Fund-Website, April 2014, S. 104; U.S. Government Accountability Office, *Large Bank Holding Companies: Expectations of Government Support,* GAO-14–621, U.S. Government Accountability-Website, Juli 2014, S. 50–51.

5 Siehe Viral V. Acharya, Deniz Anginer, A. Joseph Warburton,»The End of Market Discipline? Investor Expectations of Implicit State Guarantees«, Minneapolis Federal Reserve Bank, Social Science Research Network-Website, Juni 2014.

6 »Why Should Taxpayers Give Big Banks $83 Billion a Year?«.

7 Board of Governors of the Federal Reserve System and Federal Deposit Insurance Corporation,»Agencies Provide Feedback on Second Round Resolution Plans of ›First-Wave‹ Filers«, gemeinsame Presseerklärung, 5. August 2014.

8 Statement von Thomas M. Hoenig, Vice Chairman, Federal Deposit Insurance Corporation,»Credibility of the 2013 Living Wills Submitted by First Wave Filers«, FDIC-Website, 5. August 2014, S. 2.

9 Sarah Anderson,»Wall Street Bonuses and the Minimum Wage«, Institute for Policy Studies-Website, 12. März 2014.

10 »Rewarding Work Through State Earned Income Tax Credits«, Stellungnahme, Institute on Taxation and Economic Policy-Website, April 2014.

11 Nathan Vardi,»The 25 Highest-Earning Hedge Fund Managers and Traders«, *Forbes,* 26. Februar 2014.

12 Brendan Conway,»Entry Level Hedge Fund Pay: $353,000«, *Barron's,* 31. Oktober 2013.

13 Eric Falkenstein,»Righteous Bonuses«, *Falkenblog,* 2. Februar 2009.

14 Zu SAC Capital siehe Marcia Vickers,»The Most Powerful Trader on Wall Street You've Never Heard Of«, *Bloomberg Businessweek,* 20. Juli 2003.

15 Agustino Fontevecchia,»Steve Cohen Personally Made $2.3B in 2013 Despite Having to Shut Down SAC Capital«, *Forbes,* 13. März 2014.

16 Peter H. Stone und Michael Isikoff,»Hedge Funds Bet Heavily on Republicans at End of Election«, Center for Public Integrity-Website, 5. Januar 2011.

17 Floyd Norris,»Loosening the Rules on Inside Trading«, *New York Times,* 24. April 2014.

18 Siehe Monica Vendituoli,»Hedge Funds: Background«, OpenSecrets. org-Website, Update im September 2013 (http://www.opensecrets.org/ industries/background.php?ind=F2700).

DIE SCHWINDENDE VERHANDLUNGSMACHT DER MITTE

1 Siehe Susan Fleck, John Glaser und Shawn Sprague, »The Compensation-Productivity Gap: A Visual Essay«, *Monthly Labor Review,* Januar 2011.

2 U.S. Census Bureau, »Historical Income Tables: Households«, Tabelle H-6 (https://www.census.gov/hhes/www/income/data/historical/household/).

3 Siehe Henry S. Farber, »Job Loss and the Decline in Job Security in the United States«, in: Katharine G. Abraham, James R. Spletzer und Michael Harper (Hrsg.), *Labor in the New Economy,* Chicago: University of Chicago Press 2010; siehe auch U.S. Bureau of Labor Statistics, »Seasonally Adjusted Employment-Population Ratio« (http://data.bls.gov/timeseries/LNS12300000).

4 U.S. Census Bureau, » Historical Income Tables: Households«, Tabelle H-6.

5 Drew DeSilver, »For Most Workers, Real Wages Have Barely Budged for Decades«, *Fact Tank,* Pew Research Center-Website, 9. Oktober 2014.

6 David Leonhardt, »The German Example«, *New York Times,* 7. Juni 2011.

7 Heidi Shierholz, *Six Years from Its Beginning, the Great Recession's Shadow Looms Over the Labor Market,* Issue Brief #374, Economic Policy Institute-Website, 9. January 2014.

8 Heidi Shierholz, Alyssa Davis und Will Kimball, *The Class of 2014: The Weak Economy Is Idling Too Many Young Graduates,* Briefing Paper #377, Economic Policy Institute-Website, 1. Mai 2014.

9 Jaison R. Abel und Richard Deitz, »Are the Job Prospects of Recent College Graduates Improving?«, *Liberty Street Economics,* Federal Reserve Bank of New York-Website, 4. September 2014.

10 Jennifer 8. Lee, »Generation Limbo: Waiting It Out«, *New York Times,* 31. August 2011.

11 Walter Lippmann, *Drift and Mastery.* Englewood Cliffs, NJ: Prentice Hall 1914; reprinted 1961, S. 22, 23.

12 Adolf A. Berle und Gardiner C. Means, *The Modern Corporation and Private Property.* New York: Macmillan 1932. S. 302.

13 Ibid., S. 312.

14 Frank Abrams, »Management's Responsibilities in a Complex World«, *Harvard Business Review* 29, Nr. 3 (1951), S. 29–34.

15 Siehe *Fortune* 40, Nr. 4 (Oktober 1951), S. 98–99.

16 Eine Diskussion über General Electric und verantwortungsvolle Konzernführung findet sich in Rick Wartzman, »Whatever Happened to Corporate Stewardship?«, *Harvard Business Review,* 29. August 2014; siehe auch »Business: The New Conservatism«, *Time,* 26. November 1956.

17 Siehe Michael McCarthy, »Why Pension Funds Go to Risky Investments«, *Washington Post,* 19. Oktober 2014.

18 Siehe Garn-St. Germain Depository Institutions Act of 1982, Pub. L. No. 97–320; siehe auch Marcia Millon Cornett und Hassan Tehranian, »An Examination of the Impact of the Garn-St. Germain Depository Institutions Act of 1982 on Commercial Banks and Savings and Loans«, *Journal of Finance* 45, Nr. 1 (März 1990) S. 95–111.

19 Timothy Curry und Lynn Shibut, »The Cost of the Savings and Loan Crisis: Truth and Consequences«, *FDIC Banking Review* 13, Nr. 2 (2000), S. 26–35.

20 Tim Opler und Sheridan Titman, »The Determinants of Leveraged Buyout

Activity: Free Cash Flow v. Financial Distress Costs«, *Journal of Finance* 48, Nr. 5 (1993), S. 1985–99.

21 Siehe Jesse Kornbluth, *Highly Confident: The Crime and Punishment of Michael Milken.* New York: William Morrow 1992

22 Ian Somerville und D. Quinn Mills, »Leading to a Leaderless World«, *Leader to Leader* 1999, Nr. 13 (1999), S. 30–38.

23 Siehe Jack Welch, *Jack: Straight from the Gut.* New York: Warner, 2001.

24 John Byrne, *Chainsaw: The Notorious Career of Al Dunlap in the Era of Profit-at-Any-Price.* New York: HarperBusiness, 2003.

25 Ibid., S. 123 f.

26 Josh Bivens, Elise Gould, Lawrence Mishel und Heidi Shierholz, *Raising America's Pay: Why It's Our Central Economic Policy Challenge*, Briefing Paper #378, Economic Policy Institute-Website, 4. Juni 2014.

27 Lawrence Mishel, *The Wedges Between Productivity and Median Compensation Growth*, Issue Brief #330, Economic Policy Institute-Website, 26. April 2012.

28 U.S. Bureau of Labor Statistics, *The Employment Situation – November 2014*, U.S. Bureau of Labor Statistics-Website, 5. Dezember 2014.

29 Karl Brenke, »Anhaltender Strukturwandel zur Teilzeitbeschäftigung«. *DIW Wochenbericht* Nr. 42/2011 vom 19. Oktober 2011 (https://www.diw.de/documents/publikationen/73/diw_01.c.387388.de/11–42.pdf).

30 »Immer mehr Deutsche arbeiten in Teilzeit«. ZEIT online. 19. Februar 2015 (http://www.zeit.de/wirtschaft/2015–02/teilzeit-arbeitszeit-maenner-frauen).

31 Karl Brenke, »Anhaltender Strukturwandel zur Teilzeitbeschäftigung«, *DIW Wochenbericht* Nr. 42/2011 vom 19. Oktober 2011 (https://www.diw.de/documents/publikationen/73/diw_01.c.387388.de/11–42.pdf).

32 American Payroll Association, »2013 Getting Paid in America Survey Results«, 2013 (http://www.nationalpayrollweek.com/documents/2013GettingPaidInAmericaSurveyResults2_JW_001.pdf).

33 Employee Benefit Research Institute, »EBRI Databook on Employee Benefits«, Kap. 4, »Participation in Employee Benefit Programs«, Tabelle 4.1a, Employee Benefit Research Institute-Website, März 2011.

34 Ruth Helman, Nevin Adams und Jack Van Derhei, *The 2014 Retirement Confidence Survey: Confidence Rebounds – For Those with Retirement Plans*, Issue Brief Nr. 397, Employee Benefit Research Institute-Website, März 2014, S. 18.

35 Rebecca Thiess, *The Future of Work: Trends and Challenges for Low-Wage Workers*, Briefing Paper #341, Economic Policy Institute-Website, 27. April 2012.

36 *Benefits Breakthrough: How Employees and Their Employers Are Navigating an Evolving Environment*, 2014 (siehe unter: https://benefittrends.metlife.com/).

37 Jacob S. Hacker, *The Great Risk Shift: The New Economic Insecurity and the Decline of the American Dream.* New York: Oxford University Press 2008. S. 31.

38 Ibid.

39 Ibid., S. 32.

40 Brianna Cardiff-Hicks, Francine Lafontaine und Kathryn Shaw, »Do Large Modern Retailers Pay Premium Wages?«, NBER Working Paper Nr. 20313, National Bureau of Economic Research-Website, Juli 2014, S. 9; siehe außerdem Shelly Banjo, »Pay at Wal-Mart: Low at the Checkout But High in the Manager's Office«, *Wall Street Journal,* 23. Juli 2014.

41 Katie LaPotin, »Walmart Raises Minimum Wage, but the Response from Protesters Probably Isn't What They Expected«, www.ijreview.com-Website. 25. Februar 2016.

42 Siehe David Madland und Keith Miller, »Latest Census Data Underscore How Important Unions Are for the Middle Class«, Center for American Progress Action Fund-Website, 17. September 2013.

43 U.S. Bureau of Labor Statistics, »Union Members Summary«, Economic News Release, 24. Januar 2014, S. 1.

44 Leonhardt, »The German Example«.

45 Siehe Anthony B. Atkinson, Thomas Piketty und Emmanuel Saez, »Top Incomes in the Long Run of History«, *Journal of Economic Literature* 49, Nr. 1 (2011), S. 41–42.

46 Siehe Robert E. Weir, *Workers in America.* Santa Barbara, CA: ABC-CLIO 2013. S. 365.

47 U.S. Strike Commission, *Report on the Chicago Strike of June–July 1894,* 53rd Congress, 3rd sess., Sen. exec. doc. no. 4. (Washington, DC: Government Printing Office 1895), S. 18, 19.

48 Zitiert in »Facing the Issue«, Leitartikel, *Public Policy* 8, Nr. 24 (2013), S. 376; D. M. Perry, »Labor Unions Denounced«, *Public Policy* 8, Nr. 20 (1903), S. 319.

49 15 U.S. Code § 17, »Antitrust Laws Not Applicable to Labor Organizations«, 15. Oktober 1914.

50 Siehe »Labor and the Sherman Act«, *Yale Law Journal* 49, Nr. 3 (Januar 1940), S. 518–37.

51 Siehe Frank Levy und Peter Temlin, »Inequality and Institutions in 20th Century America«, NBER Working Paper Nr. 13106, National Bureau of Economic Research-Website, 27. Juni 2007, S. 16.

52 Ibid.

53 Siehe Harold Meyerson, »Class Warrior«, *Washington Post,* 9. Juni 2004.

54 Greg J. Bamber, Jody Hoffer Gittell, Thomas A. Kochan und Andrew von Nordenflycht, *Up in the Air: How Airlines Can Improve Performance by Engaging Their Employees.* Ithaca, NY: Cornell University Press 2009. S. 125.

55 Siehe Peter Rachleff, »Workers Rights and Wrongs«, *Dallas Morning News,* 4. November 2007.

56 Ibid.

57 »Court OKs UAL Wage Cuts«, *Los Angeles Times,* 1. Februar 2005.

58 Siehe Elise Gould und Heidi Shierholz, *The Compensation Penalty of »Right-to-Work« Laws,* Issue Brief #299, Economic Policy Institute-Website, 17. Februar 2011.

59 Siehe »2012 Right-to-Work Legislation«, National Conference of State Legislatures-Website.

60 Zur schwindenden Macht des National Labor Relations Board siehe Dean

Baker, *The End of Loser Liberalism: Making Markets Progressive.* Washington, DC: Center for Economic and Policy Research 2011. S. 29.

61 Madland und Miller, »Latest Census Data Underscore How Important Unions Are for the Middle Class«.

DAS WACHSENDE HEER DER ERWERBSARMEN

1 Siehe Paul Krugman, »Those Lazy Jobless«, *New York Times,* 21. September 2014.

2 U.S. Bureau of Labor Statistics, *A Profile of the Working Poor, 2010,* U.S. Bureau of Labor Statistics-Website, März 2012.

3 Rebecca Thiess, *The Future of Work: Trends and Challenges for Low-Wage Workers,* Briefing Paper #341, Economic Policy Institute-Website, 27. April 2012, S. 4.

4 Jesse Bricker, Lisa J. Dettling, Alice Henriques, Joanne W. Hsu et al., »Changes in U.S. Family Finances from 2010 to 2013: Evidence from the Survey of Consumer Finances«, *Federal Reserve Bulletin* 100, Nr. 4 (September 2014), S. 9, 12.

5 Oxfam America, *From Paycheck to Pantry: Hunger in Working America,* Oxfam America-Website, S. 3.

6 National Employment Law Project, *The Low-Wage Recovery: Industry Employment and Wages Four Years into the Recovery,* Data Brief, National Employment Law Project-Website, April 2014, S. 1.

7 Ibid.

8 U.S. Department of Labor, »History of Federal Minimum Wage Rates Under the Fair Labor Standards Act, 1938–2009«, U.S. Department of Labor-Website. Die Zahlen sind mithilfe des Lebenshaltungskostenindex angepasst.

9 Ibid.

10 Elias Isquith, »Koch Brothers' Top Political Strategist: The Minimum Wage Leads to Fascism!«, *Salon,* 3. September 2014.

11 Ibid.

12 Antoine Gara, »Would Killing the Minimum Wage Help?«, *Bloomberg Businessweek,* 30. Juni 2011.

13 Arindrajit Dube, T. William Lester und Michael Reich, *Minimum Wage Effects Across State Borders: Estimates Using Contiguous Counties,* IRLE Working Paper Nr. 157–07, Institute for Research on Labor and Employment-Website, November 2010.

14 Ibid.

15 Arindrajit Dube, T. William Lester und Michael Reich, *Minimum Wage Shocks, Employment Flows and Labor Market Frictions,* IRLE Working Paper Nr. 149–13, Institute for Research on Labor and Employment-Website, Oktober 2014.

16 Sylvia Allegretto, Marc Doussard, Dave Graham-Squire, Ken Jacobs et al., *Fast Food, Poverty Wages: The Public Cost of Low-Wage Jobs in the Fast-Food Industry,* U.C. Berkeley Labor Center-Website, 15. Oktober 2013, S. 1.

17 William Finnegan, »Dignity: Fast-Food Workers and a New Form of Labor Activism«, *New Yorker,* 15. September 2014.

18 National Employment Law Project, »Big Business, Corporate Profits, and the Minimum Wage«, National Employment Law Project-Website, Juli 2012, S. 1.

19 Ibid.

20 Catherine Ruetschlin, *Fast Food Failure: How CEO-to-Worker Pay Disparity Undermines the Industry and the Overall Economy*, Demos-Website, 2014, S. 2.

21 Jessica Wohl, »Wal-Mart CEO's Pay Jumps 14.1 Percent to $ 20.7 Million«, *Reuters*, 22. April 2013.

22 Josh Bivens, »Inequality, Exhibit A: Walmart and the Wealth of American Families«, *The Economic Policy Institute Blog*, 17. Juli 2012.

23 Josh Bivens, »Poverty Reduction Stalled by Policy, Once Again: Unemployment Insurance Edition«, *The Economic Policy Institute Blog*, 16. September 2014.

24 Siehe Dorothy Rosenbaum, *The Relationship Between SNAP and Work Among Low-Income Households*, Center on Budget and Policy Priorities-Website, Januar 2013.

25 Office of the Assistant Secretary for Planning and Evaluation, »Information on Poverty and Income Statistics: A Summary of 2014 Current Population Survey Data«, ASPE Issue Brief, U.S. Department of Health and Human Services-Website, 16. September 2014, S. 3.

26 »Piketty v. Mankiw on Economic Challenges and Inequality«, *On Point with Tom Ashbrook*, Radiosendung, 29. April 2014.

27 Ausführlich diskutiert werden die Bewältigungsmechanismen der Mittelklasse in Robert Reich, *Superkapitalismus: Wie die Wirtschaft unsere Demokratie untergräbt*. Aus dem Englischen von Jürgen Neubauer. Frankfurt: Campus Verlag, 2008.

28 Siehe Daniel Aaronson und Bhashkar Mazumder, »Intergenerational Economic Mobility in the U.S., 1940 to 2000«, *Journal of Human Resources* 43, Nr. 1 (2005), S. 139–72.

29 Pew Charitable Trusts, »Moving On Up: Why Do Some Americans Leave the Bottom of the Economic Ladder, but Not Others?« Pew Charitable Trusts-Website, November 2013, S. 1.

30 Sean F. Reardon, »No Rich Child Left Behind«, *New York Times*, 27. April 2013.

31 Program for International Student Assessment, »Reading Literacy: School Poverty Indicator«, National Center for Education Statistics-Website, 2012.

32 Kelsey Hill, Daniel Moser, R. Sam Shannon und Timothy St. Louis, *Narrowing the Racial Achievement Gap: Policy Success at the State Level*, University of Wisconsin-Madison, Robert M. La Follette School of Public Affairs-Website, Mai 2013.

33 Richard Fry und Paul Taylor, »The Rise of Residential Segregation by Income«, Pew Research Center Social and Demographic Trends-Website, 1. August 2012.

34 Mark Dixon, *Public Education Finances: 2012*, U.S. Census Bureau-Website, Mai 2014, S. xi.

35 Siehe Michael Leachman und Chris Mai, »Most States Funding Schools

Less Than Before the Recession«« , Center on Budget and Policy Priorities-Website, letzte Überarbeitung 20. Mai 2014.

36 Siehe Andrew Ujifusa und Michele McNeil, »Analysis Points to Growth in Per-Pupil Spending – and Disparities«, *Education Week*, 22. Januar 2014.

37 The Equity and Excellence Commission, *For Each and Every Child – A Strategy for Education Equity and Excellence*, U.S. Department of Education-Website, 2013, S. 18.

38 »Keeping Schools Local«, *Wall Street Journal*, 24. August 1998.

39 In Bowie, Maryland, respektive Newton, Massachusetts.

40 »Keeping Schools Local«, *Wall Street Journal*, 24. August 1998.

41 Eduardo Porter, »In Public Education, Edge Still Goes to Rich«, *New York Times*, 5. November 2013.

42 Ibid.

43 Ibid.

DAS WACHSENDE HEER MÜSSIGER REICHER

1 Siehe »Forbes 400«, *Forbes*, 12. September 2014. Siehe auch »America's Richest Families: 185 Clans with Billion Dollar Fortunes«, *Forbes*, letzte Überarbeitung 8. Juli 2014.

2 Josh Bivens, »Inequality, Exhibit A: Walmart and the Wealth of American Families«, *The Economic Policy Institute Blog*, 17. Juli 2012.

3 John J. Havens und Paul G. Schervish, *A Golden Age of Philanthropy Still Beckons: National Wealth Transfer and Potential for Philanthropy Technical Report*, Boston College, Center on Wealth and Philanthropy-Website, 28. Mai 2014 (http://www.bc.edu/content/dam/files/research_sites/cwp/pdf/A%20 Golden%20Age%20of%20Philanthropy%20Still%20Bekons.pdf).

4 U.S. Trust, »Insights on Wealth and Worth«, Key Findings, U.S. Trust-Website, 2013, S. 4.

5 Ibid.

6 Siehe Thomas Piketty, *Das Kapital im 21. Jahrhundert*, übersetzt von Ilse Utz und Stefan Lorenzer. München: C.H. Beck 2014.

7 Siehe Emmanuel Saez und Gabriel Zucman, »Wealth Inequality in the United States Since 1913: Evidence from Capitalized Income Tax Data«, NBER Working Paper Nr. 20625, National Bureau of Economic Research-Website, Oktober 2014.

8 Ergänzende Daten aus Congressional Budget Office, *The Distribution of Household Income and Federal Taxes, 2011*, Tabelle 7, »Sources of Income for All Households, by Market Income Group, 1979 to 2011«, Congressional Budget Office-Website, November 2014.

9 Ibid.

10 Andy Nicholas, »Richest 1 percent get 75 percent of all capital gains«, Washington State Budget and Policy Center, *Schmudget Blog*, 17. Januar 2012.

11 Siehe Ray D. Madoff, »America Builds an Aristocracy«, *New York Times*, 11. Juli 2010.

12 Curtis S. Dubay, »The Bush Tax Cuts Explained: Where Are They Now?«, Issue Brief Nr. 3855, Heritage Foundation-Website, 20. Februar 2013, S. 1–2.

13 Roberton Williams, »Resurrecting the Estate Tax as a Shadow of Its Former Self«, Tax Policy Center, *TaxVox Blog*, 14. Dezember 2010.

14 Ibid.

15 Representative Paul D. Ryan, »A Roadmap for America's Future: Version 2.0«, Januar 2010 (http://paulryan.house.gov/uploadedfiles/rfafv2.0.pdf).

16 Chye-Ching Huang und Nathaniel Frentz, »Myths and Realities About the Estate Tax«, Center on Budget and Policy Priorities-Website, 29. August 2013.

17 »Federal Capital Gains Tax Rates, 1988–2013«, Tax Foundation-Website, 13. Juni 2013.

18 Huang und Frentz, »Myths and Realities About the Estate Tax«.

19 Rob Reich, »What Are Foundations For?« *Boston Review*, 1. März 2013.

20 Ibid.

21 U.S. Office of Management and Budget, *Analytical Perspectives: Budget of the U.S. Government*. Washington, DC: U.S. Government Printing Office 2012. S. 309, 320, 326.

22 Center on Philanthropy at Indiana University, Sommer 2007, S. 28 (http://www.philanthropy.iupui.edu/files/research/giving_focused_on_meeting_needs_of_the_poor_july_2007.pdf).

23 Siehe Jenny Anderson, »Fund Managers Raising the Ante in Philanthropy«, *New York Times*, 3. August 2005.

24 University of California, Berkeley, »Pell Grant Awards as a Peer Metric«, Mai 2013 (http://opa.berkeley.edu/sites/default/files/2011–12PellGrant-Comparison.pdf).

25 »NACUBO-Commonfund Study of Endowments«, National Association of College and University Business Officers-Website.

26 National Association of College and University Business Officers and Commonfund Institute, *U.S. and Canadian Institutions Listed by Fiscal Year 2013 Endowment Market Value and Change in Endowment Market Value from FY 2012 to FY 2013*, Februar 2014, S. 2 (http://www.nacubo.org/Documents/EndowmentFiles/2013NCSEEndowmentMarket%20ValuesRevised-Feb142014.pdf).

27 Alvin Powell, »Harvard Kicks Off Fundraising Effort«, *Harvard Gazette*, 21. September 2013.

28 Richard Vedder, »Princeton Reaps Tax Breaks as State Colleges Beg«, *Bloomberg View*, 18. März 2012.

29 Ibid.

30 Siehe auch Sandy Baum, Jennifer Ma und Kathleen Payea, *Trends in Public Higher Education: Enrollment, Prices, Student Aid, Revenues, and Expenditures*, College Board Advocacy & Policy Center, College Board-Website, Mai 2012, S. 1.

31 Eduardo Porter, »Why Aid for College Is Missing the Mark«, *New York Times*, 7. Oktober 2014.

32 Ibid.

33 »Undergraduate Enrollment«, National Center for Education Statistics-Website, Mai 2014.

REPRISE

1 Siehe International Monetary Fund, *Fiscal Policy and Income Inequality*, Grundsatzpapier, Abb. 6, 23. Januar 2014 (http://www.imf.org/external/np/pp/eng/2014/012314.pdf).

DIE GEFAHREN FÜR DEN KAPITALISMUS

1 Samuel Tyler, *Memoir of Roger Brooke Taney, LL.D.: Chief Justice of the Supreme Court of the United States*. Baltimore: J. Murphy & Co. 1872. S. 212.

2 Siehe Irving Dillard, *Mr. Justice Brandeis, Great American: Press Opinion and Public Appraisal*. St. Louis: The Modern View Press 1941, S. 42.

3 Theodore Roosevelt, »Address of President Roosevelt on the Occasion of the Laying of the Corner Stone of the Pilgrim Memorial Monument«, Provincetown, MA, 20. August 1907. Washington, DC: Government Printing Office 1907, S. 47.

4 Theodore Roosevelt, »State of the Union Message«, 5. Dezember 1905 (http://www.theodore-roosevelt.com/images/research/speeches/sotu5.pdf).

5 Franklin D. Roosevelt, Ansprache im Madison Square Garden, New York City, 31. Oktober 1936. Siehe Gerhard Peters und John T. Woolley, The American Presidency Project-Website.

6 Siehe Carmen Denavas-Walt, Bernadette D. Proctor und Jessica C. Smith, *Income, Poverty, and Health Insurance Coverage in the United States: 2012*, U.S. Census Bureau Current Population Reports P60–245 (Washington, DC: Government Printing Office, September 2013), Abb. 1, S. 5.

7 Siehe Alberto Chong, »Inequality and Institutions«, *The Review of Economics and Statistics* 89, Nr. 3 (22. September 2014), S. 2.

8 Siehe Emmanuel Saez, »Striking It Richer: The Evolution of Top Incomes in the United States (Update with 2007 Estimates)«, University of California, Department of Economics, 5. August 2009 (http://escholarship.org/uc/item/8dp1f91x). Ihre Rechnung bezieht sich auf die Zahlen vor Steuer und schließt Einkünfte aus Kapitalerträgen mit ein.

9 Siehe die Analyse von Lawrence Mishel, Josh Bivens, Elise Gould und Heidi Shierholz, *The State of Working America*, 12th ed. Ithaca, NY: Cornell University Press 2014.

10 Ibid.

11 Siehe Janet L. Yellin, »Perspectives on Inequality and Opportunity from the Survey of Consumer Finances«, Ansprache anlässlich der Conference on Economic Opportunity and Inequality, Federal Reserve Bank of Massachusetts, Boston, 17. Oktober 2014.

12 Siehe Adam Bonica, Nolan McCarty, Keith T. Poole und Howard Rosenthal, »Why Hasn't Democracy Slowed Rising Inequality?«, *Journal of Economic Perspectives* 27, Nr. 3 (Sommer 2013), S. 103–24.

13 Siehe Drew DeSilver, »For Most Workers, Real Wages Have Barely Budged for Decades«, *Fact Tank*, Pew Research Center-Website, 9. Oktober 2014.

14 Thomas Piketty, *Das Kapital im 21. Jahrhundert*, übersetzt von Ilse Utz und Stefan Lorenzer. München: C.H. Beck 2014.

15 Siehe Pavlina R. Tcherneva, »Growth for Whom?«, Levy Economics Institute of Bard College, 6. Oktober 2014, Abbildung: »Distribution of Average Income Growth During Expansions« (http://www.levyinstitute.org/pubs/op_47.pdf).

16 Rebecca Riffkin, »In U.S., 67 % Dissatisfied with Income, Wealth Distribution«, Gallup-Website, 20. Januar 2014 (http://www.gallup.com/poll/166904/dissatisfied-income-wealth-distribution.aspx).

17 Pew Research Center for the People and the Press/USA Today, »January 2014 Political Survey, Final Topline«, 15.–19. Januar 2014 (http://www.people-press.org/files/legacy-questionnaires/1–23–14%20Poverty_Inequality%20topline%20for%20release.pdf).

18 Siehe Hart Research Associates, »National Survey on Fast-Track Authority for TPP Trade Pact«, 27. Januar 2014.

19 »Trans Pacific Partnership (TPP) Poll: Only the Strongest Obama Supporters Want Him to Have Fast-Track Authority«, International Business Times, 30. Januar 2014.

20 Siehe Tom Orlik und Bob Davis, »China Falters in Effort to Boost Consumption«, Wall Street Journal, 16. Juli 2013. Siehe auch Yu Xie und Xiang Zhou, »Income Inequality in Today's China«, Proceedings of the National Academy of Sciences, 13. Mai 2014.

DER NIEDERGANG DER GEGENKRAFT

1 Siehe Martin Gilens und Benjamin Page, »Testing Theories of American Politics: Elites, Interest Groups, and Average Citizens«, Perspectives on Politics 12, Nr. 3 (2014), S. 564–81.

2 Ibid. S. 575.

3 Siehe Walter Lippmann, Public Opinion. New York: Harcourt, Brace & Company 1922.

4 Ibid. S. 248–49.

5 David Truman, The Governmental Process. New York: Alfred A. Knopf 1951. S. 535.

6 Siehe Robert A. Dahl, A Preface to Democratic Theory. Chicago: University of Chicago Press 1956.

7 Siehe Theda Skocpol, Diminished Democracy. Norman: University of Oklahoma Press 2003.

8 Siehe John K. Galbraith, Der amerikanische Kapitalismus im Gleichgewicht der Wirtschaftskräfte. Stuttgart: A. J. Walter Verlag 1956.

9 Ibid., S. 150.

10 Ibid., S. 162.

11 Siehe Gilens und Page, »Testing Theories of American Politics«, S. 564–81.

12 Siehe Robert D. Putnam, Bowling Alone: The Collapse and Revival of American Community. New York: Simon & Schuster 2000.

13 Siehe Matea Gold, »Koch-Backed Political Network, Built to Shield Donors, Raised $ 400 Million in 2012 Elections«, Washington Post, 5. Januar 2014.

14 Center for Responsive Politics, »Heavy Hitters: Top All Time Donors, 1989–2014«, OpenSecrets.org-Website.

15 Siehe Lee Drutman, *The Business of America Is Lobbying*. New York: Oxford University Press 2015. S. 17.

16 Adam Bonica, Nolan McCarty, Keith T. Poole und Howard Rosenthal, »Why Hasn't Democracy Slowed Rising Inequality?«, *Journal of Economic Perspectives* 27, Nr. 3 (2013), S. 113.

17 Gregg Easterbrook, »The Business of Politics«, *The Atlantic*, Oktober 1986.

18 Siehe Federal Reserve Bank of St. Louis, »Dow Jones Industrial Average«, Federal Reserve Economic Data-Website (research.stlouisfed.org/fred2/series/DJIA/).

19 Siehe Floyd Norris, »Corporate Profits Grow and Wages Slide«, *New York Times*, 4. April 2014.

20 Elliot Gerson, »To Make America Great Again, We Need to Leave the Country«, *The Atlantic*, 10. Juli 2012.

21 Hören Sie dazu Senator Murphys Bemerkungen in der Einleitung zu dem Video *Purchasing Power: Money, Politics, and Inequality: Post-Conference*. Yale Institution for Social and Policy Studies (http://isps.yale.edu/node/21022#.VJIBCYrF92c).

22 Bonica, McCarty, Poole und Rosenthal, »Why Hasn't Democracy Slowed Rising Inequality?«, S. 112.

23 Ibid.

24 Ibid.

25 Ibid., 122 f.

26 Ibid., S. 113.

27 »Economy, Jobs, Terrorism Rank High Across Partisan Groups«, Pew Research Center-Website, 24. Januar 2014 (www.people-press.org/2014/01/27/def icit-reduction-deadlines-or-policy-priority/1–25–2014_05/).

28 Benjamin I. Page, Larry M. Bartels und Jason Seawright, »Democracy and the Policy Preferences of Wealthy Americans«, *Perspectives on Politics* 11, Nr. 1 (März 2013), S. 55.

29 Ibid., S. 54.

30 *Citizens United v. Federal Election Commission*, 558 U. S. 310 (2010).

31 Siehe *Speechnow.org v. FEC*, 599 D.C. Cir. F.3d 686 (D.C. Cir. 2010); siehe auch »Recent Developments in the Law«, Federal Election Commission-Website.

32 *McCutcheon et al. v. Federal Election Commission*, 572 U.S. (2014).

33 Nicholas Confessore, »Secret Money Fueling a Flood of Political Ads«, *New York Times*, 10. Oktober 2014.

34 Ibid.

35 *Austin v. Michigan Chamber of Commerce*, 494 U.S. 652 (1990).

36 *Citizens United v. Federal Election Commission*, 558 U.S. 310 (2010), S. 5.

37 Siehe »The ANES Guide to Public Opinion and Electoral Behavior«, American National Election Studies-Website; siehe außerdem Thomas B. Edsall, »The Value of Political Corruption«, *New York Times*, 5. August 2014.

38 Jon Clifton, »Americans Less Satisfied with Freedom« (http://www.gallup.com/poll/172019/americans-less-satisfied-freedom.aspx).

39 »Voters Think Congress Cheats to Get Reelected«, Rasmussen Reports-Website, 3. September 2014.

40 »Americans Don't Think Incumbents Deserve Reelection«, Rasmussen Reports-Website, Oktober 2014.

41 Drew DeSilver, »Voter Turnout Always Drops Off for Midterm Elections, but Why?«, Pew Research Center-Website, 24. Juli 2014.

42 »2014 November General Election Turnout Rates«, U.S. Election Project-Website, Update vom 16. Dezember 2014.

43 Philip Bump, »We Probably Just Saw One of the Lowest-Turnout Elections in American History«, *Washington Post*, 11. November 2014.

44 57 % der Schotten waren laut dieser Umfrage für einen Verbleib in der EU; nur 28 % wollten den Austritt aus der EU im Vergleich zu 47 % im gesamten Vereinigten Königreich. »Scots want to stay in EU, as the rest of Britain wants to say goodbye, says new poll«, *The Herald Scotland*, 2. November 2014 (http://www.heraldscotland.com/news/13187523.Scots_want_to_stay _in_EU__as_the_rest_of_Britain_wants_to_say_goodbye__says_new_ poll/).

45 Raphael Minder, »Catalonia Overwhelmingly Votes for Independence from Spain in Straw Poll«, *New York Times*, 9. November 2014.

DIE WIEDERHERSTELLUNG DER GEGENKRAFT

1 Donald A. Baer, »The West's Bruised Confidence in Capitalism«, *Wall Street Journal*, 22. September 2014.

2 Rand Paul, Ansprache beim Freedom Summit, Manchester, NH, 12. April 2014.

3 »The Tea Party's New Koch-Flavored Populism«, *Daily Beast*, 15. April 2014.

4 Michael Laris und Jenna Portnoy, »Meet David Brat, the Man Who Brought Down House Majority Leader Eric Cantor«, *Wall Street Journal*, 10. Juni 2014.

5 Siehe »2013 Lake Poll Questions and Data«, Americans for Financial Reform-Website, 2013.

6 Jim Nunns, Amanda Eng und Lydia Austin, *Description and Analysis of the Camp Tax Reform Plan*, Urban-Brookings Tax Policy Center-Website, 8. Juli 2014, S. 18.

7 Rand Paul, Ansprache bei der Conservative Political Action Conference, Washington, DC, 6. März 2014.

8 Siehe »Repeal of Glass-Steagall and the Too Big to Fail Culture«, *Tea Party Tribune*, 23. April 2014.

9 Judson Phillips, »Trade and the Tea Party: Washington Insiders Remain Clueless«, *The Hill*, 24. Februar 2014.

10 Ben White und Maggie Haberman, »Wall Street Republicans' Dark Secret: Hillary Clinton 2016«, *Politico*, 28. April 2014.

11 Ibid.

12 Jeffrey M. Jones, »Americans Continue to Say a Third Political Party Is Needed«, 24. September 2014 (http://www.gallup.com/poll/177284/ameri cans-continue-say-third-political-party-needed.aspx).

13 Ibid.

14 »Party Division in the Senate, 1789–Present«, U.S. Senate-Website; siehe

außerdem »Party Divisions of the House of Representatives, 1789–Present«, U.S. House of Representatives-Website.

15 Theodore Roosevelt, *Progressive Covenant with the People,* Dokumentarfilm, Broadcasting and Recorded Sound Division, Library of Congress, August 1912.

DIE REFORMIERUNG VON KAPITAL- UND AKTIENGESELLSCHAFT

1 Siehe Corporation Taxes: Tax Rates: Publicly Held Corporations: Credits, Cal. SB-1372, 21. Februar 2014.

2 Siehe »CalChamber Releases 2014 Job Killer List«, CalChamber Advocacy-Website, 10. April 2014.

3 William A. Galston, »Closing the Productivity and Pay Gap«, *Wall Street Journal,* 18. Februar 2014.

4 Siehe Joseph R. Blasi, Richard B. Freeman und Douglas L. Kruse, *The Citizen's Share: Putting Ownership Back into Democracy.* New Haven, CT: Yale University Press 2013, S. 5.

5 William Lazonick, Marina Mazzucato und Öner Tulum, »Apple's Changing Business Model: What Should the World's Richest Company Do with All Those Profits?«, *Accounting Forum* 37, Nr. 4 (2013), S. 249–67.

6 U.S. Securities and Exchange Commission, »Definitive Proxy Statement Apple Corporation«, Summary Compensation Tabellen 2012, 2011 und 2010, S. 31 (http://www.sec.gov/Archives/edgar/data/320193/000119312513 005529/d450591ddef14a.htm).

7 Jena McGregor, »An Ousted CEO So Popular Employees Are Protesting to Get His Job Back«, *Washington Post,* 22. Juli 2014.

8 Siehe »State by State Legislative Status«, Benefit Corporation-Website.

9 Siehe B Corps Fellows (http://www.bcorporation.net/).

10 Siehe Rebecca Page, »Codetermination in Germany – A Beginner's Guide«, *Arbeitspapier* 33 (Juni 2009).

11 Amanda Becker, »Auto Union Forms Branch for Workers at VW Plant in Tennessee«, *Reuters,* 10. Juli 2014.

WENN DIE ROBOTER ÜBERNEHMEN

1 John Maynard Keynes, *Essays in Persuasion.* New York: W. W. Norton & Co. 1963, S. 358–73.

2 Siehe Robert B. Reich, *The Work of Nations: Preparing Ourselves for 21st Century Capitalism.* New York: Vintage Books 1992.

3 Ibid.

4 Ibid., S. 177.

5 Zu meiner Vorhersage bezüglich »persönlicher Dienstleistungen« siehe ibid., S. 215 f.

6 Aus mehreren Ausgaben der U.S. Department of Commerce, Bureau of Labor Statistics.

7 Greg Bensinger, »Amazon Robots Get Ready for Christmas«, *Wall Street*

Journal, Update am 19. November 2014; siehe auch Stacy Mitchell, »The Truth About Amazon and Job Creation«, *Huffington Post,* 30. Juli 2013.

8 Frank Levy und Richard J. Murnane, *The New Division of Labor: How Computers Are Creating the Next Job Market.* Princeton, NJ: Princeton University Press 2004. S. 48.

9 Alex Davies, »Google's Self-Driving Car Hits Roads Next Month—Without a Wheel or Pedals«, *Wired,* 23. Dezember 2014; siehe auch U.S. Bureau of Labor Statistics, »Occupational Outlook Handbook, 2014–15 Edition«, U.S. Bureau of Labor Statistics-Website, 8. Januar 2014.

10 Zum Thema »symbolisch-analytische Dienstleistungen« siehe Reich, *The Work of Nations,* S. 170–240.

11 Ibid.

12 S. Jay Olshansky et al., »Differences in Life Expectancy Due to Race and Educational Differences Are Widening, and Many May Not Catch Up«, *Health Affairs* 31 Nr. 8 (2012), 1803–13.

13 Siehe Shayndi Raice und Spencer E. Ante, »Insta-Rich: $ 1 Billion for Instagram«, *Wall Street Journal,* 10. April 2012; siehe auch Steve Cooper, »Instagram's Small Workforce Legitimizes Other Small Start-Ups«, *Forbes,* 7. April 2012.

14 Siehe Eric Savitz, » Kodak Files Chapter 11«, *Forbes,* 19. Januar 2012.

15 Dana Mattioli, »Their Kodak Moments«, *Wall Street Journal,* 6. Januar 2012.

16 Adam Hartung, »Three Smart Lessons from Facebook's Purchase of WhatsApp«, *Forbes,* 24. Februar 2014.

17 Derek Thompson, »This Is What the Post-Employee Economy Looks Like«, *The Atlantic,* 20. April 2011.

18 Parmy Olson, »Exclusive: The Rags-to-Riches Tale of How Jan Koum Built WhatsApp into Facebook's New $ 19 Billion Baby«, *Forbes,* 19. Februar 2014.

19 David Leonhardt, »Is College Worth It? Clearly, New Data Says«, *New York Times,* 27. Mai 2014.

20 Zur Frage stagnierender Löhne von Collegeabsolventen seit 2000 siehe Josh Bivens, Elise Gould, Lawrence Mishel und Heidi Shierholz, *Raising America's Pay: Why It's Our Central Economic Policy Challenge,* Briefing Paper #378, Economic Policy Institute-Website, 4. Juni 2014.

21 Tax Foundation, »US Federal Individual Income Tax Rates History, 1862–2013 (Inflation-Adjusted 2013 Dollars)«, Tax Foundation-Website, 17. Oktober 2013; siehe auch Andrew Fieldhouse, *Rising Income Inequality and the Role of Shifting Market-Income Distribution, Tax Burdens, and Tax Rates,* Issue Brief #365, Economic Policy Institute-Website, 14. Juni 2013.

DAS VERMÄCHTNIS DES BÜRGERS

1 Siehe »Forbes 400«, *Forbes,* 12. September 2014; siehe auch »America's Richest Families: 185 Clans with Billion Dollar Fortunes«, *Forbes,* letzte Überarbeitung 8. Juli 2014.

2 Josh Bivens, »Inequality, Exhibit A: Walmart and the Wealth of American Families«, *The Economic Policy Institute Blog,* 17. Juli 2012.

3 Peter Barnes, »Why You Have the Right to a $5K Dividend from Uncle Sam«, *PBS NewsHour*-Website, 27. August 2014.

4 Zum Thema des bevorstehenden Reichtumstransfers siehe John J. Havens und Paul G. Schervish, *A Golden Age of Philanthropy Still Beckons: National Wealth Transfer and Potential for Philanthropy Technical Report*, Boston College, Center on Wealth and Philanthropy-Website, 28. Mai 2014.

5 Varianten dieses Vorschlags gibt es von mehreren aufmerksamen Wissenschaftlern. Siehe zum Beispiel Bruce Ackerman und Anne Alstoff, *The Stakeholder Society*. New Haven, CT: Yale University Press, 1999; siehe auch Peter Barnes, *With Liberty and Dividends for All*. Oakland, CA: Berrett-Koehler 2014.

6 Friedrich A. von Hayek, *Recht, Gesetzgebung und Freiheit. Bd. 3: Die Verfassung einer Gesellschaft freier Menschen*. Landsberg am Lech: Verlag Moderne Industrie 1981, S. 83.

7 John Maynard Keynes, *Essays in Persuasion*. New York: W. W. Norton & Co. 1963.

8 Thomas Paine, *The Writings of Thomas Paine*, Bd.. 3, Moncure Daniel Conway (Hrsg.), New York: G. P. Putnam's Sons 1895.

REGISTER